ZEITGESCHICHTE IN LEBENSBILDERN   BAND 13

Den früheren Herausgebern
Rudolf Morsey und Anton Rauscher (†)
zugeeignet

MIT BEITRÄGEN VON

Jürgen Aretz
Hans-Jürgen Becker
Nikola Becker
Christopher Beckmann
Wolfgang Bergsdorf
Thomas Brechenmacher
Günter Buchstab
Paul Josef Cordes
Sabine Konrad
Christoph Kösters
Stefan Mückl
Oliver Salten
Rebecca Schröder
Walter Schweidler
Manfred Spieker
Berthold Wald
Christian Würtz

ZEITGESCHICHTE IN LEBENSBILDERN

BAND 13
KATHOLISCHE PERSÖNLICHKEITEN
DES 20. UND 21. JAHRHUNDERTS

Herausgegeben von
Jürgen Aretz, Thomas Brechenmacher
und Stefan Mückl

Gefördert mit Mitteln der
Stiftung zur Förderung der Katholischen Soziallehre

© 2022 Aschendorff Verlag GmbH & Co. KG, Münster

www.aschendorff-buchverlag.de

Herausgeber und Verlag haben sich um die Klärung aller Bildrechte nach bestem Ermessen bemüht. Sollte in einem Einzelfall der Verdacht bestehen, dass geistiges Eigentum nicht ausreichend bedacht wurde, bitten sie höflich um Nachricht an den Verlag.

Das Werk ist urheberrechtlich geschützt. Die dadurch begründeten Rechte, insbesondere die der Übersetzung, des Nachdrucks, der Entnahme von Abbildungen, der Funksendung, der Wiedergabe auf fotomechanischem oder ähnlichem Wege und der Speicherung in Datenverarbeitungsanlagen bleiben, auch bei nur auszugsweiser Verwertung, vorbehalten. Die Vergütungsansprüche des § 54 UrhG Abs. 1 werden durch die Verwertungsgesellschaft Wort wahrgenommen.

Printed in Germany
Gedruckt auf säurefreiem, alterungsbeständigem Papier

ISBN 978-3-402-26678-6
ISBN 978-3-402-26679-3 (E-Book PDF)

INHALT

7   Vorwort der Herausgeber

15 Nikola Becker
    ELLEN AMMANN (1870–1932)

31 Wolfgang Bergsdorf
    JOSEPH BEUYS (1921–1986)

47 Stefan Mückl
    ERNST-WOLFGANG BÖCKENFÖRDE (1930–2019)

61 Jürgen Aretz
    WOLFGANG CLEMENT (1940–2020)

77 Oliver Salten
    ALFRED GOMOLKA (1942–2020)

93 Günter Buchstab
    HELMUT KOHL (1930–2017)

113 Rebecca Schröder
    HANNA-RENATE LAURIEN (1928–2010)

125 Paul Josef Cordes
    KARL LEHMANN (1936–2018)

139 Hans-Jürgen Becker
    PAUL MIKAT (1924–2011)

151 Sabine Konrad
    KLAUS MÖRSDORF (1909–1989)

163 Berthold Wald
    JOSEF PIEPER (1904–1997)

181	Manfred Spieker **ANTON RAUSCHER (1928-2020)**
197	Walter Schweidler **ROBERT SPAEMANN (1927-2018)**
213	Christian Würtz **HERBERT TRÖNDLE (1919-2017)**
227	Thomas Brechenmacher **ISA VERMEHREN (1918-2009)**
243	Christopher Beckmann **HANS-JOCHEN VOGEL (1926-2020)**
259	Christoph Kösters **JOHANNES ZINKE (1903-1968)**
275	Personenregister
283	Verzeichnis der in Bd. 1-13 enthaltenen Lebensbilder
289	Herausgeber und Autoren

VORWORT DER HERAUSGEBER

Die Reihe „Zeitgeschichte in Lebensbildern. Aus dem deutschen Katholizismus des 19. und 20. Jahrhunderts" wurde 2007 mit dem Erscheinen des zwölften Bandes – jedenfalls zunächst – eingestellt. Rudolf Morsey hatte sie begründet und die beiden ersten Bände besorgt; ab Band 3 traten Jürgen Aretz und Anton Rauscher als Mitherausgeber hinzu. Sie trugen die ursprüngliche Konzeption mit und entwickelten sie u. a. dadurch fort, dass die Reihe in ihrem historischen Zeitraum weiter ausgriff und über den ursprünglichen Ansatz hinaus auch das 19. Jahrhundert einbezog. Der hier vorgelegte dreizehnte Band der Reihe wird neben Jürgen Aretz von Thomas Brechenmacher und Stefan Mückl verantwortet. Angesichts des Abstandes zu dem letzten Band schienen auch einige konzeptionelle Neuüberlegungen erforderlich.

In den bisherigen Bänden wurden 216 Persönlichkeiten des deutschen Katholizismus porträtiert – unter ihnen Staatsmänner, Politiker, Geistliche und Ordensleute, Publizisten und Wissenschaftler, um die wichtigsten Bereiche zu benennen. Die wohlwollende Aufnahme der Reihe, vielfältige Nachfragen, Anregungen und Wünsche in den letzten Jahren haben dazu geführt, dass die Reihe nun in der bewährten Mitwirkung des Aschendorff-Verlages wieder aufgenommen wird.

Rudolf Morsey hatte den ersten Band der „Zeitgeschichte in Lebensbildern" 1973 veröffentlicht, damals mit dem Untertitel „Aus dem deutschen Katholizismus des 20. Jahrhunderts". Kriterium für die Aufnahme war die Beantwortung der Frage, ob die in Aussicht genommenen Persönlichkeiten für eine bestimmte politische, kirchliche bzw. kirchenpolitische oder geistige Entwicklung standen und/oder für eine Zeitströmung auf einer mehr als regionalen Basis. Schließlich sollte auch eine Rolle spielen, ob ihre Wirkung als repräsentativ gelten oder ob der Leistung bzw. dem Wirken eine zukunftsweisende Bedeutung zugemessen werden könne. Einen Schwerpunkt bei der Auswahl bildeten nicht zuletzt die Vorkämpfer der Christlichen Demokratie sowie die Vorläufer und Gestalter einer interkonfessionellen Volkspartei.

Bereits zu dem Zeitpunkt, zu dem der erste Band erschien, war der Rückgang geschichtlicher Kenntnisse und historischen Denkens unübersehbar; die daraus folgenden Konsequenzen für die Kultur, die Politik und nicht zuletzt den gesellschaftlichen Diskurs zeichneten sich ab. Auch vor diesem Hintergrund wollte die Reihe einen Beitrag leisten, um den Anteil zu verdeutlichen, den deutsche Katholiken und Katholikinnen bei der Bewältigung der Aufgaben in Staat und Gesellschaft, Wissenschaft, Kultur und Kirche und damit vielfach für die Gestaltung der Zukunft geleistet haben. In diesem Kontext galt es, im besonderen Persönlichkeiten des sozialen und politischen Katholizismus, aber auch des Geisteslebens, in der weltanschaulichen Begründung ihres Wirkens bewusst zu machen oder sie gar der Vergessenheit zu entreißen.

Zugleich wollte Rudolf Morsey einem seinerzeit nachlassenden Interesse an der biographischen Geschichtsschreibung grundsätzlich entgegentreten. Aus dem überspannten Prinzip, dass es Persönlichkeiten seien, die Geschichte „machten", wie er im Vorwort des ersten Bandes schrieb, sei der Pendel in das andere Extrem ausgeschlagen, sei Geschichte „gleichsam anonym" geworden. Gerade die Geschichte des 20. Jahrhunderts und nicht zuletzt die deutsche Nachkriegsgeschichte belegten aber, wie „sehr der Lauf der Dinge von Individualitäten" bestimmt worden sei. Seit dem ersten Band der „Zeitgeschichte in Lebensbildern" sind nahezu fünfzig Jahre vergangen; die damals fast erbittert geführte Auseinandersetzung zwischen den Hütern der traditionellen „politischen" Geschichtsschreibung und der vornehmlich an „Strukturen" interessierten Geschichte als „historischer Sozialwissenschaft" ist einem durch die Theorien der Postmoderne unterfütterten kulturgeschichtlichen Paradigma gewichen, mit dessen Fokussierung auf Wahrnehmungen, Deutungen, Sinnkonstruktionen auch die Biographik einen neuen Stellenwert gewann. Heute ist biographische Geschichtsschreibung weit weniger begründungspflichtig als in jenen Jahren, da Rudolf Morsey eine katholische Zeitgeschichte „in Lebensbildern" etablierte.

Ein Motiv der 1970er Jahre war es auch, dem Traditionsschwund zu begegnen, der innerhalb des sozialen und politischen Katholizismus der „alten" Bundesrepublik zu konstatieren war. In der DDR hatte es nach 1945 aus den bekannten politischen Gründen nicht zu einer Wiederbegründung dieses Teils des Katholizismus kommen können – unabhängig von dem Umstand, dass das historische Mitteldeutschland, von wenigen regionalen Ausnahmen abgesehen, konfessionelles Diaspora-Gebiet war. Das jedenfalls zum Teil verlorengegangene Wissen um die historische Bedeutung der eigenen Organisationen dürfte zu dem Traditionsschwund beigetragen haben, den der soziale und politische Katholizismus in der Nachkriegszeit erfuhr. Dem mit einem Ansatz entgegenzutreten, der sich auf konkrete historische Persönlichkeiten konzentrierte, leistete nicht nur Aufklärung, sondern bot auch neue Möglichkeiten der Identifikation mit der eigenen Geschichte und des aktiven Erinnerns nach außen.

Über Generationen hatte im besonderen der Vereins- und Verbandskatholizismus das Bild des deutschen Katholizismus geprägt und über das Kirchliche hinaus oft entscheidenden politischen und sozialen Einfluss ausgeübt. Eine ganze Reihe von Führungspersönlichkeiten aus diesem Bereich und deren Wirken ist in den Bänden biografisch dargestellt worden.

Ein Einfluss des Vereins- und Verbandskatholizismus, wie es ihn früher gegeben hat, besteht heute nicht mehr. Dazu haben sehr unterschiedliche Entwicklungen und Faktoren beigetragen. Eine nicht zu unterschätzende Rolle spielten dabei kirchliche Pastoralkonzepte, die, beginnend in den 1920er Jahren und verstärkt in der Nachkriegszeit, stärker auf Entpolitisierung und Unmittelbarkeit der Unterordnung unter die Hierarchie setzten und damit – wenn auch mitunter ungewollt – faktisch die Rolle der Laien zurückdrängten. Sicher war die sogenannte „Verkirchlichung" (Heinz Hürten) auch eine Strategie, um die katholische Welt vor den Zugriffen der totalitären Regime und ihrer materialistischen Ideologien in Schutz zu nehmen, aber in ihrer Verlängerung über den Zusammenbruch v.a. des Nationalsozialismus hinaus und – um beim Beispiel Deutschland zu bleiben – in die demokratische Gesellschaft der Bundesrepublik hinein trugen solche Konzepte nicht dazu bei, die Verbände als kirchliche und gesellschaftliche Faktoren zu restabilisieren. Damit begaben sich die Strategen der „Verkirchlichung" auch kirchlicher Einfluss- und Wirkungsmöglichkeiten im weltlichen Bereich, vor allem in der gesellschaftlichen und politischen Diskussion, waren doch die Vereine und Verbände, um einen Terminus der weltanschaulichen Gegner zu verwenden, ein „Transmissionsriemen" der Kirche. Deren Übertragungskraft hing in besonderer Weise von „starken" Persönlichkeiten ab, Priestern wie Laien, die oft in selbstbewusster, keineswegs unkritischer Loyalität zum Episkopat standen und stehen konnten, auch, weil sie von einer viele hunderttausend Mitglieder starken Basis getragen wurden und – im Gegensatz zu späteren Entwicklungen – materiell von der „Amtskirche" unabhängig waren.

Von einem „deutschen Katholizismus", wie er vor den gesellschaftlichen Umbrüchen der 1960er und 1970er Jahre noch bestand, wird man heute nicht mehr sprechen können, schon gar nicht von dem politischen Katholizismus, der im 19. Jahrhundert entstanden war und der bis weit in das 20. Jahrhundert ganz entscheidend dazu beigetragen hat, dass sich Kirche und Katholiken in einem weithin kirchenfeindlichen Umfeld sozial, wirtschaftlich, politisch und auch kulturell entfalten konnten. Das sogenannte „katholische Milieu", die Idee einer lebensweltlichen Verwurzelung jedes einzelnen Katholiken in seinem konfessionellen Humus, und zwar „von der Wiege bis zur Bahre", war die Voraussetzung dieser Entfaltung. Aber das „Milieu" war einer voranschreitenden Erosion ausgesetzt, ein Prozeß, der mit dem Ende des Nationalsozialismus nicht zum Stehen kam. Noch die Bedeutung selbst des schwächer gewordenen politischen Katholizismus war antikirchlichen Kräften bis lange nach dem Zweiten Weltkrieg aber ein fortwährendes Ärgernis, zumal sich seine Vertreter und Vertreterinnen in grundsätzlichen Fragen wie etwa der des Lebensrechts der Ungeborenen und in ihrem Eintreten für das zu Ende gehende Leben dem propagierten Zeitgeist lange und nachhaltig entgegenstellten.

Der neue Herausgeberkreis mußte sich deshalb fragen, ob der Begriff „Katholizismus" heute noch in der kirchlichen und gesellschaftlichen Unbefangenheit, v.a. aber in der wissenschaftlichen Treffsicherheit so verwendet werden kann, wie das zu dem Zeitpunkt, als diese Reihe begründet wurde, noch ganz selbstverständlich war. Der Begriff selbst, der dem „Protestantismus" nachgebildet ist, bezeichnete im Verständnis des späteren 19. Jahrhunderts, der Zwischenkriegs- und der Nachkriegszeit sowohl den kirchlich-institutionellen, einschließlich seines Bezuges auf Lehre und Glaubensleben, als auch den sozialen und politischen Katholizismus. Dieses Verständnis hat vor dem Hintergrund kirchlicher und politischer Entwicklungen erhebliche Veränderungen erfahren. „Katholizismus" wird heute wesentlich als eine durch den katholischen Glauben bzw. die Kirche beeinflusste Haltung verstanden. Dies ist nicht zuletzt ein Ergebnis der noch bis in die 1960er Jahre hinein anhaltenden Verkirchlichungsstrategie der landläufig als „Amtskirche" bezeichneten Institution. Sie wird abgelöst durch eine „Entkirchlichung", eine Entwicklung seit den späteren 1960er Jahren, gekennzeichnet dadurch, dass mehr und mehr Gläubige dem Handeln dieser „Amtskirche" – gelinde gesagt – nicht (mehr) unbedingt kritiklos gegenüberstehen und deren Verlautbarungen und Entscheidungen nicht mehr in einem Automatismus folgen, der früher oft gegeben war. Das aber steht im Verständnis dieser Katholiken und Katholikinnen ihrem christlichen Glauben und ihrer Glaubenspraxis nicht entgegen. Die Erforschung eines fundamental veränderten „Katholischseins" im letzten Drittel des 20. Jahrhunderts muss deshalb die Frage nach der Art und den Wegen dieser Transformation hin zu neuen, plurifizierten und individualisierten, auch fragmentierten Formen katholischer Existenz stellen. Dies alles spielt sich ab vor dem Hintergrund eines massiven und anhaltenden Autoritätsverlusts der kirchlichen Hierarchien, spätestens seit dem Essener Katholikentag von 1968 und des durch die Enzyklika „Humanae Vitae" ausgelösten Grundbebens, sowie – noch allgemeiner – einer Säkularisierungsdynamik, die mittlerweile dazu geführt hat, dass nur noch etwa die Hälfte der Bevölkerung Deutschlands formal einem der beiden großen christlichen Bekenntnisse angehört, bei anhaltend sinkender Tendenz. Die Gruppe der Bekenntnislosen wird über kurz oder lang die Mehrheit der Bevölkerung in Deutschland stellen.

Abgesehen vom Neuzuschnitt des behandelten Zeitraums haben solche Überlegungen dazu beigetragen, dass die Herausgeber dem hier vorgelegten 13. Band der Reihe „Zeitgeschichte in Lebensbildern" einen Rahmen gegeben haben, der im Untertitel so formuliert ist: „Katholische Persönlichkeiten des 20. und 21. Jahrhunderts". Es entspricht der skizzierten Grunddiagnose, dass manche der Aufgenommenen nicht unbedingt sofort mit ihrer Katholizität in Verbindung gebracht werden, ja eine solche Verbindung im Einzelfall sogar überraschend erscheint. Tatsächlich aber sind diese Persönlichkeiten durch ihren katholischen Glauben geprägt worden, und sie haben diesen Glauben nicht aufgegeben oder verloren, selbst wenn sie sich durch ihre Haltung zu bestimmten Themen oder ihre Lebensführung von der Kirche entfernt haben oder entfernt zu haben schienen. Das gilt unabhängig davon, dass die Wahrnehmung dieser Persönlichkeiten in der Öffentlichkeit jedenfalls teilweise eine andere gewesen sein mag oder dass sie von kirchenkritischer Seite „politisch" instrumentalisiert wurden.

Wie in den früheren Bänden sind auch die hier vorgelegten 17 neuen, alphabetisch geordneten Beiträge von ausgewiesenen Autoren verfasst worden. Das dient dem Ziel der Reihe, sachlich zu informieren und wissenschaftlichen Ansprüchen zu genügen und schließt Hagiografien wie Aburteilungen gleichermaßen aus. Die auf Deutschland begrenzte Auswahl der Biografien und ihre, wie bisher, ohne wissenschaftlichen Apparat, lediglich mit knappen Quellen- und Literaturhinwesen angelegte Darstellung soll zugleich sicherstellen, dass ein über engere Fachkreise hinausgehendes Lesepublikum angesprochen wird. Lebende Persönlichkeiten werden grundsätzlich nicht aufgenommen.

Eine Vertreterin des traditionellen sozialen Katholizismus war Ellen Ammann, eine Wegbereiterin der modernen sozialen Arbeit, die sich schon 1923 gegen Hitler stellte. Unter den politisch Tätigen, die hier porträtiert werden, ist an erster Stelle Helmut Kohl zu nennen, der als Kanzler der deutschen Einheit und als Gestalter Europas herausragende historische Bedeutung erlangt hat. Einer seiner demokratischen Gegner war Hans-Jochen Vogel, langjähriger Oberbürgermeister von München, Bundesminister, Kanzlerkandidat und Fraktionsvorsitzender der SPD im Deutschen Bundestag. In Rheinland-Pfalz und Berlin hatte Hanna-Renate Laurien wichtige Funktionen inne, u. a. als Kulturpolitikerin und prägende Gestalt des deutschen Laienkatholizismus. Wolfgang Clement hat als Minister und Ministerpräsident in Nordrhein-Westfalen gewirkt. Als Bundesminister für Wirtschaft und Arbeit hat er maßgeblich die Agenda 2010 befördert, das durchaus umstrittene Modernisierungsmodell, das als der letzte große Reformversuch in der Arbeits- und Sozialpolitik der Bundesrepublik in den vergangenen Jahrzehnten gelten darf. Alfred Gomolka steht als Ministerpräsident von Mecklenburg-Vorpommern für die Generation engagierter ehemaliger DDR-Bürger, die nach der Wiedervereinigung den Aufbau in den neuen Ländern vorangebracht haben. Zu Zeiten des SED-Regimes war der Priester Johannes Zinke Leiter der Hauptvertretung Berlin des Deutschen Caritas-Verbandes und damit quasi-offizieller Beauftragter der Kirche (West) für Gespräche und Verhandlungen mit der DDR-Regierung.

Aus dem Bereich der Wissenschaft ist in diesen Band neben anderen Josef Pieper aufgenommen, einer der bedeutendsten und meist rezipierten Philosophen der „alten" Bundesrepublik; ihm steht nicht nach Robert Spaemann, der, zeitweilig als „Linkskatholik" apostrophiert, sich als Ethiker vor allem dem Schutz des menschlichen Lebens vom Beginn bis zum Tod verpflichtet sah. Ein Grenzgänger zwischen verschiedenen Bereichen war Paul Mikat, der in Wissenschaft und Kultur, Kirche und Politik große Bedeutung erlangte – als Rechtswissenschaftler, Kultusminister und durch seine 40-jährige Präsidentschaft der Görres-Gesellschaft zur Pflege der Wissenschaft. Rechtswissenschaftler war auch Herbert Tröndle, der sich beispielgebend für das Lebensrecht der Ungeborenen eingesetzt hat. Ernst-Wolfgang Böckenförde hat bei den dieser Zielsetzung dienenden Mitteln durchaus andere Positionen vertreten. Der Staatsrechtler und Rechtsphilosoph war u. a. Ordinarius in Freiburg, Richter des Bundesverfassungsgerichts und nahm großen Einfluss auf die Rechtspolitik der SPD.

Klaus Mörsdorf gilt als einer der großen Kanonisten der vergangenen Jahrzehnte. Ursprünglich aus der Wissenschaft kam auch der Dogmatiker Karl Lehmann, später Bischof von Mainz und langjähriger Vorsitzender der Deutschen Bischofskonferenz. Der Jesuit Anton Rauscher war als Lehrstuhlinhaber in Augsburg und jahrzehntelanger Direktor der Katholischen Sozialwissenschaftlichen Zentralstelle in Mönchengladbach einer der bedeutendsten Vertreter der christlichen Gesellschaftslehre. Ursprünglich Kabarettistin, stand Isa Vermehren Kreisen des Widerstands gegen den Nationalsozialismus nahe. Nach 1945 trat sie in einen Orden ein, war engagierte Leiterin von Ordensschulen und erlangte durch ihre Medienpräsenz einen hohen Bekanntheitsgrad. Joseph Beuys, dem ebenfalls ein Beitrag gewidmet ist, genießt einen historischen Ruf als großer Aktionskünstler und Kunsttheoretiker von internationalem Rang.

Der Band schließt mit einem Verzeichnis der mehr als 200 Lebensbilder, die bisher in der Reihe erschienen sind. Es ist beabsichtigt, innerhalb der beiden nächsten Jahre einen 14. Band folgen zu lassen.

Die Herausgeber danken Frau Laura Rindfleisch (Potsdam) für die redaktionelle Durchsicht der Beiträge und die Anfertigung des Personenregisters. Besonderer Dank für die Fortsetzung der seit vielen Jahren bewährten Zusammenarbeit gebührt dem Verlag Aschendorff, namentlich Herrn Dr. Dirk Paßmann und Herrn Julian Krause.

Bonn-Bad Godesberg, Potsdam und Rom im April 2022

Jürgen Aretz, Thomas Brechenmacher, Stefan Mückl

Nikola Becker

ELLEN AMMANN (1870-1932)

„,Was', sagte man, ,diese kleine, zarte, unscheinbare Frau, deren Stimme kaum in einem mäßig großen Zimmer bis in die letzten Reihen der Anwesenden zu hören ist, soll die katholischen Frauen Münchens führen? Diese Ausländerin, die zwar fehlerlos deutsch schreibt, im Sprechen aber doch noch immer gehemmt ist und in der Erregung sofort die Artikel zu verwechseln beginnt? Ist denn da wirklich nicht eine einzige Bayerin und Deutsche unter den vielen erprobten Vorsteherinnen unserer Vereine, die vor den Augen dieser Norddeutschen [d.i. der Vorstand der Kölner Zentrale des Katholischen Deutschen Frauenbundes] Gnade finden konnte?'"

Diese von ihrer Freundin und ersten Biographin Amelie von Godin überlieferte zeitgenössische Perzeption von Ellen Ammann erhellt schlaglichtartig ihr Profil: Die schwedische Migrantin, rasch in den bayerischen Katholizismus integrierte tiefgläubige Konvertitin, Frauenrechtlerin, Sozialpolitikerin und Parlamentarierin kann als die Galionsfigur der von der Forschung bis heute weitgehend unbeachtet gebliebenen katholischen Frauenbewegung in Bayern gelten. In der Eigenwahrnehmung bewertete Ammann ihre ausländische Herkunft und Sozialisation selbstbewusst als Basis ihrer Führungsfunktion. In einem Brief an die schwedische Historikerin und Jugendfreundin Lydia Wahlström schrieb sie 1908: „Was meine Tätigkeit in Frauenfragen angeht, so weißt Du bereits davon. Es versteht sich, daß ich ein wichtiges Glied in der Kette bin, weil ich – nicht deutsch geboren – in vielem freier denke als die Frauen hier."

I

Als Tochter des Stockholmer Naturwissenschaftlers, Lehrers und Journalisten Carl Rudolf Sundström entstammte Ellen Ammann einem ausgesprochen bildungsbürgerlichen schwedischen Milieu. Prägende Bedeutung für den Lebensweg entfaltete besonders die Mutter Lilly Sundström. Selbst journalistisch tätig, engagierte sie sich innerhalb der zeitlich dem deutschen Sprachraum vorausgehenden schwedischen Frauenbewegung im „Fredrika Bremer förbund". Über die Mutter kam Ammann nicht nur mit der Frauenfrage, sondern auch mit dem Katholizismus in Verbindung. Lilly Sundström konvertierte heimlich 1881 in Dänemark zum katholischen Glauben, die zwei Töchter wurden zwar formal protestantisch getauft, aber unter Tolerierung des Ehemanns katholisch erzogen. Die stark antikatholisch gefärbte Religionsgesetzgebung im staatskirchlichen Schweden hielt die Mitglieder anderer Religionsgesellschaften in verschiedenen Bereichen von der demokratischen und gesellschaftlichen Teilhabe fern. Ammann besuchte die von der Kongregation der St. Josephsschwestern mit einer Ausnahmegenehmigung geleitete Ecole française für höhere Töchter in Stockholm. Dort schloss sie sich eng an die nur 5 Jahre ältere Nonne und Lehrerin Marie Thérèse Tardy, Sœur Agnès des Anges, an, die ihr eine „geistige Schwester" und spirituelle Impulsgeberin wurde. Der Wunsch Ammanns, nach dem Abitur 1888 selbst in den Ordensstand einzutreten und Lehrerin zu werden, scheiterte am Veto des Vaters. So ging sie mit der Mutter auf eine mehrmonatige Bildungsreise nach Deutschland, wohnte anschließend für ein Jahr als Haustochter auf Schloss Surenburg in Westfalen bei der Familie von Heereman von Zuydtwyck. Hier lernte Ammann erstmals einen selbstverständlich im Alltag gelebten Katholizismus kennen und trat vermutlich auch deutschem Zentrumsmilieu nahe, war doch der Bruder ihres „Gastvaters" der Landtags- und Reichstagsabgeordnete Clemens Freiherr von Heereman-Zuydwyk [!], Fraktionsführer des preußischen Zentrums. Auf Wunsch ihres Vaters begann sie nach ihrer Rückkehr nach Stockholm 1889 eine Ausbildung in schwedischer Heilgymnastik, bei der sie dem auf Fortbildungsreise befindlichen Münchner Orthopäden Ottmar Ammann begegnete. Die bereits ein Jahr später, 1890, geschlossene Ehe basierte auch auf der beiderseitigen tiefen katholischen Frömmigkeit. Ellen Ammann trat aus Anlass der Hochzeit offiziell zum katholischen Bekenntnis über. Das Ehepaar ließ sich in München nieder, wo Ottmar Ammann eine orthopädische Privatklinik eröffnete. Seine Frau übernahm nicht nur deren wirtschaftliche Leitung, sondern gebar zwischen 1892 und 1903 insgesamt sechs Kinder.

Doch der äußerst wissbegierigen, engagierten jungen Frau genügte die Rolle als ‚mitarbeitende' Ehefrau und Mutter nicht, sie wollte selbst aktiv etwas bewegen in der Welt. „Soll die Frau denn wirklich immer nur schweigen und tragen wie bis jetzt nur als zu oft und zum Nachteil der hl. Kirche der Katholik?" Diese geschickt argumentierende rhetorische Frage in einem 1897 verfassten Brief an eine Freundin spiegelt deutlich den emanzipatorischen Anspruch der katholischen Frauenbewegung wider, der ihr oft nicht nur von weltanschaulich konkurrierenden Gruppierungen, sondern auch Teilen der Forschung abgesprochen wurde.

II

Die Einbindung Ellen Ammanns in die lokalen Netzwerke der diversifizierten, dennoch eng vernetzten bürgerlich-adeligen Gesellschaft Münchens erfolgte wohl über die Verbindungen von Ammanns Ehemann, der mütterlicherseits der Familie von Hellingrath entstammte, die zahlreiche Militärs, aber auch Künstler und Intellektuelle hervorbrachte. Philipp von Hellingrath, 1916 bis 1918 bayerischer Kriegsminister, war ein Cousin Ammanns. Zum 1916 vor Verdun gefallenen Literaturwissenschaftler Norbert von Hellingrath, Mitglied des Kreises um Stefan George und Neffe der schillernden Münchner Salonnière Elsa Bruckmann, bestanden ebenfalls verwandtschaftliche Beziehungen.

Als prägend erwiesen sich jedoch die dezidiert katholischen Netzwerke. Ammann geriet so in Kontakt zu überzeugten katholischen Frauen, die sich im Zuge des in der zweiten Jahrhunderthälfte florierenden Laienkatholizismus sozialen Aktivitäten, und hierbei besonders zugunsten des eigenen Geschlechts, zuwandten. Getragen wurde das in diesem Bereich auflebende Vereinswesen von Frauen höherer Gesellschaftsstände bis hinein in den bayerischen Hochadel. Eine der ersten Mentorinnen Ammanns war Freiin Marie von Hohenhausen, eine enge Freundin von Prinzessin Maria de la Paz von Bayern, verheiratet mit Prinz Ludwig Ferdinand. Zu dem Kreis zählten auch Christiane von Preysing, verwandt mit den Adelsfamilien Arco-Zinneberg und Waldburg-Zeil-Trauchburg, Pauline von Montgelas, Sophie zu Oettingen-Spielberg sowie die Offizierstochter Luise Fogt.

Verbindungen dieser weiblichen Netzwerke knüpften sich an das Münchner Kapuzinerkloster Sankt Anton. Der Ordensprovinzial, Missionsprediger und Volksredner P. Benno Auracher war ein enger Freund der Familie Ammann. Er mahnte seit der Jahrhundertwende innerhalb der Kirche die Beachtung der Frauenfrage und die Anerkennung katholischer Initiativen dazu an. Seine Schwestern, darunter die nach Regensburg verheiratete Ameley Sepp, engagierten sich aktiv in der bayerischen Frauenbewegung. P. Cölestin Schwaighofer aus Deggendorf, ab Ende der 1880er Jahre an St. Anton, später Konsultor verschiedener Kongregationen, wurde Ellen Ammanns geistlicher Berater. P. Cyprian Fröhlich, zwischen 1895 und 1902 in München, arbeitete als Vorkämpfer des Caritas-Gedankens mit Ammann auf dem Gebiet des Mädchenschutzes zusammen. Die frauenbewegten Katholikinnen zogen so gezielt ihren Anliegen offen gegenüberstehende Geistliche zur Verwirklichung ihrer Pläne heran.

Die Netzwerke beschränkten sich nicht auf das katholische Milieu. Wie für die gesamte bürgerliche Frauenbewegung im deutschen Sprachraum kennzeichnend, überkreuzten sich auch in München die Wege der katholischen Frauen mit ihren protestantischen, jüdischen oder bewusst antikonfessionellen Kolleginnen, selbst wenn die Beteiligten vielfach aus weltanschaulichen Gründen engere Kooperationen ablehnten. So pflegte Ammann Kontakte zu den dem linksgerichteten, radikalen Flügel der Frauenbewegung zuzurechnenden Feministinnen Anita Augspurg und Lida Gustava Heymann. Sie informierte nach der „Machtergreifung" 1933 Augspurg und Heymann über das Vorhandensein einer diese betreffenden nationalsozialistischen

‚Schwarzen Liste'. Die liberale Frauenrechtlerin Alice Salomon, von der israelitischen Konfession zum Protestantismus konvertiert, zog Ammann als Beraterin bei der Einrichtung ihrer Sozialen Frauenschule heran.

III

Existenz- und berufsbestimmend war für Ammann die selbstverständliche, von tiefer Frömmigkeit erfüllte Verankerung innerhalb der katholischen Kirche und ihrem Dogma. Die Sehnsucht nach einem möglichst umfassenden geistlichen Leben in der Welt fand ihren Ausdruck im Beitritt zur Drittordensbewegung. Über Marie von Hohenhausen kam Ammann in Kontakt zu der mit dem Münchner Kapuzinerkloster St. Anton verbundenen Drittordensgemeinde des Heiligen Franziskus bei der Schmerzhaften Kapelle. Beeinflusst von Michael Kardinal Faulhaber, der seit 1905 öffentlich für das Diakonat der Frau eintrat, entwickelte Ammann in ihrem Zeitungsartikel „Forderungen der Zeit an die katholischen Frauen" von 1911 die Idee des „dritten Berufs" der Frau jenseits der Existenz als Ehefrau und Mutter oder Nonne: „Zur Teilnahme an der neugestalteten Arbeit im caritativen, sozialen und wissenschaftlichen Leben ist zwar jede katholische Frau verpflichtet, nach Maßgabe ihrer Verhältnisse; aber vor allem bedarf die Welt einer ‚heiligen Schar' von Frauen und Jungfrauen, welche diese christliche Wohltätigkeit als Beruf ausüben und so die Kerngruppe bildet auf diesem Arbeitsfeld." Die caritative Tätigkeit der Frauen sollte durch das gemeinsame Leben innerhalb der spirituellen Gemeinschaft eines Dritten Ordens seinen symbolischen Ausdruck finden. Ammann selbst schloss sich gegen den Willen ihres Ehemanns erst im Oktober 1914 dem Dritten Orden an, als dieser im Felde stand und verschwieg ihm auch lebenslang die Mitgliedschaft. 1916 legte sie ihre Profess ab. In ihrem Bestreben nach einer Weiterentwicklung und Ausgestaltung der Gemeinschaft fand sie die Unterstützung des 1917 nach München-Freising berufenen Erzbischofs Michael Kardinal Faulhaber. Die von Ammann gewünschte Weihe zu Diakoninnen lehnte er allerdings mit Verweis auf die Firmung als „kleine Priesterweihe für Laien" ab. Unter Beiziehung Pater Schwaighofers wurden neue Richtlinien erarbeitet, auf deren Grundlage sich die neue Gemeinschaft „Vereinigung Katholischer Diakoninnen" konstituierte. Am 10. Oktober 1919 vermerkte Faulhaber in seinem Tagebuch: „6.45 – 8.00 Uhr Feier der Vereinigung der Diakoninnen in meiner Hauskapelle. Fünf werden aufgenommen (Ammann, [Anna Gräfin] Spreti, [Agnes] Miehling, [Marie] Fitz, [Maria] Hopmann), zwei als Novizinnen [...]. Also Siebenzahl, Ansprache über Jesaja 6, Weiheformel mit der Kerze in der Hand." Zur Oberin wurde Ammann mit dem Ordensnamen Sr. Birgitta ernannt. In der Anfangsphase betreute Faulhaber die Frauen durch monatliche intensive geistliche Gespräche, 1921 erfolgte die offizielle Approbation durch das Ordinariat. 1952 bestätigte die Religiosenkongregation in Rom den Charakter der bis heute bestehenden Gemeinschaft als Säkularinstitut. Es trägt seitdem den Namen „Ancillae Sanctae Ecclesiae – Dienerinnen der Heiligen Kirche."

IV

Auf Grundlage der Idee von christlicher Wohltätigkeit als Beruf wandte Ammann sich Mitte der 1890er Jahre selbst aktiver sozialer Tätigkeit zu. Diese war in erster Linie religiös bestimmt und vereinigte den diakonischen Antrieb Ammanns, den angestrebten Dienst am Menschen, mit einem apostolischen Impuls. In der Schlussrede der zweiten Generalversammlung des Katholischen Frauenbundes in München erklärte sie 1906: „Wir denken nicht nur an das gegenwärtige Leben, wir denken auch an die Seele; wir wollen für die Seelen wirken dadurch, daß wir versuchen, die materielle Lage unserer Mitschwestern zu heben durch Besserung der pekuniären Verhältnisse, durch einen geschützten sittlichen Zustand. Durch diese Hebung wollen wir es ihnen erleichtern, gut und tugendhaft zu sein, so wollen wir für ihre Seelen arbeiten." Dazu trat der konfessionelle Aspekt, denn Ammann sah es nach der Einschätzung ihrer Biographin Godin als großen Missstand an, „daß die fortschrittliche Frau sich zu organisieren begann, während die Katholikin noch in den Tag hinein lebte". Die Formierung der Frauenbewegung eröffnete den Katholikinnen darüber hinaus neue Handlungsspielräume jenseits von Ehe und Familie, deren Vereinbarkeit mit dem kirchlichen Dogma zudem durch die umfangreiche Publikationstätigkeit profilierter Frauenrechtlerinnen wie etwa Elisabeth Gnauck-Kühne selbstbewusst nachgewiesen wurde.

Den Beginn von Ammanns Engagement bildete der Mädchenschutz. Wirtschaftliche und soziale Transformationsprozesse in der zweiten Hälfte des 19. Jahrhunderts mit der Ausbildung industrieller Strukturen, der Auflösung traditioneller agrarischer und kleinbürgerlicher Milieus führten zu Landflucht, zunehmender Arbeitsmigration, besonders auch von Frauen und Mädchen, die in steigendem Maße auf eine Erwerbstätigkeit außerhalb des eigenen Zuhauses angewiesen waren. In den Städten wuchs die Zahl an Dienstmädchen, Ladnerinnen, Angestellten in Gasthäusern, Büros und Fabriken. Aus ihren Familien und Herkunftsmilieus gerissen, drohte gerade jüngeren Frauen soziale und gemäß den Moralvorstellungen der Zeit auch ‚sittliche' Prekarisierung bis hin zur Prostitution. In den Großstädten florierte der Frauen- und Mädchenhandel, dessen Vertreter die ankommenden weiblichen Arbeitssuchenden gezielt an den Bahnhöfen auffingen. In Bayern war es der Kapuzinerpater Cyprian Fröhlich, der gezielt zur Aktion gegen diese Missstände aufrief. Unter anderem nach dem Vorbild der protestantischen

„Inneren Mission" initiierte er in München 1895 den „Marianischen Mädchenschutzverein", auch um dem befürchteten Abfall katholischer Frauen an die konfessionellen Konkurrenzvereinigungen vorzubauen. Wohlsituierte Münchnerinnen schlossen sich unter der Gründungspräsidentin Christiane von Preysing und der Schirmherrin Prinzessin Maria de la Paz von Bayern zusammen mit dem Ziel „alleinstehenden weiblichen Personen (Künstlerinnen, Erzieherinnen, Bonnen, Ladnerinnen, Arbeiterinnen, Dienstboten) mit Rath und That beizustehen und sie vor den Gefahren gegen Glauben und Sittlichkeit zu bewahren." Der Verein stellt die erste katholische Einrichtung im Bereich der Frauenfürsorge dar. 1965 in „Katholische Mädchensozialarbeit", 1994 in „IN VIA Katholische Mädchensozialarbeit" umbenannt, existiert er bis heute, nun unter dem Titel „IN VIA München e. V. Katholischer Verband für Mädchen- und Frauensozialarbeit."

Zur Realisierung seiner Zwecke ließ der Mädchenschutzverein Plakate in Zügen, Bahnhöfen und Kirchen anbringen, rief Zweigstellen in vielen Städten ins Leben, knüpfte Verbindungen zu Klöstern, anderen Vereinen des Mädchenschutzes und veröffentlichte einen Führer für reisende junge Frauen mit allgemeinen Ratschlägen, Hilfsangeboten und Adressenverzeichnissen, der eine Auflage von bis zu rund 40.000 Exemplaren erreichte. 1897 wurde in München ein Stellenvermittlungs- und Auskunftsbüro unter der Leitung von Luise Fogt eröffnet, das Unterkünfte in Wohnheimen und Arbeitsplätze organisierte, darüber hinaus Berufsberatung anbot.

Zum Arbeitsgebiet von Ellen Ammann, die sich auf Bitte ihrer Freundin Marie von Hohenhausen, Schriftführerin des Vereins, ein paar Monate nach der Gründung dem Unternehmen anschloss, geriet der Münchner Hauptbahnhof. Auf ihre Initiative entstand 1897 die Bahnhofsmission, die sukzessive professionalisiert und ausgebaut wurde. Stellensuchende Frauen wurden von den teils festangestellten Mitarbeiterinnen bereits an den Zügen in Empfang genommen und erhielten Unterstützung bei der Suche nach Unterkunft und Stellen. Dabei ging es nicht nur um die konkrete soziale Hilfe, sondern konfessionell motiviert erstrebt wurde zugleich die Integration der Ankommenden in das katholische Vereinsleben, wie aus dem Jahresbericht des Mädchenschutzvereins von 1899 hervorgeht: „Wir wollen am Bahnhof Seelen retten, wir wollen die Mädchen nicht nur vor den ernsten Gefahren der Großstadt bewahren, wir wollen ihnen zugleich bei ihrer Ankunft zeigen, was die katholischen Vereine für sie thun können und wollen, wir wollen sie auf dieselben hinweisen und hinführen und so dem schlechten Einfluß gleich einen guten entgegensetzen, – wir wollen sie mit einem Worte an den Katholicismus fesseln." Praktisch kam es dennoch zur Zusammenarbeit mit ähnlichen Organisationen anderer Religionsgemeinschaften, indem man die reisenden Frauen stets an ihre jeweilige Konfession verwies.

Zum Hauptwerk Ammanns im Bereich der Sozialpolitik geriet jedoch ihre Mitwirkung bei der Professionalisierung der Sozialen Arbeit. Wurde

Wohltätigkeit traditionell von engagierten Laiinnen im Ehrenamt ausgeführt, erkannte man um die Jahrhundertwende zunehmend die Notwendigkeit einer beruflichen Ausbildung auf dem Gebiet der sozialen Fürsorge. Zahlreiche konfessionelle wie nichtreligiöse Organisationen begannen zu dieser Zeit damit, Vorträge und Kurse zur Schulung caritativ tätiger Frauen ins Leben zu rufen. Auch Ammann war von dieser Idee bewegt. Sie legte ihre Gedanken schriftlich in verschiedenen Aufsätzen fest, so im November 1905 in der Zeitschrift „Die christliche Frau" unter dem Titel „Die wissenschaftliche Weiterbildung der nicht berufstätigen Frau". Rückblickend stellte sie 1918 in einem gemeinsam mit ihrer Mitstreiterin Maria Hopmann verfassten Bericht „Soziale und caritative Frauenschule des Katholischen Frauenbundes in Bayern" fest: „Soziale Arbeit darf nicht im Dilettantentum stecken bleiben, denn sie ist verantwortungsvolle Arbeit am Menschen, mehr wie jede andere. […] Die Errichtung sozialer Frauenschulen war ein Bedürfnis der Zeit. Soziale Verpflichtungen der Öffentlichkeit zur Abhilfe sozialer Nöte forderten zwingend eine systematische Ausbildung jener Kräfte, die sich beruflich oder ehrenamtlich dieser neuen Zeitaufgabe widmeten. Kein rationelles Bildungsschema paßte auf die Anforderungen, die an sie gestellt wurden."

Ellen Ammann entwickelte das Konzept ihrer „sozial-caritativen Frauenschule" auf Basis des von ihr begründeten Katholischen Frauenbundes München, der fachliche Expertise zu sammeln und eine Infrastruktur zu entwickeln begann. Die wissenschaftliche Sektion des Bundes stellte im Wintersemester 1905/06 von Professoren der Universität München gehaltene „Vortragszyklen für junge Damen" zur Verfügung, 1906 bot die soziale Sektion ein u.a. von Ammann, Pauline von Montgelas und dem Priester und Parlamentarier Carl Walterbach geleitetes „Seminar für soziale Praxis" an. Im selben Jahr interpellierte der Frauenbund beim Landtag um die Zulassung von Frauen zur Armenpflege und organsierte gleichzeitig einen Kurs zur Ausbildung von Armen- und Waisenpflegerinnen sowie Vormünderinnen. Der 1908 etablierte „Soziale Studienzirkel" bereitete die Teilnehmerinnen durch theoretische Diskussion fachlicher Themen auf praktische Tätigkeiten in Vereinen vor. Zur Beratung bei der Entwicklung des Ausbildungskonzepts griff man, wie zum Beispiel mit Elisabeth Gnauck-Kühne, nicht nur auf das eigene konfessionelle Lager zurück, sondern suchte auch den Kontakt zu liberalen Sozialreformern wie Alice Salomon. Die inhaltlichen Schwerpunkte der seminar- und vortragsbasierten Vorphase waren anspruchsvoll und deckten die allgemein- und sozialpolitisch drängenden Themen der Zeit, auch im Kontext der Frauenfrage, ab. Behandelt wurden beispielsweise „Das Wirtschaftsprogramm des Liberalismus und die Arbeiterin", „Grundzüge des Sozialismus", „Grundzüge der modernen Gewerkschaftsfrage" oder „Konfessionelle Arbeiterinnenvereine und ihre Aufgaben". Der Teilnehmerkreis der Kurse bestand im Durchschnitt aus 50 Frauen.

In einem nächsten Schritt erfolgte die Zusammenfassung und Bündelung des bisherigen losen Angebots, um eine professionelle Ausbildungseinrichtung für Wohlfahrtspflegerinnen zu schaffen. Im Rückgebäude ihres Wohnhauses in der Theresienstraße 25 ließ Ammann ab Oktober 1909 eine „sozialcaritative Frauenschulung" abhalten, später genannt „soziale und caritaive Frauenschule". Sie stellte ein geschlossenes Programm mit theoretischen und praktischen Elementen dar, sukzessive erweitert zu einem festen Curriculum mit 3, später 4 Semestern. Das Fächerangebot wurde immer mehr ausgedehnt bis hin zu einer profunden Einführung in alle die Soziale Arbeit betreffenden Bereiche. Zur Sozialen Frage, Volkswirtschaftslehre, christlichen Sozialreform und Sozialethik traten Geschichte, Pädagogik und Rechtspflege. Fachkurse befassten sich mit Frauenberufsfragen, speziell zur Lage von Handwerkerinnen, Arbeiterinnen und Dienstbotinnen, es ging aber auch um Gewerbeordnung, soziales Versicherungswesen, Jugendpflege oder Mädchenschulreform. Neben der Sozialarbeit war demnach die Frauenfrage ein zentrales Thema, das den Schülerinnen bewusstgemacht werden sollte. Der praktische Teil ermöglichte die Teilnahme an Säuglingspflege- und Kindergartenkursen oder die Hospitanz in Vereinen. Der Schulzweck lag nicht nur darin, wie die Vereinszeitschrift des Katholischen Frauenbundes 1913 betonte, Frauen „für soziale Berufsarbeit in ehrenamtlichen und honorierten Stellungen" heranzubilden, sondern zugleich auf diese Weise Mitarbeiterinnen für die eigene Organisation wie auch andere katholische Vereine zu rekrutieren.

Selbstverständliche weltanschauliche Grundlage blieb demnach der christliche Glaube, veranschaulicht im Motto der Schule „Caritas Christi urget nos", sowie die konfessionelle Ausrichtung, die Ammann und Hopmann in ihrer Rückschau von 1918 betonten: „Diese Gesinnung erst macht die soziale Arbeit ethisch wertvoll und gibt der Beamtin die Berechtigung und die moralische Sicherheit, in die Wunden und versteckten Geheimnisse der Leidenden und Bedürftigen hineinzuleuchten und helfend einzugreifen. Aus diesen Erwägungen heraus folgerte der Grundsatz einer konfessionellen Schulung der Sozialbeamtin, denn nur eine solche kann eine klare einheitliche und begeisternde Gesinnung wecken, fördern und befestigen."

Die Schule richtete sich somit an unverheiratete Katholikinnen, die meist aus städtischen Mittelschichten stammten und als Voraussetzung eine höhere Töchterschule absolviert haben mussten. Die Lehrer benötigten eine berufliche Qualifikation auf dem Gebiet der Sozialen Arbeit. Ammann leitete die Schule bis 1925 und unterrichtete auch selbst das Fach „Frauenfrage und Frauenbewegung".

1916 übernahm der Bayerische Landesverband des Katholischen Frauenbundes die Trägerschaft der Schule, die gleichzeitig staatlicherseits als Landesschule anerkannt wurde. Sie war als erste deutsche katholische Wohlfahrtspflegerinnenschule Vorbild für viele ähnliche Gründungen und existiert bis heute nach zahlreichen Transformationen als „Katholische Stiftungshochschule München".

Ammann ist als wichtige „Wegbereiterin für die professionelle Ausbildung der Sozialen Arbeit" (Gunda Holtmann) zu betrachten. Caritatives Engagement sollte nicht länger reine Freizeitbeschäftigung bürgerlicher Frauen bleiben, sondern diese in Lohnarbeit bringen, um auf lange Sicht auch eine berufliche Gleichstellung der Geschlechter zu erreichen. Sie ermöglichte zugleich sinnstiftende Betätigung wie praktische Umsetzung christlicher Ideale in einer Zeit, die aufgrund von wirtschaftlichen und sozialen Modernisierungsprozessen weite Handlungsspielräume eröffnete.

V

Innerhalb der Katholischen Kirche konnte man sich der Bedeutung der in Deutschland seit etwa 1860 Fahrt aufnehmenden Frauenbewegung in der zweiten Jahrhunderthälfte nicht entziehen. Auf den Katholikentagen zwischen 1887 und 1912 wurde sie insgesamt neunmal von Geistlichen thematisiert, unter anderem von P. Benno Auracher. Ausschlaggebend war dabei der Druck der zunehmenden sozialen Probleme und Verwerfungen infolge der tiefgreifenden wirtschaftlichen Wandlungsprozesse, der Frauen in besonderem Maße traf. Durch die Auflösung traditioneller Strukturen gab es immer mehr ledige Frauen, die sich ihren Lebensunterhalt selbst verdienen mussten. Wirksam wurde zugleich die Konkurrenz anderer religiöser wie nichtkonfessioneller Organisationen auf dem Gebiet der Frauenfrage. Nicht zuletzt handelte es sich zudem um die Selbstermächtigung von Katholikinnen, gerade auch im Kontext der Formierung des Verbandskatholizismus im 19. Jahrhundert. Die häufig als Vorwurf an die katholische Frauenbewegung kolportierte Diagnose, diese habe sich vom Klerus gängeln lassen, ist durchaus gegenteilig deutbar: Klug taktierende Frauen nutzten mit ihren Vorhaben sympathisierende Geistliche, um in der Praxis ihre Ziele umzusetzen. Sie reihten sich damit in den Mainstream der bürgerlichen Frauenbewegung insgesamt ein, der Schritt für Schritt durch sich ergebende Freiräume, in Kooperation mit und nicht gegen die Männer die weibliche Gleichberechtigung zu erreichen suchte. In einem Brief von 1911 an Lydia Wahlström bekannte Ammann sich zu diesem Prinzip: „Hier [in Deutschland] muß die Frau beweisen, daß sie derart arbeiten kann. Darum arbeiten wir praktisch und überzeugen die Männer von unserer Kapazität, dann geben sie nach Schritt für Schritt. Es ist nämlich einem Deutschen sehr schwer zu beweisen, daß die Frau gleich viel wert ist wie der Mann."
Der als Dachverband und Vernetzungsplattform für alle katholischen Frauen 1903 in Köln gegründete Katholische Frauenbund entstand zwar unter Mitwirkung von Priestern und Zentrumspolitikern und verfügte über einen

gleichwohl nicht stimmberechtigten geistlichen Beirat, wurde aber nur von Laiinnen geführt.

Für den bayerischen Katholizismus maßgebliche Theologen wie Faulhaber standen der Teilhabe der Frau am öffentlichen Leben und weiblicher Berufstätigkeit offen gegenüber. P. Auracher erklärte 1905 öffentlich: „Es hilft durchaus nichts, nur zu sagen: Die Frau gehört ins Haus." P. Cölestin Schwaighöfer bestärkte die vom Kölner Frauenbund mit der Errichtung einer Münchner Filiale beauftragte, weil durch den Mädchenschutz zu überregionaler Bekanntheit gelangte Ammann, dieses Werk in Angriff zu nehmen. Als auch Auracher bei einem Vortrag vor dem Mädchenschutzverein München über „Frauenarbeit und Frauenwirksamkeit" im Oktober 1904 an die Runde die Frage richtete, wer den hiesigen Frauenbund ins Leben rufen wolle, stellte sich laut ihrer Biographin Godin Ammann zur Verfügung: „Im Schweigen aller etwas überraschten Anwesenden erhob sich schüchtern, zierlich und jung Ellen Ammann von ihrem Sitz: ‚ich bin bereit', sagte sie schlicht, und Pater Auracher schloß die Versammlung mit der Ermahnung, ungesäumt ans Werk zu gehen."

Am 17. Oktober 1904 richtete Ammann einen Aufruf „An die Katholischen Frauen und Jungfrauen Münchens" zur Mitarbeit: „Nur wer die Zeichen der Zeit gar nicht versteht, wer die Zusammenhänge der wirtschaftlichen und sozialen Bewegung unserer Zeit gar nicht kennt, kann die Notwendigkeit einer katholischen Frauenorganisation leugnen. […] [Es] wäre […] ohne Zweifel ein verhängnisvoller Fehler, sich der modernen Frauenbewegung durchaus entgegenzustemmen. Letztere hat soviel des Berechtigten und Notwendigen an sich, daß es nicht Aufgabe einer katholischen Frauenorganisation sein kann, derselben in den Rücken zu fallen und so Reformen zu vereiteln, welche kommen müssen."

Bei einer Werbeversammlung im Münchner Kreuzbräu am 27. November 1904 erschienen die Spitzen des katholischen Geisteslebens, Nuntius Carlo Caputo, mit Herzogin Marie Gabriele, Prinzessin Therese von Liechtenstein und Prinzessin Maria de la Paz auch die erste Riege der Wittelsbacherinnen. Bereits 339 Münchnerinnen entschlossen sich an diesem Abend zum Beitritt, nachdem Hofprediger Josef von Hecher „der christlichen Frau die Pflicht" zur Mitwirkung ans Herz gelegt hatte. Am 6. Dezember 1904 erfolgte die offizielle Gründung mit der Berufung Ammanns zur ersten Vorsitzenden, dem Vorstand gehörten außerdem Emilie Auracher und Amelie von Godin an. Der Verein bestand aus drei Sektionen, die caritative wurde von Irene von Godin-Waldkirch geleitet, die wissenschaftliche von Laura von Ow-Rotberg und die soziale von Pauline von Montgelas. Als geistlicher Beirat fungierte der Abt der Münchner Benediktinerabtei St. Bonifaz, P. Gregor Danner.

Die Münchner Katholikinnen begriffen sich selbst dezidiert als Teil der bürgerlichen Frauenbewegung. So erklärte Ammann 1906 in der Schlussrede zur zweiten Generalversammlung des Münchner KFB: „Wir wollen auch mit den Frauen, die auf anderem Boden stehen, aber dieselben Bestrebungen haben wie wir, zusammenarbeiten. Denn wir sollen mit allen unseren Mitschwestern vom evangelischen Frauenbund und den interkonfessionellen Vereinen zusammenarbeiten. Es gibt sehr viel Gemeinsames, das wir zusammen betreiben können, und darum heißt es auch: Einigkeit macht stark. Wo wir mit anderen gehen können, tun wir es. Allerdings, wenn dann Sachen kommen, die mit unseren Ansichten unvereinbar sind, dann muß es heißen: Bis hier hin und nicht weiter!" Den essenziellen Unterschied zur nichtreligiösen Frauenbewegung bezeichnete sie dabei mit dem „apostolisch[en]" Selbstverständnis des KFB: „Wir denken nicht nur an das gegenwärtige Leben, wir denken auch an die Seele; wir wollen für die Seelen wirken dadurch, daß wir versuchen, die materielle Lage unserer Mitschwestern zu heben durch Besserung der pekuniären Verhältnisse, durch einen geschützten sittlichen Zustand. Durch diese Hebung wollen wir es ihnen erleichtern, gut und tugendhaft zu sein, so wollen wir für ihre Seelen arbeiten. Darum ist unser Wirken apostolisch."

In der Frauenfrage reihte der Münchner Frauenbund sich in den Rahmen der für die katholische Frauenbewegung üblichen Positionen ein, aber nach Maßgabe der individuellen Schwerpunktsetzung seiner Vorsitzenden. Wie die meisten Katholikinnen bejahte auch Ammann grundsätzlich die Polarität der Geschlechter und lehnte die von anderer Seite postulierte ‚Gleichartigkeit' von Mann und Frau ab. Als Schwerpunkt weiblicher Identität begriff sie durchaus weiterhin die biologisch nicht hintergehbare Reproduktionsfähigkeit, die sich aber in einem weiteren Sinne – abstrahiert im Konzept der „geistigen Mütterlichkeit" – auf jede Tätigkeit im Dienst am Anderen oder an der Gesellschaft übertragen ließ. Ammann verwendete zwar öffentlich häufig die Formel der Frau als „Gehilfin des Mannes", verstand darunter aber aus einem christlich auf das Gemeinwohl orientierten Perspektive die gleichberechtigte Mitarbeit des weiblichen Geschlechts im öffentlichen Leben und damit das gemeinsame Engagement von Mann und Frau für die Gesellschaft. Für die Katholikin Ammann standen nicht Kategorien wie Selbstverwirklichung, sondern der Dienst am Mitmenschen im Zentrum.

Ein besonderes Augenmerk legte sie auf die Erkämpfung des weiblichen Rechts auf Berufstätigkeit und dementsprechend auf die systematische Verbesserung der diesbezüglichen Voraussetzungen, nämlich der Ausbildung der Frauen, wie sie 1908 in ihrem Aufsatz „Wertschätzung der Arbeit ein Hülfsmittel zur Lösung der Frauenfrage" ausführte: „Immer noch herrscht in vielen Kreisen die falsche Auffassung, daß ein Mädchen aus besseren Ständen sozusagen auf der gesellschaftlichen Leiter heruntersteige, weil sie sich ihr Brot selber verdient. [...] An uns Frauen ist es dazu beizutragen, daß die arbeitende Frau höher geschätzt wird!" Hierzu zog sie in einem Referat bei der Gründungsversammlung des Freiburger KFB 1909 argumentativ die von der gesamten bürgerlichen Frauenbewegung vertretene Idee des Selbstvertretungsrechts von gesellschaftlichen Gruppen heran: „Da alle Stände anfangen, sich zu organisieren, so muß es auch ganz logischer Weise das Recht der Frauen sein, daß sie sich zusammenschließen, um sich um ihre Interessen anzunehmen. Ja, es ist das ihre Pflicht." Die konkrete Arbeit des Münchner KFB richtete sich auf die Verbesserung der Arbeits- und Lebensbedingungen von Frauen. So setzte sich die soziale Sektion für die Interessen der Heimarbeiterinnen, Dienstmädchen und Kellnerinnen ein. Es gelang der Abschluss eines Tarifvertrags für das Schneidergewerbe, Dienstmädchenvereine wurden errichtet und zusammen mit dem Evangelischen Frauenbund ein Kellnerinnenheim gegründet. Die caritative Sektion beteiligte sich an der Gründung einer Säuglingsmilchküche, forcierte die Zulassung von Frauen zur Armenpflege und engagierte sich im Bereich der Jugendgerichtshilfe. Die wissenschaftliche Sektion befasste sich mit der Verbesserung der weiblichen Bildung, was u.a. die Gründung der sozialen und caritativen Frauenschule zur Folge hatte. Ammann lag dabei aber insgesamt die Professionalisierung aller weiblichen Ausbildungszweige am Herzen. Traditionell eine Angelegenheit privater, meist geistlicher Träger, sollte die Mädchenbildung nach ihrem Willen endlich vom Staat als seine genuine Aufgabe anerkannt werden. In ihrem Aufsatz „Die wissenschaftliche Weiterbildung der nicht berufstätigen Frau" bezeichnete sie 1905 als „eine der wichtigsten Fragen der Gegenwart […] die einer allgemeinen, vernünftigen und wahren Frauenbildung!".

Die sukzessive in den bayerischen Diözesen entstandenen Zweigvereine bündelte Ammann 1911 in der Gründung eines Landesverbands, dessen Vorsitz sie ebenfalls übernahm. Aus ihm ging ab 1913 der jährlich abgehaltene „Katholische Frauentag" hervor, 1919 die eigene Zeitschrift „Bayerisches Frauenland".

VI

Ein weiterer Handlungsraum eröffnete sich für die bayerische Frau in der Revolution von 1918, die das aktive und passive Wahlrecht brachte. Innerhalb der katholischen Frauenbewegung war das weibliche Stimmrecht umstritten. Der Katholische Deutsche Frauenbund blieb bis 1918 in dieser Frage neutral. Neben engagierten Befürworterinnen wie Elisabeth Gnauck-Kühne standen in Bayern auch Zentrumspolitiker wie Georg Heim oder kirchliche Autoritäten wie Kardinal Faulhaber dem Thema offen gegenüber. Ammann hielt im Zuge ihrer organisch vorgehenden Strategie vor dem Ersten Weltkrieg die Zeit für diesen Schritt nicht für reif, ohne das weibliche Wahlrecht jedoch grundsätzlich abzulehnen. Sie sah ein erst zu behebendes staatsbürgerliches Bildungsdefizit der Frau für gegeben an, weswegen sie

1911 in einem Brief an die Generalsekretärin des Kölner KFB auch die Bindung an die Zentrumspartei verwarf. Die gewandelten Realitäten nach der Kriegsniederlage führten zum Umdenken. In dem Artikel „Zehn Jahre Frauenstimmrecht" in der Vereinszeitschrift des KFB-Landesverbands, „Bayerisches Frauenland", führte Ammann 1929 aus, es sei anlässlich der völligen Neuorganisierung von Staat und Gesellschaft 1918 an der Zeit gewesen, „auch die größere Hälfte des Volkes, nämlich die Frauen, mitzusprechen" zu lassen.

Der politische Katholizismus bekannte sich im Namen der als Abspaltung vom Zentrum am 12. November ins Leben getretenen Bayerische Volkspartei (BVP) in seinem Gründungsprogramm ebenfalls zum weiblichen Wahlrecht und forderte die Mitarbeit der Frau auf öffentlichem Gebiet ein. Nach Auskunft ihrer Biographin Godin in Gründungsversammlungen der BVP anwesend, wurde Ammann 1919 bei den ersten Wahlen in den bayerischen Landtag gewählt, dem sie bis zur ihrem Tod 1932 angehörte, sie starb im Anschluss an einem Schlaganfall nach einer Rede „gewissermaßen in den Sielen parlamentarischer Arbeit", wie Landtagspräsident Georg Stang im Nachruf formulierte. Sie war eine von fünf weiblichen Abgeordneten der BVP während der Weimarer Republik und neben der Lehrerin Klara Barth und der Ministerialbeamtin Maria von Gebsattel zweifellos die profilierteste.

Ammanns Redebeiträge im Parlament behandelten hauptsächlich die Bereiche des Gesundheitswesens, der Jugendfürsorge, öffentlichen Fürsorge und Wohlfahrtspflege. Zusammen mit ihren Kolleginnen wollte sie bei der Gestaltung des neuen demokratischen Staates mitarbeiten und dabei die christliche Weltanschauung zur Geltung bringen. Konkret ging es um den Ausbau der weiblichen Mitwirkung in der Verwaltung, auch an leitenden Stellen, besonders auf dem Gebiet der Interessenvertretung von Frauen, Familien, Kindern und Jugendlichen. Im Berufsleben stritten die BVP-Frauen für die gerechte Entlohnung von Frauenarbeit, den Ausbau der Berufsmöglichkeiten, vermehrten Schutz von Arbeiterinnen, Erleichterungen für Mütter und Landfrauen. Ihre Hauptforderung im familiären Bereich war die Aufrechterhaltung der christlichen Ehe und die soziale und wirtschaftliche Förderung von Familien. Ein weiterer wichtiger Bereich stellte die Verbesserung der beruflichen und schulisch-akademischen Ausbildung von Frauen dar.

Auf Ammanns Initiative oder Mitwirkung gehen unter anderem die Zulassung von Frauen zur Reichsschulkonferenz, die Einstellung eines hauptamtlichen Polizeiseelsorgers oder die Anerkennung weiblicher Schöffen und Geschworenen zurück. In diesem Fall sprach Ammann sich sogar für einen Antrag der SPD-Fraktion aus, der den Zugang grundsätzlich und ohne Einschränkungen forderte, der Landtag genehmigte weibliche Schöffen aber nur bei der Aburteilung von Frauen und in Jugendgerichtsangelegenheiten. Ammanns Stellungnahme in der Debatte klingt radikal, sah sie doch eine gerichtliche Befangenheit durch den rein männlichen Blick in Strafverfahren und postulierte eine größere weibliche Kompetenz in Rechtsfragen aufgrund psychologischer und empathischer Eigenschaften. Deshalb verlangte sie sogar die Zulassung der Frau zum Richteramt.

Im sozialpolitischen Bereich setzte sich Ammann gegen Geburtenregelung, für den Ausbau der Unterstützung von Frauen und Familien und die bessere Ausbildung in Sozialberufen ein. Der Kampf gegen die Abtreibung war nicht nur christlich motiviert, sondern ist auch im Kontext einer zeittypischen Befürchtung um den Bestand des deutschen Volkes einzuordnen. Sie schlug die Einrichtung von Schwangerenberatungsstellen oder einer Elternschaftsversicherung vor und forderte regelmäßig in Haushaltsdebatten, die Etats für das Gebiet der Säuglings- und Mütterfürsorge zum Zwecke der Hilfe für Mütter und junge Familien stark auszubauen. Als Mutter von sechs Kindern war ihr der Einsatz für kinderreiche Familien, die von der wirtschaftlichen Krisenlage in der Endphase der Weimarer Republik besonders betroffen waren, wichtig. Für im Sozialwesen beschäftigte Frauen mahnte sie eine Verbesserung der Ausbildung und Bezahlung an, wie zum Beispiel zur Etablierung von Qualitätsstandards die Entwicklung einer Prüfungsordnung für den Bereich der Wohlfahrtspflege an den Frauenschulen.

Wenig bekannt ist zu außerparlamentarischer politischer Betätigung Ammanns während der Weimarer Republik, Stellungnahmen veröffentlichte sie gelegentlich im „Bayerischen Frauenland". In den Stenogrammen zu den Ministerratsprotokollen der bayerischen Regierung erwähnt Ministerpräsident Eugen von Knilling am 5. Januar 1923 die Zuschrift von „Damen", darunter Anita Augspurg und Ammann mit Beschwerden über die Zunahme der politischen Gewalt in den Straßen. Lida Gustava Heymann berichtet in ihren Erinnerungen über die Teilnahme Ammanns an einer Frauendelegation Anfang 1923, die im Innenministerium die Ausweisung Adolf Hitlers beantragte. Von der Forschung erst in jüngerer Zeit gewürdigt wurde ihre Rolle im Hitlerputsch. Nachdem sie am Abend des 8.11.1923 Gerüchte über einen Umsturzversuch gehört hatte, ließ sie Kultusminister Franz Matt informieren. Er und die nicht im Bürgerbräu festgehaltenen Minister Heinrich Oswald und Wilhelm Krausneck versammelten sich im Geschäftszimmer des Katholischen Frauenbundes in der Theresienstraße. Dort wurden die Aktionen gegen den Putsch besprochen und eingeleitet.

Anlässlich ihrs 150. Geburtstages sprach sich 2020 der Katholische Frauenbund Bayern für die Seligsprechung Ellen Ammanns aus, was von Weihbischof Wolfgang Bischof des Erzbistums München-Freising in einem Gedenkgottesdienst aufgegriffen wurde.

Quellen

Der Nachlass Ellen Ammanns wird im Archiv des Erzbistums München und Freising aufbewahrt, er enthält u.a. Tagebuchaufzeichnungen und Korrespondenzen. Er beruht auf einer Materialsammlung von Marianne Neboisa für ihre Forschungsarbeiten. Ammanns parlamentarische Reden sind in den Stenographischen Berichten über die Verhandlungen des Bayerischen Landtags dokumentiert.

Schriften (Auswahl)

Mädchenschutz und Bahnhofmission, in: Verhandlungen der 1. Generalversammlung des Katholischen Frauenbundes in Frankfurt am Main von 6. bis 8. November 1904, S. 97–109. – Die wissenschaftliche Weiterbildung der nicht berufstätigen Frau, in: Die christliche Frau, 4. Jg., Heft 2, November 1905, S. 41–46. – Wertschätzung der Arbeit ein Hülfsmittel zur Lösung der Frauenfrage, in: Der Katholische Frauenbund Nr. 8, 17. Mai 1908, S. 112–113. – Der katholische Frauenbund. Sonderdruck aus der Allgemeinen Rundschau für den Bayerischen Landesverband des katholischen Frauenbundes, München 1912. – Der Bayerische Landtag, in: Bayerisches Frauenland, Nr. 4, 1919, S. 26–27. – Zehn Jahre Frauenstimmrecht, in: Bayerisches Frauenland. Nr. 2, 1929, S. 9–11.

Literatur

A. *von Godin*, Ellen Ammann. Ein Lebensbild, München 1933. – M. *Hopmann*, Ellen Ammann und ihre sozial-caritative Bedeutung, in: Jahrbuch der Caritaswissenschaft, Freiburg 1937, S. 56–68. – M. *Linhart*, Ellen Ammann. Ein christliches Frauenbild in unserer Zeit, Breslau 1940. – M. *Neboisa*, Ellen Ammann und die Münchner Bahnhofsmission, Würzburg 1986. – M. *Neboisa*, Ellen Ammann, geb. Sundström 1870–1932, St. Ottilien 1992. – M. *Berger*. Ellen Ammann, in: Biographisch-Bibliographisches Kirchenlexikon, 20 (2002), Sp. 27–34. – G. *Wosgien*, Ellen Ammann – die Gründerin der Münchner Sozialen und caritativen Frauenschule, in: S. *Sandherr*, F. *Schmid*, H. *Sollfrank*, Einhundert Jahre Ausbildung für soziale Berufe mit christlichem Profil. Von Ellen Ammanns sozial-caritativer Frauenschulung zur Katholischen Stiftungsfachhochschule München 1909–2009, München 2009, S. 16–27. – G. *Holtmann*, Ellen Ammann – eine intellektuelle Biographie. Ein Beitrag zur Geschichte der Sozialen Arbeit im Kontext der katholischen Frauenbewegung und des ‚Katholischen Deutschen Frauenbundes' zu Beginn des 20. Jahrhunderts, Würzburg 2017. – A. *Schmidt-Thomé*, Ellen Ammann. Frauenbewegte Katholikin, Regensburg 2020.

Wolfgang Bergsdorf

JOSEPH BEUYS (1921-1986)

Im Pandemiejahr 2021 bereiteten sich die deutschen Museen mit diversen Ausstellungsprojekten darauf vor, den „deutschesten aller deutschen Künstler" (FAZ, 14. Februar 2021) anlässlich seines 100. Geburtstags zu würdigen: Joseph Beuys. Dieser Name lässt sich kaum nennen, ohne in Gedanken das Attribut „umstritten" hinzuzudenken. Beuys' Oeuvre wurde bewertet „als Liturgie und Kult, als Synthese alter und neuer Medizin, als Wiederkehr des Mythischen, als Artikulation anthroposophischer Ideen, als Bildungsweg der Seele, als Mystik, als Modell für eine globale Informationsgesellschaft, als direkt-demokratischer Prozess, als romantisch-metaphysischer oder religiöser Weg zur Reform der Gesellschaft" (Johannes Thomas). Für die einen war Beuys ein Schamane, Scharlatan und Spinner, für die anderen war er der bedeutendste Nachkriegskünstler Deutschlands mit Weltgeltung. Unverbrüchliche Gläubigkeit seiner Bewunderer kollidierte mit Verketzerung durch seine Gegner, perfekte Selbstinszenierung traf auf den Vorwurf grenzenloser Verdummung. Er war ein Meister der Provokation, der Denken, Diskussion und Rede in sein Kunstverständnis einschloss. Für ihn gehörten Kunst und Lebenspraxis, Kunst und gesellschaftliches Engagement untrennbar zusammen.

Wenn man als Aufgabe der Kunst die Irritation versteht, das Gewöhnliche und Übliche aus überraschenden, grenzüberschreitenden, also neuen Perspektiven zu betrachten, Gegensätzliches und Widersprüchliches jenseits von Rationalität und Logik anzubieten, dann wird das Umstrittene zum Markenzeichen jedes künstlerischen Anspruchs. Joseph Beuys verstand es wie kein anderer Künstler, seine Zeitgenossen zu irritieren. Das gilt besonders für die Schaffensperiode, in der er sich vor allem als Aktionskünstler einen Namen machte. In den filigranen Zeichnungen seiner Frühzeit, die sich sehr häufig mit christlichen Themen beschäftigten, hat er die traditionelle Betrachtungsweise ausprobiert und Ende der 1950er Jahre erkannt, dass sie seinen Ansprüchen auf eine radikal neue Sicht der Lebenszusammenhänge nicht gerecht werden konnte. In seinen Fluxus-Aktionen und Rauminstallationen in den 1960er und 70er Jahren erwies er sich als begnadeter Kommunikator. Diese Arbeiten gewannen ihre Bedeutung durch die ungeheure Beredsamkeit ihres Urhebers. Ohne Kommunikation blieben sie erklärungsbedürftig. Die nachhaltende Wirkung des Kommunikators Joseph Beuys zeigt sich auch daran, dass es in den letzten Jahrzehnten keinem anderen Künstler gelungen ist, unsere Alltagssprache mit Spuren seiner spezifischen Begrifflichkeit zu bereichern. „Jeder Mensch ist ein Künstler", der „erweiterte Kunstbegriff" und auch „soziale Plastik" sind von ihm geprägte Formulierungen, die sich leicht ironisieren lassen. Gleichwohl steht dahinter ein ganzheitlicher, universeller Anspruch, der auch auf das christliche Grundmotiv seiner Kunst- und Weltanschauung verweist.

Der Autor dieses Kurzportraits ist Joseph Beuys einige Male begegnet. Das erste Mal war 1975, als der Bildhauer Günter Oellers zu einem kulturpolitischen Gespräch mit dem damaligen Ministerpräsidenten Helmut Kohl in das Bonner Schlossparkhotel am Poppelsdorfer Weiher einlud. Joseph Beuys kam mit einer großen Zahl seiner Schüler. Es entspann sich eine lebhafte Diskussion über aktuelle Probleme der Kulturpolitik. Aus ihr ist mir nur noch die spontane und scharfe Aufforderung Beuys´ an seinen Schüler Anatol, den Polizisten, in Erinnerung geblieben: „Anatol, halt´s Maul, lass den Kohl reden!" Eine zweite Begegnung fand wenig später in seinem Haus in der Drakestraße in Düsseldorf-Oberkassel statt. Mit dem amerikanischen Diplomaten Dr. Richard Smyser, dem dritten Mann der US-Botschaft in Bonn, hatten wir uns zum Atelierbesuch angesagt. Auf der Hinfahrt ließ unser amerikanischer Freund seiner Abneigung gegen den ihm unbekannten Künstler freien Lauf. Auf der Rückfahrt sprach er voller Begeisterung über das soeben Erlebte. Damals habe ich erfahren, wie Joseph Beuys Menschen verzaubern konnte, die ihm voller Vorurteile entgegentraten. Er erläuterte dem Amerikaner zwei Stunden lang Details seiner Aktion: „I like America and America likes me": Eine Woche lang hatte er in einer New Yorker Galerie mit einem Koyoten verbracht, um die Nähe zum wilden, den nordamerikanischen Ureinwohnern heiligen Tier zu unterstreichen. Und dann habe ich ihn zufälligerweise 1982 bei der Zeitgeist-Ausstellung im Martin-Gropius-Bau in Berlin getroffen, als er sein Ensemble mit dem Titel „Hirschdenkmäler" arrangierte. Die letzte Begegnung war auch eine zufällige: Im Advent 1985 trafen wir uns in Bonn an einer roten Ampel an der heutigen Helmut-Kohl-Allee. Er saß am Steuer seines Bentleys und ließ die Scheibe herunter. Meine Frage „Wohin des Wegs?" beantwortete er mit: „Nach Italien".

2009 hatte der Autor auf einer Vernissage mit den Werken des Bildhauers Günter Oellers und seiner Frau, der Malerin Edith Oellers, im Düsseldorfer Landtag zu sprechen. Danach kam Felix Droese, ein Schüler von Joseph Beuys, und prophezeite, spätestens in zehn Jahren würde sein Lehrer als christlicher, ja, als „katholischer Künstler" verstanden werden. Ich reagierte skeptisch. Und dann traf die Einladung zu diesem Beitrag über katholische Persönlichkeiten des 20. Jahrhunderts ein, der die Chance bietet, mich genauer mit den religiösen Hintergründen seiner Person und seines Oeuvres zu beschäftigen.

Joseph Beuys wurde am 12. Mai 1921 in Krefeld als Sohn des Kaufmanns und Düngemittelhändlers Josef Jakob Beuys und seiner Frau Johanna Maria Margarete geboren. Er wuchs als Einzelkind in Kleve auf. Seine Familie war christlich geprägt durch die niederrheinische Form des Katholizismus. Die fromme Mutter praktizierte ihre Form des Christentums, der Vater verstand sich eher als liberaler Katholik. Die frühkindliche Prägung Joseph Beuys´ durch die katholische Sozialisation dürfte seinem Gespür für Riten und Symbole und seiner Neigung zu Metaphern und Mythen den Boden bereitet haben. Später erinnerte er sich, dass ihm schon im Alter von vier Jahren Engel erschienen sind, die sein Handeln leiteten. Von 1927 bis 1932 besuchte er die katholische Volksschule und danach das staatliche Gymnasium Kleve, heute Freiherr-vom-Stein-Gymnasium. Er lernte Klavier und Cello und besuchte mehrmals das Atelier des in Kleve ansässigen flämischen Malers und Bildhauers Achilles Moortgat, der sein zeichnerisches Talent förderte. Seine Lehrer lenkten das Interesse des jungen Beuys auf nordische Geschichte und Mythologie und auf Naturwissenschaft und Technik. Unter den Persönlichkeiten des Lehrerkollegiums war er besonders vom Religionslehrer, dem hochgebildeten Pfarrer Professor Peters, beeindruckt.

Die kirchliche Bindung seines Elternhauses dürfte mit ursächlich dafür gewesen sein, dass der Jugendliche Joseph Beuys – anders als die meisten seiner Generation – der Faszinationskraft der NS-Ideologie nicht erlag. Gleichwohl trat er der Hitlerjugend bei, wozu spätestens nach Erlass der zweiten Durchführungsverordnung zum HJ-Gesetz alle jungen Leute verpflichtet waren. Ihm war die Hitlerjugend damals als Chance junger Männer zum Austoben erschienen, wie er später berichtete.

1938 fiel ihm ein Katalog mit Plastiken Wilhelm Lehmbrucks in die Hände und erzeugte in ihm erstmalig den Berufswunsch des Bildhauers. Ein Jahr vor dem Abitur brannte Joseph Beuys durch und schloss sich einem Wanderzirkus an, um dort Tiere zu pflegen und Plakate zu kleben. 1940 fanden ihn seine Eltern am Oberrhein wieder und konnten ihn zur Rückkehr überreden. Sie hatten ihn für eine Lehrstelle in der Margarinefabrik in Kleve angemeldet. Das Lehrerkollegium seines Gymnasiums nahm ihn jedoch wieder auf und er konnte die Schule im Frühjahr 1941 mit dem Reifevermerk (dem sogenannten Notabitur) verlassen. Anschließend meldete er sich freiwillig zur Luftwaffe und verpflichtete sich für zwölf Jahre. Er absolvierte eine Ausbildung als Bordfunker und -schütze. Ursprünglich wollte er sich zum Piloten ausbilden lassen. Diese Hoffnung scheiterte an seiner Rot-Grün-Blindheit. Dies erklärt später seine minimal chromatischen Arbeiten mit Farben von Blut und Erde, die weniger als Farbe fungieren denn als Materialauskunft (Dagmar Demming).

In der Luftnachrichten-Schule in Posen traf er auf den späteren Tierdokumentarfilmer Heinz Sielmann, der sein Interesse an Zoologie, Botanik und Geologie verstärkte und mit dem er Ende der 1940er Jahre zusammenarbeiten sollte. Als Gasthörer belegte er Vorlesungen an der Reichsuniversität Posen zu Kosmologie und Anthropologie von Paracelsus bis Rudolf Steiner. Ab 1942 war der Unteroffizier Beuys in Erfurt und Königgrätz stationiert und wurde in einem Stuka vom Typ Ju 87 als Bordfunker eingesetzt. Im Sommer 1943 kam er zum Luftwaffenstab nach Kroatien. Damals schrieb er an seine Eltern, dass er nach dem Krieg Künstler werden wolle. Zahlreiche Skizzen und Zeichnungen stammen aus dieser Zeit. Seine Einheit wurde in Rumänien, Ungarn, Kroatien und Südrussland eingesetzt. Seine Vorgesetzten beeindruckte der Unteroffizier Beuys durch eine vorbildliche Einsatzbereitschaft und einen außerordentlichen Mut. Dafür erhielt er als militärische Ehrungen das Eiserne Kreuz I. und II. Klasse, sowie später das Schwarze und Goldene Verwundetenabzeichen.

Am 16. März 1944 stürzte seine Maschine in der Ukraine bei Schneefall und schlechter Sicht ab. Der Pilot starb. Joseph Beuys wurde unter der Maschine eingeklemmt und schwer verletzt. Er wurde am 17.3.1944 in das Militärlazarett Kurman-Kemeltschi auf der Krim eingeliefert. Im dortigen Krankenbuch findet sich zu Beuys´ die Diagnose „Gehirnerschütterung und Platzwunde über dem Auge". Der Absturz hat ihn traumatisiert. Er erzählte später immer wieder die Geschichte seiner Rettung durch Tartaren, die ihn gepflegt, mit Filz gewärmt und seine Wunden mit Fett behandelt hätten. Diese Erzählung basiert auf einem traumhaften Erleben, das für den Betroffenen – anders als der nächtliche Traum – eine unbezweifelbare Erfahrungsgewissheit darstellt und dem realen Erleben gleichkommt. Nach schweren Verletzungen und auch nach Operationen kann solches „oneiorides" Erleben (oneiros, griech: Traum) bei wachem Bewusstsein vorkommen (Hartmut Kraft). Beuys gewann daraus die Energie zur Selbst-Mythologisierung, die Fett und Filz als wichtige Materialien seiner Kunst erklärt. Später sollten Hut, Jeans und Anglerweste für sein unverwechselbares Äußeres sorgen.

Beuys´ militärische Karriere wurde mit dem Kriegsende, das er in Cuxhaven in britischer Kriegsgefangenschaft erlebte, abgeschlossen. Nach seiner Entlassung im August 1945 kehrte er zu seinen Eltern in Neu-Rindern bei Kleve zurück. Dort gründete er mit Hanns Lamers und Walther Brüx den „Klever Künstlerkreis" und bereitete sich mit Hilfe dieser beiden auf das Kunststudium vor. Im Sommer 1946 begann er seine Studien an der Staatlichen Kunstakademie Düsseldorf, zuerst bei dem Monumentalbildhauer Joseph Bernhard Hubert Enseling (1886 –1957). 1949 wechselte er in die Klasse des Bildhauers, Medailleurs und Malers Ewald Mataré (1882–1965), dessen Spezialgebiet die Tierskulptur war. Mataré wie auch Lehmbruck waren von den Nazis verfemte Künstler und sollten auf Beuys einen prägenden Einfluss ausüben. Frauendarstellungen, religiöse Motive wie Kreuze, Tierabbildungen und auch frühe Holzschnitte sowie Flächenreliefs verraten den Einfluss seines Lehrers Mataré.

Ewald Mataré war gläubiger Katholik und mit seiner Kirche im nahezu völligen Einklang. Seine Kirchentreue und die Qualität seiner Arbeit empfahlen ihn bei kirchlichen Auftraggebern. Kunst und Religion waren für ihn zwei Seiten derselben Medaille. Großen Wert legte er auf eine möglichst vielseitige Ausbildung, die die Beherrschung unterschiedlicher Techniken einschloss. Joseph Beuys schätzte es sehr, von seinem Lehrer für die unterschiedlichen Materialien sensibilisiert zu werden. Der Lehrer erkannte die Begabung seines Schülers und sah in ihm zunächst nicht den Bildhauer, sondern den Maler. Lehrer und Schüler waren von ihrer künstlerischen Aufgabe besessen und auch die Beschäftigung mit religiösen Themen gehörte zum gemeinsamen Interesse. Während Mataré religiöse Themen in traditionellen Variationen behandelte, entwickelte Beuys ein anderes Verständnis des Christentums, dessen künstlerischer Niederschlag alle Traditionen hinter sich ließ. Dennoch hat das christlich geprägte Menschenbild des Lehrers den jungen Beuys nach den Erschütterungen seines Weltbildes durch die Kriegserfahrungen nachhaltige Orientierung gegeben. Bei Mataré hat sein Schüler eine spirituelle Basis gefunden und dieser die metaphysische Sensibilität von Joseph Beuys erspürt. Während sich Mataré als gläubiger Katholik verstand, hat Beuys auch schon damals mit der Institution Kirche nichts anfangen können.

Mataré ernannte Beuys 1951 zu seinem Meisterschüler, der an den Aufträgen seines Lehrers mitarbeiten durfte. So wirkte er mit an den Türen des Südportals des Kölner Doms, am Fenster im Westwerk des Aachener Doms sowie an der Gedenkstätte in Alt St. Alban Köln. Eigenständige Arbeiten erzielten nun erste Erfolge. Mit dem Eisenguss „Pieta" gewann Beuys 1952 eine Auszeichnung im Rahmen eines Wettbewerbs, ausgeschrieben vom Verband der Eisenhüttenwerke Düsseldorf. Die Plastiken „Bienenkönigin I–III" (1952) ließen bereits eine höchst persönliche Handschrift erkennen. Hierfür benutzte er Wachs, Fett und Schokolade und bereicherte so die Materialauswahl der Bildhauerei.

Das persönliche Verhältnis von Joseph Beuys zu seinem Lehrer Ewald Mataré wurde trotz der gegenseitigen Wertschätzung schwierig, weil der Schüler immer stärker seine Selbstverwirklichung anstrebte. Hierbei kam ihm die Freundschaft mit dem Brüderpaar Hans (1929–2002) und Franz-Josef (1933–2020) van der Grinten zugute. Sie erkannten schon sehr früh seine Genialität, ermutigten ihn zur künstlerischen Produktion; sie begannen seine Werke zu sammeln und halfen ihm bei finanziellen Engpässen. Sie kauften Druckgrafiken und Zeichnungen und verschafften ihm die erste Einzelausstellung im von der Heydt-Museum Wuppertal. (Joseph Beuys, Plastik. Grafik 22.2.–15.3. 1953). Die Freundschaft mit den Gebrüdern van der Grinten pflegte er sein Leben lang. Sie sammelten alles von und zu Beuys. Phasenweise fuhr wöchentlich ein VW-Bus voller Papiere und Materialien vom Beuys' Atelier in Düsseldorf-Oberkassel zum Bauernhof der Familie van der Grinten in Kranenburg am Niederrhein. Der Ort ist seit 700 Jahren bekannt für seine Wallfahrt zum „Wundertätigen Heiligen Kreuz", die mit einem Hostienfrevel begann. Eine geweihte Hostie wurde aus Unachtsamkeit in einem Baum versenkt. Als er nach Jahrzehnten gefällt wurde, fand man ein 60 cm großes Holzstück, das als Christus-Corpus identifiziert wurde. Er bewirkte Wunder und zog Wallfahrer an. Auch Joseph Beuys hat sich mit dem wundertätigen Kreuz von Kranenburg beschäftigt, wie sein Ehrenmal für die Toten beider Weltkriege im Alten Kirchturm von Büderich (1959) bezeugt.

II

Der Hof in Kranenburg wurde für den Künstler zum Rückzugsort. Hierhin hat er sich 1957 zurückgezogen in einer ausgeprägten transformativen Krise, die Anfang 1955 ausbrach. Nach Abschluss seiner Studien hatte er 1954 die Kunstakademie verlassen und damit sein Atelier als Meisterschüler verloren. Er hatte die geschützte Atmosphäre der Akademie mit der freien, aber unsicheren Existenz des Künstlers eingetauscht, wobei er das Zutrauen zu seinem künstlerischen Weg einbüßte und nach einer grundlegenden Neuorientierung suchen musste. Schließlich – so Beuys rückblickend – spielte als Auslöser der Krise eine Frau eine große Rolle, seine Verlobte Ingrid, die damals die Verbindung löste. Beuys verließ die vertraute Umgebung, mied seine Freunde, suchte Hilfe bei Psychiatern und zog sich in sich selbst zurück. Wochenlang schloss er sich in eine Wohnung ein und reduzierte seine Nahrungsaufnahme radikal. Auf Türklingeln reagierte er nicht. Dann brachen Freunde die Wohnungstür auf, fanden Beuys in Todesnähe und sorgten für medizinische Hilfe.

Bei seinen Freunden van der Grinten in Kranenburg fand Joseph Beuys in dieser Phase einen menschlichen Rückhalt, mit dessen Hilfe er aus der Krise gestärkt hervorgehen konnte. Ihm gelang ein vollständiger Neuanfang mit neuen Begriffen, neuen Ideen und mit einem erweiterten Kunstverständnis. Während seiner Kranenburger Zeit hatte er sich mit naturwissenschaftlicher Literatur beschäftigt, aber auch mit Novalis, Goethe, Nietzsche und James Joyce und immer wieder mit Rudolf Steiner. Daneben half er bei der Ernte und entwarf Konzepte für Plastiken. Die Zeit seines Rückzugs beendete er 1958. Er mietete sich ein Atelier im alten Kurhaus am Tiergarten in Kleve und lernte die Tochter des Zoologen Hermann Wurmbach, Eva Wurmbach, kennen. 1959 heiratete das Paar. Die kirchliche Trauung fand in der romanischen Doppelkirche Schwarzrheindorf bei Bonn statt. Das architektonische Kleinod wurde 1151 vom Kölner Erzbischof Arnold von Wied geweiht und dient seit der Säkularisation der katholischen Gemeinde St. Maria und St. Clemens als Pfarrkirche.

In dieser Zeit bewarb sich Beuys bei der Düsseldorfer Kunstakademie um die Professur für monumentale Bildhauerei. Mataré legte Einspruch ein. 1961 erneuerte er die Bewerbung und wurde einstimmig zum Nachfolger vom Josef (Sepp) Mages (1895–1977) bestellt. Beuys hatte Freude an seiner neuen Aufgabe, war innovativ und kritisch und unterrichtete mit ungewöhnlichen Methoden. Er war fast täglich in der Akademie und oft auch am Wochenende und in den Semesterferien, um seinen Studenten als Gesprächspartner zur Verfügung zu stehen. Er räumte seinen Schülern große Freiheiten ein. Das führte zu Konflikten mit anderen Kollegen der Akademieleitung und dem zuständigen Ministerium.

Beuys war gerne Lehrer, seine kommunikative Begabung befähigte ihn dazu in besonderer Weise. Lehre war für ihn konstituierender Bestandteil der Kunst. Seine Schüler wussten dies zu schätzen. Zu ihnen gehören Felix und Irmel Droese, Katharina Sieverding, Imi Knoebel, Jörg Immendorff, Axel Kassenböhmer, Blinky Palermo, Reiner Ruthenbeck, Anatol Herzfeld, Johannes Stüttgen u.a. Diese Aufzählung macht deutlich, dass der Lehrer Beuys keine Beuys-Schule herausbilden wollte. Dafür sind die künstlerischen Intentionen seiner Schüler zu unterschiedlich; dem Lehrer kam es darauf an, eine neue Sichtweise der Kunst und auf die Kunst zu etablieren.

Beuys setzte sich dafür ein, das traditionelle Zulassungsverfahren durch ein zweisemestriges Probestudium zu ersetzen. 1971 eskalierte der Konflikt mit der Obrigkeit, als er das Sekretariat der Akademie mit siebzehn abgewiesenen Studierenden besetzte, die er in seine Klasse aufnehmen wollte. Die Aktion wiederholte er 1972 mit diesmal 54 abgewiesenen Studierenden. Der damalige Wissenschaftsminister (spätere NRW-Ministerpräsident sowie Bundespräsident) Johannes Rau (1931–2006) entließ Beuys daraufhin fristlos. Der Rauswurf hat ihn getroffen, obwohl er als eine logische Folge der energischen Ausweitung seiner Tätigkeit zur sozialen Plastik bewertet werden kann. Jedenfalls trafen Protestbriefe aus aller Welt u.a. von Peter Handke, Jim Dine, David Hockney, Gerhard Richter, Martin Walser und Heinrich Böll in Düsseldorf ein. Beuys klagte gegen seine Entlassung und erhielt 1978 Recht. Dem Land NRW dämmerte, wie sehr es seinem Renommée als Kunststandort mit der Entlassung geschadet hatte. Deshalb half es in späteren Jahren, im Kreis Kleve Bedburg–Hau die Stiftung Schloss Moyland im Schloss Moyland zu errichten. Hier konnte die große Sammlung an Werken und Archivalien der van der Grinten-Brüder untergebracht werden. Jahrzehntelang haben die beiden Brüder dort bis zu ihrem Tode als Kuratoren gewirkt.

Ein Jahr nach seiner Entlassung gelang es Joseph Beuys mit einer spektakulären Aktion erstmals eine breitere Öffentlichkeit auf seinen Fall und seine Kunst aufmerksam zu machen. Bei der „Heimholung des Joseph Beuys" ließ er sich in einem von Anatol Herzfeld ausgehöhltem Einbaum von Oberkassel an das gegenüberliegende Rheinufer zum Standort der Kunstakademie rudern. Das war erstklassige Öffentlichkeitsarbeit, für die er ein besonderes Gespür hatte. Mit dessen Hilfe konnte er sich bei seinen künftigen Aktivitäten immer wieder eine besondere Aufmerksamkeit der Medien sichern und so seine Resonanz als öffentlicher Intellektueller vergrößern.

1966 startete Beuys in der Düsseldorfer Galerie Schmela die Aktion „Manresa", die an jenen Ort in Spanien erinnert, in dem Ignatius von Loyola aus dem Chaos seines Lebens jenen Pfad zur vollständigen Erneuerung fand. Die Umwandlung, die Beuys in seiner Lebenskrise Ende der 1950iger Jahre durchlitten, bewältigt und zum vollständigen Neubeginn geführt hatte, studierte er bei dem Gründer der Jesuiten, der für ihn zum „Lebensanker" (Felix Droese) wurde. Mit militanter Disziplin habe Ignatius einen „Innenkrieg" geführt, mit dem ihm eine Transformation zu einem neuen Menschen gelungen sei.

Ab Mitte der 1960er Jahre gelang Joseph Beuys der Durchbruch sowohl mit zunehmender Präsenz in der Öffentlichkeit wie auch auf dem kommerziellen Kunstmarkt. Sein Galerist Rene Block verkaufte 1969 auf dem Kölner Kunstmarkt die Installation „The pack" (Das Rudel), einen VW-Bus mit 24 Schlitten für 111 000 DM. Die Summe entsprach damals dem Preis eines großen Bildes von Robert Rauschenberg. Diese Installation verschaffte ihm die Zuschrift eines katholischen Pfarrers, der hier die Kirche und ihre Missstände angesprochen sah und von ihrem Urheber die Antwort erbat, ob eine solche Interpretation zulässig sei. Beuys antwortete dankbar: „Auch Sie haben erspürt, daß es sich im Kern um ein christliches Zeichen handelt. Ich meine, das Christentum hat eigentlich noch gar nicht begonnen. Gegenüber dem, was das Christentum eigentlich ist, ist das Christentum wie wir es kennen, nur ein verwirrtes Vorgeplänkel mit Überlagerungen und Zugaben, die schwer allerdings zu verstehen sind, aber auf ein viel Lichteres hinweisen."

Seit den 1970er Jahren galt Beuys als Künstler von Weltrang. Von nun an waren Person und Werk nicht mehr zu trennen. Auf einer ersten USA-Reise mit einer Vortragstournee unter dem Titel „Energy Plan for the Western Man" brillierte er als eindringlicher Kommunikator. Er war mit einer großen Installation bei der 37. Biennale in Venedig vertreten, in der Berliner Nationalgalerie beschäftige sich eine Installation mit der Mauer als Linie der Trennung gegensätzlicher Ideologien, die er als „Westlichen Privatkapitalismus" und „Östlichen Staatskapitalismus" verstand. 1979 traf er zum ersten Mal Andy Warhol, mit dem er eine kritisch-konstruktive Arbeitsbeziehung aufbaute. Sie wurde erleichtert durch dessen Katholizismus. Für die „documenta 7" 1982 in Kassel entwarf er sein Konzept „7000 Eichen: Stadtverwaldung statt Stadtverwaltung". Bis zu seinem Tod wurden 5500 Eichen gepflanzt.

Für die Zeitgeist-Ausstellung im Berliner Martin-Gropius-Bau schuf er 1982 ein Ensemble mit dem Titel „Hirschdenkmäler", das er später modifizierte und vom Frankfurter Museum für moderne Kunst erworben wurde. Für Hamburg entwickelte er ein Bepflanzungskonzept, das vom Senat der Hansestadt abgelehnt wurde. Mehr Glück hatte er in Italien: 1984 wurde er Ehrenbürger der Stadt Bolognano. Er hatte zur Errichtung eines Naturschutzgebietes in diesem Städtchen die ersten 4000 von 7000 Bäumen und Sträuchern gepflanzt. Nun war Joseph Beuys mit seinem Oeuvre nicht nur in Deutschland, sondern in der Schweiz und Italien, aber auch in den USA, in Japan, ebenso in Österreich und in vielen Ländern der Welt präsent.

Die letzte von ihm eingerichtete Installation „Palazzo Regale" (heute Kunstsammlung NRW) wurde von Dezember 1985 bis 1986 im Museo Capodimonte in Neapel gezeigt. Im Herbst war er zum letzten Mal mit seiner Familie nach Neapel gereist zu seinem Galeristen und Freund Lucio Amelio, um letzte Hand anzulegen an die neapolitanische Ausstellung. Im Rückblick bezeichnete der Freund diese Ausstellung als großartiges autobiografisches Werk, als geistiges Testament, das die Elemente einiger seiner wichtigsten Arbeiten in sich vereint. Amelio meint, Beuys habe bei dieser Arbeit eine Vorahnung seines herannahenden Endes verspürt. In den Weihnachtstagen ordnete er mit bedächtiger Sorgfalt seine Objekte in den Vitrinen der Ausstellung. Vielleicht ahnte er, meinte der Freund, dass er sein Tedeum schrieb. „Mir bleibt die Erinnerung an sein ergriffenes Gesicht während der Christmette in der Kirche von Amalfi. Er hatte den Hut abgenommen und plötzlich erschien er mir uralt. Er, der Ungläubige, hatte fast Tränen in den Augen. Da verstand ich, daß er ergriffen war von den Leiden und Hoffnungen in den Gesichtern der anwesenden Gläubigen".

Am 12. Januar 1986 erhielt Beuys den renommierten Wilhelm-Lehmbruck-Preis der Stadt Duisburg und hielt seine letzte Rede. In ihr sprach er vom Einfluss des Preis-Namensgebers auf sein eigenes Werk. Der Katalog einer Gedächtnisausstellung zu Lehmbruck (1881–1919) hatte seinerzeit das Interesse des Jugendlichen für die Plastik geweckt. In seinen Skulpturen – so Beuys in seiner Rede – gestalte Lehmbruck nicht nur physisches, sondern seelisches Material, also etwas Innerliches. Beuys folgerte daraus „Alles ist Skulptur" und „Denken ist bereits Plastik". Mit dieser zugespitzten Interpretation der Lehmbruck´schen Arbeiten als „soziale Plastik" will Beuys seinen „Lehrer" zum Propheten eines neuen sozialen „Organismus" ernennen, mit dem die Welt wieder menschlicher gemacht werden könne. Wenig später, am 21. Januar 1986, starb Beuys in seinem Atelier in Düsseldorf-Oberkassel an Herzversagen. Er wurde auf See bestattet.

III

Joseph Beuys faszinierte seine Anhänger durch sein unübersehbares Charisma, durch seine ungeheure Ausstrahlungskraft, die durchaus messianische

Züge trug. Marina Abramovic, ohne deren Charisma ihr Oeuvre nicht denkbar ist, urteilt: „Wenn Joseph Beuys den Raum betritt, verändern sich die Moleküle". Dass sich Beuys seiner Wirkung auf andere Menschen bewusst war und diese Tatsache in sein starkes Selbstbewusstsein einfloss, zeigt z.b. ein kleines Gedicht. In ihm reiht er sich ein in die Phalanx der großen Spätscholastiker, die sich ihrer jeweiligen kirchlichen Obrigkeit entgegengestellt haben. Er schreibt „Duns Scotus-doctor subtilis, William Occam-doctor singularis, Roger Baco-doctor mirabilis, J.B.-doctor irresistibilis."

Diese Unwiderstehlichkeit als Bestandteil seines Selbstbildes – gewürzt mit einer Prise Selbstironie – hat sein Selbstbewusstsein enorm gestärkt. Das wirkt sich natürlich auch aus auf Anspruch und Reichweite seines Denkens. Wie die genannten Spätscholastiker beanspruchte Beuys, das Ganze in den Blick zu nehmen, das Universelle auszufüllen. So strengte er sich an, die von ihm vorgefundenen Gegensätze in der Welt miteinander zu versöhnen und jede Art von Grenzen zu überschreiten. Dies beginnt schon mit dem Gegensatz zwischen Geist und Materie, den er ebenso wenig gelten lassen will wie den Unterschied zwischen Vernunft und Gefühl oder zwischen Wissenschaft und Kunst oder zwischen Geschichte und Mythos. Dem auf Rationalität pochenden Wissenschaftsbegriffs setzte er die Idee eines erweiterten Kunst- und Wissenschaftsbegriffs entgegen. Dabei ging es ihm nicht um die Hingabe an Irrationales, sondern um die Notwendigkeit, Rationalität durch archetypische Bilder zu bereichern. Er wollte so die tiefen Schichten des Menschen reaktivieren. Immer war es sein Ziel, so die Kreativität des Einzelnen zu entfesseln. Jede Ideologie und jedes Dogma waren für Beuys ein Ballast, der den Menschen an der Entfaltung seiner kreativen Kräfte hinderte.

Die reale Welt – wie er sie erlebe – sei voller Defizite, die der Heilung bedürften. Seine radikale Kritik am westlichen Privatkapitalismus und am östlichen Staatskapitalismus basiert auf der Feststellung, dass aufgrund der kapitalbasierten Wirkungsweisen der Wirtschaftssysteme die Entwicklungsmöglichkeiten des Menschen erstarrt seien. Jeder Mensch verfüge über eine ihm eigene Schöpferkraft, die an Gott als den Urheber der Schöpfung erinnere. Für Beuys war Gott der oberste Künstler. Jeder Mensch kann und muss durch Kunst ermuntert und ermutigt werden, die in ihm schlummernden kreativen Fähigkeiten zu entfalten und auszuprobieren, um die Welt zu einem besseren Ort zu machen.

Beuys hat in seiner Rhetorik das Begriffsfeld Bewegung, Wandel, Umwandlung, Verwandlung und vor allem Transformation besonders stark frequentiert. Diese Begriffe bilden eine unübersehbare Konstante seines Oeuvres. Alles, was er in der Realität vorfindet, Mensch, Welt, Christentum, Gesellschaft, Wirtschaft, Staat ist für ihn in einem chaotischen Zustand und bedarf der Transformation zu einer neuen Form. Was er als persönliche Krise in den 1950er Jahren durchlebt und darin als heilsam empfunden hatte, hält er auch als Programm zur generellen Heilung der Welt bereit. Vom

Chaos durch Bewegung zur Ordnung – das ist der Beuys'sche Zentralgedanke, der die Idee einschließt, diese Transformation durch Kommunikation in Gang bringen zu können.

IV

Es entsprach der psychischen Dynamik seines um das Leben erweiterten Kunstbegriffes, dass Beuys sich in den 1970iger Jahren daran machte, seine sozialen Ideen eines neu gefassten Plastik-Begriffes in die Tat umzusetzen. Nach seinem Abschied von der Düsseldorfer Kunstakademie begann er sich politisch zu engagieren. Schon 1967 hatte Beuys in der Hoch-Zeit der Studentenunruhen die „Deutsche Studentenpartei" (DSP) gegründet. Ihr Hauptziel war die Erziehung aller Menschen zur geistigen Mündigkeit. Und dies sei besonders dringlich angesichts der Bedrohung durch eine am Materialismus orientierte und deshalb ideenlose Politik und der durch sie verursachten Stagnation. Als Vorsitzender wurden in das Düsseldorfer Vereinsregister eingetragen: Joseph Beuys, 2. Vorsitzender: Johannes Stüttgen und 3. Vorsitzender: Bazon Brock.

Um die Beschränkung auf eine studentische Mitgliedschaft aufzulösen, fand Beuys später einen neuen Namen für diese Partei. Sie hieß nun: „Organisation der Nichtwähler für freie Volksabstimmung". Mit ihr sollten die politischen Aktivitäten auf alle Gesellschaftsgruppen ausgeweitet werden. Entsprechend der „plastischen Theorie" sollten die Menschen in einem pädagogischen Prozess für zentrale, individuelle und gesellschaftliche Veränderungsmöglichkeiten gewonnen werden. 1972 eröffnete Beuys auf der documenta V ein „Informationsbüro der Organisation für direkte Demokratie durch Volksabstimmung" im Kasseler Fridericianum. Dort stand er hundert Tage viele Stunden täglich als unermüdlicher Propagandist und Diskutant für Gespräche mit jedermann zur Verfügung.

Auch die nächste Initiative von Joseph Beuys verfolgte kulturpolitische Zwecke. 1973 gründete er zusammen mit Georg Meistermann, Klaus Staeck und Willi Bongard, dem früh verstorbenen Erfinder des Kunstkompasses, die „Freie internationale Hochschule für Kreativität und interdisziplinäre Forschung". Ziel war die Erneuerung des gesamten Bildungswesens. U.a. sollten alle Schulen und Hochschulen in die vollständige Unabhängigkeit entlassen werden. Heinrich Böll und Günter Oellers stießen wenig später ebenfalls zu dieser Initiative, die einige Male getagt hat, einmal in Irland. Damals gab es in Dublin, aber auch in Belfast und davor in Oxford, London und Edinburgh eine große Wanderausstellung des zentralen zeichnerischen Werkes Joseph Beuys'.

Wenig später engagierte er sich auch parteipolitisch. Als parteiloser Spitzenkandidat stellte er sich bei der Bundestagswahl 1976 für die Landesliste der „Aktionsgemeinschaft Unabhängiger Deutscher" (AUD) zur Verfügung, die als erste Umweltschutzpartei Deutschlands auftrat. In seinem Wahlkreis in Düsseldorf erhielt er drei Prozent der Stimmen. Für dieses Engagement erntete er Kritik, weil sich in dieser Partei auch nationalkonservative und reaktionäre Kräfte einmischten.

1979 kandidierte Joseph Beuys erneut – diesmal für die Grünen – bei der Wahl zum Europaparlament, ohne Erfolg. 1980 nahm er an dem Gründungs-Bundesparteitag der Grünen in Karlsruhe teil. 1983 wurde er von der Partei als Bundestagskandidat im Wahlkreis Düsseldorf aufgestellt. Als er von der Landesdelegiertenkonferenz nicht auf einen der vorderen Listenplätze gesetzt wurde, zog er seine Bereitschaft zur Kandidatur zurück. Damit beendete er seine direkte Mitarbeit bei den Grünen, denen er als passives Mitglied bis zu seinem Tod erhalten blieb. Alle diese Engagements verstand er als Arbeit an der „sozialen Plastik" Der christliche Grundimpuls seines Wirkens kam auch in diesen Aktivitäten zum Ausdruck.

V

Schon 1972 sieht Beuys allein in einer Belebung des erstarrten Christentums die „einzige Möglichkeit des zukünftigen Menschen". Nicht nur im zeichnerischen Teil seines Oeuvres, sondern auch bei seinen Installationen und Aktionen beschäftige er sich immer wieder mit den Symbolen des Christentums, vor allem mit dem Kreuz. Es wurde zu einem Hauptsujet seiner Kunst in zahlreichen Varianten mit unterschiedlichen Materialien. In einem ausführlichen Gespräch mit dem Kölner Künstlerseelsorger Pater Friedhelm Mennekes SJ präzisierte er seine Gründe hierfür: Christus sei nicht nur ein großer Prophet gewesen, sondern eine göttlich-menschliche Kraft, die in den historischen Kontext geraten sei als reales Mysterium. Der Mensch sei erst frei geworden und habe sich auf seine Individualität besinnen können „durch die Inkarnation des Christuswesens in die physischen Verhältnisse der Erde." Deshalb sei das Reich Gottes bereits angebrochen, aber noch nicht vollendet. Die Vollendung kann nur bewirkt werden durch die kreative Selbsttätigkeit des Menschen, indem er das göttliche Angebot annimmt und verwirklicht. Christus wurde von Beuys als universelle Kraft verstanden, allerdings ohne Klerus, aber gleichwohl mit universellem Anspruch universeller Wirksamkeit.

Beuys ist 1968 aus der katholischen Kirche ausgetreten. Darüber berichtet Johannes Stüttgen in seinem Tagebuch, der mit ihm diesen Schritt vollzog. Einige Jahre zuvor hatte sich Stüttgen gegen das begonnene Studium der Katholischen Theologie in Münster bei Professor Joseph Ratzinger, dem späteren Papst Benedikt XVI., entschieden und für das Studium bei einem anderen Joseph, nämlich bei Joseph Beuys in Düsseldorf. Der Austritt aus der Kirche war für Beuys eine Konsequenz seiner sich vertiefenden anthroposophischen Grundorientierung. Allerdings pflegte er weiterhin Kontakt mit „kirchenoffenen" Persönlichkeiten wie Friedhelm Mennekes. 1979 besuchte er sogar offiziell eine Tagung des Zentralkomitees der Deutschen Katholiken, als dort das Thema „Kirchen, Wirklichkeit und Kunst" behandelt wurde. Vor den versammelten Kirchenleuten erklärte er laut Protokoll: „Wenn wir davon durchdrungen sind, daß es … von Christus abhängt, ob sich die Welt entwickelt, und daß es davon abhängt, ob wir mit diesem christologischen Element leben wollen, dann ergeben sich daraus zweifellos Konsequenzen." Beuys folgerte daraus die Notwendigkeit eines Zusammenwirkens von Kirche und Kunst in Blick auf das „Unternehmen Menschheit".

Im Jahre 2021, hundert Jahre nach Beuys´ Geburt, schreibt Peter Kohlgraf, Bischof von Mainz: „Katholisch sein heißt auch, Widersprüche auszuhalten, Neues zu integrieren und mutig sich dem Gespräch mit der Zeit und ihren Erkenntnissen zu stellen. Oft wünsche ich mir den Mut zu einem wahren Katholisch-Sein ohne Denkverbote und Kleingeistigkeit. Viele Heilige haben es uns vorgemacht" (KNA, 11.3.20/21). Beuys hätte solche Sätze eines katholischen Würdenträgers vermutlich sehr zu schätzen gewusst. Franz van der Grinten berichtet von der Gewohnheit seines Freundes, bei Überlandfahrten mit seinem Bentley vor katholischen Kirchen anzuhalten, um dort eine Kerze anzuzünden. Man kann Joseph Beuys wohl als einen strukturellen Katholiken bezeichnen, der nach seiner katholischen Sozialisation trotz Kirchenaustritt an seinem Christusglauben festhielt. Ähnliches gilt übrigens auch für einen anderen prominenten Rheinländer, nämlich für Heinrich Böll, der trotz des formellen Abschieds von der katholischen Kirche an seiner lebenslangen Bibellektüre festhielt, deren Spuren in seinem literarischen Werk leicht zu finden sind.

Auf die Frage, worin er seinen wichtigsten Beitrag zum Christusbild sehe, antwortet Beuys interessanterweise nicht mit dem Hinweis auf eines seiner Werke oder Werkgruppen, sondern: „Es ist der erweiterte Kulturbegriff, der mir am besten gelungen ist. Diese Grundformel ist aus sich selbst heraus wahr. Unter diese Grundformel lässt sich alles unterordnen, was sonst noch an Detailnotwendigkeiten angeschafft werden muss. Er bedeutet nichts anderes, als daß es keine andere Methode für den Menschen mehr gibt, das, was existiert, zu überwinden, als diese."

Man kann diese persönliche Sichtweise des Künstlers auf sein eigenes Oeuvre als Hinweis darauf verstehen, was Joseph Beuys der Nachwelt hinterlassen, was er selbst als das Wichtigste in seinem Erbe verstanden wissen wollte. Es dürfte seine persönliche Kommunikation sein, mit der er viele seiner Zeitgenossen bezaubert hat, und auch seine utopisch-visionäre Rhetorik, die – jenseits aller Kriterien von Rationalität, Systematik und Logik – hier mitgeholfen hat. Gerhard Richter urteilt z.B. über Joseph Beuys:

„Unglaublich war seine Fähigkeit Leute zu bezaubern, richtig zu reagieren und der Mittelpunkt zu sein." Aber diese Kommunikation hat auch polarisiert und polemisiert und Ressentiments gegen die zeitgenössische Kunst hervorgerufen. Von diesen zwiespältigen und widersprüchlichen Wirkungen hat nicht nur Joseph Beuys profitiert, sondern auch die zeitgenössische Kunst. Dank seiner kommunikativen Fähigkeiten hat Joseph Beuys ihren Resonanzraum enorm erweitern und gleichzeitig vertiefen können und dazu eingeladen, den Spuren seines strukturellen Katholizismus in seinem Oeuvre nachzugehen.

„Die Botschaft des Joseph Beuys", wie Wieland Schmied feststellte, „war selbst Kunst und nur als Kunst zu erfassen. Es liegt in der Verantwortung des Betrachters zu entscheiden, wie die Beuys´sche Utopie in der gesellschaftlichen Debatte behandelt wird. Die Eröffnung einer Zukunftsperspektive für den christlichen Heilsglauben zeigt einen konstruktiven Weg des Umgangs mit der Geschichte auf, der das Scheitern in und Leiden an ihr als integrales Element annimmt (Rita A. Tüpper). Im Gespräch mit Mennekes bekannte Beuys „Es wäre eine große Frage, wer die Welt mehr bereichert: Die Aktiven oder diejenigen, die leiden. Ich habe ja immer entschieden: Die Leidenden. Der Aktive mag Menschliches für die Welt erreichen. Aber ein krankes Kind, das sein Leben lang im Bett liegt und gar nichts tun kann, das leidet und erfüllt durch sein Leiden die Welt mit christlicher Substanz."

Quellen

Museum Schloß Moyland (Bedburg-Hau, Kreis Kleve) bietet einen großen Bestand an Werken und Archivalien von und zu Joseph Beuys. Im Hamburger Bahnhof in Berlin ist das Joseph-Beuys-Medien-Archiv untergebracht. Im Museum Kurhaus Kleve, Joseph-Beuys-Westflügel – von Beuys 1957 bis 1964 als Atelier benutzt – sind viele seiner Werke zu sehen. Einen wichtigen Werkkomplex bietet der „Block Beuys" im Hessischen Landesmuseum in Darmstadt. Stadtverwaldungsaktion Kassel, anlässlich der documenta 7, 1982.

Schriften

Zeichnungen, Nationalgalerie Berlin, mit Interview, S. 29ff. – The secret block for a secret person in Ireland, Martin-Gropius-Bau, mit Interview (1974). Berlin 1988, S. 48ff. – F. *Mennekes*, Beuys zu Christus. Eine Position im Gespräch. Stuttgart 1989. – Sprechen über Deutschland. Wangen 2002. – Mein Dank an Lehmbruck, in: L. *Schirmer* (Hg.), München 2006. – Aktive Neutralität, 5. Aufl., Wangen 2010.

Literatur

H. *Schwebel*, Glaubwürdig. Fünf Gespräche über heutige Kunst und Religion mit Joseph Beuys u.a., München 1979. – G. *Adriani* u.a., Joseph Beuys. Leben und Werk, Köln 1984, Neuauflage ebd. 1994. – A. C. *Oellers*, F. J. *van der Grinten*, Kreuz und Zeichen. Religiöse Grundlagen im Werk von Joseph Beuys. Ausstellungskatalog, Suermondt-Ludwig-Museum, Aachen 1985. – J. *Stüttgen*, „Zeitstau". Im Kraftfeld des Erweiterten Kunstbegriffes von Joseph Beuys, Wangen 1988. – D. *Leutgeb*, Das Christusbild bei Joseph Beuys, Wien 1991. – F. *Mennekes SJ*, J. *Beuys*, Manresa. Eine Fluxus-Demonstration als geistliche Übung zu Ignatius von Loyola, Frankfurt am Main, Leipzig 1992. – A. C. *Oellers*, Übergänge. Beiträge zur Kunst und Architektur im Rheinland, Alfter 1993. – A. *Oltmann*, „Der Weltstoff letztendlich ist … neu zu bilden". Joseph Beuys für und wider die Moderne, Ostfildern 1994. – R. *Tüpper*, Heil und Heilung. Joseph Beuys. Utopische und visionäre Aspekte, in: Die politische Meinung Nr. 320, Juli 1996. – F. *Mennekes SJ*, J.Beuys, „Christus" denken", Stuttgart 1996. – J. *Thomas*, Logik des Zufalls, Köln 1997. – A. C. *Oellers*, Von der Figuration zur Partizipation. Zum Christusbild bei Joseph Beuys, in: Gott und Mensch, hg. von W. *Isenburg*, Bensberg 2007. – C. *Hofmanns*, Beuys. Bilder eines Lebens, Leipzig 2009. – R. *Sünner*, Zeige deine Wunde. Kunst und Spiritualität bei Joseph Beuys, Berlin 2015. – E. *Ackermann*, Die Persönlichkeit des Joseph Beuys als Modell einer plastischen Theologie, Gütersloh 2021. – H. *Kraft*, Joseph Beuys Intuition 1968, Dortmund 2021.

Stefan Mückl

ERNST-WOLFGANG BÖCKENFÖRDE (1930-2019)

Nur wenigen Wissenschaftlern ist es vergönnt, mit einem einzigen Satz identifiziert zu werden, gar in ihm fortzuleben. Ernst-Wolfgang Böckenförde gelang dies mit dem Diktum „Der freiheitliche, säkularisierte Staat lebt von Voraussetzungen, die er selbst nicht garantieren kann." Diese 1964 erstmals geprägte und seitdem wiederholt publizierte Sentenz erfreut sich anhaltender wie ungeteilter Zustimmung, längst ist sie zu selbst zum Gegenstand umfangreicher Sekundärliteratur geworden. Verbreitet ist sie als das „Böckenförde-Diktum" bekannt, ein (juristisch erstsozialisierter) Journalist apostrophierte sie gar als „das E = mc² der Staatsrechtslehre".
Böckenförde war ein *public intellectual*, schon bevor der Ausdruck Verbreitung fand. Die Wirkung seines Professorenamtes ging über den Radius seiner Lehrkanzel weit hinaus. Verschiedenste Prägungen, die sich nicht unbedingt bruchlos ineinanderfügten, verschafften ihm einen breiten Horizont, der ihn diejenigen Positionen einnehmen ließ, die er als die in der Sache gebotenen ansah. Parteipolitischen oder konfessionellen Loyalitäten sah er sich ebenso wenig verpflichtet, wie er die Erstellung bloßer Auftragsgutachten ablehnte.

I

Ernst-Wolfgang Böckenförde kam am 19. September 1930 als drittes von acht Kindern des Oberforstmeisters Josef Böckenförde (1894–1962) und seiner Ehefrau Gertrud, geb. Merrem (1899–1977) in Kassel zur Welt. Die familiären Wurzeln liegen väterlicherseits im münsterländischen Oelde und mütterlicherseits an der Mosel. Großvater wie Vater verstanden es, zugleich praktizierende Katholiken wie loyale preußische Staatsbeamte zu sein. Der Glaube wurde – ohne jede Engführung – in der Familie wie selbstverständlich gelebt, auch in der Situation der Diaspora.
Gemeinsam mit seinem zweieinhalb Jahre älteren Bruder Werner (1928–2003), der bereits seit 1946 Theologie studierte und 1976 Domkapitular in Limburg wurde, nahm er 1949 das juristische Studium in Münster auf. Sein eigentliches Interesse galt dem Staat. Das Zivil- und Strafrecht hingegen waren für ihn „nicht spannend", er hat sie nach eigenem Bekunden einfach „mit in Kauf genommen". Als „Ergänzungsstudium zur Juristerei" schrieb er sich ein Semester später auch für Geschichte ein, um dann zum Winter-

47

semester 1950 nach München zu wechseln. Ausschlaggebend dafür war der Wunsch, bei Franz Schnabel zu studieren (dessen erster Band der „Deutschen Geschichte" 1947 sein Weihnachtsgeschenk war). Weitere Prägungen erhielt er durch die Lehrveranstaltungen von Romano Guardini.

Nach Münster zurückgekehrt, legte er 1953 (gemeinsam mit seinem Bruder Werner) das Erste Juristische Staatsexamen ab und widmete sich fortan ausschließlich der akademischen Laufbahn. Für diese hatte ihn der Verwaltungsrechtler Hans Julius Wolff gewonnen, der in seinem rechtsphilosophischen Seminar die herausragende Begabung Böckenfördes erkannt hatte. Abgesehen von der Mitarbeit an Wolffs einflussreichen Lehrbuch zum Verwaltungsrecht konnte Böckenförde seine Arbeitskraft auf die Erstellung der Dissertation konzentrieren, welche er 1956 abschloss („Gesetz und gesetzgebende Gewalt"). Ihr folgte 1960 die Promotion zum Dr. phil. bei Franz Schnabel in München zu einem verfassungsgeschichtlichen Thema. Am Ende der Qualifikationsschriften stand 1964, wiederum in Münster, die Habilitation mit der Schrift „Die Organisationsgewalt im Bereich der Regierung". Die ihm verliehene „venia legendi" bringt die sein künftiges wissenschaftliches Wirken prägende Spannweite schon früh auf den Punkt: Staats- und Verwaltungsrecht, Verfassungs- und Rechtsgeschichte, Rechtsphilosophie.

Sogleich nach der Habilitation wurde er auf einen Lehrstuhl nach Heidelberg berufen, den er 1969 zugunsten der Tätigkeit an der neugegründeten „Reformuniversität" Bielefeld aufgab. 1977 wechselte er schließlich an die Universität Freiburg, an der er 1995 emeritiert wurde. Von 1983 bis 1996 gehörte er als Richter dem Zweiten Senat des Bundesverfassungsgerichts an. Zahlreiche wegweisende Entscheidungen aus diesem Zeitraum lassen seine Handschrift erkennen. Im allgemeinen (binnengerichtlichen wie politischen) Konsens wurde seine Amtszeit – wiewohl gesetzlich nicht vorgesehen – stillschweigend um mehrere Monate verlängert, um den Abschluss des Verfahrens über die Verfassungsmäßigkeit des 1993 im Wege der Verfassungsänderung (Art. 16a GG) erzielten „Asylkompromisses" zu ermöglichen.

Auch nach dem Ausscheiden aus dem akademischen wie dem richterlichen Amt blieb er eine gewichtige und geachtete Stimme im öffentlichen Diskurs. Hoch betagt starb er am 24. Februar 2019 in Au bei Freiburg.

II

Person und Werk Böckenfördes erschließen sich erst vollständig, wenn man die über den rein akademischen Ausbildungsbetrieb hinausgehende Prägungen einbezieht. Solche reichen bis in die Abschlussphase des Studiums und die Zeit der Arbeit an den Dissertationen zurück, in die frühen und mittleren 1950er Jahre in und um Münster.

Angeregt durch die Lektüre der „Verfassungslehre" (zum Zweck der Examensvorbereitung) wandte sich Böckenförde, wiederum gemeinsam mit seinem Bruder Werner, im Frühjahr 1953 an den im sauerländischen Plettenberg wohnhaften Carl Schmitt und bat um einen Gedankenaustausch. Aus diesem ersten Treffen erwuchs ein intensiver und stetiger Kontakt, der bis zu Schmitts Tod 1985 beiderseits gepflegt wurde. Das Vertrauensverhältnis war so eng, dass Böckenförde 1975 zum Testamentsvollstrecker für den wissenschaftlichen Nachlass bestellt wurde; allerdings widerrief Schmitt bereits vier Jahre später diese Verfügung wieder, um – wie er es begründete – zu verhindern, dass „einer meiner Freunde durch Benennung zum Testamentsvollstrecker nominatim exponiert wird". Der wissenschaftliche Einfluss Schmitts auf Böckenförde ist, bereits ersichtlich an einer Vielzahl der behandelten Themen, beträchtlich. Gleichwohl verstand sich Böckenförde nicht als dessen „Hagiograph", vielmehr vermochte er sich der Einschätzung von Reinhard Mehring anzuschließen, er habe dessen „liberale Rezeption" befördert. Schmitts Handlungen und Verstrickungen nach 1933 hingegen waren, so Böckenförde im Rückblick, „zwischen uns kein Diskussionsthema".

Wesentliche Impulse erhielt Böckenförde zudem im Collegium Philosophicum von Joachim Ritter in Münster ab Mitte der 1950er Jahre. In diesem Kreis (der freilich zu heterogen war, um als „Schule" bezeichnet werden zu können) knüpfte er langjährige Beziehungen und Freundschaften, etwa zu Hermann Lübbe und Robert Spaemann. Inhaltlich erwuchs aus der Mitarbeit in diesem Forum, dem auch Odo Marquard, Martin Kriele und Günter Rohrmoser zugehörten, das Großprojekt des „Historischen Wörterbuchs der Philosophie", zu dem Böckenförde mehrere Beiträge beisteuerte.

Ein weiteres wirkmächtiges Forum, in dem sich Böckenförde lange Jahre engagierte, waren die von 1957–1971 von Ernst Forsthoff veranstalteten „Ebracher Ferienseminare". Diese fanden jeden Herbst in der Klostergaststätte neben dem 1803 säkularisierten Zisterzienserkloster statt und erstreckten sich über zwei Wochen. Dem Grundgedanken nach sollte, außerhalb der sich anbahnenden Massenuniversität, die Tradition des *studium generale* anhand übergreifender Themen aus interdisziplinärer Perspektive fortgeführt werden. Ein wesentlicher movens des Veranstalters (wie auch Böckenfördes) war es dabei, dem weithin marginalisierten und geächteten Carl Schmitt die Möglichkeit des wissenschaftlichen Diskurses mit Studenten und Nachwuchswissenschaftlern zu eröffnen. Die in Ebrach gehaltenen Vorträge blieben in aller Regel unveröffentlicht, nur im Ausnahmefall gab es später eine Publikationsfassung: 1960 erschien der ein Jahr zuvor gehaltene Vortrag von Carl Schmitt zur „Tyrannei der Werte" als Privatdruck, und 1967 präsentierte Böckenförde in der Festgabe zum 65. Geburtstag von Forsthoff die 1964 vorgetragene Exposition über die „Entstehung des Staates als Vorgang der Säkularisation", welche die zu Beginn dieses Beitrags zitierte Sentenz enthält.

Nicht nur aufgrund dieser Prägungen und Zugehörigkeiten galt Böckenförde als prominenter Exponent der „Carl-Schmitt-Schule" unter den deutschen Staatsrechtslehrern. In enger Abstimmung mit und dank geschickter Förderung durch deren erste Generation (neben Forsthoff vor allem Werner Weber, Ernst Rudolf Huber, Hans Schneider und Joseph H. Kaiser) fanden sowohl der methodische Grundansatz wie zahlreiche Einzelthemen aus dem Werk Schmitts Eingang in den staatsrechtlichen Diskurs der 1950er und 1960er Jahre. Noch als Assistenten gründeten Böckenförde und Roman Schnur die Archivzeitschrift „Der Staat", welche den Anspruch erhob, sich vom „Archiv des öffentlichen Rechts", dem wissenschaftlichen Forum der konkurrierenden „Rudolf-Smend-Schule", sowohl abzusetzen wie dieses zu ergänzen. Die beiden Nachwuchswissenschaftler übernahmen die Schriftleitung, während die Herausgeberschaft bei arrivierten Ordinarien lag (Böckenfördes Lehrer Wolff, Werner Weber sowie der Marburger Neuzeithistoriker Gerhard Oestreich). Wohl wichtiger als die personellen Konstellationen war der inhaltliche und methodische Ansatz: Während das „Archiv" stark auf die Dogmatik des Öffentlichen Rechts hin ausgerichtet war, vermissten Böckenförde und seine Mitstreiter ein Publikationsforum, welches den Staat zum zentralen Gegenstand der Betrachtung machte, dabei aber eine interdisziplinäre Perspektive einnahm. Überhaupt sollten sich im Laufe der Jahre die anfangs markanten Trennlinien deutlich abmildern – Böckenförde selbst publizierte denn auch in der Zeitschrift der „Konkurrenz".

Bei aller klaren Positionierung, in seiner Verbundenheit zu Carl Schmitt wie in seinen Positionen und Überzeugungen, verschloss sich Böckenförde nicht in ein unfruchtbares Lagerdenken. Auch wer in der Sache anders dachte, versagte ihm nicht Achtung und Respekt. So revidierte Wilhelm Hennis, der sich 1967 einer Berufung Böckenfördes nach Freiburg widersetzt hatte (wo mit Joseph H. Kaiser bereits ein prononcierter „Schmittianer" lehrte), wenige Jahre später seine Haltung und ermunterte ihn zur erneuten Bewerbung, welche dann 1977 auch erfolgreich war. Bei der wenige Jahre später erfolgten Wahl zum Verfassungsrichter war der personelle wie inhaltliche Resonanzboden Böckenfördes ebenso wenig ein Thema.

Als akademischer Lehrer vertrat die ganze Bandbreite des Öffentliches Rechts, Staatsrecht wie Staatslehre, Verfassungsgeschichte und Rechtsphilosophie, allgemeines Verwaltungsrecht (allein das besondere Verwaltungsrecht habe er, wie er später bekannte, „immer umschiffen können"). Dabei war es ihm ein besonderes Anliegen, Studenten wie angehende Nachwuchswissenschaftler zu selbständigem Denken anzuleiten und zu Widerspruch – auch ihm selbst gegenüber – zu ermutigen („Kritik ist das Salz der Wissenschaft"). Dieser Ansatz mag erklären, dass die acht unter seiner Ägide habilitierten Schüler (einer in Heidelberg, zwei in Bielefeld und fünf in Freiburg) in ihren Grundannahmen wie Tätigkeitsfeldern so unterschiedlich sind, dass von einer „Böckenförde-Schule" in der deutschen Staatsrechtslehre (jedenfalls im eigentlichen Sinn) nicht gesprochen werden kann.

III

Die Herkunft aus einem katholischen Elternhaus hat Böckenförde zeitlebens geprägt. Die Mitfeier der hl. Messe gehörte, auch werktags, bis ins hohe Alter zu seinem Alltag. Die gemeinsamen Jahre des Studiums mit seinem Bruder Werner, die nach dessen Emeritierung als Domkapitular eine späte Fortsetzung in Freiburg fanden, haben ihn zusätzlich für Fragen der zeitgenössischen Theologie sensibilisiert. Als *public intellectual* beteiligte er sich seit Ende der 1950er Jahre an zahlreichen Debatten, aktuellen wie grundsätzlichen – nicht wenige hat er selbst erst richtig in Gang gebracht.

Sein literarisches Debüt gab Böckenförde 1957 mit einem Aufsatz unter dem dessen Explosionskraft eher verschleiernden Titel „Das Ethos der modernen Demokratie und die Kirche" in der wirkmächtigen Zeitschrift „Hochland" (deren Beiträge er schon als Schüler regelmäßig gelesen hatte). Motiviert durch eine „innere Unzufriedenheit" mit dem Naturrechtsverständnis des Nachkriegskatholizismus, an dem er sich insbesondere in den Debatten um das Elternrecht in Nordrhein-Westfalen gestoßen hatte, plädierte er für eine auch innere (und nicht nur formale) Akzeptanz der Demokratie durch die Katholiken. Von ihm ausgemachte Tendenzen, dem demokratischen Mehrheitsprinzip die Grenze des Naturrechts entgegenzuhalten, hielt er – aktuell wie historisch – für verfehlt, da zu defensiv und die aus dem Glauben begründbaren Argumente im politischen wie gesellschaftlichen Diskurs schwächend. Die gleichen Erwägungen ließen ihn schon früh eine kritische Haltung zu den bis in die 1960er Jahre hinein üblichen Wahlhirtenbriefe der Bischöfe mit ihren mitunter sehr konkreten Handlungsempfehlungen einnehmen.

Wenige Jahre später, 1961 und 1962, publizierte Böckenförde, wiederum im „Hochland" zwei materialreiche Aufsätze über die Rolle und Haltung des deutschen Katholizismus, speziell der Hierarchie, im Frühjahr 1933 und im Vorfeld des Abschlusses des Reichskonkordats. Die Publikationen machten Relativierungen und Nuancierungen des bisher nahezu unangefochtenen Narratives erforderlich, „die" Kirche habe sich von Anfang an und konsequent dem Nationalsozialismus widersetzt. Als mittelbare Konsequenz der durch die Artikel ausgelösten Diskussion, „wie sie in solcher Breite und Heftigkeit die katholische Öffentlichkeit seit langem nicht erlebt hat", wurde 1962 die Kommission für Zeitgeschichte gegründet, welche in den sechs Jahrzehnten ihres Bestehens eine beeindruckende Fülle von Akteneditionen aus dem kirchlichen Leben des späten 19. und des 20. Jahrhunderts vorgelegt hat. Wenn aber 1961/1962 die Artikel Böckenfördes, wie er später resümierte, „ein mittleres Erdbeben" ausgelöst hatten, lag das weniger an der Schilderung der Ereignisse der Jahres 1933, sondern vielmehr an den daraus gezogenen theoretischen Folgerungen: Böckenförde verstand sie auch als *case study* zu den Auswirkungen jener kirch(enamt)lichen Grundsätze, die er bereits im Demokratie-Aufsatz von 1957 grundsätzlich in Frage gestellt hatte. Dem lange Zeit eingelebten katholischen Denken zu Staat, Politik und politischem Handeln attestierte er eine „doppelte Befangenheit einerseits in der Kulturkampfsituation, andererseits in der ungeschichtlichen naturrechtlichen Staatslehre", welche zudem seit dem 19. Jahrhundert durch einen „tief verwurzelten Antiliberalismus" verschärft worden sei. Einflussreiche Strömungen im deutschen Katholizismus wie die „organische Staatslehre" und die in der liturgischen wie der katholischen Jugendbewegung deutlich akzentuierte „Reichsidee" hätten – ohne es zu intendieren, doch wirkmächtig – die liberale und demokratische Ordnung der Weimarer Republik destabilisiert. Dementsprechend rührte sich, so Böckenförde weiter, im März 1933 kaum eine (maßgebliche) katholische Hand zugunsten der Weimarer Verfassungsordnung, vielmehr sei es der kirchlichen Hierarchie unter den veränderten politischen Verhältnissen zur Absicherung derjenigen Rechtspositionen gegangen, die sie in Anwendung ihrer Lehrprämissen als naturrechtlich verankert verstand. Damit aber habe sie das *bonum commune* mit ihren *bona particularia* ineins gesetzt. Als Schlussfolgerung mahnte Böckenförde ein Überdenken des Zuständigkeitsbereichs des kirchlichen Hirtenamtes in politischen Dingen („potestas indirecta") sowie allgemein ein Nachdenken über das politische Selbstverständnis des deutschen Katholizismus an. Unter den Bedingungen des freiheitlichen demokratischen Rechtsstaates könne die Kirche „die eigene Freiheit nur als Teil der allgemeinen Freiheit" verteidigen – und eben die erfordere die vorbehaltlose Akzeptanz der Demokratie.

Betrafen diese Debatten den Bereich der genuinen wissenschaftlichen Arbeitsschwerpunkte Böckenfördes, wagte er sich – ebenfalls noch zu Assistentenzeiten – in den Jahren 1960 und 1961 auf fachfremdes Terrain: Im Februar 1959 hatte P. Gustav Gundlach SJ, seit Jahrzehnten einflussreicher Exponent der katholischen Soziallehre und wirkmächtiger Berater der Päpste Pius XI. und Pius XII., vor der Katholischen Akademie in Bayern einen aufsehenerregenden Vortrag gehalten, der wenig später unter dem Titel „Die Lehre Pius XII. vom modernen Krieg" veröffentlicht wurde. Darin vertrat er die These, unter bestimmen Umständen könne ein atomarer Verteidigungskrieg sittlich gerechtfertigt sein, wofür er sich auf das Lehramt Pius XII. stützte. Dieser These trat Böckenförde in zwei Aufsätzen entgegen, die er gemeinsam mit Robert Spaemann, seinerzeit Habilitand an der Universität Münster, publizierte. Die die Autoren legten dar, dass sich P. Gundlach mit seiner These nicht auf Äußerungen des wenige Monate zuvor verstorbenen Papstes berufen könne, vor allem aber, dass die These den Grundsätzen der klassischen katholischen Naturrechtslehre über den Krieg widerspreche. Auch wenn diese Debatte –im Unterschied zu denjenigen zum Selbstverständnis des deutschen Katholizismus – weniger in der breiten Öffentlichkeit denn im vergleichsweise abgeschirmten Bereich der Militärseelsorge geführt wurde, lässt doch jener „Männerstolz vor Königsthronen" aufhorchen, mit dem zwei Nachwuchswissenschaftler einer Koryphäe des Fachs auf ihren ureigensten Gebiet entgegentraten: Die „eigenen Voraussetzungen Gundlachs, von denen aus er zu seinen neuartigen Thesen gelangt", seien „zu suchen in einer von christlicher Theologie unberührten stoisch-heidnischen Theodizee, in einem abstrakten Wertplatonismus [...] und schließlich [...] in einer fehlerhaften Lehre von der sittlichen Handlung".

Distanziert wie gegenüber P. Gundlach als einem ihrer maßgeblichen Exponenten stand Böckenförde auch der Diziplin der katholischen Soziallehre gegenüber. Das Studium der Werke von Lorenz von Stein hatte ihn für das Anliegen der sozialen Gerechtigkeit sensibilisiert. Vor diesem Ausgangspunkt bemängelte er an der katholischen Soziallehre, sie nehme den Grundsatz der Solidarität als grundlegendes Strukturprinzip nicht wirklich ernst; er werde zwar immer wieder repetiert, doch nicht weiterführend umgesetzt. So gelangte er zur Einschätzung, die katholische Soziallehre läge „in einer Art Dornröschenschlaf". Überhaupt galten seine Sympathien erkennbar der von P. Oswald von Nell-Breuning SJ repräsentierten Strömung (ihn hatte er in der Widmung eines seiner späten Sammelbände als „unermüdlich-unbestechliche[n] Kämpfer für die Verwirklichung sozialer Gerechtigkeit" apostrophiert), weniger hingegen der vom nachmaligen Kölner Erzbischof Joseph Kardinal Höffner geprägten Linie, welche er „eher dem Ordoliberalismus verbunden" verortete.

IV

Die innerkirchlich gereiften Positionsbestimmungen Böckenfördes hatten maßgeblichen Einfluss auch auf die Herausbildung seiner politischen Überzeugungen. Den in den 1950er Jahren weithin vorgezeichneten Weg eines Katholiken in die CDU ging er gerade nicht. Ihre engen Verflechtungen mit der Kirche, wie sie namentlich in den Wahlhirtenbriefen zum Ausdruck kam, ließen ihn zu ihr ebenso auf Distanz gehen, wie ihm die SPD infolge ihres prononcierten Einsatzes für soziale Gerechtigkeit zunehmend als potentielle politische Heimat vorstellbar wurde. Gleichwohl nahm der Annäherungsprozess an die SPD ein volles Jahrzehnt in Anspruch. Erste Kontakte wurden bereits in der zweiten Hälfte der 1950er Jahre in München geknüpft, zunächst zu Hans-Jochen Vogel, seinerzeit in der bayerischen Ministerialverwaltung tätig und zugleich einer der Protagonisten der „Arbeitsgemeinschaft sozialdemokratischer Akademiker", sodann zu Adolf Arndt, dem „Kronjuristen" der Partei. Wie bei manch anderem katholischen Intellektuellen, löste die Wende des Godesberger Programms 1959 manche atmosphärische wie inhaltliche Blockade; mit ihrer Abkehr von der Konzeption der Weltanschauungspartei erschien die SPD nun auch Böckenförde zunehmend „modern" (während er die CDU unverändert als „verlängerten Arm" der Kirche wahrnahm). Führende SPD-Politiker wie Herbert Wehner, Gustav Heinemann und Fritz Erler bemühten sich um ihn. Nachdem sein Bruder Christoph 1966 wissenschaftlicher Assistent der SPD-Bundestagsfraktion geworden war, trat er schließlich ein Jahr später selbst in die Partei ein.

Die damalige Konstellation bildete für Böckenförde den *kairos*, seine wissenschaftlichen Überlegungen auch in die (verfassungs)politische Praxis zu überführen. Nach langen Jahren in der Opposition war die SPD seit Dezember 1966, wenngleich als „Juniorpartner", erstmals an der Bundesregierung beteiligt. Ihren politischen Vorstellungen verbundene und zugleich fachlich ausgewiesene wie persönlich allseits respektierte Verfassungsrechtler gab es nicht im Überfluss, zumal nicht in der damaligen Bonner Ministerialverwaltung. Der junge Heidelberger Ordinarius, als praktizierender Katholik und Abkömmling einer Beamtenfamilie alles andere als ein Exponent des sozialdemokratischen Milieus, stand seinerseits für das Bemühen der SPD in den 1960er Jahren, in der Mitte des politischen Spektrums Fuß zu fassen. Schon während der Großen Koalition (1966–69) floss die in der Habilitationsschrift dokumentierte Expertise Böckenfördes in die politische Praxis ein, als 1967 das Amt des Parlamentarischen Staatssekretärs eingeführt wurde. Gleichermaßen folgte 1970 der damalige Verteidigungsminister Helmut Schmidt seiner, ebenfalls bereits in der Habilitationsschrift angelegten, Position, als er im Blankeneser Erlass (erstmals) die Befugnisse des Generalinspekteurs der Bundeswehr näher regelte.

Mittlerweile Bundeskanzler geworden, bediente sich Schmidt wiederholt der Dienste Böckenfördes bei Kontakten zur katholischen Kirche, welcher er selbst mit Distanz, bisweilen mit Unverständnis, gegenüberstand. Als im Vorfeld der Bundestagswahl 1976 in der Öffentlichkeit vermehrt über die Problematik der Grundwerte diskutiert wurde, veranstaltete die Katholische Akademie Hamburg eine Vortragsserie unter dem Titel „Grundwerte in Staat und Gesellschaft", bei welcher führende Exponenten der im Bundestag vertretenen Parteien referierten. Während die CDU durch ihren Vorsitzenden und damaligen Kanzlerkandidaten Helmut Kohl und die FDP durch den Rechtsphilosophen und damaligen Bundesinnenminister Werner Maihofer repräsentiert wurden, übernahm Helmut Schmidt die Darstellung der Positionen der SPD. Für dessen Rede war Böckenförde „einer der Ghostwriter". Auch in der nachfolgenden Diskussion, die „weite Wellen geschlagen" hatte, beriet er den Bundeskanzler weiter; desgleichen lieferte er ihm einen Vorschlag für das Grußwort beim 82. Deutschen Katholikentag in Düsseldorf 1982.

Innerhalb der SPD war primär seine verfassungsrechtliche Kompetenz gefragt. Dementsprechend wurde er 1969 in den rechtspolitischen Ausschuss beim SPD-Parteivorstand berufen und von der SPD-Bundestagsfraktion als Sachverständiger in die Enquête-Kommission Verfassungsreform entsandt. In ihr war Böckenförde von 1973–76 in der Unterkommission „Parlament und Regierung" tätig. Der im Dezember 1976 vorgelegte fast 300 Seiten starke Abschlussbericht enthielt zahlreiche Vorschläge für Grundgesetzänderungen (darunter die Einführung eines Selbstauflösungsrechts des Bundestages mit 2/3-Mehrheit), von denen indes kein einziger verwirklicht wurde.

Bei allem Engagement für die verfassungspolitischen Zielsetzungen der SPD blieb Böckenförde doch stets Wissenschaftler. Den Wechsel in die Politik hat er, anders etwa als der frühere Assistent von Adolf Arndt und nachmalige Staatsrechtslehrer-Kollege Horst Ehmke, nicht vollzogen, wohl erst gar nicht erwogen. Überdies blieben Bruchlinien zu bestimmten politischen Positionen der SPD bestehen, am deutlichsten – wie noch darzustellen sein wird – beim Schutz des vorgeburtlichen menschlichen Lebens. Ein „hundertprozentiger Sozi" jedenfalls war Böckenförde, wie er selbst betonte, nicht.

V

1983 wurde Böckenförde auf Vorschlag der SPD vom Bundesrat zum Richter des Bundesverfassungsgerichts gewählt. Bereits acht Jahre zuvor war seine Kandidatur ernsthaft erwogen worden, scheiterte letztlich aber an den subtilen Proporzmechanismen der Richterauswahl. An seiner Stelle kam 1975 Konrad Hesse zum Zuge, unbestrittener Exponent der „Rudolf-Smend-Schule" und nach Böckenfördes Berufung nach Freiburg 1977 auch Fakultätskollege. Auf diese Weise waren von 1983 bis 1987, als Hesse aus dem Gericht ausschied, die beiden prägenden staatsrechtlichen Schulen der Nachkriegszeit am Bundesverfassungsgericht repräsentiert: Hesse im Ersten Senat, dem primär der Schutz der Grundrechte obliegt, und Böckenförde im für Fragen des Staatsorganisationsrechts zuständigen Zweiten Senat.

Als Verfassungsrichter sah sich Böckenförde allein dem Amt verpflichtet. Sein Verständnis des Amtsethos veranlasste ihn, die Mitgliedschaft in der SPD ebenso ruhen zu lassen wie aus dem Zentralkomitee der deutschen Katholiken auszuscheiden. Wie sehr ihm daran gelegen war, keinen Zweifel an seiner richterlichen Unabhängigkeit aufkommen zu lassen, zeigt der Umstand, dass er seine Mitgliedschaft in der Juristen-Vereinigung Lebensrecht beendete, als 1990 die Bayerische Staatsregierung einen Normenkontrollantrag gegen § 218 StGB stellte.

Sein Dezernat am Bundesverfassungsgericht umfasste insbesondere das Asyl- sowie das Haushalts- und Finanzverfassungsrecht. In diesen Materien oblag es ihm, als Berichterstatter die Entscheidungen des Senats vorzubereiten. Von besonderer Bedeutung waren dabei die zweite Entscheidung zum Länderfinanzausgleich (1992) sowie diverse Entscheidungen zum Asylrecht: 1986 wurden die Asylrelevanz der sogenannten Nachfluchttatbestände deutlich beschränkt (noch im späten Rückblick bezeichnete es Böckenförde als „nicht akzeptabel, den Zufluchtsstaat als gesicherten Boden zu benutzen, um sich risikolos allererst in das Asylrecht hineinzuprovozieren"), während zwei weitere Entscheidungen von 1987 und 1990 den Begriff der „politischen Verfolgung" im Hinblick auf eine Verfolgung aus religiösen Gründen deutlicher konturierten. Auch die letzten Entscheidungen aus Böckenfördes Amtszeit betrafen das Asylrecht und tragen wiederum seine Handschrift: In der Sache bestätigte das Bundesverfassungsgericht die im Zuge des „Asylkompromisses" von 1992 erfolgte Neuregelung des Asylrechts in Gestalt der Einfügung eines Art. 16a in das Grundgesetz und der darauf bezogenen einfachgesetzlichen Regelungen als verfassungsgemäß.

Indes zeigte sich der Einfluss Böckenfördes auch in solchen Entscheidungen, die er nicht als Berichterstatter vorzubereiten hatte: Der Chefarzt-Beschluss von 1985 stärkte das kirchliche Selbstbestimmungsrecht in Gestalt der Personalauswahl in kirchlichen Einrichtungen (und wurde noch 2014 bestätigt), der Teso-Beschluss von 1987 hielt an einer einheitlichen deutschen Staatsbürgerschaft fest und leistete so einen wichtigen Beitrag zum Offenhalten der deutschen Frage. Besonders nachhaltigen Niederschlag in der bundesverfassungsgerichtlichen Rechtsprechung fanden die Positionen Böckenfördes zum Demokratieprinzip, wie er sie namentlich in seinem grundlegenden Beitrag zur „Demokratie als Verfassungsprinzip" im „Handbuch des Staatsrechts" niedergelegt hatte. Demnach muss jedwede staatliche Gewalt durch eine lückenlose demokratische Legitimationskette auf das Volk zurückgeführt werden können, sie darf also nicht durch das Dazwischentreten eines nicht oder nicht hinreichend demokratisch legitimierten Organs unterbrochen werden. Gleich vier Entscheidungen des Bundesverfassungsgerichts rezipierten diese Überlegungen (welche einen Staatsrechtslehrer-Kollegen an den Gedanken der apostolischen Sukzession des bischöflichen Amtes erinnerten und in ihm den Argwohn einer „latenten Katholisierung der Verfassungsinterpretation" weckten): zweimal im Kontext der Verfassungskonformität eines kommunalen Wahlrechts für Ausländer, sowie zu Fragen der näheren Kautelen des Mitbestimmungsrechts im öffentlichen Dienst sowie bei den Anforderungen an die demokratische Legitimation auf europäischer Ebene.

Deutlich vernehmbar war Böckenfördes Stimme nicht zuletzt dann, wenn sie (zunächst) nicht durchdrang. Im Laufe seiner Amtszeit verfasste er elf Sondervoten zu Entscheidungen des Senats, die er im Ergebnis und/oder in der Begründung nicht teilte – das erste bereits nach vier Monaten der Zugehörigkeit zum Gericht, die letzten beiden bereits in Sichtweite seines Ausscheidens. Besondere Hervorhebung verdienen jene beiden abweichenden Meinungen, deren Argumente die Grundlage dafür boten, dass das Gericht später seine Rechtsprechung im Sinne Böckenfördes revidierte: 1986 sah er das Recht der gleichen Teilhabe der Bürger an der politischen Willensbildung durch die Möglichkeit der steuerlichen Abzugsfähigkeit von Großspenden an politische Parteien (konkret: bis zu 100.000 DM) als verletzt an – sechs Jahre später änderte der Senat einstimmig seine Einschätzung. 1995 widersprach er dem im Vermögensteuer-Beschluss aufgestellten „Halbteilungsgrundsatz", welcher eine verfassungsgebotene absolute Belastungsobergrenze in der Nähe einer hälftigen Teilung postuliert hatte – in vollständig neuer Besetzung folgte der Senat 2006 Böckenfördes Sichtweise und gab die vorhergehende Rechtsprechung auf.

Speziell in einem Verfahren traten die verschiedenen Facetten der Persönlichkeit Böckenfördes deutlich zutage, die des Staatsrechtlers, des auf den Schutz der Verfassung vereidigten Verfassungsrichters, des praktizierenden Katholiken wie diejenige des SPD-Mitglieds: 1993 hatte das Bundesverfassungsgericht auf Antrag der CDU/CSU-Fraktion des Deutschen Bundestages sowie der Bayerischen Staatsregierung über die Verfassungsmäßigkeit der infolge des Einigungsvertrags notwendigen Neuregelung des Schwangerschaftsabbruchs zu entscheiden. Bereits 20 Jahre zuvor war Böckenförde an den damaligen Debatten beteiligt gewesen. Im Rahmen seiner Tätigkeit im rechtspolitischen Ausschuss beim SPD-Parteivorstand hatte er, gemeinsam mit dem damaligen Bundesjustizminister Gerhard Jahn, zunächst erfolgreich für die sog. Indikationenlösung plädiert. Innerparteilich ließ sich diese Position nicht durchhalten („Die Frauen gingen dagegen an."), letztlich verabschiedete die SPD-FDP-Regierungsmehrheit 1974 eine Fristenlösung, welche 1975 vom Bundesverfassungsgericht für nichtig erklärt wurde. Bei der Wahl Böckenfördes zum Verfassungsrichter war sein Selbstverständnis als Katholik ebenso allgemein bekannt wie seine rechtspolitische Positionierung der frühen 1970er Jahre (zumal Gerhard Jahn nach seinem Ausscheiden aus der Bundesregierung 1974 als verantwortlicher Koordinator der SPD für die Richterwahlen unverändert einflussreich blieb). Gleichwohl sah er sich im Vorfeld der Entscheidung von 1993 einer heftigen medialen wie innerparteilichen Kampagne ausgesetzt, welche seinen Ausschluss vom Verfahren wegen Befangenheit zu erreichen suchte. Schließlich ersuchte Böckenförde selbst den Senat um Entscheidung – sie fiel zugunsten seiner Mitwirkung aus.

Das Urteil vom Mai 1993 lässt wiederum deutlich die Einflüsse von Böckenförde erkennen (wiewohl er nicht als Berichterstatter tätig war). Einerseits hielt das Gericht, in Kontinuität zum ersten Abtreibungs-Urteil von 1975, an der Annahme fest, die grundrechtliche Schutzpflicht verpflichte den Staat, jedes menschliche Leben, auch das ungeborene, zu schützen, und zwar auch gegenüber der Mutter. Daher müsse eine Abtreibung für die gesamte Dauer der Schwangerschaft grundsätzlich als Unrecht angesehen und von der Rechtsordnung als rechtswidrig missbilligt werden. Auf der anderen Seite akzeptierte der Senat die Einschätzung des Gesetzgebers, speziell in der Frühphase der Schwangerschaft ließen sich Schwangerschaftskonflikte besser durch eine Beratung der Schwangeren lösen, um sie für das Austragen des Kindes zu gewinnen. Dementsprechend ließ das Bundesverfassungsgericht den gesetzgeberischen Systemwechsel hin zu einem Beratungskonzept unbeanstandet, demzufolge die durch einen Arzt in den ersten zwölf Schwangerschaftswochen vorgenommene Abtreibung straflos bleiben könne, wenn die Schwangere eine auf den Lebensschutz des Ungeborenen ausgerichtete Beratung in Anspruch genommen hat. Der Grundansatz des Urteils fand die Zustimmung Böckenfördes, der in einer Einzelfrage (Ausschluss der Finanzierung von Abtreibungen durch die gesetzliche Krankenkasse) eines seiner elf Sondervoten abgab.

Setzte die Entscheidung auch einen juristischen Schlusspunkt unter jahrzehntelange politische und parlamentarische Debatten, barg die Thematik unverändert gesellschaftlichen Sprengstoff, in der zweiten Hälfte der 1990er Jahre speziell für die katholische Kirche. Mit der nunmehr gesetzlich festgeschriebenen Beratungslösung stellte sich die Folgefrage, ob kirchliche Beratungsstellen eine Bescheinigung über eine durchgeführte Schwangerschaftskonfliktberatung ausstellen könnten, mit denen dann eine straflose Abtreibung vorgenommen werden kann. Bekanntlich gab es in dieser Frage jahrelange Beratungen sowohl innerhalb der Deutschen Bischofskonferenz wie auch zwischen dieser und dem Heiligem Stuhl (die in anderen Beiträgen dieses Bandes eingehend nachgezeichnet werden). Auf Bitten des damaligen Vorsitzenden der Bischofskonferenz, Bischof Karl Lehmann (Mainz) wirkte Böckenförde an einer Beratungskommission mit. Letztlich entschied 1999 Papst Johannes Paul II. mit Verweis auf seine Primatialgewalt, kirchliche Beratungsstellen dürften sich aus Gründen der Klarheit des kirchlichen Zeugnisses über die Heiligkeit und den Schutz des Lebens an dem in Deutschland gesetzlichen geltenden System nicht weiter beteiligen. Als Reaktion gründeten katholische Einzelpersönlichkeiten, zumeist aus dem Umfeld des Zentralkomitees der deutschen Katholiken, den eingetragenen Verein „Donum Vitae", welcher die den kirchlichen Beratungsstellen untersagte Tätigkeit fortführte. Dass auch Böckenförde zu den Gründungsmitgliedern gehörte, führte zu einem Dissens mit seinem langjährigen Freund Robert Spaemann.

Eine Konstante seiner Überzeugungen blieb der Schutz der menschlichen Würde und des menschlichen Lebens. Wortgewaltig verteidigte er nach dem Erscheinen einer Neukommentierung zu Art. 1 Abs. 1 GG, welche zwischen einem abwägungszugänglichen Rand- und einem abwägungsfesten Kernbereich differenzieren wollte, das herkömmliche Verständnis der Norm. Seine Mahnung, die Unantastbarkeit der Menschenwürde nicht interpretatorisch zu relativieren, bleibt auch im Abstand von zwei Jahrzehnten aktuell: Es bestehe die Gefahr, dass die Menschenwürde „nicht mehr die Grundfeste und meta-positive Verankerung der grundgesetzlichen Ordnung, nicht mehr ‚Pfeiler im Strom' des verfassungsrechtlichen Diskurses" ist, sondern in diesem Strom nur noch mitfließt, „anheimgegeben und anvertraut der Gesellschaft der Verfassungsinterpreten, für die kein verbindlicher Kanon der Interpretationswege existiert."

Schriften (Auswahl)

Naturrecht in der Kritik (mit Franz Böckle), Mainz 1973. – Der Staat als sittlicher Staat, Berlin 1978. – Staat, Gesellschaft, Kirche, Freiburg 1982. – Kirchlicher Auftrag und politisches Handeln. Analysen und Orientierungen, Freiburg 1989. – Geschichte der Rechts- und Staatsphilosophie, 2. Aufl., Tübingen 2006. – Kirche und christlicher Glaube in den Herausforderungen der Zeit. Beiträge zur politisch-theologischen Verfassungsgeschichte, 2. Aufl., Berlin 2007. – Der säkularisierte Staat. Sein Charakter, seine Rechtfertigung und seine Probleme im 21. Jahrhundert, München 2007. – Wissenschaft, Politik, Verfassungsgericht (mit Dieter Gosewinkel), Berlin 2011.

Quellen und Literatur

Der Nachlass befindet sich im Bundesarchiv Koblenz (N 1538); die Nutzung unterliegt einem Zustimmungsvorbehalt seitens der Erben.
J. *Masing*, J. *Wieland* (Hg.), Menschenwürde – Demokratie – Christliche Gerechtigkeit. Tagungsband zum Festlichen Kolloquium aus Anlass des 80. Geburtstags von Ernst-Wolfgang Böckenförde, Berlin 2011. – F. *Meinel*, Der Jurist in der industriellen Gesellschaft. Ernst Forsthoff und seine Zeit, Berlin 2011. – J. *Palm*, Berechtigung und Aktualität des Böckenförde-Diktums, Frankfurt/M. 2013. – S. *Pfannkuche*, Werner und Ernst-Wolfgang Böckenförde: Kirchen- und Staatsrecht in Bruderhand, in: Entwicklungstendenzen des Staats- und Religionsverfassungsrechts, hg. von T. *Holzner*, H. *Ludyga*, Paderborn 2013, S. 587–611. – H.-J. und K. *Große Kracht* (Hg.), Religion – Recht – Republik. Studien zu Ernst-Wolfgang Böckenfördes, Paderborn 2014. – F. Günther, Denken vom Staat her. Die bundesdeutsche Staatsrechtslehre zwischen Dezision und Integration 1949–1970, München 2004. – M. *Künkler*, T. *Stein* (Hg.), Die Rezeption der Werke Ernst-Wolfgang Böckenfördes in international vergleichender Perspektive (Der Staat, Beiheft 24), Berlin 2020.

Jürgen Aretz

WOLFGANG CLEMENT (1940–2020)

Der erste Nachkriegsvorsitzende der SPD, Kurt Schumacher, formulierte im Herbst 1945, es sei „gleichgültig, ob jemand durch die Methoden marxistischer Wirtschaftsanalyse […] oder ob er aus dem Geist der Bergpredigt Sozialdemokrat geworden ist. Jeder hat […] für die Verkündung seiner Motive das gleiche Recht in der Partei." Diese Grundaussage hat Teile der Partei, das Parteiorgan „Vorwärts" und auch Schumacher selbst in der Folge nicht davon abgehalten, bisweilen doch zu wüsten Ausfällen gegen die katholische Kirche zurückzukehren. Das änderte sich erst „nach Godesberg", der Verabschiedung des „Godesberger Programms" von 1959, das der SPD den notwendigen Modernisierungsschub verleihen sollte und das darauf gerichtet war, die Partei nach drei verlorenen Bundestagswahlen in der jungen Bundesrepublik endlich mehrheitsfähig zu machen. Auch das Verhältnis zur katholischen Kirche entspannte und versachlichte sich. Gleichwohl blieb es nicht problemfrei. Die Partei hat sich in existenziellen Fragen – etwa der Abtreibung – oft mehrheitlich gegen die katholische Kirche gestellt. Gleichwohl konnten gläubige Katholiken in der SPD-Spitzenpositionen erlangen, und die Partei hat hohe und wichtige Regierungsämter mit fachlich besonders qualifizierten Katholiken besetzt.

Das gilt etwa für Wolfgang Clement, der Ministerpräsident von Nordrhein-Westfalen und danach in der Geschichte der Bundesrepublik der bislang einzige Bundesminister wurde, in dessen Hand das Wirtschafts- und das Arbeitsministerium vereinigt war. Mit seinem Namen ist im Besonderen das wichtigste Reformpaket verbunden, das in den letzten Jahrzehnten im Bereich der deutschen Wirtschafts- und Sozialpolitik verwirklicht wurde, die „Agenda 2010". Sie war eine Voraussetzung dafür, dass Deutschland trotz ungünstiger internationaler Rahmenbedingungen zentrale Probleme lösen konnte. Der „kranke Mann Europas", wie man Deutschland bereits mit ebenso schadenfrohem wie sorgenvollem Unterton im Ausland nannte (The Economist), entwickelte sich wieder zu einer „Wachstumslokomotive" der Europäischen Union.

I

Wolfgang Clement wurde am 7. Juli 1940 als Sohn des Maurers und späteren Bauingenieurs Josef Clement (1902–1965) und seiner Ehefrau Paula, geb. Gockel (1902–1967), in Bochum geboren. Die Mutter stammte aus Essen, der Vater aus Medebach im Sauerland. Der Arbeit wegen war er in das Ruhrgebiet gegangen. Im Krieg wurde die Familie ausgebombt; sie verlor nahezu ihren gesamten Besitz. In der katholisch geprägten Familie war es selbstverständlich, dass der Sohn Wolfgang wie sein älterer Bruder Werner Messdiener in der Heimatpfarrei Christ König wurde. Politisch stand die Familie der Sozialdemokratie nahe.

Nach dem Abitur (1960) an der Graf-Engelbert-Schule in Bochum, einem städtischen Gymnasium, an dem einige Jahre zuvor auch sein späterer Kabinettskollege Otto Schily die Reifeprüfung abgelegt hatte, studierte er Jura in Münster/W. Das Referendariat und eine bei Ingo von Münch in Bochum begonnene Dissertation über die Zustimmungsbedürftigkeit von Gesetzen im Bundesrat schloss er nicht ab.

Anlass war ein Angebot der „Westfälischen Rundschau", einer Tageszeitung mit Sitz in Dortmund. Seinem Berufsziel Journalismus folgend, war er schon während der Studienzeit für diese Zeitung tätig gewesen. Ab 1968 arbeitete er dort als politischer Redakteur, wurde ein Jahr später Ressortleiter, Ende 1973 schließlich stellvertretender Chefredakteur. Das Blatt gehörte bis Mitte der 1970er Jahre zu der SPD-Holding „Deutsche Druck- und Verlagsgesellschaft" (DDVG).

Bereits Ende 1966 hatte Clement seine Ehefrau Karin, geb. Samulowitz, geheiratet; beide kannten sich seit der Schulzeit. Die konfessionelle Mischehe der beiden führte in dieser Zeit durchaus noch zu intensiven Diskussionen. Karin Clement stammte aus dem westpreußischen Bromberg (Bydgoszsz). Als Kleinkind und Tochter einer „Halbjüdin" kam sie noch vor Kriegsende mit ihrer Familie in den Westen Deutschlands, weil man sich dort vor der nationalsozialistischen Verfolgung sicherer wähnte. Aus der Ehe von Karin und Wolfgang Clement gingen fünf Töchter hervor. Die Familie blieb für ihn Mittel- und Ruhepunkt seines Lebens, gerade auch in Zeiten, in denen seine berufliche Karriere äußerste Belastungen mit sich brachte.

Clement war 1970 in die SPD eingetreten und hatte im Folgejahr zu den Journalisten gehört, die Willy Brandt zur Verleihung des Friedensnobelpreises in Stockholm begleiteten. Auch das spielte mit, als er Anfang 1981 zum Sprecher des SPD-Bundesvorstandes berufen wurde. Johannes Rau, Ministerpräsident von Nordrhein-Westfalen, bestärkte ihn, diese Herausforderung anzunehmen. In der „Baracke", wie die Parteizentrale im Bonner Politikbetrieb genannt wurde, ergaben sich enge Kontakte zu den Führungspersönlichkeiten und den Gremien der Partei. Rau setzte auf ihn als Berater im NRW-Landtagswahlkampf 1985. Die SPD gewann erneut die absolute Mehrheit, und Clement galt als einer der Väter des Erfolges. Im Juni 1985 wurde er unter Beibehaltung seiner bisherigen Funktion zum stellvertretenden Bundesgeschäftsführer berufen.

Als die SPD bei den Landtags- bzw. Bürgerschaftswahlen in Bayern und Hamburg Ende 1986 herbe Verluste erlitt, stellte Clement im Bundesvorstand kritische Fragen nach den politischen und personellen Konsequenzen. Befriedigende Antworten erhielt er von den Partei-Granden nicht. Daraufhin zog er selbst Konsequenzen und trat zur völligen Überraschung der meisten Beobachter von seinen Parteifunktionen zurück, ohne zu diesem Zeitpunkt bereits über eine berufliche Alternative zu verfügen. Die Anwesenden erlebten bei dieser Gelegenheit erstmals besonders ausgeprägte Eigenschaften und Fähigkeiten von Wolfgang Clement: nüchterne Analyse, klares Denken, folgerichtiges Handeln und prägnante Rhetorik. Das sicherte ihm keineswegs nur Freundschaften; oft genug sah er sich gerade deswegen Angriffen ausgesetzt, die sachlich nicht gerechtfertigt waren.

Einen Abschied von der Parteiarbeit bedeutete sein Rücktritt nicht. Der dank Clements Mithilfe erfolgreiche Landtagswahlkampf von 1985 veranlasste Rau, ihn und Bodo Hombach zu persönlichen Beratern für die Bundestagswahl zu machen, in der er im Januar 1987 gegen Bundeskanzler Helmut Kohl antrat. Trotz massiver Medienunterstützung verlor Rau diese Wahl deutlich, und Clement störte es gewaltig, dass Willy Brandt das ungünstige Ergebnis in der Presse zu relativieren suchte.

II

Unmittelbar danach ging Clement zurück in den Journalismus und übernahm die Chefredaktion der „Hamburger Morgenpost", deren tägliche Auflage damals bei etwa 100 000 Exemplaren lag. Sie hatte ursprünglich zu dem SPD-eigenen Verlag Auerdruck gehört und war kurz vor Clements Wechsel an den Verlag Gruner & Jahr veräußert worden. Seine Arbeit in Hamburg endete bereits nach knapp zwei Jahren, als Ministerpräsident Rau ihn im Januar 1989 zum Staatssekretär und Chef der Düsseldorfer Staatskanzlei berief.

Rau, dessen Stärke eher die Kommunikation als die Führung war, benötigte in der Staatskanzlei eine Persönlichkeit, die den notwendigen Strukturwandel des Landes vorantrieb und dafür auch das erforderliche Verhandlungsgeschick mit der Bundesregierung aufbrachte. Diese Voraussetzungen erfüllte Clement, der so eine Schlüsselposition in der Politik Raus wie der Landes-SPD erlangte.

Nachdem die SPD bei den Landtagswahlen im Mai 1990 wieder die absolute Mehrheit erreicht hatte, wurde Clement – jetzt im Ministerrang – als Chef der Staatskanzlei bestätigt. In der Strukturpolitik legte er einen Schwerpunkt auf den erfolgreichen Ausbau des Medienstandortes Nordrhein-Westfalen und die Förderung des Privatfernsehens. Auch zuständig für die Deutschlandpolitik, nahm er für das bevölkerungsreichste Land der

Bundesrepublik und zugleich als Sprecher der (SPD-geführten) „A-Länder" an den Verhandlungen über den Einigungsvertrag mit der DDR teil. War die Wiedervereinigung noch im Vorjahr aus seiner Partei als „Lebenslüge" der Bundesrepublik apostrophiert worden, so brach 1989/90 angesichts der Entwicklungen in der DDR auch hier eine Art „nationaler Euphorie" aus. Die Begeisterung war bereits deutlich abgekühlt, als die Verhandlungen im Juli 1990 begannen. Dennoch gaben sich einige Beteiligte betont staatstragend und emotional. Davon hielt Clement nicht viel. Er argumentierte in Würdigung der historischen Stunde gleichwohl rational und sachorientiert, frei von fragwürdiger Geschichtssymbolik. Hier lag sein Motiv, in der Hauptstadtfrage für Bonn einzutreten, das der nach 1945 begründeten neuen deutschen Demokratie eine angemessen-bescheidene Hauptstadt gewesen sei und es bleiben solle. Als seine nüchterne Argumentation keine Mehrheit fand, trat er gegenüber der Bundesregierung als energischer Interessenvertreter der alten Bundeshauptstadt auf. Die für Bonn günstigen strukturpolitischen Entscheidungen, u. a. die Ansiedlung von Deutscher Post und Telekom, zwei DAX-Unternehmen, sind wesentlich auf Clement zurückzuführen. Ebenso wenig konnte er sich in der Frage der Länderneugliederung durchsetzen, die seiner Überzeugung nach im Zusammenhang mit dem Einigungsvertrag erörtert werden musste. Die beiden mit absoluter SPD-Mehrheit regierten Länder Bremen und Saarland ließen erkennen, dass sie den Einigungsvertrag ablehnen würden, sollte dieses Ziel weiterhin verfolgt werden. Clements strukur- und finanzpolitisch begründeten Mahnungen zum Trotz blieb alles beim Alten – mit den bekannten Folgen.

Mit ihrem Spitzenkandidaten Rudolf Scharping unternahm die SPD 1994 einen erneuten Anlauf, Kanzler Kohl abzulösen. Clement gehörte zu Scharpings Beratern. Die SPD konnte bei den Bundestagswahlen im Oktober 1994 gegenüber CDU und CSU zwar aufholen, aber nach Hans-Jochen Vogel, Johannes Rau und Oskar Lafontaine war Scharping der vierte Kanzlerkandidat, der dem Amtsinhaber Kohl unterlag. Die Frage, ob Clement möglicherweise in die Bundespolitik wechseln könnte, stellte sich also nicht. Vielmehr war sein weiterer Weg vorgezeichnet, wie manche Beobachter mutmaßten, als die SPD bei den Landtagswahlen in Nordrhein-Westfalen im Mai 1995 ihre absolute Mehrheit verlor. Nach 17 Jahren als Ministerpräsident deutete sich ein Ende der Ära Rau an, der dreimal nach einander die absolute Mehrheit gewonnen hatte und jetzt eine Koalition mit den Grünen eingehen musste. Clement übernahm das Ministerium für Wirtschaft, Mittelstand, Technologie und Verkehr. Die Zuständigkeit für Medien und Telekommunikation nahm er aus der Staatskanzlei in sein neues Ministerium mit.

Im Unterschied zu anderen, für die vielfach die Betonung ihrer Verbundenheit mit dem Ruhrgebiet nur noch Teil einer rituellen politischen Rhetorik war, hat sich Clement – auch vor dem Hintergrund seiner Familiengeschichte – tatsächlich bis an sein Lebensende als „Kind des Ruhrgebiets" gesehen. Folgerichtig hat die Frage von Arbeit und Arbeitslosigkeit sein Denken und sein politisches Handeln bestimmt wie keine andere. Klar sah er den Zusammenhang von Ausbildung, Erziehung zur Eigenverantwortung und Beschäftigungsbiografie. In einer für Spitzenpolitiker ungewöhnlich persönlichen Weise setzte er sich daher für die Schaffung von Ausbildungsplätzen ein. Selbst ihm politisch fernstehende Unternehmer bat er – erfolgreich – im direkten Gespräch um die Bereitstellung von Lehrstellen, auch wenn dies den betrieblichen Erfordernissen nicht entsprach. Tausenden junger Menschen hat Wolfgang Clement so den Weg in den regulären Arbeitsmarkt geöffnet. Als später (2002) die internationale PISA-Studie den deutschen Schülern in vielen Bereichen erschreckende Leistungsdefizite bescheinigte, machte er die Frage der Bildung als entscheidende Voraussetzung für den Lebensweg der Menschen und ihrer Erwerbsbiografie zu einem weiteren Schwerpunkt seiner politischen Arbeit. Speziell die hohe Zahl von jungen Menschen ohne Schulabschluss sah er als Skandal, dessen Bekämpfung äußerster Anstrengungen bedürfe. Heftiger Kritik zum Trotz propagierte er niedrigere Einstiegstarife für Langzeitarbeitslose, um sie aus der oft erzwungenen Untätigkeit herauszuholen und auch ihnen eine Chance und Perspektive zu geben. Auf Bundesebene trug er entscheidend dazu bei, dass der vereinbarte Abbau der Kohlesubventionen ohne Massenentlassungen vonstatten ging. Wie kein Wirtschaftsminister vor ihm wandte er sich dem Feld der erneuerbaren Energien zu, verteidigte aber zugleich das bereits im Koalitionsvertrag mit den Grünen vereinbarte Braunkohletagebau-Projekt Garzweiler II. Clement hielt dieses Projekt für unverzichtbar, um den zeitlich notwendigen Übergang in ein regeneratives Zeitalter abzusichern. Der Versuch des Koalitionspartners, das Projekt mit einer Verfassungsbeschwerde zu stoppen, scheiterte.

III

Der weitere politische Weg Clements schien vorgezeichnet, nachdem er im März 1996 mit einem glänzenden Ergebnis zum Stellvertreter des SPD-Landesvorsitzenden Rau gewählt worden war. Die Presse sah in ihm den „Kronprinzen". Einen ernsthaften parteiinternen Konkurrenten gab es nicht mehr. Rau selbst missfiel die Entwicklung. Er sah zu diesem Zeitpunkt keinen Anlass, mit Blick auf das letzte Wahlergebnis an persönliche Konsequenzen zu denken, die aber Clement im Interesse der SPD und ihrer Politik für unausweichlich hielt. Im Juni 1997 erklärte er öffentlich seine Bereitschaft, die Nachfolge Raus anzutreten. Zu der Wechselstimmung, die sich im Bund abzeichnete und die von der Presse mit dem Hinweis auf die lange Amtszeit Kohls unterstützt wurde, passte nicht das Bild eines NRW-Ministerpräsidenten, der sich weniger durch Reformeifer und Entschlusskraft auszeichnete als durch eine lange Kabinettszugehörigkeit. Sie übertraf die von Helmut Kohl noch einmal um rund ein Jahrzehnt. Das Verhältnis zwischen Rau und Clement, das längst sehr persönlich geprägt war und auch familiäre Kontakte einschloss, trübte sich ein. Rau beendete die Hängepartie schließlich mit seinem Rücktritt, und am selben Tag, dem 27. Mai 1998, wurde Clement zu seinem Nachfolger gewählt. Mitglied des Landtages, in Nordrhein-Westfalen eine verfassungsrechtliche Voraussetzung für die Wahl zum Ministerpräsidenten, war er seit 1993, als er für einen als Stasi-Agent enttarnten SPD-Abgeordneten nachrückte. In Düsseldorf wie später in Berlin hat er Politik ausschließlich aus der Regierungsperspektive gestalten können; Erfahrungen in der Opposition hat er nicht gemacht.

Eines der wesentlichen Projekte des neuen Ministerpräsidenten scheiterte gleich zu Beginn. Die von ihm durchgesetzte Kabinettsreform, deren Kernstück die Zusammenlegung von Innen- und Justizministerium war, hatte vor dem Landesverfassungsgericht keinen Bestand. Von dem neuen Bundeskanzler Gerhard Schröder, der Kohl im Herbst 1998 abgelöst hatte, und seinem Finanzminister Lafontaine verlangte er, die steuer- und mittelstandspolitischen Wahlversprechen einzuhalten. Zwei Aspekte kennzeichneten in diesem Zusammenhang den Politiker wie den Menschen Clement: Zum einen wollte er auf Bundesebene eine mittelstandsfreundliche Politik, die seiner auf Landesebene verfolgten Linie nicht widersprach, zum anderen waren für ihn Wahlaussagen Versprechen, die es einzuhalten galt. Was später im Kontext mit den Wahlen in Hessen den Bruch mit seiner Partei einleiten sollte, deutete sich hier bereits an – Wortbruch hatte für Clement in der Politik ebenso wenig Platz wie im Privatleben. Lösungsorientierte Sachpolitik und Landesinteressen waren ihm wichtiger als ideologische oder rein parteipolitische Positionen. Das zeigte er auch, als er sich mit dem bayerischen Ministerpräsidenten Edmund Stoiber (CSU) allen politischen Gegensätzen zum Trotz über den Länderfinanzausgleich verständigte.

Sachliche Differenzen und die persönlich eher schwierige Beziehung zu der grünen Umwelt-Ministerin Bärbel Höhn kennzeichneten sein Verhältnis zu dem Koalitionspartner. Nach der Verfassungsgerichtsniederlage der Grünen zu Garzweiler II, Clements Ablehnung einer Öko-Steuerreform und der Durchsetzung seiner Flughafen-Politik in Köln/Bonn und Dortmund, wurde zwar im Herbst 1998 der Konflikt über wasserrechtliche Genehmigungen für Garzweiler II gelöst, aber Beobachter werteten dies im Ergebnis als erneute Niederlage der Grünen. Das alles trug nicht zu einer Verbesserung des Koalitionsklimas bei.

Bei den Landtagswahlen vom Mai 2000 kam die SPD auf 42,8 %. Clement zeigte sich enttäuscht, weil er die unter Rau verlorene absolute Mehrheit nicht zurückgewinnen konnte, aber das Ergebnis war für den „realpolitischen" Ministerpräsidenten mehr als respektabel. Eine auch nur annähernd vergleichbare Zustimmung konnte die SPD in ihrem vermeintlichen „Stammland", in dem sie von 1966 an den Ministerpräsidenten stellte, seitdem nicht mehr erreichen. Obwohl rechnerisch ein Bündnis mit der ihm programmatisch näherstehenden FDP möglich gewesen wäre, setzte Clement die Koalition mit den Grünen aus Rücksicht auf die politisch „gleichfarbige" Bundesregierung fort. Die Grünen mussten aber in Düsseldorf weitere Zugeständnisse machen. Auf die Landesplanung und die Raumordnung wollte Clement als Folge der jüngsten Erfahrungen selbst wieder unmittelbaren Einfluss nehmen, und so gingen diese Zuständigkeiten aus dem grün geführten Umweltministerium in die Staatskanzlei über. Große Begeisterung für das „lustlose Zweckbündnis" von SPD und Grünen (Das Parlament) gab es in der Tat nicht, aber Clement erhielt bei seiner Wiederwahl eine Stimme mehr als die Koalitionsmehrheit im Landtag betrug. Sein Umgang mit dem kleineren Koalitionspartner war sachlich, fair – und selbstbewusst.

Bei aller parteipolitischen Loyalität verhielt er sich gegenüber der SPD-geführten Bundesregierung ähnlich. Der Sparkurs von Bundesfinanzminister Eichel belastete die Länder und die Kommunen über Gebühr. Gemeinsam mit den Ländern, die von der Union regiert wurden, erhob er öffentlich Widerspruch. Die selbstbewusste Eigenständigkeit des Ministerpräsidenten Clement führte wiederholt auch zu Konflikten mit seinem SPD-Landesvorsitzenden Franz Müntefering. Dessen Kritik traf Clement sehr wohl, aber er sah keinen Anlass, die von ihm für sachlich richtig gehaltene Politik zu ändern.

In einen grundsätzlichen Konflikt mit den Kirchen geriet er in der Frage der Stammzellenforschung. Nach einem Besuch in Israel, wo er sich mit den dortigen Forschungsbedingungen und ihren Ergebnissen vertraut gemacht hatte, vertrat er eine liberale Position, setzte sich aber zugleich dafür ein, dass die gesetzliche Regelung im Bundestag nicht dem Koalitionszwang unterworfen wurde. Die Abgeordneten sollten ihrem Gewissen folgen können.

IV

Die persönlichen Parallelen zwischen Gerhard Schröder und Johannes Rau waren gewiss nicht sonderlich ausgeprägt, aber in der Einschätzung von Wolfgang Clement stimmten sie überein: Ihm trauten sie zu, durch konsequentes Handeln, Verhandlungsgeschick und die Fähigkeit zur öffentlichen Politikvermittlung große Herausforderungen zu bewältigen. Nach den Bundestagswahlen vom September 2002, die ihm eine knappe Mehrheit brachten, stand Schröder vor einer dramatischen Haushaltslage; zum wiederholten Male hatte Deutschland die Maastricht-Kriterien nicht eingehalten. Schröder musste sich der schwierigsten wirtschafts- und sozialpolitischen

Lage stellen, in der sich die Bundesrepublik seit langem befand. Allerdings hatte er als niedersächsischer Ministerpräsident mit seinem saarländischen Kollegen Oskar Lafontaine vor 1998 durch eine Blockadepolitik im Bundesrat zu dieser Lage selbst beigetragen. Jetzt galt es, die notwendigen Reformen und Deregulierungsmaßnahmen in einer „Agenda 2010" durchzusetzen. Dafür brauchte er den, wie es in der Presse hieß, „Macher" Clement, der es richten sollte. Schröder sicherte ihm umfassende Kompetenzen zu, vor allem die Leitung eines aus Wirtschafts- und Arbeitsministerium gebildeten „Superministeriums". Clement akzeptierte und ging nach Berlin; sein langjähriger Vertrauter Georg-Wilhelm Adamowitsch folgte ihm als Staatssekretär und engster Mitarbeiter. Clements Nachfolger in Düsseldorf wurde der bisherige NRW-Finanzminister Peer Steinbrück.

Vor dem Bundestag machte Schröder im März 2003 deutlich, vor welcher Aufgabe er das Land und seine Regierung sah: „Wir werden Leistungen des Staates kürzen, Eigenverantwortung fördern, und mehr Eigenleistung des Einzelnen fordern müssen." Die überfällige Einsicht in jahrzehntelange Unterlassungen und Fehlentwicklungen, die bis in die 1970er Jahre zurückreichten, bedeuteten den Bruch mit der bisherigen bundesdeutschen Sozialpolitik. Sie war den notwendigen Neujustierungen im Hinblick auf die globalen Herausforderungen sowie den ökonomischen, sozialen und demografischen Wandel sicher nicht in ausreichender Weise nachgekommen. Die Regel Ludwig Erhards, des „Vaters des deutschen Wirtschaftswunders", schien vergessen, dass die Sozialpolitik sich am wirtschaftlich Möglichen und Vernünftigen auszurichten habe. Clement übersetzte das in den Leitsatz: „Es gibt keinen sozialen Fortschritt ohne den ökonomischen."

Mit der ihm eigenen Entschlossenheit, die manche Mitarbeiter und, wie sich zeigen sollte, politische Freunde überforderte, ging Clement die Aufgabe an. Die Verbindung von Wirtschafts-, Arbeitsmarkt- und Sozialpolitik bedeutete, so die Frankfurter Allgemeine Zeitung (FAZ), eine „Kehrtwende in der Wirtschafts- und Beschäftigungspolitik". In der Tat führte sie offenkundige politische Zusammenhänge administrativ zusammen. Das neu organisierte Ministerium vereinigte aber auch unterschiedliche politische Traditionen und war zunächst nicht frei von konkurrenzbedingter Schwerfälligkeit. Das provozierte Clements rationales Politikverständnis und seinen Willen, zügig zu Ergebnissen und Erfolgen zu kommen. Was andere ihm als „Ungeduld" vorhielten, sah er als zielgerichtetes Handeln.

In weniger als drei Jahren setzte er in der Auseinandersetzung mit der Unions-Mehrheit im Bundesrat, die auf eine Retourkutsche verzichtete und keine grundsätzliche Blockadepolitik betrieb, ein umfassendes Reformpaket durch: So u.a. Gesetze zur Flexibilisierung des Arbeitsmarktes, der Verschärfung der Zumutbarkeitsregelungen für Arbeitslose, dazu die Einführung des Arbeitslosengeldes II (Hartz IV) und die Anhebung der Verdienstgrenze für Minijobs. Die Arbeitsverwaltung und die Arbeitsvermittlung wurden grundlegend reformiert, die Kommunen entlastet. Perspektivisch sollte angesichts der gestiegenen Lebenserwartung das Renteneintrittsalter erhöht werden. Das Ladenschlussgesetz, die Handwerksordnung und das Energierecht wurden liberalisiert, der Kündigungsschutz für Kleinbetriebe gelockert, Maßnahmen, die der Verbesserung der Wettbewerbsfähigkeit dienen sollten. Wettbewerb in sozialer Verantwortung – das war für Clement ein Schlüssel für mehr Wachstum. Mehr Konkurrenz sei eben besser; das habe er „als alter Sozi" auch erst lernen müssen.

In der „Agenda" sah er am Ende der Wahlperiode 2005 sein „bisher größtes Werkstück" (Die Zeit), aber noch lange nicht das Ende des Reformprozesses. Die „Agenda 2010" sei nur ein „erster großer Schritt auf dem Weg zur Erneuerung unseres Landes in einer völlig veränderten Weltwirtschaftslage". Im offenen Streit mit Finanzminister Eichel und der Parteilinken wehrte er Versuche ab, die Mehrwertsteuer zu erhöhen und die Vermögenssteuer wieder einzuführen: Deutschland sollte auch steuerpolitisch im internationalen Wettbewerb konkurrenzfähig bleiben.

Auf SPD-Parteitagen fanden Clements Reformen zunächst klare Mehrheiten. Nachdem der vernünftigerweise nicht zu erwartende unmittelbare Erfolg der Reformen ausblieb, die Europa-Wahlen im Juni 2003 für die SPD dramatisch verloren gingen und die Umfragewerte sich weiter verschlechterten, wurde Clement bei seiner Wiederwahl zum Stellvertretenden Parteivorsitzenden im November 2003 krass abgestraft. Für den Mann, in dem noch kurz zuvor viele Journalisten den Nachfolger Gerhard Schröders gesehen hatten und der in Meinungsumfragen der beliebteste SPD-Politiker war, grenzten knapp 57 % Parteitagszustimmung an eine Demütigung. Die notwendige Geduld, um die Reformen wirken zu lassen, brachten die Partei und deutlicher noch ihre Funktionsträger immer weniger auf. Auch das Verhältnis zum Kanzler hatte gelitten. Als Teil seines Krisenmanagements verzichtete Schröder im Februar 2004 auf den SPD-Parteivorsitz, aber er hatte es nicht für erforderlich gehalten, vorab seinen „Superminister" zu informieren, der in großer Loyalität für ihn die „Kohlen aus dem Feuer" zu holen versucht hatte. Der Rückhalt für Clements Reformpolitik schwand, und seine zuversichtliche Aussage, die Vollbeschäftigung sei wieder erreichbar, kam zu früh. Tatsächlich stieg die Arbeitslosenzahl zum Jahresbeginn 2005 auf mehr als fünf Millionen, auch weil die Hartz IV-Reformen zur Offenlegung der erheblichen verdeckten Arbeitslosigkeit beitrugen. Für Clement war das „eine schreckliche Zahl", die ihm, dem vermeintlich harten Politiker, persönlich nahe ging. Das Lob der Fachleute, zumal der Ökonomen, für die der Faktor Zeit im Unterschied zu den Politikern weniger zählte, half ihm in der parteiinternen Auseinandersetzung nicht, und Liebling seiner ehemaligen journalistischen Kollegen ist er ohnehin nicht gewesen.

Als dann noch Ende Mai 2005 die Landtagswahlen in Nordrhein-Westfalen für die SPD verloren gingen und die CDU nach 49 Jahren erstmals wieder unter Jürgen Rüttgers eine Landesregierung bilden konnte, war das Ende der rot-grünen Bundesregierung absehbar. Es kam mit den vorgezogenen Bundestagswahlen im Herbst 2005 und dem knappen CDU/CSU-Erfolg. In die Regierung der großen Koalition von CDU/CSU und SPD unter Bundeskanzlerin Angela Merkel ist Wolfgang Clement, der „Sozialdemokrat aus Überzeugung" (FAZ), nicht mehr berufen worden. In einer politischen Rolle rückwärts wurde das „Superministerium" wieder geteilt, den Bereich „Arbeit und Soziales" übernahm Müntefering. Die Kanzlerin konnte in den folgenden Jahren vor dem Hintergrund einer günstigeren Weltwirtschaftslage die Früchte der Agenda-Politik und der Reformen ernten, an denen Clement wesentlichen Anteil hatte. Die SPD unterließ es, auf diese Zusammenhänge und im Besonderen die Hintergründe der erreichten Vollbeschäftigung hinzuweisen. Die große Koalition ging bald daran, Teile der „Agenda" nicht nur in erforderlicher Weise zu justieren, sondern sie, wie es Clement sah, zu demontieren und wichtige Reformteile aufzugeben. Vor allem wurde sie nicht, wie er es für notwendig hielt, konsequent fortgeschrieben.

V

Ein politisches Amt hat Wolfgang Clement nach seinem Ausscheiden aus der Bundesregierung nicht mehr angestrebt. Mit seiner großen Erfahrung wirkte er als kenntnisreicher und zugleich kritischer Beobachter der deutschen Politik, die er in vielfältiger Weise, auch journalistisch, kommentierte. Von regierungsamtlichen und parteipolitischen Zwängen befreit, äußerte er seine Einschätzungen und Überzeugungen in der ihm eigenen pointierten Form.

Dabei zeigte sich weniger seine Entfernung von der SPD als vielmehr die Entfernung der SPD von ihren eigenen Grundsätzen und dem, was sie noch kurz zuvor als Reformansätze verfolgt hatte. Erst diese Kursänderungen brachten ihn in den unübersehbaren Widerspruch zu seiner Partei. Ein Jahr nach dem Ende der Berliner Ministerzeit beschrieb er in einem Zeitungsartikel noch einmal den Ausgangspunkt seiner Agenda-Politik und bezeichnete in diesem Zusammenhang die Abwendung der SPD von der „Agenda 2010" als „Irrweg": „Wir sind zu weit hineingeraten in den paternalistischen Wohlfahrtsstaat. Ich möchte wieder zurückkommen zu einer Gesellschaft, in der die Eigenverantwortung eine stärkere Rolle spielt als der Staat." (FAZ am Sonntag)

Zum Eklat und schließlich zum Bruch mit seiner Partei kam es im Zusammenhang mit den hessischen Landtagswahlen im Januar 2008. Die SPD-Spitzenkandidatin Andrea Ypsilanti vertrat einen energiepolitischen Kurs, der das Gegenteil dessen bedeutete, wofür er in der Bundesregierung und zuvor schon als Ministerpräsident in Düsseldorf gestanden hatte. Der von

Ypsilanti angekündigte Verzicht auf Kohle und Kernenergie musste aus seiner Sicht den Wirtschaftsstandort Deutschland im internationalen Wettbewerb schwer benachteiligen und im Ergebnis zu einer Deindustrialisierung führen. Dass durch diese Politik eine große Zahl von Arbeitsplätzen – vor allem in Nordrhein-Westfalen – verloren gehen würde, blieb in Hessen unerwähnt. In einem Zeitungsartikel riet er indirekt von der Wahl Ypsilantis ab, und vier Tage vor der Wahl am 27. Januar erklärte er auf eine Frage in der ARD unmissverständlich: „Nein, zu deutsch (sic) gesagt: Ich würde sie nicht wählen."

Bei den Landtagswahlen in Hessen blieb die SPD knapp hinter der CDU von Ministerpräsident Roland Koch. Freilich hatte dazu nicht nur der energiepolitische Streit beigetragen, sondern auch eine von vorneherein erkennbare und von ihren Gegnern vorhergesagte Wahllüge der SPD-Kandidatin. Sie hatte im Wahlkampf jede Zusammenarbeit mit der PDS kategorisch ausgeschlossen. Als ihr aber das Wahlergebnis eine Mehrheit nur mit Hilfe der PDS ermöglicht hätte, wollte sie von ihren früheren Versprechen nichts mehr wissen und versuchte mit politischer Rabulistik von dem offenkundigen Wortbruch abzulenken.

Clement hatte bereits seit den 1990er Jahren mit zunehmender Sorge verfolgt, dass sich seine Partei entgegen früheren Beschlüssen der PDS annäherte. Dazu konnte und wollte er nicht schweigen. Angesichts dessen, was den Menschen und nicht zuletzt vielen Sozialdemokraten in der SBZ und der DDR durch die SED widerfahren war, zu der sich die PDS in ungebrochener Kontinuität bekannte, war dieser Kurs für ihn nicht akzeptabel. Im Rückblick sah er auch die Entscheidung der SPD-Ministerpräsidenten aus den 1980er Jahren als falsch an, einer Forderung des DDR-Staats- und Parteichefs Erich Honecker nachzugeben und die Finanzierung der Zentralen Erfassungsstelle des SED-Unrechts in Salzgitter einzustellen. Die Stelle war 1961 auf Verlangen des Berliner Regierenden Bürgermeisters Willy Brandt gegründet worden. Man habe in der SPD, so Clement, vor lauter „großen Linien" viel zu wenig auf das Schicksal der Menschen in der DDR geschaut. Ihn belastete die Annäherung der Sozialdemokraten an die Erben der sozialistischen Diktatur bis in die letzte Lebensphase.

Die SPD-internen Clement-Kritiker sahen in seiner öffentlich vorgetragenen energiepolitischen Kritik und seiner ablehnenden Wahlaussage zu der hessischen Spitzenkandidatin parteischädigendes Verhalten und strengten ein Parteiausschlussverfahren an. Sie warfen Clement, der auf Vorschlag der Arbeitnehmerbank zum Aufsichtsratsmitglied einer RWE-Tochter gewählt worden war, vor, Lobby-Interessen vertreten zu haben. Dieser Vorwurf übersah kaum zufällig, dass Clement lediglich seine seit Jahren bekannten energiepolitischen Positionen wiederholt hatte.

Clement betonte in dem Verfahren, er sei in seiner Partei immer einen „ganz geraden Weg" gegangen und habe lediglich von seinem Recht auf

Meinungsfreiheit Gebrauch gemacht. Das Parteiverfahren, in dem ihn Otto Schily anwaltlich vertrat, wurde von Seiten der Landes-SPD wenig professionell-lösungsorientiert geführt. Es endete nach zwischenzeitlichem Parteiausschluss in dritter und letzter Instanz im November 2008 mit einer Rüge. Einen Tag später erklärte Clement nach 38jähriger Mitgliedschaft den Austritt aus der SPD. Dem Parteivorstand – „Büro Müntefering" – schrieb er, die Maßnahme sei der Versuch, ihn bei der Wahrnehmung seines Grundrechts auf Meinungsfreiheit „mit einer Rüge öffentlich drangsalieren" zu wollen. Zur Politik der SPD merkte er an, sie lasse „eine Wirtschaftspolitik treiben", die, wie auch führende Gewerkschafter gewarnt hätten, auf eine „De-Industrialisierung unseres Landes" hinauslaufe. Es sei ebenso eine „Tatsache, dass die SPD-Parteiführung zugleich keinen klaren Trennungsstrich zur PDS/Linken" ziehe, deren Stasi-Verstrickung „offenkundig" sei. Clement sah sich fortan als „Sozialdemokrat ohne Parteibuch".

Ohne sich parteipolitisch festzulegen, unterstützte er in der Folge wiederholt die FDP und arbeitete nach 2016 in ihrem neugegründeten Wirtschaftsforum mit. Die Gemeinsamkeit sah er darin, eine „vernunftgeleitete Industriepolitik" (Spiegel online) durchzusetzen. Nur unter dieser Voraussetzung glaubte er die Arbeitsplätze in Deutschland dauerhaft sichern zu können.

Im Mittelpunkt seiner beruflichen Tätigkeit stand die Wirtschaftsberatung, die er nach seinem Ausscheiden aus der Bundesregierung aufgenommen hatte. Wiederholt schlichtete er erfolgreich Tarifkonflikte – ein Beleg dafür, dass er bei Gewerkschaften und Unternehmern gleichermaßen Ansehen genoss, obwohl aus dem Arbeitnehmerbereich erheblicher Widerspruch gegen seine „Agenda-Politik" gekommen war. Seine anerkannte Wirtschaftskompetenz führte zur Berufung in verschiedene Aufsichtsräte und Beiräte, vor allem im Energie- und Medienbereich. In der „Initiative Neue Soziale Marktwirtschaft", einem arbeitgebernahen Forum, fungierte er als Vorsitzender des Kuratoriums und wirkte darüber hinaus in zahlreichen Einrichtungen mit. Dazu zählte neben anderen der „Konvent für Deutschland", der „Frankfurter Zukunftsrat" und das „Ostinstitut Wismar". Sein ehrenamtliches Engagement galt aber auch zum Beispiel dem „Kuratorium Deutsche Einheit", das den „Point-Alpha-Preis für Verdienste um die Einheit Deutschlands und Europas in Frieden und Freiheit" verleiht, bisher u. a. an Michail Gorbatschow, George Bush sen., Helmut Kohl, Helmut Schmidt und Jean-Claude Juncker.

Für seine berufliche und ehrenamtliche Tätigkeit wurden ihm zahlreiche Ehrungen zuteil. Unter seinen drei Ehrendoktorwürden war auch die der Juristischen Fakultät der Ruhr-Universität seiner Heimatstadt Bochum. Die Ehrendoktortitel hat Clement im Unterschied zu anderen Politikerinnen und Politikern nicht geführt. Er erhielt eine Vielzahl weiterer Auszeichnungen, so den Europäischen Handwerkspreis, die Josef-Neubürger-Medaille der Jüdischen Gemeinde Düsseldorf oder den Heinrich-Pesch-Preis, der an den

Jesuiten und Begründer des Solidarismus erinnert. Die ihm zugefallenen Preisgelder stiftete er an gemeinnützige Organisationen, ohne dies öffentlich zu machen.

Wolfgang Clement hat sich nach seinen Berliner Jahren wieder ganz nach Bonn-Bad Godesberg zurückgezogen, wo die Familie seit den 1980er Jahren ihren Lebensmittelpunkt hatte. Mit eiserner Disziplin absolvierte er am dortigen Rheinufer seine legendären morgendlichen Langläufe, von denen er während der Ministerzeit zum Leidwesen seiner Mitarbeiter selbst bei Auslandsdienstreisen nicht absah. In der großen Familie hat er immer wieder Kraft gesammelt und ihr, wenn es die Situation in irgendeiner Weise erlaubte, den Vorrang gegeben vor vermeintlichen Verpflichtungen. Seine Frau Karin sicherte ihm nicht nur die unentbehrliche familiäre Rückendeckung während beruflich belastender Jahre, sondern sie war auch, wie er bekannte, Ratgeberin und „beste Freundin". Ende 2016 konnten sie in der Pfarrkirche St. Evergislus am Godesberger Rheinufer, wenige Schritte von ihrem Haus entfernt, die Goldene Hochzeit begehen.

Im Herbst 2019 erkrankte Wolfgang Clement schwer. Wenige Wochen nach seinem 80. Geburtstag ist er am 27. September 2020 im Kreis seiner Familie verstorben. Im Schatten der Pfarrkirche wurde er beigesetzt.

Die von Ministerpräsident Armin Laschet geführte Landesregierung von Nordrhein-Westfalen widmete dem früheren Ministerpräsidenten Wolfgang Clement einen Staatsakt, der im ehemaligen Plenarsaal des Deutschen Bundestages in Bonn stattfand. Dem „Agenda-Minister" galt eine Flut von Nachrufen. Die FAZ schrieb, Clement hinterlasse gerade durch seine Jahre als Wirtschaftsminister „so prägnante Fußstapfen wie keiner seiner Vorgänger oder Nachfolger der jüngeren Geschichte."

Auch führende Sozialdemokraten ehrten ihren früheren Mitstreiter. Der ehemalige Parteivorsitzende Sigmar Gabriel hatte bereits zu seinem 80. Geburtstag festgehalten, für Clement sei eine „hoch leistungswillige und leistungsfähige Volkswirtschaft die Voraussetzung" dafür, im internationalen Wettbewerb soziale Sicherheit zu gewährleisten. Seine Reformen hätten Deutschland mehr als zehn Jahre Erfolg gesichert – und die Sozialdemokratie „nachhaltig erschüttert".

Hinter all' dem stand ein Mensch, in dessen Wertschätzung die Weggefährten und selbst viele Kritiker übereinstimmten: entscheidungsstark und verlässlich, konsequent und liebenswürdig, „auf dem Teppich bleibend und doch visionär" (Michael Vesper) – der sich vor allem aber immer in der Hand Gottes sah.

Quellen

Die Parlamentsreden des Bundesministers Wolfgang Clement sind gedruckt in den Stenographischen Berichten des Deutschen Bundestages (2002–2005); seine Landtagsreden als Abgeordneter bzw. als Minister und Ministerpräsident von Nordrhein-Westfalen finden sich in den Stenographischen Berichten des Düsseldorfer Landtages (1990–2002). Verwiesen wird auch auf die Protokolle des Bundesrates. Die Berichte bzw. Protokolle des SPD-Landesvorstandes Nordrhein-Westfalen und des SPD-Bundesvorstandes aus der Zeit seiner Gremien-Mitgliedschaft liegen nicht veröffentlicht vor. Der Nachlass befindet sich im Bundesarchiv Koblenz sowie im Haus der Geschichte in Düsseldorf.

Schriften (Auswahl)

Die SPD mit „Godesberg" im Gepäck, in: Im Prinzip sozial. Die großen Parteien und die Arbeitnehmer, hg. von P.-J. *Bock*, mit einer Einleitung von I. *Fetscher*, Hannover 1976, S. 13–47. – Im Gespräch mit Christoph Keese, in: Mut zum Handeln. Wie Deutschland wieder reformfähig wird, hg. von R. *Herzog*, W. *Clement* u.a., Frankfurt, New York 2008, S. 175–191. – Klartext. Damit Deutschland wieder in Fahrt kommt. Eine Streitschrift, Lahr, 2. Auflage 2009. – Was jetzt zu tun ist. Deutschland 2.0 (mit Friedrich Merz), Freiburg i. Br. u. a. O. 2010. – Von der Mühsal des Bürokratieabbaus (mit Friedrich Merz), in: Leben 2011. Ein Lesebuch, Freiburg i. Br. 2010, S. 153–156. – Rede zur Freiheit in Augsburg: „Plädoyer für eine Freiheit, die der Zukunft verpflichtet ist", 6. September 2010, hg. von der Friedrich-Naumann-Stiftung für die Freiheit, Potsdam, Berlin 2010. – Regulierung, in: Gestaltung der Freiheit. Regulierung von Wirtschaft zwischen historischer Prägung und Normierung, hg. von F. *Schorkopf*, M. *Schmoeckel* u.a., Tübingen 2013, S. 7–15. – Zur aktuellen Lage in Deutschland und Europa – was jetzt zu tun ist, in: Brennpunkte im Weltgeschehen, hg. von M. *Meyer*, Zürich 2013, S. 151–172. – Das Deutschland-Prinzip. Was uns stark macht. Mit zahlreichen Beiträgen aus Wirtschaft, Politik und Gesellschaft, Berlin 2015 (Hg.). – Die Soziale Marktwirtschaft. Grundlage unseres wirtschaftlichen Erfolges und unseres Sozialstaats, in: *Ders.*, J. *Aretz*, L. *Roos*, Subsidiarität und Solidarität. Die Verleihung des Heinrich-Pesch-Preises 2017 an Wolfgang Clement, Erkelenz 2017, S. 37–57. – Laudatio aus Anlass der Verleihung des Point-Alpha-Preises 2016 an Richard Schröder, in: Von Gorbatschow bis Biermann. Der Point-Alpha-Preis für die Einheit Deutschlands und Europas, hg. von J. *Aretz* und C. *Lieberknecht*, Essen 2018, S. 189–197.

Literatur

S. *Delhees*, Wolfgang Clement im Amt des Ministerpräsidenten von NRW 1998–2002. Eine Regierungsstilanalyse, Duisburg 2005. – R. *Korte*, Wolfgang Clement, in: Unsere Ministerpräsidenten in Nordrhein-Westfalen. Neun Porträts von Rudolf Amelunxen bis Jürgen Rüttgers, hg. von S. *Gösmann*, Düsseldorf 2008, S. 182–209. – E. *Wolfrum*, Rot-Grün an der Macht. Deutschland 1998–2005, München 2013. – Wolfgang Clement 80 Jahre…, mit einem Vorwort von Rainer Dulger, hg. von der Initiative Neue Soziale Marktwirtschaft. Berlin o. J. (2020).

Oliver Salten

ALFRED GOMOLKA (1942–2020)

„In Breslau 1942 geboren, im thüringischen Eisenach aufgewachsen und im vorpommerschen Greifswald zum Manne gereift." Mit diesen Worten stellte sich Alfred Gomolka am 25. August 1990 auf dem 2. Landesparteitag der CDU Mecklenburg-Vorpommern den Delegierten bei der Abstimmung über den Spitzenkandidaten für die bevorstehende Landtagswahl vor. Dies war der kurzgefasste Lebensweg eines Mannes, der hier erstmals prominent ins Licht der politischen Öffentlichkeit trat. Dieser Lebensweg war alles andere als vorgezeichnet. Im Gegenteil deutete wenig darauf hin, dass der Katholik Gomolka, der sich in der DDR immer eine gewisse Eigenständigkeit gegenüber dem System bewahrt hatte, am 27. Oktober 1990 erster Ministerpräsident des so lange protestantisch geprägten Bundeslandes an der Ostseeküste werden sollte. Obwohl seine Amtszeit nur kurz währen sollte, blieb er doch darüber hinaus immer für Mecklenburg und insbesondere Vorpommern engagiert, die Region, die ihm als Vertriebenen eine neue Heimat geworden war.

I

Alfred Georg Joachim Gomolka wurde am 21. Juli 1942 im schlesischen Breslau als zweites Kind des Schneiders Georg Gomolka und dessen Ehefrau Agnes geboren, die bereits 1930 eine Tochter empfangen hatten. Im Winter 1944/45 floh die Familie Gomolka aus ihrer Heimat vor den anrückenden sowjetischen Truppen über Prag, Wien, Regensburg und Würzburg ins thüringische Eisenach, wo die Gomolkas sich schließlich niederlassen konnten. Sie waren nun Vertriebene oder, wie es im Sprachgebrauch der Sowjetischen Besatzungszone (SBZ) bzw. DDR hieß, „Umsiedler". Die Verhältnisse in Alfreds Jugend schienen eher streng und gedrückt gewesen zu sein. Der Vater war zwar unversehrt aus dem Krieg zurückgekehrt, doch hatte ihn das gezeichnet, was er dort erlebt hatte, und die Mutter plagte sich mit schwacher Gesundheit. Die ärmlichen Verhältnisse, in denen die Gomolkas wie viele andere Vertriebene in der SBZ/DDR lebten, führten dazu, dass Alfred von anderen Kindern gehänselt wurde. Hinzu kam, dass er als Katholik in einem überwiegend protestantischen Umfeld aufwuchs, was die Außenseiterrolle nur noch verstärkte. Gute Leistungen im Sport verschafften ihm jedoch Anerkennung. Zwischen 1948 und 1956 besuchte er in Eisenach die Grundschule und ging anschließend auf die Luther-Oberschule, wo er 1960 sein Abitur erlangte.

Danach schrieb er sich an der Ernst-Moritz-Arndt-Universität Greifswald für die Fächer Germanistik und Geografie ein, mit dem Ziel, Lehrer zu werden. Es ist nicht ganz klar, warum er eine Universität am – von Eisenach aus gesehen – anderen Ende der DDR für sein Studium ausgewählt hatte. Ein Grund dürfte möglicherweise darin zu suchen sein, dass er den beengten Verhältnissen bei seinen Eltern entfliehen wollte. Auch in Greifswald blieb er seinen Überzeugungen treu und engagierte sich in der örtlichen katholischen Jugend. Über einen Freund, der ebenfalls dort mitarbeitete, erhielt er Kontakt zur CDU der DDR, der er 1960 beitrat. So entzog er sich zum einen den Werbungsversuchen der SED, die für ihn als überzeugten Christen keine reale Option darstellte, andererseits erfüllte er mit der Mitgliedschaft in einer Blockpartei die geforderten „gesellschaftlichen Aktivitäten", die für ein gewisses berufliches Fortkommen unabdingbar waren. Zunächst blieb er allerdings einfaches Mitglied und konzentrierte sich vor allem auf sein Studium.

In dieser Zeit lernte er die Medizinisch-Technische Assistentin Maria Schöpf kennen, die er bald auch heiratete. Aus der Ehe gingen drei Söhne und eine Tochter hervor. Gomolkas Frau wurde ebenfalls Lehrerin. 1964 schloss Gomolka sein Studium mit dem Staatsexamen ab. Es zog ihn zurück nach Thüringen, wo er für kurze Zeit eine Anstellung an einer Schule in Sollstedt im Kreis Nordhausen erhielt. Als Externer erlangte er 1965 von der Universität Greifswald zusätzlich den Grad eines Diplom-Geografen. Nachdem er zwischen 1965 und 1967 seinen achtzehnmonatigen Wehrdienst bei den Grenztruppen der Nationalen Volksarmee absolviert hatte, kehrte er in seine neue Heimat Vorpommern zurück, wo er in der Sektion Geografie der Universität Greifswald zunächst als Assistent und später als Oberassistent tätig wurde. Als 1968 sowjetische Truppen den „Prager Frühling", den Versuch des tschechoslowakischen Parteichefs Alexander Dubček zur Errichtung eines reformierten und demokratisierten Sozialismus, gewaltsam beendeten, trat Gomolka aus der CDU aus. Allerdings habe, so Gomolka, sein damaliger Kreisvorsitzender den Austritt nicht an die zuständigen Stellen übermittelt, so dass er formell Parteimitglied geblieben sei.

Nachdem er 1971 seine Promotion A mit dem Titel „Untersuchungen über die Küstenverhältnisse und Küstendynamik des Greifswalder Boddens" abgeschlossen und den akademischen Grad eines Dr. rer. nat. erhalten hatte, wurde er in der CDU aktiv. Seitens der Partei wurde er mit 1971 als offiziellem Eintrittsjahr geführt. Dieser Sinneswandel dürfte seine Ursache zum einen in der sich entfaltenden Entspannungspolitik zwischen Ost und West und dem Prozess der Konferenz über Sicherheit und Zusammenarbeit in Europa (KSZE) haben, die auch Hoffnungen auf Reformen innerhalb der DDR weckten. Dies dürfte noch dadurch verstärkt worden sein, dass 1971

Walter Ulbricht als Erster Sekretär der SED durch den relativ jungen Erich Honecker ersetzt wurde. Zum anderen scheint man Gomolka aber auch seitens der Universität deutlich gemacht zu haben, dass eine weitere akademische Karriere ohne entsprechende Nachweise gesellschaftlicher Tätigkeit unmöglich wäre. Die Wiederaufnahme seiner politischen Tätigkeit führte zu einem intensiven Engagement innerhalb der CDU im kommunalpolitischen Bereich. 1973 wurde er Mitglied des Vorstandes des CDU-Kreisverbandes Greifswald und ein Jahr später auch Mitglied des Kreissekretariates. Bei der Kommunalwahl 1974 erhielt Gomolka über die Einheitsliste einen Sitz in der Stadtverordnetenversammlung und wurde ehrenamtlicher Rat der Stadt. 1979 ließ er sich von der Universität freistellen, um hauptamtlicher Stadtrat für Umweltschutz, Wasserwirtschaft und Naherholung zu werden. Es war eine Stelle, auf der er seine wissenschaftlichen Kenntnisse der kommunalen Praxis zur Verfügung stellen konnte. 1983 wechselte er das Ressort und wurde Stadtrat für Wohnungspolitik und Wohnungswirtschaft.

1984 bot sich für Gomolka eine besondere Gelegenheit. Er wurde nach Ost-Berlin in die CDU-Zentrale als neuer stellvertretender Leiter der wichtigen Abteilung Kirchenfragen berufen. Dort hatte man offenbar die politische Karriere des Mannes aus Vorpommern aufmerksam verfolgt, der zudem als Katholik innerhalb der CDU zu einer unterrepräsentierten Gruppe gehörte. Bereits kurze Zeit, nachdem Gomolka sein neues Amt angetreten hatte, bat er allerdings auch schon um seine Abberufung, nach eigener Aussage sei er durch das eigene Miterleben der Abhängigkeit der CDU von den Direktiven der SED desillusioniert gewesen. Noch im gleichen Jahr kehrte er nach Greifswald zurück, wo er seine Tätigkeit an der Universität wieder aufnahm. 1987 schloss er dort seine Promotion B ab, die den Titel trug: „Untersuchungen über geomorphologische Veränderungen an Boddenküsten in den letzten drei Jahrhunderten unter besonderer Berücksichtigung des Greifswalder Boddens". 1989 wurde er zum außerordentlichen Dozenten für physische Geografie berufen. Nach 1990 wurde seine Arbeit als Habilitation anerkannt. Von 1992 bis zu seiner Emeritierung war er Professor für Raumordnung und Landeskunde an der Ernst-Moritz-Arndt-Universität Greifswald.

II

Im Zuge der friedlichen Revolution 1989 kam es innerhalb der CDU durch den im September 1989 durch vier CDU-Mitglieder herausgegebenen „Brief aus Weimar" zu einer „Selbstbefreiung". Der Parteivorsitzende Gerald Götting trat daraufhin am 8. November zurück. Auch in den drei nördlichen Bezirksverbänden Rostock, Schwerin und Neubrandenburg führte der Brief zu immer offeneren Reformdiskussionen. In Greifswald fand am 18. Oktober 1989 im Dom das erste Friedensgebet statt. Gomolka und seine Familie nahmen an den daran anschließenden Demonstrationen aktiv teil. Kurzzeitig überlegte er, sich im Neuen Forum zu engagieren, das an der Eigenständigkeit einer demokratisierten DDR festhalten wollte. Er blieb aber schließlich in der CDU, weil er nicht an eine Reformierbarkeit der DDR glaubte, sondern sich stattdessen für eine rasche Vereinigung der beiden deutschen Staaten einsetzte, wie es die CDU auf ihrem Sonderparteitag im Dezember 1989 beschlossen hatte. Gomolka war also aktiv an den Reformvorgängen der CDU im Norden der DDR beteiligt und setzte sich dabei auch für die Belange Vorpommerns ein. Am 1. Januar 1990 riefen die Bezirksvorsitzenden zur Gründung eines CDU-Landesverbandes in Mecklenburg und Vorpommern auf, womit die angemessene Berücksichtigung der vorpommerschen Belange auch nach außen hin deutlich werden sollte.

Zu den ersten freien Volkskammerwahlen am 18. März 1990 wurde Gomolka auf Platz zwei der CDU-Liste des Bezirkes Rostock aufgestellt, direkt hinter dem früheren Kreisvorsitzenden von Bad Doberan, Günther Krause, der anlässlich der Neugründung des CDU-Landesverbandes Mecklenburg-Vorpommern am 3. März 1990 zum Landesvorsitzenden gewählt worden war. Obwohl das Wahlergebnis der CDU im Norden im Vergleich zum Rest der DDR eher unterhalb des Durchschnitts lag, wurde Gomolka Mitglied der Volkskammer, ohne dort eine auffällige Rolle zu spielen. Das galt auch für seine Tätigkeit als Berichterstatter des Ausschusses für Bauwesen, Städtebau und Wohnungswirtschaft. In dieser Zeit reifte sein Wunsch, auch künftig für seine Heimat politisch tätig zu sein. Für den Fall einer Regierungsbeteiligung der CDU nach der kommenden Landtagswahl, strebte er das Amt des Umweltministers an.

Ins Rampenlicht der politischen Öffentlichkeit trat er erst auf dem Landesparteitag am 25. August 1990. Die Delegierten standen vor der Aufgabe, einen Spitzenkandidaten für die Landtagswahl am 14. Oktober zu bestimmen. Deren Ausgang war gemäß den veröffentlichten Umfragen völlig offen. Favorit war der Regierungsbevollmächtigte für den Bezirk Schwerin, Georg Diederich, ebenfalls ein Katholik, der sich der wichtigen Unterstützung durch Günther Krause sicher sein konnte. Krause wiederum war in der Regierung Lothar de Maizières Parlamentarischer Staatssekretär geworden und hatte die Verhandlungen über den Einigungsvertrag geführt. Nachdem Diederichs Gegenkandidat kurzfristig zurückgezogen hatte, wurde Gomolka als weiterer Anwärter auf die Spitzenkandidatur vorschlagen. Das Abstimmungsergebnis war eine gewaltige Überraschung. Von 192 Delegierten stimmten nur 61 für Diederich, während sich 125 für den Mann aus Greifswald aussprachen. Es dürften vor allem zwei Gründe für dieses Ergebnis eine Rolle gespielt haben. Zum einen war Diederich, der sich ursprünglich im kirchlichen Bereich engagierte, erst 1990 in die CDU eingetreten, was er in seiner Vorstellungsrede eigens hervorgehoben hatte. Gomolka war hingegen ein integrer Vertreter der „alten" CDU-Mitglieder, die zum Teil misstrauisch auf die Kräfte sahen, die erst im Zuge der friedlichen Revolution in die reformierte CDU gekommen waren. Zum anderen hatte sich Diederich im Konflikt um die Frage, ob Rostock oder Schwerin Landeshauptstadt des zukünftigen Bundeslandes Mecklenburg-Vorpommern werden sollte, eindeutig für Schwerin ausgesprochen, was ihm die Rostock-Befürworter offenbar übelnahmen. Gomolka kam aus Vorpommern und konnte sich in dieser Frage guten Gewissens neutral verhalten.

Gomolkas Aufgabe war nun, in nur sieben Wochen die Menschen in Mecklenburg-Vorpommern von der CDU und ihrem Spitzenkandidaten zu überzeugen. Auf seinen Wahlplakaten warb er mit dem Motto „Einer von uns!" für sich. Er legte im Wahlkampf besonderen Wert darauf, dass Mecklenburg-Vorpommern sich nicht zum „Armenhaus Deutschlands" entwickeln dürfe. Sein Bekanntheitsgrad blieb aber überschaubar, da vor allem Bundeskanzler Helmut Kohl und dessen Großveranstaltungen in Schwerin, Greifswald und Rostock im Vordergrund standen. Das Ergebnis am Wahlabend bot für die CDU und Gomolka jedoch sowohl Licht als auch Schatten. Die CDU war mit 38,3 Prozent deutlich stärkste Kraft geworden und gewann 29 der 66 zu vergebenden Sitze im zukünftigen Landtag, aber zwischen der angestrebten Koalition mit der FDP und der Opposition aus SPD und Linke Liste/PDS entstand ein Patt von jeweils 33 Sitzen. Erst der Übertritt des Abgeordneten Wolfgang Schulz zur CDU, der eigentlich ein Kandidat der SPD war, aber im September aus der Partei ausgetreten war und von den Sozialdemokraten nicht mehr zurückgezogen werden konnte, brachte dem angestrebten Regierungsbündnis eine Mehrheit von einer Stimme. Die Koalitionsverhandlungen gingen überaus rasch vonstatten, so dass Gomolka bereits am 27. Oktober 1990 zum ersten Ministerpräsidenten von Mecklenburg-Vorpommern gewählt wurde, wobei er auch zwei Stimmen aus der Opposition erhielt. Da Gomolka der erste Ministerpräsident der fünf neuen Länder war, der sein Amt antreten konnte, kommentierte ein Journalist dies mit den Worten: „Arm, aber schnell".

III

Die Kabinettsbildung stellte ihn vor besondere Herausforderungen. Zum einen war eine Balance herzustellen zwischen Landesregierung, CDU-Fraktion und Landespartei, zum anderen auf eine Ausgewogenheit zwischen den alten Mitgliedern aus Zeiten der Blockpartei und dem erst 1989/90 neu hinzugekommenen Personal zu achten. Gomolkas ehemaliger Konkurrent Diederich erhielt den wichtigen Posten des Innenministers. Die beiden anderen früheren Regierungsbeauftragten für die Bezirke Rostock und Neubrandenburg, Hans-Joachim Kahlendrusch bzw. Martin Brick, wurden ebenfalls auf verantwortungsvolle Positionen gesetzt. Kahlendrusch wurde Parlamentarischer Staatssekretär beim Ministerpräsidenten und Brick übernahm das für die CDU wichtige Landwirtschaftsressort. Die früheren Reformer repräsentierte das ehemalige Mitglied des Demokratischen Aufbruchs (DA) Oswald Wutzke als Kultusminister. Das Justizministerium übernahm der einzige „West-Import" Ulrich Born, ein ehemaliger Mitarbeiter des Bundespresseamtes. Die beiden einzigen Frauen im Kabinett wurden wohl auf Anregung von Gomolka aufgenommen. Dies betraf Finanzministerin Bärbel Kleedehn, die zuvor Finanzsenatorin in Greifswald war, und Petra Uhlmann, mit 30 Jahren die jüngste Umweltministerin Deutschlands. Die Leitung der CDU-Fraktion fiel ebenfalls an einen Vertreter der jüngeren Generation, den 36-jährigen Eckhardt Rehberg, während Rainer Prachtl, ein ebenfalls erst 1990 zur CDU gestoßener Katholik, Landtagspräsident wurde. Das Kabinett selbst komplettierten die FDP-Minister für Arbeit, Gesundheit und Sozialordnung sowie Wirtschaft, Klaus Gollert bzw. Conrad-Michael Lehment.

Bei der für die CDU erfolgreichen Bundestagswahl am 2. Dezember 1990 stellte die Landes-CDU zwar nur acht Abgeordnete im Deutschen Bundestag, mit Günther Krause als Bundesverkehrsminister und der aus dem DA zur CDU gekommenen ehemaligen stellvertretenden Sprecherin der letzten DDR-Regierung Angela Merkel als Bundesministerin für Familie und Jugend aber gleichzeitig die einzigen ostdeutschen CDU-Minister in der neuen Bundesregierung unter Helmut Kohl. Damit erlangte Mecklenburg-Vorpommern ein gehöriges bundespolitisches Gewicht. Dies wurde durch Gomolka selbst noch verstärkt, als er im November 1991 als erster ostdeutscher Ministerpräsident turnusgemäß das Amt der Präsidenten des Bundesrates übernahm.

Bereits auf der konstituierenden Landtagssitzung wurde mehrheitlich die Entscheidung gefällt, dass Schwerin den Vorzug vor Rostock als Landeshauptstadt erhielt. Da diese Frage nun entschieden war, konnte man sich den dringlichen Aufgaben der täglichen Arbeit zuwenden. Vor der Regierung standen – wie in allen neuen Ländern – gewaltige Aufgaben: Die Ausarbeitung einer Landesverfassung, die Reform der kommunalen Strukturen, die Umstrukturierung der ehemaligen Landwirtschaftlichen Produktionsgenossenschaften (LPG) und des Bildungswesens sowie die Belebung der Wirtschaft im Mecklenburg-Vorpommern mit einem besonderen Fokus auf die Zukunft der Werftenindustrie, um die ansteigende Arbeitslosigkeit zu stoppen.

Obwohl die Verfassung des Landes Mecklenburg-Vorpommern erst 1993 vom Landtag verabschiedet und im Juni 1994 nach einer Volksabstimmung in Kraft gesetzt wurde, fanden wesentliche Vorarbeiten unter der Regierung Gomolka statt. Im November 1990 setzte der Landtag eine zwanzigköpfige Kommission ein, die auch Vertreter der nicht im Parlament vertretenen Bürgerrechtsbewegungen und der Grünen einschloss. Unter Vermittlung von Landtagspräsident Prachtl erarbeitete die Kommission aus insgesamt vier Verfassungsentwürfen und diversen Zuschriften in großer Kompromissbereitschaft eine Verfassung, die die Konstituierung des Landes Mecklenburg-Vorpommern abschloss. Sie beruhte ganz wesentlich auf einem konsensualen Prozess zwischen Regierung, Opposition und außerparlamentarischen Gruppen. Die Bereitschaft zum Ausgleich, die sich innerhalb der CDU bereits bei der Regierungsbildung angekündigt hatte, fand hierin ihre Fortsetzung.

Eine weitere Aufgabe bestand darin, die kleinteilige territoriale Struktur der DDR zu überarbeiten, die nach der Wiedervereinigung vorerst bewahrt worden war. Ein erster Schritt war die Verabschiedung des Kommunalabgabengesetzes und des Finanzausgleichsgesetzes 1991, die erst die Grundlagen für eigenständige kommunale Finanzstrukturen schufen. Zwar wurde eine Gebietsreform erst im Rahmen der 1994 beschlossenen Kommunalverfassung verwirklicht, die die neben den sechs kreisfreien Städten bestehenden 31 Kreise auf zwölf reduzierte, aber die Etablierung der kommunalen Finanzhoheit war ein eindeutiges Verdienst der Regierung Gomolka.

Von zentraler Bedeutung im dünn besiedelten Agrarland Mecklenburg-Vorpommern war eine grundlegende Reform der landwirtschaftlichen Strukturen. Die DDR hatte die nach Tier- und Pflanzenproduktion getrennten LPG als Erbe hinterlassen, die nun von der Treuhandanstalt verwaltet wurden. Für ihre Abwicklung gab es zwei grundsätzliche Optionen. Zum einen konnten die LPG aufgelöst und unter ihren Mitgliedern aufgeteilt werden, die von da an als selbstständige Landwirte tätig wurden. Zum anderen bestand die Möglichkeit, die LPG in eine andere Rechtsform zu transferieren, etwa eine Genossenschaft. Stichtag dafür war jedoch gemäß der Vorgaben des Landwirtschaftsanpassungsgesetzes der 31. Dezember 1991; danach galten alle bis dahin noch bestehenden LPG als aufgelöst. Dieser rechtliche Rahmen, der zudem zeitlich überaus anspruchsvoll war und diverse Gerichtsverfahren nach sich zog, stellte jedoch zahlreiche Bauern vor große Probleme, auch in Mecklenburg-Vorpommern. So mussten neben den LPG selbst zahlreiche damit zum Teil engverbundene agrarindustrielle Betriebe privatisiert oder aufgelöst werden, was die Entflechtung nochmals verkomplizierte. Zudem waren viele LPG hoch verschuldet, hatten aber kaum substantielle Aktiva, was ihre Lage nicht verbesserte.

Hinzu kam, dass durch die Währungsumstellung in der DDR am 1. Juli 1990 die osteuropäischen Märkte verloren gegangen waren und die ostdeutschen Konsumenten wenig Interesse an den einheimischen Produkten hatten. Sie griffen lieber zur lange ersehnten Ware aus dem Westen. Entsprechend verweigerten sich auch westdeutsche Großhändler den Angeboten aus dem Osten. Ein weiterer Einnahmeeinbruch erfolgte durch die Angleichung der ost- an die westdeutschen Erzeugerpreise. All diese Entwicklungen führten zu einem schwerwiegenden Personalabbau in der Landwirtschaft Mecklenburg-Vorpommerns. Bereits 1991 waren über 50 Prozent der Ende 1989 in den LPG beschäftigten Personen entlassen worden, 1995 war nur noch einer von sechs Arbeitsplätzen übrig, die es 1990 in der Landwirtschaft im Nordosten Deutschlands gegeben hatte. Dieser Wandel hat bis heute deutliche Spuren hinterlassen. So etablierten sich vor allem Groß- und Mittelbetriebe, die bis heute das Rückgrat der landwirtschaftlichen Strukturen Mecklenburg-Vorpommerns bilden, nicht jedoch die familiengeführten Betriebe, wie sie in der alten Bundesrepublik noch weit verbreitet sind. Einschneidend waren auch die Auswirkungen auf die von der Landwirtschaft abhängigen Dörfer. Insbesondere jüngere Menschen verließen häufig kleinere Ortschaften und zogen in die größeren Städte, wo sie sich bessere Chancen auf einen Arbeitsplatz erhofften. Die von der Landesregierung angestoßenen Investitionen in die örtliche Infrastruktur und Bausubstanz, die Bemühungen um Glättung der sozialpolitischen Folgen des Wandels und der im gesamten Prozess verfolgte Grundsatz der „Hilfe zur Selbsthilfe" verhinderten jedoch im Zusammenspiel mit örtlichen Initiativen noch schwerer wiegende soziale Verwerfungen. Zudem gewann in diesem Zusammenhang auch der Tourismus als weitere Einnahmequelle eine größere Bedeutung für die ländlichen Regionen.

Für Gomolka, der von der Presse den Spitznamen „kleiner Kohl von Schwerin" erhalten hatte, waren vor allem die angestoßenen Bildungsreformen von grundsätzlicher Bedeutung. Im Rahmen einer Schulreform wurde am 24. April 1991 beschlossen, das dreigliedrige Schulsystem in Mecklenburg-Vorpommern einzuführen. Damit glich sich die Situation im Nordosten den Verhältnissen in den alten Ländern der Bundesrepublik an. Gleichzeitig sollte die gesamte Lehrerschaft einer Überprüfung auf Stasi-Mitarbeit unterzogen werden, was sich allerdings bis zum Ende der Sommerferien 1991 nur in Teilen durchsetzen ließ. In der Hochschulpolitik entwarf die Landesregierung ein Hochschulerneuerungsgesetz, das am 29. Januar 1991 verabschiedet wurde und das erste Hochschulgesetz der östlichen Bundesländer darstellte. Neben den auch hier notwendigen Veränderungen in den Personalstrukturen und der Einrichtung einer Überprüfung bezüglich der Frage, inwiefern die „Promotion B" im Einzelfall einer Habilitation gleichgestellt werden könne, wurde vor allem die starke Stellung des Kultusministeriums im Verhältnis zur Autonomie der einzelnen Hochschulen betont. Diese Regelungen wurden erst 1994 durch das Landeshochschulgesetz ersetzt.

Bereits bei der Beratung dieser beiden Reformgesetze zeigten sich erste Risse im Gefüge von Koalition und Regierung, da hier überaus sensible Themen verhandelt wurden, insbesondere in Bezug auf das Ausmaß der Personalüberprüfungen. Diese Konflikte wurden noch sehr viel deutlicher im Bereich der Medienpolitik. Im Kern ging es um die Gestaltung der mecklenburgisch-vorpommerschen Rundfunklandschaft. Zwei Modelle standen zur Auswahl. Gomolka und die CDU favorisierten die Einrichtung einer Nordostdeutschen Rundfunkanstalt (NORA) zusammen mit Berlin und Brandenburg, während die FDP gemeinsam mit der Opposition den Anschluss des Sendegebietes an den Norddeutschen Rundfunk (NDR) befürwortete. Kernargument Gomolkas und der CDU war etwa die die Möglichkeit für das Land, drei Rundfunkräte bei der NORA zu besetzen, was die föderative Grundstruktur besonders betont und die Landesidentität gestärkt hätte, während man im NDR kaum Einfluss haben werde. Dem widersprachen die NDR-Befürworter. Die Bewohner Mecklenburg-Vorpommern verstünden sich eher als Norddeutsche, zudem sei die NORA ökonomisch nicht sinnvoll. Obwohl die Staatskanzleien in Schwerin, Berlin und Potsdam im April 1991 bereits einen Grundsatzbeschluss zur Gründung der NORA gefasst hatten, gelang es Gomolka nicht, seinen Koalitionspartner umzustimmen. Kurz vor der geplanten Unterzeichnung des Staatsvertrages zur Gründung der NORA Ende Juni zog Gomolka seine Zusage zurück, um eine Regierungskrise zu verhindern. Ende 1991 trat Mecklenburg-Vorpommern schließlich dem NDR bei.

Diese Vorgänge gingen an Gomolka nicht spurlos vorüber. Zunehmende Spannungen kennzeichneten das Verhältnis des Ministerpräsidenten zu Landesministern und der CDU-Landtagsfraktion, während er sich selbst mit seinen Beratern in die Schweriner Staatskanzlei zurückzog. In einzelnen Presseorganen wurde bereits Mitte 1991 über das Ende seiner Regierung spekuliert. Als laut wurde, dass Ulrich Born anstelle des wenig präsenten Günther Krause nach dem CDU-Landesvorsitz streben und dabei auch von der Bonner CDU-Zentrale Unterstützung erhalten könnte, erklärte Gomolka Anfang September 1991, dass er sich ebenfalls bewerbe, sollte Krause nicht mehr antreten. Wäre Born Landesvorsitzender geworden, hätte dies die bereits angeschlagene Machtbalance in Regierung und Partei wohl vollends zerstört. Gomolka musste daher die Flucht nach vorn antreten. Erst als Krause mitteilte, dass er weiterhin gewillt sei, das Amt des Landesvorsitzenden auszuüben, beruhigte sich die Lage vorläufig. Krause wurde auf dem Landesparteitag im Oktober wiedergewählt, Gomolka wurde stellvertretender Landesvorsitzender. Der Konflikt zwischen Gomolka und Born wurde so zwar erst einmal eingedämmt, schwelte aber weiterhin hinter den Kulissen. Neben Born war vor allem Diederich zum Störfaktor innerhalb des Kabinetts geworden. Im folgenden Jahr kam es schließlich beim Streit über die Lösung des Problems der Werftindustrie zur Eskalation.

Die Werften waren die Kernelemente der industriellen Wirtschaft in Mecklenburg-Vorpommern. Sie stellten somit nicht nur viele Arbeitsplätze in der Region zur Verfügung, sondern besaßen auch einen hohen Symbolgehalt. Seit 1978 waren sie im VEB Kombinat Schiffbau zusammengefasst, dazu zählten insbesondere die fünf Großwerften in Rostock, Rostock-Warnemünde, Wismar, Stralsund und Wolgast. Hinzu kamen noch diverse kleinere Werften und Zulieferbetriebe, die sich weit ins Binnenland der DDR erstreckten, mit insgesamt 56.000 Beschäftigten nach dem Stand von 1987. Die Umstellung der Industrie auf marktwirtschaftliche Bedingungen führte auch im ostdeutschen Schiffsbau zu einer schweren Krise. Gründe hierfür waren der Verlust des osteuropäischen Marktes, vor allem durch die Zahlungsunfähigkeit der Sowjetunion, die im Vergleich zu westdeutschen Werften deutlich geringere Produktivität sowie eine starke Überkapazität in Verbindung mit einer veralteten Produktpalette. Von insgesamt etwa 200.000 Arbeitsplätzen in der DDR-Werftindustrie bestanden Mitte der 1990er Jahre nur noch ungefähr ein Viertel.

Dennoch war die Landesregierung unter Gomolka davon überzeugt, dass die Werften als industrielle Kerne erhalten werden könnten. Am 1. Juni 1990 war aus dem Kombinat Schiffbau die Deutsche Maschinen- und Schiffbau AG Rostock (DMS) entstanden, die nun im alleinigen Eigentum der Treuhandanstalt stand. Gomolka wurde Mitglied des Aufsichtsrates der DMS, ein Amt, das er jedoch im November 1991 wegen Arbeitsüberlastung niederlegte. Der DMS unterstanden insgesamt 24 Tochterunternehmen, darunter auch die fünf genannten Seeschiffwerften. Nachdem diverse kleinere bzw. „nicht schiffbautypische" Unternehmen aus der DMS ausgegliedert bzw. liquidiert wurden, bemühte sich die Treuhand seit dem Herbst 1991 verstärkt darum, die fünf Großbetriebe zu privatisieren. Gomolka hielt zunächst weiter am ursprünglichen Sanierungsmodell fest und nannte die Privatisierungspläne „Spinnereien". Es kristallisierten sich jedoch schließlich zwei Modelle heraus. Zum einen war dies eine Verbundlösung für alle Werften und des Dieselmotorenwerkes in Rostock unter der Führung der Bremer Vulkan AG mit einer Landesbeteiligung, zum anderen eine Einzelprivatisierung unter ausdrücklicher Beteiligung des norwegischen Werftenkonzerns Kvaerner. Die Verbundlösung fand Unterstützung seitens der Treuhandanstalt, der Bundesregierung, der IG Metall, der Belegschaften der Werften, der Landes-SPD und der CDU-Landtagsfraktion, während die FDP, insbesondere Wirtschaftsminister Lehment, und auch Gomolka selbst eine Einzelprivatisierung bevorzugten. Sie befürchteten vor allem, dass sich die Landesbeteiligung zu einem Fass ohne Boden entwickeln könnte und dass die Bremer Vulkan AG nur Interesse daran habe, sich eines möglichen Konkurrenten zu entledigen.

Die Krise, die schließlich zum Sturz Alfred Gomolkas führen sollte, begann Ende Februar 1992. Am 26. Februar hatten die Arbeiter der Meeres-Technik-Werft Wismar ihren Betrieb aus Sorge um die Arbeitsplätze besetzt, ihre Rostocker Kollegen folgten ihrem Beispiel kurze Zeit später. Gomolka war kurz zuvor zu einer einwöchigen Dienstreise in die USA aufgebrochen. Am 28. Februar forderte Günther Krause eine Verbundlösung mit Landesbeteiligung und legte Lehment den Rücktritt nahe. Gomolka war von seinem Landesvorsitzenden damit öffentlich desavouiert worden.

Krause, dem nachgesagt wurde, selbst Ambitionen auf das Amt des Ministerpräsidenten zu haben, weil er in Bonn aufgrund verschiedener Affären unter Druck geraten war, konnte so seinem „Macher-Image" gerecht werden, während Gomolka eher staatsmännisch-zurückhaltend agierte. Nach seiner Rückkehr aus den USA sprach Gomolka seinem Wirtschaftsminister am 29. Februar jedoch sein Vertrauen aus. Nun forderte die FDP allerdings ihrerseits eine Rücknahme des Beschlusses der CDU-Fraktion zugunsten einer Verbundlösung sowie eine Entschuldigung Krauses. Um die Lage zu beruhigen und die CDU-FDP-Koalition in Schwerin zu retten, schaltete sich der Bundeskanzler persönlich ein. Am 4. März traf Gomolka mit Kohl und Krause in Bonn zusammen. Man verständigte sich darüber, ein Konzept zur Werftensanierung auszuarbeiten. Am 8. März stellte sich auch der CDU-Bundesvorstand hinter Gomolka.

Schließlich gelang es der Landesregierung, mit dem Vorstand der Treuhandanstalt zu einem Kompromiss zu finden, der am 10. März von Kabinett verabschiedet wurde. Die Meeres-Technik-Werft Wismar und das Dieselmotorenwerk Rostock sollten an die Bremer Vulkan AG gehen, während der größte Betrieb, die Warnow-Werft in Rostock-Warnemünde, an den Kvaerner-Konzern verkauft werden sollte. Auch die Neptunwerft in Rostock, auf der schon 1991 der Schiffbau aufgrund europäischer Beschränkungen eingestellt worden war, fiel an die Bremer Vulkan AG. Gomolka betonte, dass für die übrigen Werften private Eigner gesucht werden sollten. Könne dies nicht realisiert werden, würde man eine Landesbeteiligung anstreben. Am folgenden Tag sah sich Gomolka mit Rücktrittsforderungen seitens der IG Metall und der SPD konfrontiert. Dennoch wurde der Kompromiss mit knappen Mehrheit der Koalition auch vom Landtag gebilligt. Allerdings gab es auch nach der Sitzung Forderungen aus der CDU nach einer Gesamtlösung, zudem kündigte man an, das Wirtschaftsministerium stärker im Rahmen der parlamentarischen Möglichkeiten überwachen zu wollen.

Der Werftenkompromiss hatte zwar die Koalition gerettet, Gomolkas Position wurde jedoch zunehmend prekärer. In der CDU-Fraktion äußerte man Unverständnis über seine Alleingänge und spekulierte offen über mögliche Nachfolger. Wie bereits im Herbst versuchte Gomolka seine Position mittels einer überraschenden Aktion zu verbessern. Am Freitag, den 13. März entließ er seinen Konkurrenten Ulrich Born wegen Illoyalität aus dem Amt des Justizministers. Auf einer Krisensitzung am selben Tag hatte Helmut Kohl, der sich Sorgen um zwei bevorstehende Landtagswahlen machte, noch vergeblich versucht, ihn von diesem Vorhaben abzubringen. Falls Gomolka gehofft hatte, mit diesem Schritt die CDU-Fraktion zu veranlassen, sich für ihn auszusprechen, sah er sich getäuscht. Bereits am Abend zuvor hatten sich zwei Drittel der Fraktion eindeutig hinter Born und damit gegen Gomolka gestellt. Ein Misstrauensvotum der Fraktion gegen ihren eigenen Ministerpräsidenten wurde immer wahrscheinlicher. Am Samstagabend fand die entscheidende Fraktionssitzung statt. In der Sitzung sprachen 22 gegen sechs Abgeordnete Gomolka schließlich das Misstrauen aus. Er trat daraufhin am Montag, den 15. März 1992, von seinem Amt als Ministerpräsident und damit auch als Bundesratspräsident zurück. Da er allerdings sein Landtagsmandat behielt, war die Koalition mit ihrer knappen Mehrheit für die Wahl eines Nachfolgers weiterhin auf ihn angewiesen. Der eigentlich favorisierte Diederich hatte damit, ebenso wie Born oder Krause, keine Chance auf das Amt des Ministerpräsidenten. Man einigte sich schließlich auf den CDU-Generalsekretär Bernd Seite, der am 19. März im zweiten Wahlgang gewählt wurde, nachdem ihm im ersten Wahlgang noch eine Stimme gefehlt hatte.

IV

Trotz der schweren Niederlage bemühte sich Gomolka darum, Handlungsfähigkeit zu präsentieren. Bereits im April 1992 forderte er einen Sonderparteitag zur Neuwahl des Landesvorstandes und kündigte an, sich zur nächsten Landtagswahl 1994 erneut um das Amt des Ministerpräsidenten bewerben zu wollen. Offenbar glaubte er, zumindest bei der CDU-Basis noch genügend Rückhalt zu haben. Beides lehnte Krause jedoch deutlich ab. Im September bot sich die Möglichkeit, Gomolka zum Oberbürgermeister seiner Heimatstadt Greifswald zu wählen. Dieser Gedanke ließ sich nicht weiterverfolgen, weil er nicht gewillt war, dafür sein Landtagsmandat aufzugeben. Als Krause infolge einer Affäre im Mai 1993 von allen Ämtern zurücktrat, unterstütze Gomolka die Wahl von Angela Merkel zu dessen Nachfolgerin als Landesvorsitzende. Er selbst überstand die Wahl zum stellvertretenden Landesvorsitzenden nur mit Mühe. Dennoch gab er seine politischen Ambitionen nicht auf. Man übertrug ihm schließlich die Spitzenkandidatur der CDU Mecklenburg-Vorpommern für die Europawahl am 12. Juni 1994. Mit 33,6 Prozent der Stimmen erreichte die CDU zwar etwa vier Prozent weniger als bei der Landtagswahl vor vier Jahren, konnte ihre Position als stärkste Kraft im Land jedoch klar verteidigen. Gomolka blieb bis 2009 Abgeordneter des Europäischen Parlaments und erwies sich dort als erfolgreicher Interessenvertreter seiner nordostdeutschen Heimat. Er trug maßgeblich dazu bei, dass die Europäische Union in nicht unerheblichem Maße Fördergelder an Projekte in Mecklenburg-Vorpommern vergab. Bereits in seiner Zeit als Ministerpräsident hatte er sich zudem darum bemüht, Mecklenburg-Vorpommern zu einem Standort für Hochtechnologie zu entwickeln, insbesondere durch die Befürwortung der Ansiedlung des europäischen Fusionsforschungsreaktors ITER in Lubmin. Dieses Vorhaben konnte er nun weiterhin verfolgen, blieb aber letztlich erfolglos. Außenpolitisch kümmerte sich Gomolka um die Arbeit mit den baltischen Staaten und war Delegationsleiter für die Gestaltung der Beziehungen zu Lettland. Auch für den 2004 erfolgten Beitritt Lettlands zur Europäischen Union setze er sich als Vorsitzender der Delegation des Europäischen Parlaments im gemischten parlamentarischen Ausschuss der EU und Lettlands von 1997 bis 2004 leidenschaftlich ein, was ihm den Spitznamen „Mr. Lettland" und die höchste lettische Auszeichnung für ausländische Staatsbürger eintrug. Nach seinem Ausscheiden aus dem Europäischen Parlament engagierte er sich vor allem kommunalpolitisch und übernahm den Vorsitz des Landesverbandes der Senioren-Union, ein deutlicher Beleg dafür, dass die Konflikte mit der Landes-CDU der Vergangenheit angehörten. 2015 gab er das Amt an seine Nachfolgerin Helga Karp ab und wurde zum Ehrenvorsitzenden der Landesvereinigung gewählt. In der Folgezeit kümmerte er sich vor allem um seine Frau, seine drei Kinder – ein Sohn war 1993 nach schwerer Krankheit verstorben – und seine Enkelkinder. Alfred Gomolka verstarb, ausgezeichnet mit dem Bundesverdienstkreuz, nach einem Schlaganfall am 24. März 2020 in Loitz.

Quellen

Der Verbleib des Nachlasses von Alfred Gomolka ist zurzeit (2022) noch ungeklärt. Anstelle dessen muss auf die im Archiv für Christlich-Demokratische Politik in Sankt Augustin liegenden Bestände des CDU-Landesverbandes Mecklenburg-Vorpommern sowie der dortigen CDU-Landtagsfraktion verwiesen werden. Für seine Regierungszeit sind vor allem die im Landeshauptarchiv in Schwerin liegenden Unterlagen der Landregierung von hoher Bedeutung.

Schriften (Auswahl)

Untersuchungen über die Küstenverhältnisse und die Küstendynamik des Greifswalder Boddens (Greifswald, Univ., Diss. A). Greifswald 1971.Untersuchungen über geomorphologische Veränderungen an Boddenküsten in den letzten drei Jahrhunderten unter besonderer Berücksichtigung des Greifswalder Boddens (Greifswald, Univ. Diss. B). Greifswald 1987. Zwischen Zaudern und Zuversicht 1989–1995, in:1000 Jahre Mecklenburg. Geschichte und Kunst einer europäischen Region. Landesausstellung Mecklenburg-Vorpommern 1995, hg. von J. *Erichsen*, Rostock 1995, S. 93–99. – Heißes Herz und weiche Knie, in: 20 Jahre CDU-Landtagsfraktion Mecklenburg-Vorpommern. Aufbruch in die Demokratie. Textband, Schwerin 2010, S. 42–48. – „Brücken zu den Regionen". Von der EU geförderte Projekte in Mecklenburg-Vorpommern, Schwerin o.J.

Literatur

H.J. *Hennecke*, Die CDU in Mecklenburg und Vorpommern, in: Parteien und Politik in Mecklenburg-Vorpommern, hg. von N.*Werz* und H. J. *Hennecke*, München 2000, S. 15–65. – B. *Seite*, Schneeengel frieren nicht. Eine Biographie, Berlin o.J. [2009]. – P. *Huchel*, S. *Rausch*, Die CDU in Mecklenburg-Vorpommern, in: Politik in Mecklenburg-Vorpommern, hg. von M. *Koschkar*, C. *Nestler* und C. *Scheele*, Wiesbaden 2013, S. 55–85. – E. *Rehberg*, 20 Jahre Mecklenburg-Vorpommern – eine Erfolgsgeschichte, in: 20 Jahre CDU-Landtagsfraktion Mecklenburg-Vorpommern. Aufbruch in die Demokratie. Textband, Schwerin 2010, S. 132–141. – S. *Ewert*, O. *Gladrow*, Parlamentarischer Neustart. Der Landtag und die Verfassungsgebung in den 1990er Jahren, in: Land im Umbruch. Mecklenburg-Vorpommern nach dem Ende der DDR (Diktatur und Demokratie im 20. Jahrhundert 4), hg. von S. *Creuzberger*, F. *Mrotzek* und M. *Niemann*, Berlin 2018, S. 109–128. – C. *Hübner-Oberndörfer*, Die Transformation des Bildungssektors. Schulpolitik in den 1990er Jahren, in Land im Umbruch. Mecklenburg-Vorpommern nach dem Ende der DDR (Diktatur und Demokratie im 20. Jahrhundert 4), hg. von S. *Creuzberger*, F. *Mrotzek* und M. *Niemann*, Berlin 2018, S. 279–297. – C. *Hübner-Oberndörfer*, Die Transformation des Bildungssektors. Schulpolitik in den 1990er Jahren, in: Land im Umbruch. Mecklenburg-Vorpommern nach dem Ende der DDR (Diktatur und Demokratie im 20. Jahrhundert 4), hg. von S. *Creuzberger*, F. *Mrotzek* und M. *Niemann*, Berlin 2018, S. 279–297. – M. *Niemann*, Licht und Schatten. Die Transformation der Landwirtschaft in den Jahren 1990 bis 1995, in: Land im Umbruch. Mecklenburg-Vorpommern nach dem Ende der DDR (Diktatur und Demokratie im 20. Jahrhundert 4), hg. von S. *Creuzberger*, F. *Mrotzek* und M. *Niemann*, Berlin 2018, S. 191–214. – I. *Sens*, Prozesse der De-Industrialisierung. Das Werften-Problem, in: Land im Umbruch. Mecklenburg-Vorpommern nach dem Ende der DDR (Diktatur und Demokratie im 20. Jahrhundert 4), hg. von S. *Creuzberger*, F. *Mrotzek* und M. *Niemann*, Berlin 2018, S. 215–233. – I. *Soldwisch*, Zur Geschichte der Liberalen und Christdemokraten 1989/90, in: Land im Umbruch. Mecklenburg-Vorpommern nach dem Ende der DDR (Diktatur und Demokratie im 20. Jahrhundert 4), hg. von S. *Creuzberger*, F. *Mrotzek* und M. *Niemann*, Berlin 2018, S. 70–87.

Günter Buchstab

HELMUT KOHL (1930-2017)

Helmut Kohl zählt zu den großen Gestalten des politischen Katholizismus. Als herausragende Persönlichkeit des demokratischen Deutschlands erlangte er weltweites Ansehen. Von 1969 bis 1976 war er Ministerpräsident von Rheinland-Pfalz, von 1973 bis 1998 Vorsitzender der CDU und von 1982 bis 1998 Bundeskanzler. Als „Kanzler der Einheit" und Architekt Europas hat er Geschichte geschrieben.

„Die Pfalz ist meine Heimat, Deutschland mein Vaterland und Europa ist unsere Zukunft", so skizzierte er kurz und knapp sein Selbstverständnis. Mit ihrer Landschaft und Kultur, ihrer Geschichte und ihren Traditionen galt seine Heimat ihm als das „deutsche und europäische Kernland". War sie im Mittelalter als Stammland der Kaiser Mittelpunkt des vielgestaltigen Heiligen Römischen Reiches Deutscher Nation, so geriet sie seit dem Dreißigjährigen Krieg in eine Randlage, in der sich bis ins 20. Jahrhundert wie in einem Mikrokosmos die Spannungen und Auseinandersetzungen deutscher und europäischer Geschichte bündelten; nicht zuletzt war sie Opfer der „deutsch-französischen Erbfeindschaft". Diese historische Ambivalenz von Glanz- und Schattenzeiten stand Kohl bei seinem politischen Wollen stets vor Augen.

Als signifikantes Zeugnis für die europäische Einheit, Kultur und Religiosität erschien ihm der von den Salier-Kaisern im 11. Jahrhundert erbaute Speyerer Dom. In diesem „Symbol der Einheit deutscher und europäischer Geschichte" sah er seine Überzeugungen und Ziele sichtbar manifestiert, weshalb er auch während seiner Kanzlerschaft immer wieder Staatsgäste aus der ganzen Welt in die Pfalz und in seine „Hauskirche" nach Speyer einlud. Vor der Kulisse des alten Kaiserdoms nahm er am 17. Oktober 1998 mit einem Großen Zapfenstreich seinen Abschied von der großen Politik, drei Jahre später ließ er im Dom das Requiem für seine aus Sachsen stammende evangelische Frau Hannelore abhalten, die, von schwerer Erkrankung zermürbt, den Freitod gesucht hatte. Mit ihr hatte er die beiden Söhne Walter (geb. 1963) und Peter (geb. 1965). Auch das feierliche Pontifikalrequiem zu seinem Tod fand dort am 1. Juli 2017 mit anschließendem Großen militärischen Ehrengeleit auf dem Domplatz statt. Zuvor war – zum ersten Mal in der Geschichte der Europäischen Union und seinem Wunsch entsprechend – ein Europäischer Trauerakt in Straßburg abgehalten worden, bei dem zahlreiche Staatsmänner aus der ganzen Welt den „Ehrenbürger Europas" würdigten. Sinnträchtig war auch die Wahl seiner Grabstätte in

Speyer: ein Platz am Rand des Friedhofs der Dompröpste und des Adenauer-Parks direkt neben einem Denkmal der Aussöhnung zwischen Deutschland und Frankreich, der katholischen Bernhardskirche, die, mit deutschen und französischen Mitteln erbaut, 1954 unter Anwesenheit von Bischöfen beider Länder eingeweiht worden war.

I

Geboren wurde Kohl am 3. April 1930 in Ludwigshafen als drittes Kind des Finanzbeamten Hans Kohl (1887–1975), der aus einer kinderreichen bäuerlichen Familie stammte, und seiner Mutter Cäcilie Schnur (1891–1979), deren Vater Rektor einer Volksschule war. Als praktizierende Katholiken und politisch interessierte Anhänger der Zentrumspartei waren sie gegen die Anfechtungen Hitlers und des Nationalsozialismus immun. Seine Schwester Hildegard (1920–2003) wurde Fremdsprachenkorrespondentin bei der BASF und war mit einem Ingenieur verheiratet. Der Tod seines Bruders Walter (geb. 1925), der im November 1944 bei einem Tieffliegerangriff ums Leben kam, hinterließ bei dem jungen Helmut tiefe Spuren. Die Lehre aus dieser bitteren persönlichen Erfahrung war für ihn: „Nie wieder Krieg".

1936 in der Volksschule Friesenheim eingeschult, wechselte er 1940 auf die Oberrealschule in Ludwigshafen, das spätere Max-Planck-Gymnasium, und, als der Schulbetrieb eingestellt wurde, an das Dom-Gymnasium Speyer. Als auch dort der Unterricht wegen der Luftangriffe unmöglich wurde, geriet er im Zuge der Kinderlandverschickung zunächst in den Odenwald und dann in ein Wehrertüchtigungslager nach Berchtesgaden, von wo aus er sich bei Kriegsende zurück nach Ludwighafen durchschlug. Da die Schulen noch geschlossen waren, begann er in Düllstadt bei Kitzingen eine landwirtschaftliche Lehre, die er aber nach vier Monaten abbrach. Er kehrte an seine alte Schule zurück, in der er 1950 Abitur machte. Kohl räumte später selbst ein, „ein eher widerwilliger und schlechter Schüler" gewesen zu sein. Zu seinen Lieblingsfächern zählten Deutsch, Geschichte und Geographie. Aus seiner Klasse ragte er nicht nur wegen seiner Körpergröße (1,93 Meter) hervor, sondern auch in der Funktion als selbstbewusster Klassensprecher, der bei den Lehrern seine Vorstellungen meistens durchzusetzen wusste.

Im Wintersemester 1950/51 nahm er ein Studium zunächst in Frankfurt am Main auf, wechselte aber nach einem Jahr an die Universität Heidelberg, wo er sich auf die Fächer Geschichte, Politische Wissenschaft, Staatsrecht und Öffentliches Recht konzentrierte. 1958 schloss er es mit der Promotion in Geschichte ab; Thema seiner Dissertation war „Die politische Entwicklung der Pfalz und das Wiedererstehen der Parteien nach 1945". Sein Studium finanzierte er u.a. als Werkstudent bei BASF und als Hilfsassistent am Alfred-Weber-Institut von Dolf Sternberger, in dessen Seminaren er unter anderen Bernhard Vogel kennenlernte. Nach dem Studienabschluss arbeitete er ein Jahr lang als Direktionsassistent bei der Ludwigshafener Eisengießerei Willi Mock, trat dann aber am 1. April 1959 eine Referentenstelle beim Verband der Chemischen Industrie in Ludwigshafen an, die er neben seinen sich häufenden politischen Ämtern bis 1969 beibehielt. Hier lernte er viel über „wirtschaftspolitische Dinge", über Steuerpolitik und Probleme des Umweltschutzes, was ihm in seiner politischen Tätigkeit zugutekommen sollte. Erst mit der Übernahme des Amts des Ministerpräsidenten verschrieb er sich ganz der Politik als Beruf.

Schon während der Schulzeit war sein politisches Interesse aufgefallen, das wohl nicht zuletzt von seinem Vater geweckt wurde, der 1946 die CDU in Friesenheim mitgegründet hatte. Einer seiner Lehrer empfahl ihm deshalb, mit dem Pfarrer, Publizisten und früheren Zentrumsabgeordneten im bayerischen Landtag, Johannes Finck, Kontakt aufzunehmen. Dieser Initiator der CDU-Gründung in der Pfalz wurde sein politischer Mentor. Bei ihm erhielt er die theoretische Schulung und die Grundlagen, die seine Wertvorstellungen und sein politisches Handeln entscheidend prägten: die Prinzipien der katholischen Sozialehre von Personalität, Solidarität und Subsidiarität, Erkenntnisse aus der jüngeren deutschen Geschichte, der verhängnisvolle Bruderkampf von Zentrum und Bayerischer Volkspartei in der Weimarer Republik, die positive Bedeutung des Widerstands gegen den Nationalsozialismus, die Wichtigkeit des Hambacher Fests von 1832 für die deutsche Nation, das Festhalten an einem ungeteilten Deutschland und die Schaffung eines einigen Europa als Alternative zu einem übersteigerten Nationalismus.

1947 zählte Kohl zu den Mitgründern der Jungen Union in Rheinland-Pfalz, deren Ortsverband in Ludwigshafen er durch vielfältige Aktivitäten zu einem der stärksten Verbände der CDU-Nachwuchsorganisation und zu seiner „Hausmacht" ausbaute. Bereits bei diesen ersten politischen Schritten zeigte sich seine Begabung als „Menschenfischer", der mit Überzeugungsarbeit und Integrationsfähigkeit Gleichgesinnte um sich zu scharte, im Ansatz also das, was später als „System Kohl" umschrieben werden sollte: der Aufbau und die Pflege eines dichten Netzes persönlicher Kontakte und Loyalitäten jenseits aller Hierarchieebenen, das er für seine Personalpolitik, zur Durchsetzung politischer Entscheidungen und zum Machterhalt zu nutzen wusste. In die CDU, seine „politische Heimat", trat er offiziell nach Erreichen des 18. Lebensjahres am 1. August 1948 ein. Von nun an begann sein „Marsch durch die Institutionen": 1954 wurde er zum stellvertretenden Landesvorsitzenden der JU gewählt, ein Jahr zuvor war ihm der Sprung in den geschäftsführenden Vorstand des Bezirksverbands Pfalz der CDU gelungen, in dem er weitgehend die Geschäfte des Parteivorsitzenden Eduard Orth führte, der als Kultusminister in Mainz wirkte. Immer wieder fiel er als streitbarer Redner auf, der das Honoratiorentum der CDU anprangerte und für eine größere, aktive Mitgliedschaft plädierte; auch mit den Würdenträgern seiner Kirche legte er sich an, deren Ziel, alle Lebensbereiche nach kirchlichen Maßstäben zu gestalten, ihm schon deshalb missfiel, weil er den protestantischen Teil der Bevölkerung für die CDU interessieren und für eine aktivere Mitarbeit gewinnen wollte. 1955 wurde er in den Landesvorstand der CDU gewählt, 1959 wurde er Vorsitzender des Kreisverbands Ludwigshafen, 1963 Vorsitzender des CDU-Bezirksverbands Pfalz, und 1966 schließlich Landesvorsitzender der CDU Rheinland-Pfalz. Nachdem er auf dem CDU-Bundesparteitag in Hannover 1964 zunächst vergeblich für den Bundesvorstand kandidiert hatte, wählte ihn wenige Wochen später der Bundesausschuss als Nachfolger der überraschend verstorbenen Luise Rehling in den innersten Zirkel der Partei.

II

1959 zog er als jüngster Abgeordneter in den Landtag von Rheinland-Pfalz ein, in dem er bald an den Grundlagen der eingefahrenen Fraktionsstruktur rüttelte, die ganz auf die Unterstützung des Ministerpräsidenten Peter Altmeier ausgerichtet war. Auch hier zählte er zu den „jungen Wilden", die mit Reform- und Kampfesfreude im Land Erneuerung und modernes Management einforderten. Gleichzeitig versuchte er als Vorsitzender der oppositionellen CDU-Stadtratsfraktion Ludwigshafen (1960 bis 1970), mit eigenen Akzenten in die Dominanz der SPD in der Stadt hineinzustoßen, blieb damit aber gegenüber den von ihm wenig geschätzten „Sozen" erfolglos. Im Landtag ging es für ihn hingegen stetig aufwärts: Bereits 1961 wurde er stellvertretender Vorsitzender der Landtagfraktion, 1963 ihr Vorsitzender. Mit dem Partei- und Fraktionsvorsitz hatte er sich die Machtbasis geschaffen, mit der er den seit 1947 amtierenden Ministerpräsidenten allmählich an die Wand spielte. Das 1967 gebildete Kabinett trug mit Bernhard Vogel als Kultus- und Heiner Geißler als Sozialminister im Wesentlichen schon seine Handschrift, so dass man von einer „Regierung aus der Fraktion" sprechen konnte. Die Weichen für einen Wechsel auf den Sessel Altmeiers waren damit gestellt; 1969 löste er schließlich den langgedienten Ministerpräsidenten ab.

Der mit Abstand jüngste Amtsinhaber in der Riege der Ministerpräsidenten ging die Transformation des rückständigen Landes der „Reben und Rüben" zu einer modernen Industrieregion mit großer Dynamik an. Dabei war ihm wichtig, alle Entscheidungsprozesse in enger Abstimmung mit der CDU-Fraktion voranzutreiben. Auch setzte er auf Bürgernähe: Die Einführung eines Bürgersprechtages oder der Gang über Marktplätze ließen ihn die Bodenhaftung nicht verlieren. Vorrangig war die Strukturpolitik mit dem Ausbau des Schnellstraßennetzes, der Verbreitung von Telefonanschlüssen, der Verbesserung der Agrarstruktur und einer überfälligen Verwaltungsreform, sowie mit Bauprojekten wie dem Industriehafen Germersheim. Zweiter Schwerpunkt war die Sozialpolitik, besonders die Jugendpflege, ein Kindergartengesetz – das erste in der Bundesrepublik –, Gesetze zur Krankenhausreform und Sportförderung, die Errichtung von Sozialstationen und ein „Altenplan" mit der ambulanten Pflegeinfrastruktur. Ein weiterer Schwerpunkt lag auf der Bildungspolitik. Gegen erheblichen Widerstand der Bischöfe wurden die Konfessionsschulen in christliche Gemeinschaftsschulen umgewandelt, auch wurde ein Hochschulgesetz verabschiedet, das Fachschulwesen neugeordnet und die Gründung der Universitäten Trier und Kaiserslautern-Landau ermöglicht. Einen kulturpolitischen Akzent setzte er 1973 mit der Stiftung Bahnhof Rolandseck.

Diese neue Dynamik honorierten die Wähler bereits bei der Landtagswahl 1971: Mit der absoluten Mehrheit von 50,0 Prozent konnte die CDU eine Alleinregierung stellen; bei der Wahl 1975 erreichte Kohl sogar 53,9 Prozent. Obwohl die FDP sich einer Regierungsbeteiligung verschloss, berief er Hans Friderichs zum Staatssekretär im Landwirtschaftsministerium. Sein langfristiges Kalkül dabei war, die Brücke zu den Liberalen nicht abzubrechen, sollte die CDU einmal auf einen Koalitionspartner angewiesen sein.

III

Durch seine Zugehörigkeit zum Bundesvorstand seiner Partei und als Ministerpräsident Mitglied des Bundesrats war Kohl ins überregionale Rampenlicht getreten, und so standen ihm auch in Bonn Karrierechancen offen. Als nächste Stufe auf der Karriereleiter strebte er den Bundesvorsitz seiner Partei an, scheiterte aber beim ersten Anlauf mit seiner Kandidatur auf dem Parteitag von Saarbrücken 1971. Die Delegierten lehnten eine Ämtertrennung an der Oppositionsspitze ab und votierten für den Vorsitzenden der CDU/CSU-Fraktion, Rainer Barzel. Nachdem dieser jedoch nach dem gescheiterten Misstrauensvotum gegen Bundeskanzler Willy Brandt, der verlorenen Bundestagswahl im November 1972 (CDU 35,7, CSU 9,7 Prozent) und seiner Abstimmungsniederlage in der Bundestagsfraktion bei der Frage des UNO-Beitritts der beiden deutschen Staaten 1973 auf seine Ämter verzichtet hatte, erreichte Kohl sein Ziel. Er wurde Bundesvorsitzender in einer Zeit, als Depression und Zerstrittenheit das Bild der seit 1969 in der Opposition befindlichen Partei prägten.

Er sah sich zunächst vor die Aufgabe gestellt, in der CDU nach der schweren Wahlniederlage von 1972 neuen Aufbruchsgeist zu wecken, ihre Organisation zu modernisieren, ihr programmatisches Profil zu schärfen und der sozialliberalen Regierung mit Initiativen und Programmen eine Alternative als „Regierung von morgen" entgegenzusetzen. Der Parteivorstand wurde zum Zentrum für Koordination und Integration der CDU in

Bund, Ländern und Kommunen. Als Reformer, der schon in den 1950er Jahren gefordert hatte, „wir brauchen wieder eine Grundsatzdebatte von jener Intensität, die wir in den Anfängen der CDU erlebt haben", als Parteiführer, der verkrustete Strukturen aufzubrechen verstand, und nicht zuletzt als „Leitwolf", der seine Kollegen zu verstärktem Einsatz in Wahlkämpfen antrieb, sie auch zu Besuchen in der DDR aufforderte, um so zur Einheit der Nation beizutragen, gelang es Kohl mit den Generalsekretären Kurt Biedenkopf (der 1977 zurücktrat) und dessen Nachfolger Heiner Geißler, die Parteireform voranzutreiben, die bisherige Regierungs- und Fraktionspartei zur Mitgliederpartei umzuformen und eine programmatische Erneuerung einzuleiten. Eckpunkte dafür waren vor allem die „Mannheimer Erklärung" von 1975, der gesellschaftspolitische Ansatz der „Neuen sozialen Frage" und das „Ludwigshafener Programm" von 1978, das die Grundprinzipien der CDU als Volkspartei definierte und sowohl Kompass als auch Basis für die praktischen Politikfelder bildete, die in Fachkongressen und zahlreichen „Leitlinien", „Aktionsprogrammen" u.a.m. konkretisiert wurden. Damit erlangte die CDU größere Zugkraft, sprach neue Wähler an und unterstrich ihre Regierungsfähigkeit.

Kohls Vorstellung, „Politik aus einem Guß" zu entwickeln, hatten z.t. lange und kontroverse Diskussionen zur Folge, die die ganze Integrationskraft und Führungsqualität des Partei- und ab 1976 auch CDU/CSU-Fraktionsvorsitzenden forderten. Dies zeigte sich insbesondere beim Kurswechsel in der Deutschland- und Ostpolitik, die frühere Frontstellung vergessen machte. In seinem Bemühen, die „Enden der Partei" – mit ihren Vereinigungen, den konfessionellen und landsmannschaftlichen Unterschieden – zusammenzubinden, neigte Kohl als „Mann der Mitte" dazu, bei Sachfragen, die er sehr wohl beherrschte, dennoch eher im Generellen zu verbleiben und Kontroversen so lange „austragen" zu lassen, bis sich ein Konsens abzeichnete und der Zeitpunkt gekommen war, eine Lösung vorzuschlagen. Bei allem Pragmatismus achtete er stets auf die Einhaltung grundsätzlicher Positionen. Dazu zählte das klare Bekenntnis zum „C", zur christlich-humanen Verantwortung, ob bei der Asylpolitik oder in Fragen der Familien-, Jugend- und Sozialpolitik, wobei er die Gefühlslagen der Bürger berücksichtigte, die er geradezu seismographisch und mit „Alltagserdung" wahrnahm. Er scheute sich beispielsweise nicht, bei der Diskussion um den § 218, bei der er sowohl den Schutz des ungeborenen Lebens wie auch den Anspruch auf Gewissensentscheidung vertrat, Aussagen von Bischöfen wie dem Erzbischof Johannes Dyba oder dem Kardinal Meisner scharf zurückzuweisen. Sein in aller Regel moderierender Führungsstil traf nicht immer auf Verständnis, wurde hin und wieder sogar als Entscheidungsschwäche oder von politischen Gegnern als „Aussitzen" ausgelegt. Die innerparteiliche Kritik erreichte einen ersten Höhepunkt, als Kurt Biedenkopf 1978/79 die Trennung von Partei- und Fraktionsvorsitz verlangte – was den „Spiegel" zu seinem Titel „Kohl kaputt" veranlasste –, die der machtbewusste Kohl kategorisch ablehnte.

Neben der immer wieder aufflammenden innerparteilichen Kritik hatte sich Kohl vor allem mit der Schwesterpartei CSU und ihrer Führung auseinanderzusetzen. Während er für eine konstruktive Oppositionspolitik im „Interesse des Landes" plädierte, setzte Franz Josef Strauß, der Vorsitzende der CSU, auf totale Konfrontation mit der Regierung. Mit Kohl als Kanzlerkandidaten erzielte die Union bei der Bundestagswahl vom 3. Oktober 1976 gleichwohl das zweitbeste Ergebnis nach 1957 (48,6 Prozent). Dieser Erfolg bewog den Sieger, das Amt des Ministerpräsidenten niederzulegen und nach dem Wechsel von Mainz nach Bonn den Vorsitz der Bundestagsfraktion zu übernehmen. Dennoch galt er als Wahlverlierer, da er weder die absolute Mehrheit noch den Koalitionswechsel der FDP erreichte. Die CSU-Landesgruppe des Bundestags kündigte in dieser Lage die Fraktionsgemeinschaft mit dem Argument auf, nur eine Veränderung der Parteienkonstellation durch die Bildung einer „Vierten Partei" könne die „Blockbildung" von SPD/FDP aufbrechen. Kohls Reaktion nach diesem Eklat war für seinen Politikstil bezeichnend: Er mahnte seine Partei zu „nüchterner Vernunft" und erinnerte an das Erbe der Unionsgründer 1945, an die verhängnisvollen Folgen der Trennung von Zentrum und Bayerischer Volkspartei, an die Grabenkämpfe zwischen CSU und Bayernpartei in Bayern und von CVP und CDU im Saarland. So konnte er zwar die Rücknahme des CSU-Beschlusses erreichen, der Zwist in der Union schwelte aber weiter. Die Uneinigkeit spitzte sich erneut zu, als Franz Josef Strauß seine Kanzlerkandidatur für 1980 anmeldete und sie unter der Prämisse „Strauß oder Spaltung" gegen den von Kohl favorisierten niedersächsischen Ministerpräsidenten Ernst Albrecht durchsetzen konnte. Diese Niederlage bei der Kandidatenkür leitete allerdings nicht, wie vielfach prognostiziert, seinen Abstieg als Politiker ein. Vielmehr eröffnete ihm das Scheitern von Strauß – die Unionsparteien erreichten bei der Bundestagswahl mit 44,5 Prozent 4,1 Prozent weniger als 1976 – die Perspektive auf eine zukünftig zahmere CSU und vor allem auf das Kanzleramt.

Schon bald nach der Bundestagswahl von 1980 zeigte sich, wie dünn das Eis war, auf dem sich die SPD/FDP-Koalition bewegte. Die Bruchlinien zwischen den Koalitionären in finanz-, wirtschafts- und sozialpolitischen Fragen sowie der Linksruck der abgewirtschafteten SPD, verbunden mit dem Autoritätsverfall Helmut Schmidts – nicht zuletzt bei der Durchsetzung des NATO-Doppelbeschlusses –, führten am 17. September 1982 schließlich zum Ende der sozialliberalen Koalition. Weil Kohl auch in der langen Oppositionsphase die Beziehungen zur FDP stets gepflegt hatte, gelang eine schnelle Koalitionsvereinbarung zwischen der Union und den Liberalen. Am 1. Oktober 1982 wurde der „schwarze Riese" in einem konstruktiven Misstrauensvotum gegen Helmut Schmidt zu dessen Nachfolger gewählt.

Der lange unterschätzte Politiker, der von Medien und politischen Gegnern, nicht zuletzt seines pfälzischen Idioms wegen, abschätzig als unbeholfener „Provinzler" hingestellt und – in Analogie zu Charles Philipons Karikatur des französischen Königs Louis-Philippe von 1831 – als „Birne" sogar mit Häme überzogen wurde, obsiegte in der Folgezeit gegen vier Kanzlerkandidaten der SPD, obwohl er nie Umfragekönig war. Die vorgezogene Bundestagswahl am 6. März 1983 bestätigte ihn und seine „Koalition der Mitte" eindrucksvoll mit 55,8 Prozent der Stimmen (38,2 CDU, 10,6 CSU und 7 FDP); die SPD kam auf 38,2 Prozent, als vierte Partei zogen die Grünen mit 5,6 Prozent erstmals in den Bundestag ein.

Mit dem Regierungsantritt übernahm Kohl eine neue Funktion mit einem neuen Selbstverständnis. Als Chef einer Koalitionsregierung hatte er nicht nur Rücksicht auf die Befindlichkeiten der Koalitionspartner CSU und FDP zu nehmen, sondern gleichzeitig als Parteichef dafür Sorge zu tragen, die in der Koalition ausgehandelten Kompromisse seiner Partei zu erläutern und sich ihrer Zustimmung zum Regierungshandeln zu versichern, d.h. sie unter Wahrung ihres eigenen Profils in die Regierungsverantwortung einzubinden und sie nicht in die Rolle eines verlängerten Arms der Regierung oder gar eines Kanzlerwahlvereins zu drängen. Im Bewusstsein, dass seine Vorgänger Ludwig Erhard, aber auch Willy Brandt und Helmut Schmidt am mangelnden Rückhalt in ihren Parteien gescheitert waren und nur die Doppelstellung von Partei- und Staatsamt ihm die Macht sichern würde, legte er größten Wert auf eine „Austarierung" von Regierungsverantwortlichkeit und Parteiinteresse.

Ganz ungefährdet war Kohl, der den Kontakt mit den Parteifunktionären und zur Basis stets besser pflegte als je zuvor ein Parteiführer, aber auch in Zukunft nicht – trotz hoher Zustimmungswerte, die er bei den CDU-Parteitagen erzielte. Schon 1984 wurde Gerhard Stoltenberg als sein Nachfolger im Kanzleramt gehandelt. In der zweiten Hälfte der 1980er Jahre führten dann Koalitionsquerelen, Frontbildungen in der Union auf verschiedenen Politikfeldern sowie enttäuschte Wählerhoffnungen die CDU und Kohl in ein Meinungstief und zu unbefriedigenden Ergebnissen bei den Landtagswahlen und der Bundestagswahl 1987. Die Wahlniederlagen waren nicht allein auf innenpolitische Probleme zurückzuführen, vielmehr hatte die Volkspartei mit ihren konservativen, liberalen und christlich-sozialen Wurzeln als „Catch-all-party" Schwierigkeiten, die amorphe und sich immer mehr ausdifferenzierende „Mitte" zu überzeugen, die weder politisch, noch sozial, geschweige denn organisatorisch eindeutig zu verorten war. Eines der Probleme war die Lockerung der Parteibindung bei den traditionellen Stammwählern, bei Bauern und Rentnern, aber auch bei den für die CDU sensiblen Wählergruppen der Jugend und der Frauen, deren stärkere Berücksichtigung in Parteifunktionen und bei der Kandidatenaufstellung Kohl jahrelang zwar mit besonderem Nachdruck, aber mit mäßigem Erfolg forderte. Kohls Appelle, die Zahl der Frauen in Parteifunktionen und bei Mandaten zu erhöhen, hatten erst 1996 mit der Aufnahme einer Frauenquote im Parteistatut Erfolg.

Die allgemeine Unzufriedenheit führte im Spätsommer 1989 zu einer Führungskrise der Partei und einer Machtprobe mit deren Generalsekretär Heiner Geißler, der eine Trennung von Parteivorsitz und Kanzleramt mit dem Argument ins Gespräch brachte, durch die Verbindung von Kanzleramt und Parteivorsitz sei die CDU-Parteizentrale zu einer bloßen Dependance des Bundeskanzleramts degradiert worden. Kohl wehrte jedoch diesen Angriff auf seine Machtposition auf dem Parteitag in Bremen 1989 souverän ab. Er übertrug Volker Rühe das Amt des Generalsekretärs.

Wenige Wochen nach dem Bremer Parteitag fiel die Mauer. Im Prozess der Wiedervereinigung erlangte Kohl „als Architekt der deutschen Einheit" größere Autorität denn je. Im schwierigen Ringen um die innere Vereinigung stand auch die Verschmelzung von West- und Ost-CDU an, deren Funktionsträger für Kohl „reine Helfershelfer der Parteiführung des DDR-Regimes" waren. Auch nach dem Wendeparteitag im Dezember 1989 begegnete er den ehemaligen „Blockflöten" und ihrem neuen Vorsitzenden Lothar de Maizière mit latentem Misstrauen. Zwar milderte der Vorteil ihrer Organisation, die für die Volkskammerwahl im März 1990 ein wichtiges Pfund darstellte, seine Vorbehalte etwas ab, doch blieb das Verhältnis zur ehemaligen Blockpartei bis zum Vereinigungsparteitag von Hamburg am 1. Oktober 1990 spannungsgeladen. Nicht ohne Hintergedanken würdigte er bei dieser Gelegenheit eingehend das Wirken der Exil-CDU. Zum Politikverständnis Kohls gehörte es, politische Form nicht ohne Inhalt zu sehen. Er regte so nach der Wiedervereinigung ein neues Grundsatzprogramm der CDU an, das den seit dem Ludwigshafener Programm eingetretenen Veränderungen mit ihren geistigen und politischen Umbrüchen in Europa und der Welt Rechnung tragen sollte. Es wurde 1994 auf dem Hamburger Parteitag verabschiedet, erfuhr aber nicht annähernd eine mit Ludwigshafener Programm vergleichbare Resonanz.

In den fünf Vorstandswahlen, die auf den Bremer Parteitag folgten, wurde Kohl mit hervorragenden Ergebnissen von jeweils über 90 Prozent Zustimmung bestätigt. Indes wurde zunehmend fraglich, ob die Partei nach der Bundestagswahl 1994 und bei seiner erneuten Kanzlerkandidatur 1998 noch voll und ganz hinter ihm stehen würde. Es mehrten sich die Stimmen, die ihn zur Amtsübergabe an einen Nachfolger drängten. Als er im Herbst 1998 seinen fünften Anlauf zur Kanzlerschaft deutlich verlor, war auch sein Amt als Parteivorsitzender nicht zu halten. Nur noch sein Bundestagsmandat behielt er bis zum Ende der Legislaturperiode 2002 bei. Die CDU, die mit Kohl 16 Jahre lang die bestimmende politische Kraft war, würdigte allerdings seine die Bundesrepublik prägende Politik, deren weit in die Zukunft reichende Bedeutung nicht überschätzt werden kann, mit der Ernennung zum Ehrenvorsitzenden mit Sitz und Stimme in allen Gremien. Anfang 2000 zwang ihn die Parteispendenaffäre, die einen Sturm der Entrüstung entfachte, zum Verzicht auf den Ehrenvorsitz. Kohls politisches Ende kam einem Absturz gleich. Die Affäre – von Gerichten als Regelverstoß, nicht als Verfassungsbruch beurteilt – stürzte auch die CDU in eine tiefe Krise und beeinträchtigte insbesondere Kohls Ansehen bis heute, wozu auch der – substanzlose und diffamierende – Vorwurf angeblicher „Bundeslöschtage" im Kanzleramt beitrug.

Seiner „politischen Heimat" blieb Kohl weiter treu, er zog sich aber aus der aktuellen Politik nach Ludwigshafen zurück. Mit der Veröffentlichung „Mein Tagebuch 1998–2000" versuchte er, die Affäre einzuordnen, bei der er unter Verletzung des Parteiengesetzes Mittel außerhalb des offiziellen CDU-Etats für die Parteiarbeit eingesetzt hatte. 2001 begann er mit der Arbeit an seinen „Erinnerungen", von denen drei Bände erschienen sind; zur Abfassung eines vierten Bandes kam er nicht mehr.

IV

In dem überzeugenden Wahlergebnis vom März 1983 spiegelten sich Erwartungen auf eine schnelle Überwindung der Wirtschafts- und Finanzkrise, insbesondere aber auch teils übertriebene Hoffnungen auf eine grundsätzliche „geistig-politische Wende", durch die der allgemeinen Verunsicherung in Politik und Gesellschaft „mit den Wertaussagen unserer Verfassung" und der Entfaltung von „Freiheit, Dynamik und Selbstverantwortung" begegnet werden sollte. Mit einem Schlag war das – trotz fest umrissener politischer Vorstellungen – freilich nicht zu schaffen, zumal jeder neuen Regierung durch das Erbe, das ihr die Vorgänger hinterlassen haben, Grenzen des politisch Durchsetzbaren gezogen sind. Insofern konnte Kohl die großen Hoffnungen und Erwartungen im politischen Tagesgeschäft mit der nur mit Mühe steuerbaren Kombination aus Themenvielfalt, kritischer Medienlandschaft und wachsenden Partizipationsansprüchen nur bedingt erfüllen. Einem Teil der Wähler gingen die eingeleiteten Kurskorrekturen zu weit, anderen, den konservativen und marktliberalen, waren sie zu behutsam. Dennoch ließ sich die Bilanz der Kohl-Regierung trotz – publizistisch ausgeschlachteter – anfänglicher Missgeschicke durchaus sehen. In wichtigen politischen Bereichen sorgte sie für grundsätzliche Veränderungen und Weichenstellungen, die die vielfach geäußerte Einschätzung widerlegen, die „Koalition der Mitte" habe nur die sozialliberale Politik fortgeführt:

Durch strenge Ausgabendisziplin, Steuerentlastungen und Rückführung der Neuverschuldung wurde die Sanierung des Bundeshaushalts erreicht. Die Senkung der Staatsquote, Wachstumsraten von über zwei Prozent, Reduzierung der Inflation und steigender Wohlstand unterstrichen die Richtigkeit des neuen Kurses. Problematisch blieb hingegen die Zahl der Arbeitslosen – ein Thema, das die Kohl-Regierungen dauerhaft begleitete –, wenngleich die Arbeitsmarktbilanz mit über 1,5 Millionen neu geschaffenen Arbeitsplätzen und 29 Millionen Erwerbstätigen Anfang der 1990er Jahre positiv ausfiel. Die Jugendarbeitslosigkeit ging erheblich zurück. In der Sozialpolitik nahm sich die Regierung beherzt der notwendigen Reformen im Gesundheitswesen und in der Rentenversicherung an, so dass es 1989 in der Sozialversicherung einen Überschuss von 16 Milliarden DM gab. In der Familienpolitik wurden neben familiengerechten Steuerbestimmungen das Erziehungsgeld und der Erziehungsurlaub mit Beschäftigungsgarantie für Mütter und Väter, Verbesserungen beim Kindergeld eingeführt, die „Bundesstiftung Mutter und Kind – Schutz des ungeborenen Lebens" errichtet und das Kindererziehungsleistungs-Gesetz durchgesetzt.

Eine tiefgreifende Weichenstellung war die Neugestaltung der Medienordnung. Die Blockade des Ausbaus moderner Kommunikationstechniken durch die SPD/FDP-Regierung wurde aufgehoben, der Telekommunikationsmarkt liberalisiert und der Grundstein für die Postreform gelegt, die am 1. Juli 1989 mit der Neuorganisation des Telekom-Bereichs, und am 1. Januar 1995 mit der Aufspaltung der Bundespost in die drei Unternehmen Deutsche Telekom AG, Deutsche Post AG und Deutsche Postbank AG in Kraft trat. Weitere Neuerungen war die Einführung von btx, dem Vorläufer des heutigen T-Online, des Fax und der digitalen Mobilfunktechnologie. Ferner wurde das Monopol der öffentlich-rechtlichen Rundfunkanstalten abgeschafft und das Privatfernsehen durch die Zulassung privater Anbieter ermöglicht.

Der Umweltpolitik verlieh Kohl den Rang einer eigenständigen offensiven Politikaufgabe, die er nach der Reaktorkatastrophe von Tschernobyl 1986 in einem eigenen Ministerium bündelte. Seine Regierungserklärung vom März 1987 stellte er unter den Leitgedanken „Die Schöpfung bewahren – die Zukunft gewinnen". Um die natürlichen Lebensgrundlagen zu erhalten und dem „Waldsterben" zu beggenen, wurden u.a. die Luftqualität mit der Verschärfung der Großfeuerungsanlagenverordnung und der TA Luft verbessert, Anlagen zur Entschwefelung von Rauchgas gefördert, der 3-Wege-Katalysator und bleifreies Benzin für Kraftwagen eingeführt, der Fluor-Chlor-Kohlenwasserstoff reduziert, die „Verklappung" von Dünnsäure in der Nordsee verboten, das „Gesetz zum vorsorgenden Schutz der Bevölkerung gegen Strahlenbelastung" erlassen, der Gewässerschutz verbessert und der „Gelbe Sack" eingeführt. Auch im internationalen Rahmen wurde Kohl aktiv; die Bundesrepublik wurde in den 1990er Jahren zu einem Schrittmacher der internationalen Klimapolitik. Die Veränderung der Atmosphäre empfand er als „zutiefst beunruhigend". Besonders „am Herzen" lag ihm der Wald, für den er 1997 eine eigene Initiative startete und gemeinsam mit Brasilien, Singapur und Südafrika eine Weltumweltorganisation zum Schutz der Regenwälder vorschlug.

Auch in der Außen- und Sicherheitspolitik kam es zu deutlichen Kursänderungen und Akzentverschiebungen. Mit seinen ersten Reisen nach Paris und Washington machte Kohl klar, dass er ein gleichermaßen überzeugter Atlantiker und Europäer war. Vorrangig war zunächst 1983 die Durchsetzung des Nato-Doppelbeschlusses als notwendiger Schritt zur Abrüstung, auch als moralische Pflicht im westlichen Bündnis. Für Helmut Kohl ging es bei seiner Politik der aktiven Friedenssicherung, die er gegen massive Widerstände der „Friedensbewegung" durchsetzte, um Kriegsverhinderung durch die Fähigkeit und Bereitschaft zur Verteidigung, um schrittweisen Aufbau einer politischen Friedensordnung des Interessenausgleichs und der friedlichen Konfliktregelung und nicht zuletzt um die Stabilisierung der Bundesrepublik im westlichen Bündnis. Die Kriegsangst-Psychose in Teilen der Bevölkerung, die zu Hunderttausenden auf die Straße ging, erwies sich als ebenso unbegründet wie die Prophezeiung einer neuen „Eiszeit" in den Ost-West-Beziehungen.

In der Europapolitik ging es Kohl und der Union als „Europapartei" um qualitative Fortschritte der Gemeinschaftsbildung und um klare Perspektiven der Integration, die in der „Eurosklerose" der 1970er Jahre in der Sackgasse der Agrar- und Haushaltspolitik steckengeblieben war. Die Schaffung der „Vereinten Staaten von Europa" war für Kohl schon immer ein vorrangiges politisches Ziel. Auf seine Anregung hin war Ende April 1976 die Europäische Volkspartei gegründet worden, 1978 erfolgte der Zusammenschluss konservativer und christlich-demokratischer Parteien in der Europäischen Demokratischen Union. Dezidiert trat er für die Direktwahl des Europäischen Parlaments, die Ausarbeitung eines Entwurfs für eine europäische Verfassung und eine gemeinsame Sicherheits- und Außenpolitik ein. An diese Zielsetzung knüpfte er nach der Regierungsübernahme nahtlos an. Schon auf dem EG-Gipfel 1983 unter deutschem Vorsitz in Stuttgart gelang mit der Verabschiedung der „Feierlichen Deklaration zur Europäischen Union" ein erster wichtiger Schritt aus der „Eurosklerose" in die Zukunft. Auf dem Luxemburger Gipfel 1986 wurde als weitere Etappe der Entwicklung einer europäischen Identität die „Einheitliche Europäische Akte" verabschiedet, die die Vollendung des Binnenmarkts bis zum 31. Dezember 1991, die Stärkung der Rechte des Europaparlaments und die Neuregelung der Europäischen Politischen Zusammenarbeit vorsah. Weitere Fortschritte gab es 1988 bei den Ratssitzungen in Brüssel mit Beschlüssen über eine gemeinsame Struktur- und Umweltpolitik sowie in Hannover, wo der Weg zu einer Währungsunion und einer gemeinsamen Währung eingeleitet wurde, und schließlich in Madrid 1989, wo die Grundlage zur ersten Stufe der Liberalisierung des Kapitalverkehrs gelegt wurde. Die Annahme des sog. Delors-Berichts bedeutete die Geburtsstunde der „Wirtschafts- und Währungsunion", deren erste Stufe am 1. Juli 1990 in Kraft treten sollte. Die Einführung des Euro war also längst beschlossen, als von der bevorstehenden deutschen Einheit noch keine Rede war, und insofern keinesfalls Bedingung oder Preis für die französische Zustimmung zur Wiedervereinigung, wie verschiedentlich behauptet worden ist.

Die entscheidende Voraussetzung für den erfolgreichen europäischen Reformprozess der 1980er Jahre war die enge deutsch-französische Kooperation und das gute Einvernehmen zwischen Helmut Kohl und dem französischen Staatspräsidenten François Mitterrand. Das Foto, das die beiden Hand in Hand bei der Gedenkfeier am 22. September 1984 vor den Soldatengräbern in Verdun zeigt, brannte sich in das kollektive Gedächtnis ein.

In Kohls Außenpolitik zeigt sich besonders seine Motivation, Lehren aus der deutschen und europäischen Geschichte ziehen zu wollen. Auffällig ist, wenn auch bei dem gelernten und überaus belesenen Historiker nicht verwunderlich, der „Vergangenheitsbezug" in zahlreichen Äußerungen, mit vielen Bezugnahmen auf geschichtliche Gestalten, Orte und Ereignisse. Kohl hat seine Politik immer als ein Handeln in geschichtlicher Verantwortung verstanden. Er wusste um die Kompliziertheit des europäischen Kontinents mit seinen großen und kleinen Ländern, deren unterschiedliche Befindlichkeiten er mit „weit ausgefahrener Antenne" stets gerecht zu werden versuchte. Den Großen überließ er ihre Größe, und die Kleinen machte er nicht klein (Jean-Claude Juncker). Das galt etwa für das Zusammengehen mit Frankreich als dem „Kernstück" einer europäischen Friedensordnung und eines vereinten Europas, für die „Hofierung" der „Grande Nation" und ihrer „Gloire", auf die er bis zur Selbstverleugnung Rücksicht nahm. Das galt auch für die Verständigung mit den ostmitteleuropäischen Staaten – vor allem mit Polen –, die er auch in Zeiten des Kalten Krieges im europäischen Sinn mitdachte. Die polnische Oppositions- und Freiheitsbewegung wurde schon seit Anfang der 1980er Jahre mit der Pflege der Kontakte v.a. über die katholische Kirche nicht nur verbal unterstützt, sondern auch aktiv durch materielle Hilfen gefördert. Die Solidarität mit Polen war für Kohl „eine Chance von geschichtlichem Rang". Mit seinem Polenbesuch und der „Versöhnungsmesse" in Kreisau vom November 1989 schuf er das Fundament für die bilateralen Beziehungen und die polnische „Rückkehr nach Europa". Nach der weltpolitischen Umwälzung von 1989/90 war er die treibende Kraft für die Osterweiterung von EU und NATO, wobei er zugleich sorgsam auf die Berücksichtigung der russischen Sicherheitsinteressen achtete.

Das Handeln in geschichtlicher Verantwortung galt in besonderem Maße auch für seine Israelpolitik. Bei seinem ersten offiziellen Besuch 1984 stellte er in aller Klarheit fest, „wir können und wollen die schwere Erblast einer besonderen Verantwortung nicht ausschlagen", sagte aber auch, er sei persönlich in der Zeit des Nationalsozialismus „nicht in Schuld geraten, weil er die Gnade der späten Geburt und das Glück eines besonderen Elternhauses gehabt" habe. Die mediale deutsche Empörung über diese Aussage war enorm; sie wurde von böswilligen Medienvertretern so missverstanden, als hätte er die NS-Verbrechen verharmlosen und einen Schlussstrich unter die unheilvolle deutsche Vergangenheit ziehen wollen. Ähnlich wurde auch der Besuch des Soldatenfriedhofs in Bitburg mit dem amerikanischen Präsidenten Ronald Reagan interpretiert, was u.a. im Zusammenhang mit Kohls Aussage in seiner ersten Regierungserklärung von der geistig-politischen Wende und seinen kulturpolitischen Initiativen für die Gestaltung der Neuen Wache und das Deutsche Historische Museum in Berlin sowie die Museumsmeile in Bonn mit der Bundeskunsthalle und dem Haus der Geschichte aus Sorge um ein angeblich revisionistisches Geschichtsbild den Historikerstreit 1986/87 befeuerte. Überdeckt durch die Bitburg-Kontroverse wurde dabei seine Rede vom 21. April 1985 im ehemaligen Konzentrationslager Bergen-Belsen, die gewissermaßen Positionen der berühmten 8. Mai-Rede Bundespräsident Richard von Weizäckers im Deutschen Bundestag vorwegnahm: „Die Mahnung dieses Ortes darf nicht verlorengehen, darf nicht vergessen werden. Sie fordert Konsequenzen für die geistigen Grundlagen unserer Politik. (…) Für die Untaten der NS-Gewaltherrschaft trägt Deutschland die Verantwortung vor der Geschichte. (…) Wir werden nicht zulassen, dass etwas verfälscht oder verharmlost wird. (…) Wir haben die Lektion der Geschichte, die Lektion der Erfahrung dieses Jahrhunderts gelernt." Und schließlich: „Der Zusammenbruch der NS-Diktatur am 8. Mai 1945 wurde für die Deutschen ein Tag der Befreiung."

Die Überwindung der deutschen Teilung war ein politisches Hauptziel Kohls. Seine Deutschlandpolitik verband die Offenhaltung der deutschen Frage auf der Grundlage der festen Verankerung im westlichen Bündnis und der Einordnung der deutschen Frage in den europäischen Einigungsprozess („zwei Seiten einer Medaille") mit Prinzipientreue, d.h. einer konsequenten Verschärfung der normativen Distanz zur DDR, und praktischer Kooperation und verhandlungspolitischer Flexibilität. Der vertragspolitische Spielraum wurde in den Jahren von 1982 bis 1989 durch Abkommen zur Familienzusammenführung, zu Reiseerleichterungen und Städtepartnerschaften – was nicht unwesentlich zur Unterminierung der Legitimität des SED-Regimes beitrug –, Kreditbürgschaften (Milliardenkredit) und Abbau der Schießanlagen an der innerdeutschen Grenze usw. genutzt. Doch bei allem Pragmatismus unter der Prämisse „Leistung gegen Gegenleistung" hielt Kohl an der Einheit der Nation unverrückbar fest. Dies machte er beim Arbeitsbesuch Honeckers in der Bundesrepublik vom 7.–12. September 1987 unmissverständlich deutlich. Die Chance zur Einheit kam rascher als erwartet, als im Herbst 1989 der revolutionäre Umbruch in den Ostblockstaaten auch die DDR erfasste und das SED-Regime zum Einsturz brachte. Als sich nach dem Fall der Mauer die Chance bot, ergriff er den „Mantel der Geschichte" und überraschte die Welt mit seinem „Zehn-Punkte-Plan" vom 28. November 1989. Gegen starke innen- und außenpolitische Widerstände gelang binnen Jahresfrist mit dem Einigungsvertrag vom 30. August und dem Abschluss des „Zwei-plus-Vier Vertrags" vom 12. September 1990 die Wiederherstellung der deutschen Einheit nach Artikel 23 GG. Den Befürchtungen vor einem „Vierten Reich" (Margaret Thatcher) begegnete er mit einem konsequenten Europakurs, der Osterweiterung der EU und der NATO und einer Politik guter Nachbarschaft mit Russland unter Michail Gorbatschow und vor allem dessen Nachfolger Boris Jelzin. Im Prozess der Wiedervereinigung zahlten sich nun Kohls Standfestigkeit in der Nachrüstungsdebatte, seine Europapolitik und nicht zuletzt auch die guten vertrauensvollen persönlichen Beziehungen zu den Staatsmännern der ganzen Welt aus. Das galt insbesondere für den amerikanischen Präsidenten George H.W. Bush, der 1989 betonte, die deutsch-amerikanischen Beziehungen seien „wahrscheinlich niemals besser gewesen als heute", und von „partnership in leadership" sprach.

Die Anfänge der deutschen Einheit waren eine der schwierigsten Wegstrecken, die Kohl zu bewältigen hatte. Innen- und außenpolitisch war eine Anpassung des geeinten Deutschlands an die veränderten Gegebenheiten und Anforderungen zu leisten. Schwerpunkte bildeten einerseits die Verwirklichung der „inneren Einheit" und innere Reformen zur Sicherung des Wirtschaftsstandorts Deutschland, andererseits die Weiterentwicklung der europäischen Integration und darüber hinaus die gewachsene Verantwortung im internationalen Rahmen. Eine erste Probe aufs Exempel brachte der Golfkrieg, der im Januar 1991 offen ausbrach. Den Wunsch der Alliierten auf deutsche Beteiligung verweigerte die Bundesregierung mit dem Hinweis auf das Grundgesetz, das „Out of area"- Einsätze der Bundeswehr nicht erlaube – was das Bundesverfassungsgericht 1994 nicht bestätigte. Stattdessen beteiligte sie sich mit Subsidien in Höhe von rund 18 Milliarden DM. Zusammen mit den Milliardenaufwendungen für die massiv unterschätzten Folgekosten der SED-Konkursmasse, für die Sowjetunion und für den Abzug der Roten Armee sowie für die Unterstützung der Transformation in Polen und in Ungarn geriet der Bundeshaushalt in gewaltige Schieflage; bis 1997 stieg die Schuldenlast des Bundes um 75 Prozent auf über 900 Milliarden DM an. Kohls Versprechen, ohne weitere finanzielle Belastungen auf kurze Sicht „blühende Landschaften" in den neuen Ländern zu schaffen, war nicht aufrechtzuerhalten. Kohl räumte später selbst ein, es sei ein psychologischer Fehler gewesen, nicht gleichzeitig auf die absolut desaströse Hinterlassenschaft des SED-Regimes hinzuweisen.

Die Maßnahmen zur Bewältigung der krisenhaften Wirtschafts- und Finanzlage wie auch das Verhalten in der Jugoslawienkrise, ja selbst die Einführung der wegweisenden Pflegeversicherung als fünfter Säule der sozialen Sicherungssysteme führten in der Koalition zu ständigem Streit, so dass den Wählern der Eindruck eines kompasslosen Durchwurschtelns vermittelt wurde. Ein Stimmungsumschwung in der Bevölkerung war die Folge, zu dem der amtierende Bundespräsident Richard von Weizsäcker mit seiner Parteien- und Politikerschelte 1992 nicht unwesentlich beitrug. Dem Vorwurf, es fehle der Regierung an „Visionen", begegnete Kohl mit dem Hinweis auf die Grundbestimmungen seiner Politik: „Ich weiß nicht, was für Visionen wir haben sollten, wenn nicht die Einheit Deutschlands, die Einigung Europas, den Beitrag zum Frieden, Ausgleich mit den Staaten in Mittel- und Osteuropa, einschließlich der jeweils dazugehörenden Ökonomie und Ökologie."

Noch einmal bestätigten die Wähler bei der Wahl am 16. Oktober 1994 die von Kohl geführte Koalition, wenn auch mit knapper Mehrheit. Doch seit Mitte 1996 verdüsterte die ansteigende Arbeitslosigkeit das politische Klima. Mit einem „Aktionsprogramm für Investitionen und Arbeitsplätze", sollte Abhilfe geschaffen werden. Hinzu kam eine Sparpolitik, die die Finanzierbarkeit des Sozialstaats gewährleisten und die Wirtschaft „fit" im globalen Wettbewerb machen sollte. Es ging dabei auch um die Kriterien für die Wirtschafts- und Währungsunion und die Einführung des Euro, die dem Kanzler besonders am Herzen lag. Kürzungen bei der Lohnfortzahlung im Krankheitsfall, die Lockerung des Kündigungsschutzes, die Erhöhung der Selbstbeteiligung im Gesundheitswesen und die langfristige Senkung des Rentenniveaus führten zu massiven Protesten.

Koordinationsprobleme in der Koalition wie mit der FDP bei der elektronischen Überwachung der organisierten Kriminalität oder Friktionen mit der bayerischen CSU bei der termingerechten Durchsetzung des Euro, und vor allem die Blockade der SPD-geführten Länder unter dem saarländischen Ministerpräsidenten und SPD-Parteivorsitzenden Oskar Lafontaine bei der Großen Steuerreform und einer Rentenreform mit Einführung eines demographischen Faktors verstärkten den Eindruck von politischem Stillstand und „Reformstau", vor allem in den „alten" Ländern. Gerne übersehen wird dabei, dass das größte aller „Reformvorhaben", der „Aufbau Ost", unvermindert voranschritt. Die ungelösten Probleme lasteten aber wie Mehltau auf der gesamten Regierungstätigkeit. Die vorhandene Wechselstimmung konnte Kohl nicht mehr drehen. Bei der Bundestagswahl am 27. September 1998 erreichten die Unionsparteien nur 35,1 Prozent, ein massiver Verlust von 6,3 Prozent gegenüber 1994. Für das bislang schlechteste Ergebnis der Union seit 1949 übernahm Kohl „die volle Verantwortung" und trat vom Parteivorsitz zurück.

V

Kohl hatte seine Partei 25 Jahre lang in Höhen und Tiefen geführt. Auf der Basis ihrer in der Oppositionszeit erarbeiteten Programme erreichte er in der ersten Hälfte seiner 16jährigen Kanzlerschaft mit Kurskorrekturen und vielen kleineren und größeren Reformschritten die Stabilisierung der Bundesrepublik. Dennoch konnten die Strukturprobleme der sozialen Sicherungssysteme, des Arbeitsmarkts und des Steuersystems nicht wirklich gelöst werden. Eine fundamentale Weichenstellung gelang ihm mit der Wiederherstellung der deutschen Einheit. Mit einer Unzahl von Gesetzen, Maßnahmen und Entscheidungen setzte er einen radikalen Prozess „nachholender Modernisierung" zur Rundumerneuerung der neuen Länder in Gang, ohne dass die Stabilität der Bundesrepublik in Frage gestellt worden ist. Dass dabei nicht alles gelungen ist, manches zunächst stecken blieb, verwundert angesichts dieser beispiellosen Mammutaufgabe nicht.

Die zweite fundamentale Weichenstellung seiner Amtszeit war neben der Pflege der transatlantischen Beziehungen die Neuordnung Europas und die Einbindung der Bundesrepublik in die Europäische Union durch zahlreiche Verträge und Beschlüsse, die entscheidende Zuständigkeitsverlagerungen vieler Politikfelder zu den europäischen Institutionen zur Folge hatten. Diese Entwicklung, die ohne die historisch begründete Sensibilität Helmut Kohls nicht so erfolgreich gewesen wäre, begann mit der Einheitlichen Europäischen Akte 1986 und setzte sich fort mit dem Vertrag von Maastricht 1992 über die Politische Union und die Wirtschafts- und Währungsunion, dem Vertrag von Amsterdam 1997 und dem Beschluss des Europäischen Rats vom Mai 1998, den Euro als alleinige Währung zunächst in elf Ländern einzuführen. Hinzu kamen die Erweiterungen der EU um Österreich, Schweden und Finnland 1995, der Wegfall der Grenzkontrollen im sog. Schengen-Raum und die Aufnahme von Beitrittsverhandlungen mit den mittel- und osteuropäischen Ländern. Auch wenn er sein Ziel, einen europäischen Bundesstaat zu schaffen, nicht erreichte, so war er doch ein maßgeblicher Gestalter der europäischen Integration. Am 11. Dezember 1998 wurde er vom Europäischen Rat als zweiter Geehrter nach Jean Monnet (1976) zum „Ehrenbürger Europas" ernannt.

Nach seinem Rückzug aus der Politik betonte er in zahlreichen Vorträgen und bei Auslandsreisen die gewachsene Verantwortung des wiedervereinten Deutschlands in der Welt und warb vor allem auch für die Idee des Hauses Europa, „weil Europa eine Frage von Krieg und Frieden ist", bis die Folgen eines schweren Sturzes 2008 seine körperliche Bewegungsfreiheit erheblich einschränkten. Seine Hoffnung war, „dass Europa wieder stärker eine Herzensangelegenheit der Menschen wird (…) und kommende Generationen neben ihrer nationalen Identität ganz selbstverständlich auch ihre europäische Identität leben und vielleicht eines Tages sogar von einem ‚Europa der Vaterländer in einem gemeinsamen Vaterland Europa' sprechen", wie er 2014 in seinem letzten Buch „Aus Sorge um Europa" ausführte. Umsorgt von seiner zweiten Frau Maike verstarb der „Virtuose der Macht" am 16. Juni 2017 nach längerer Krankheit in seinem Haus in Oggersheim. Jean-Claude Juncker brachte seine Verdienste bei der Trauerfeier in Straßburg mit der prägnanten Bemerkung auf den Punkt: „Versprich mir, dass Du im

Himmel nicht sofort einen neuen CDU-Ortsverein gründest. Du hast genug getan für deine Partei, für dein Land, für unser gemeinsames Europa."

Quellen

Der Nachlass Helmut Kohls befindet sich in seinem Haus in Ludwigshafen. Die Parlamentsreden sind gedruckt in den Stenographischen Berichten des Rheinland-Pfälzischen Landtags (1959–1976) bzw. des Deutschen Bundestags (1976–2002), die Reden auf den Parteitagen der CDU in den Protokollen der Parteitage, hg. von der Bundesgeschäftsstelle. Weitere Redensammlungen s. www.helmut-kohl-kas.de (Bibliographie).

Editionen

G. *Buchstab* (Bearb.), Adenauer: „Stetigkeit in der Politik". Die Protokolle des CDU-Bundesvorstands 1961–1965 (Forschungen und Quellen zur Zeitgeschichte 32), Düsseldorf 1998. – Kiesinger: „Wir leben in einer veränderten Welt". Die Protokolle des CDU-Bundesvorstands 1965–1969 (Forschungen und Quellen zur Zeitgeschichte 50), Düsseldorf 2005. – Barzel: „Unsere Alternativen für die Zeit der Opposition". Die Protokolle des CDU-Bundesvorstands 1969–1973 (Forschungen und Quellen zur Zeitgeschichte 56), Düsseldorf 2009. – Kohl: „Wir haben alle Chancen". Die Protokolle des CDU-Bundesvorstands 1973–1976. 2 Halbbde. (Forschungen und Quellen zur Zeitgeschichte 67), Düsseldorf 2015. – Kohl: „Stetigkeit, Klugheit, Geduld und Zähigkeit". Die Protokolle des CDU-Bundesvorstands 1976–1980. 2 Halbbde. (Forschungen und Quellen zur Zeitgeschichte 68), Düsseldorf 2017. – Kohl: „Gelassenheit und Zuversicht". Die Protokolle des CDU-Bundesvorstands 1980–1983 (Forschungen und Quellen zur Zeitgeschichte 70), Düsseldorf 2018. G. *Buchstab* und H.-O. *Kleinmann* (Bearb.), Helmut Kohl: Berichte zur Lage 1982–1989. Der Kanzler und Parteivorsitzende im Bundesvorstand der CDU Deutschlands (Forschungen und Quellen zur Zeitgeschichte 65), Düsseldorf 2014. – Helmut Kohl: Berichte zur Lage 1989–1998 (Forschungen und Quellen zur Zeitgeschichte 64). Der Kanzler und Parteivorsitzende im Bundesvorstand der CDU Deutschlands, Düsseldorf 2012.

Schriften (Auswahl)

Mein Tagebuch. 1998–2000, München 2000. – Erinnerungen 1930–1982, München 2004. – Erinnerungen 1982–1990, München 2005. – Erinnerungen 1990–1994, München 2007. – Vom Mauerfall zur Wiedervereinigung. Meine Erinnerungen, München 2009. – Aus Sorge um Europa. Ein Appell, München 2014.

Literatur (Auswahl)

Das Phänomen. Helmut Kohl im Urteil der Presse 1960–1990, hg. von B. *Vogel*, Stuttgart 1990. – H. *Möller*, Die Ära Kohl. Der Versuch einer politischen Bilanz, in: Geschichtsbilder. Weichenstellungen deutscher Geschichte nach 1945, hg. von J. *Aretz*, G. *Buchstab*, J.-D. *Gauger*, Freiburg 2003, S. 239–263. – Ein Leben für Deutschland und Europa. Helmut Kohl – Stationen eines politischen Lebens, hg. von B. *Vogel*, Düsseldorf 2005. – Herzlichen Glückwunsch, Helmut Kohl! Die Politische Meinung Nr. 424, März 2005. – E. *Wolfrum*, Die geglückte Demokratie. Geschichte der Bundesrepublik Deutschland von ihren Anfängen bis zur Gegenwart, Stuttgart 2006. – A. *Wirsching*, Abschied vom Provisorium 1982–1990, München 2006. – G. *Buchstab*, „Bundeslöschtage"? Ein Lehrstück über die Skandalisierung der Politik, in: Religiöse Prägung und politische Ordnung in der Neuzeit. Festschrift für Winfried Becker zum 65. Geburtstag, hg. von B. *Löffler* und K. *Ruppert*, Köln 2006, S. 633–661. – Die Ära Kohl im Gespräch. Eine Zwischenbilanz, hg. von G. *Buchstab*, H.-O. *Kleinmann*, H.J. *Küsters*, Köln 2010. Weitere Beiträge „Die Ära Kohl im Gespräch" in Historisch-Politische Mitteilungen (HPM) 2011ff. – H.-O. *Kleinmann*, Die Ära Kohl. Ein Literaturbericht. Erster Teil, in: HPM 14/2007, S. 353–410, Zweiter Teil A (Monographisches zur deutschen Einheit), in: ebd. 15/2008, S. 471–521, Zweiter Teil B (Monographisches zu einzelnen Politikfeldern), in: ebd. 17/2010, S. 294–368. – H. *Schwan*, R. *Steininger*, Helmut Kohl. Virtuose der Macht, Mannheim 2010. – H.-P. *Schwarz*, Helmut Kohl. Eine politische Biographie, München 2012. – H. *Köhler*: Helmut Kohl. Ein Leben für die Politik. Die Biographie, Köln 2014. – Deutsche Europapolitik Christlicher Demokraten. Von Konrad Adenauer bis Angela Merkel (1945–2013), hg. von H.J. *Küsters*, Düsseldorf 2014. – Helmut Kohl. Für Deutschland. Für Europa. Sonderausgabe Die Politische Meinung Nr. 6/Juni 2018. – Christlich Demokratische Union. Beiträge und Positionen zur geschichte der CDU, hg. von N. *Lammert*, München 2020. – 70 Jahre Rheinland-Pfalz. Historische Perspektiven und politikwissenschaftliche Analyse, hg. von M. *Glaab* u.a., Wiesbaden 2020. – G. *Buchstab*, Die CDU in der Ära Kohl, in: Handbuch zur Geschichte der CDU, hg. von N. *Lammert*, Darmstadt 2022, S. 165–191.

Rebecca Schröder

HANNA-RENATE LAURIEN (1928-2010)

Temperamentvoll, resolut im Umgang, kämpferisch, unkonventionell bis zur Schmerzgrenze und trotz aller Streitlust warmherzig und versöhnlich – diese Eigenschaften haben die 1928 in Danzig geborene, in der Niederlausitz aufgewachsene und seit ihrer Studentenzeit in Berlin verwurzelte Pädagogin Hanna-Renate Laurien zu einer unverwechselbaren Größe im deutschen Politikbetrieb gemacht. Während ihrer Zeit als Kultusministerin in Rheinland-Pfalz entwickelte sie sich zu einer der profiliertesten Bildungspolitikerinnen der Union, später wurde sie Berliner Senatorin für Schule, Jugend und Sport, stellvertretende Bürgermeisterin von Berlin, Präsidentin des Berliner Abgeordnetenhauses und Vorsitzende der CDU-Frauenvereinigung. Laurien galt als scharfzüngige „Mutter Courage", die stets nach dem Motto handelte: „Nicht erfüllte Forderungen müssen so lange wiederholt werden, bis sie erfüllt sind". Antrieb all ihres Handelns war der überzeugten Christin und Laiendominikanerin stets der christliche Glaube, in dem sie tief verwurzelt war. Nicht von ungefähr trägt ihre im Jahr 1985 erschienene Autobiographie den Titel: „Nicht Ja und nicht Amen: Eine Frau in der Politik beruft sich auf das Christentum".

I

Hanna-Renate Laurien wurde am 15. April 1928 in Danzig geboren. Sie war die Tochter eines Chemikers und Ministerialrats. Ihre Mutter war Lehrerin und entstammte einer wohlhabenden Familie, während der Vater aus kleinen Verhältnissen kam. Im Jahr 1932 siedelte die Familie nach Spremberg über, da Lauriens Vater die Leitung der dortigen Stadtwerke übernommen hatte. In Spremberg wurde Laurien im Jahr 1934 auch eingeschult und besuchte nach dem Ende der Grundschule ab 1937 das Realgymnasium. Wegen guter Leistungen übersprang sie eine Klasse. „Lernen", so erinnerte sich Laurien in ihrer Biographie, „war Wonne, Faszination, Entdecken von Kontinenten des Geistes". 1942/43 wurde sie mit ihrer Klasse für die Betreuung landverschickter Kinder eingesetzt, 1944 bis 1945 erfolgte die Einberufung zum Arbeitsdienst nach Sellin in der Neumark. Dem Nationalsozialismus selbst stand Laurien kritisch gegenüber: „So einen Stuss mache ich nicht mit", habe sie zu den Ritualen der Hitlerjugend gesagt. Das Kriegsende erlebte sie nach der Flucht vor den vorrückenden sowjetischen Einheiten in einer

Munitionsfabrik in Kassel. Als Schlüsselerlebnis bezeichnete sie den Moment, als sie plötzlich einer halb verhungerten Jüdin gegenüberstand. „Mich hat diese Schulderfahrung wirklich durchgerüttelt", so Laurien in einem Interview. Über ihr Elternhaus sagte sie später, es habe ihr „viel vom Schönen des Lebens" vermittelt, insbesondere durch „Reisen nach allen Himmelsrichtungen, Musik, geistige Anregungen und durch kluge Menschen".

Im Juni 1945 zog Laurien zu ihren inzwischen in Berlin wohnenden Eltern und legte dort im März 1946 die Prüfung als Fremdsprachenkorrespondentin am Lette-Haus ab, vier Monate später bestand sie das Abitur an der Königin-Louise-Stiftung in Berlin-Dahlem. Anschließend studierte Laurien zunächst an der Ostberliner Humboldt-Universität Anglistik, Slawistik und Germanistik. Dort gehörte sie der „Antigruppe" an, die der SED kritisch gegenüberstand. Es war nur konsequent, dass Laurien 1948 an die Freie Universität wechselte, deren studentische Mitbegründerin sie war. „Wir wollten uns das Denken nicht diktieren lassen", kommentierte sie ihren damaligen Beschluss. Wegen der schwierigen wirtschaftlichen Lage ihrer Eltern verdiente sie sich während ihrer Studienzeit als Platzanweiserin, Reporterin, Stenotypistin und Fürsorgerin. 1951 legte Laurien das Erste Staatsexamen für die Fächer Deutsch, Englisch und Philosophie ab und ein Jahr später wurde sie an der Freien Universität mit einer Arbeit über die „Stilelemente der historischen Dietrichepen" zum Dr. phil. promoviert.

Ursprünglich in einem protestantischen Elternhaus aufgewachsen – ihre Schwester wurde später evangelische Pastorin in der St.-Nikolai-Kirche in Berlin-Spandau –, konvertierte Laurien im Jahr 1952 zum Katholizismus, weil „es in der katholischen Kirche die Beichte und den Neuanfang gibt". Die Entscheidung zur Konversion bezeichnete sie später als „Glück ihres Lebens". Laurien blieb unverheiratet und legte als Laien-Dominikanerin gegenüber der katholischen Kirche das Gelübde der Ganzhingabe ab. In seiner Ausschließlichkeit und Konsequenz kam dieser Schritt einem Ehegelöbnis gleich. „Die Geborgenheit in der Liebe Gottes ist für mich Inhalt meines Lebens", so Laurien in einem Interview. Einer klösterlichen Ortsgruppe war sie Zeit ihres Lebens nicht zugeordnet, wegen ihrer Berufstätigkeit sei dies nicht möglich gewesen. Stattdessen war Laurien direkt dem Provinzial unterstellt, ihre geistigen Gegenüber waren durchweg Priester. Bevor sie sich für das Leben als Laiendominikanerin entschied, hatte sie zwei Verlobungen gelöst. Das eine Mal, weil der Verlobte einen schlechten Universitätsabschluss machte, sie aber einen guten. „Das kann auf Dauer nicht gut gehen. Ich will einen geistig ebenbürtigen Partner", so Laurien. Auf ihre Kinderlosigkeit angesprochen, antwortete Laurien mit der an Gal 4,27 angelehnten Wendung: „Die Kinder des Geistes sind oft sehr viel zahlreicher als die des Leibes".

Zu Beginn der 1950er Jahre übersiedelten ihre Eltern ins Rheinland, nachdem der Vater eine Stelle als Regierungsdirektor im Bundeswirtschaftsministerium angenommen hatte. Laurien trat nach ihrem Studienabschluss in den nordrhein-westfälischen höheren Schuldienst ein. Zunächst war sie an der Marienschule in Euskirchen tätig, im Juli 1953 bestand sie ihre Abschlussprüfung am Lehrerseminar in Bonn. Während der Sommerferien erfolgten mehrere England-Aufenthalte und der Besuch der Summer School der London University, um „erzieherische Fragen im internationalen Kreise zu diskutieren". Obwohl Laurien später nicht mehr als Lehrerin arbeitete, war sie vom Herzen her immer Pädagogin geblieben. „Ich will Menschenbildung", hatte sie einmal gesagt.

Von 1957 bis 1963 arbeitete sie im Düsseldorfer Kultusministerium als Referentin des damaligen Kultusministers Werner Schütz (1900–1975). Im Jahr 1963, nachdem Schütz von Paul Mikat (1924–2011) abgelöst worden war, schied sie aus dem Ministerium aus und war bis 1965 Fachleiterin im Bereich „Deutsch" am Düsseldorfer Studienseminar für Lehrerausbildung. 1964 wurde sie stellvertretende Vorsitzende des Philologenverbands in Nordrhein-Westfalen, 1967 wurde sie als erste Frau zu dessen Vorsitzenden gewählt. Ihr besonderes Bemühen galt der Reform des dreigliedrigen Schulsystems. In dieser Zeit war Laurien auch als Laienbeauftragte der Bischöflichen Kommission für Schule und Bildung und Mitglied des Seelsorgerats tätig. Vom langjährigen Kölner Erzbischof Josef Kardinal Frings (1887–1978) wurde sie als einzige und erste Frau unter lauter Männern zur Frage der gemischten Schulen gehört.

Von 1965 bis 1970 war Laurien Oberstudiendirektorin der Königin-Luise-Schule in Köln. Während dieser Zeit scheute sie sich nicht, sich über Konventionen ihrer Zeit hinwegzusetzen: Für die damalige Zeit revolutionäre Dinge wie Make-Up, offene Schuhe oder Hosen waren nun für die Mädchen ausdrücklich erlaubt. Vorbildlich auch ihr menschlicherer Umgang mit Schülerinnen und Kolleginnen: Im Jahr 1967 sorgte sie dafür, dass eine schwangere Schülerin entgegen damals geltenden Regelungen zum Abitur zugelassen wurde. Ebenso sorgte sie ein Jahr später dafür, dass eine unverheiratete schwangere Lehrerin nicht disziplinarisch abgestraft und versetzt wurde – damals eine große emanzipatorische Leistung.

Während ihrer Zeit als Lehrerin ermutigte Laurien Mädchen und junge Frauen stets zum politischen Engagement, egal in welcher Partei: „So lernen wir, die spannungsreichen Unterschiede auszuhalten und die individuelle Wertung zu begründen, ohne sie zu verabsolutieren". In einem späteren Interview betonte Laurien, sie sei stets „begeisterte Oberstudiendirektorin" gewesen und „einfach glücklich" in ihrem Beruf.

II

Seit 1958 engagierte sich Hanna-Renate Laurien für die CDU, ihr Eintritt erfolgte aber erst 1966. Ihren ersten Auftritt auf der politischen Bühne hatte sie im November 1964 beim Kulturpolitischen Kongress der CDU in Hamburg zum Thema „Bildung in der modernen Welt". Der weitere Aufstieg verlief für die „disziplinierte wie menschenfreundliche Intelligenzbestie", wie sie einmal Die ZEIT nannte, schnell: 1967 wurde sie zur stellvertretenden Vorsitzenden des CDU-Kreisverbands Köln-Land gewählt, das Amt behielt sie bis in das Jahr 1970. 1969 kandidierte sie – allerdings erfolglos – als Nachfolgerin der Bundesministerin für Familie und Jugend Aenne Brauksiepe (1912–1997) bei der Wahl zum 6. Deutschen Bundestag für den Wahlkreis Köln-Nord.

In Rheinland-Pfalz, das unter seinem jungen Ministerpräsidenten Helmut Kohl (1930–2017) ein reformorientiertes Musterland war, wurde die Parteispitze schnell auf sie aufmerksam. So holte der spätere Ministerpräsident und Ehrenvorsitzende der Konrad-Adenauer-Stiftung, Bernhard Vogel (geb. 1932), Laurien 1970 in sein Kultusministerium. Zuerst war sie Hauptabteilungsleiterin, ab 1971 seine Staatssekretärin. Bei der Arbeit kam ihr sowohl ihre Verwaltungserfahrung als auch ihre langjährige Tätigkeit im Schuldienst zugute. Über die Landesgrenzen von Rheinland-Pfalz hinaus wurde sie vor allem durch ihre scharfen Attacken gegen die hessischen Rahmenrichtlinien für den Schulunterricht bekannt. Nicht zuletzt deshalb plante der hessische CDU-Vorsitzende Alfred Dregger (1920–2002) damals, sie im Falle eines Wahlerfolgs 1974 in Hessen als Kultusministerin zu berufen. Die SPD/FDP-Koalition konnte sich jedoch am Ruder behaupten.

1975 wurde Laurien in den rheinland-pfälzischen Landtag gewählt, musste aber das Mandat wegen ihres Staatssekretärinnenamtes ruhen lassen. Im Bundestagswahlkampf engagierte sie sich nur wenige Politiker ihrer Partei. Als sich Ministerpräsident Helmut Kohl trotz des Misserfolgs bei der Bundestagswahl entschloss, als Oppositionsführer nach Bonn zu gehen und Bernhard Vogel neuer Regierungschef in Rheinland-Pfalz wurde, berief dieser Laurien im Dezember 1976 als Kultusministerin in sein Kabinett. Dieses Ressort behauptete sie auch nach den Landtagswahlen vom März 1979, bei denen die CDU ihre absolute Mehrheit mit 50,1 Prozent verteidigte. Während ihrer Zeit als Kultusministerin in Rheinland-Pfalz profilierte sich Laurien als eine der führenden Bildungspolitikerinnen der Union, die stets auch auf dem „C" in der Bildungspolitik beharrte. Zu ihrer bildungspolitischen Programmatik gehörten beispielsweise der Ausbau der qualifizierenden beruflichen Bildung und das unbedingte Festhalten am gegliederten Schulsystem gemäß der von ihr viel zitierten Leitlinie: „Jeder Abschluss muss auch ein Anschluss sein, keine Sackgassen, sondern Übergänge". Ihr Plädoyer für ein Nebeneinander von Gesamtschule und dreigliedrigem Schulsystem war gleichwohl innerhalb der Union umstritten. Mit dem so genannten „Laurien-Modell" eröffnete sie eine Teilzeitbeschäftigungsmöglichkeit für Lehrkräfte, lange bevor es so etwas offiziell für Beamte gab. Als Kultusministerin war Laurien zudem verantwortlich für die Novellierung des Hochschulgesetzes, das so manche Neuerungen mit sich brachte. Laurien gelang es auch, die verfasste Studierendenschaft – nicht wie in der Mehrzahl der anderen CDU/CSU-regierten Länder – abzuschaffen, sondern als wichtiges Instrument der studentischen Mitbestimmung beizubehalten.

Obwohl sich Laurien für die Rechte von Frauen in Staat, Gesellschaft und Kirche einsetzte, distanzierte sie sich früh von den Forderungen der Frauenbewegung. Sie sei „durchaus für die Frauen", aber nicht in einer „feministischen Weise". Von einer Quotenregelung für Frauen hielt Laurien beispielsweise gar nichts, die Union sollte lieber von „Qualität und nicht von Quote" leben. Tüchtige und kompetente Frauen, die auch mit Menschen umgehen könnten, bräuchten mit Sicherheit keine Quote und wären auch ohne diese erfolgreich. Ob von Bernhard Vogel oder Helmut Kohl, sie selbst sei „immer von Männern gefördert worden". „Ich bin immer gebeten worden, etwas zu machen, und habe ja gesagt. Ich habe nie gesagt, ich will das. Mit einer Ausnahme: Ich wollte Oberstudiendirektorin werden. Das war mein Lebensziel", so Laurien. Mit ihrer Funktion als Vorstandsmitglied der CDU-Frauenvereinigung auf Kreis-, Landes- und Bundesebene hat Laurien stets gehadert, da sie sich selbst nicht als „typische Frauenpolitikerin" verstand. Dennoch gehörte sie zusammen mit der Vorsitzenden der Frauenvereinigung (heute Frauen Union) Helga Wex (1924–1986) zu den bedeutendsten Frauen, die in der Union etwas zu sagen hatten und die von der Männerriege akzeptiert wurden. Von Männern ihrer Partei auf ihre Frauenrolle zurückverwiesen zu werden, empfand sie als Demütigung. Wie tief es sie mitunter kränkte, auf ihre Rolle als Frau reduziert zu werden, zeigt folgender, wenn auch vielleicht nicht ganz ernst gemeinter Ausspruch: „Herr Kohl hat ein gebrochenes Verhältnis zu intelligenten Frauen. Und ich bin eine Intelligenzbestie, det genieße ich sogar auch noch, weil es eine königliche Unabhängigkeit gibt. Der Herr Kohl aber schätzt mich nur, wenn ich ihm Männerstimmen bringe".

1996 wurde Hanna-Renate Laurien zur „Frau des Jahres" ernannt, eine Würdigung des Verbands deutscher Staatsbürgerinnen. Ein Jahr später wurde der Preis an die Frauenrechtlerin Alice Schwarzer vergeben, mit der sie ausgesprochen gut zurechtkam. „Eine Alice Schwarzer", meinte sie, „respektiere ich, auch dann, wenn ich nicht ihre Ansichten teile". Nur eines hatte sie mit Schwarzer gemeinsam: Beide waren Gleichgesinnte im Kampf gegen die Prostitution, die Laurien als zutiefst „entwürdigend" empfand.

III

Im Februar 1981 stellte sich Laurien eher missmutig und auf Drängen Kohls für die Mannschaft des CDU-Spitzenkandidaten Richard von Weizsäcker (1920–2015) zur Senatswahl in Berlin zur Verfügung. Zwar verfehlte die CDU bei den vorgezogenen Wahlen zum Abgeordnetenhaus am 10. Mai 1981 mit 48,0 Prozent knapp die absolute Mehrheit, doch gelang von Weizsäcker mit Hilfe einiger FDP-Stimmen die Bildung eines CDU-Minderheitssenats, der am 11. Juni 1981 vereidigt wurde. Laurien nahm darin das Amt der Senatorin für Schule, Jugend und Sport wahr und versuchte, die Aufbruchsstimmung der Berliner CDU mit Weizsäcker zu unterstützen. Den Wechsel in das sozialdemokratisch gefärbte Berlin hatte Laurien nur widerwillig vollzogen, ihr Mainzer Vorgesetzter und Vertrauter Bernhard Vogel hatte sie mit den Worten getröstet: „Sie sind eben unser Berlin-Opfer". Den ideologischen Kämpfen, die auf ihrem Gebiet, der ewigen Reformbaustelle Bildungspolitik ausgetragen wurden, stellte sie sich dennoch mutig entgegen und scheute nicht vor Konflikten zurück, die sie für unumgänglich hielt. So legte sie sich beispielsweise 1983 mit den GEW-Funktionären an, die einen linksideologischen Pazifismus verfolgten und die Schule mit allerhand Streikaktionen politisieren wollten. Bildungsprogrammatisch trat sie auch weiterhin für die Vielfalt des Bildungswesens ein und hielt an ihrem Credo fest: „Die Starken fordern und die Schwachen fördern" sei von nicht endender Aktualität wie ihr Plädoyer für durchlässige Schulstrukturen.

1983 war sie als Kandidatin für das Amt des Regierenden Bürgermeisters nach dem Rücktritt von Richard von Weizsäcker im Frühjahr 1984, kurz vor seiner Wahl zum Bundespräsidenten, im Gespräch. Nach Ansicht einer Gruppe „unabhängiger Bürger" – v.a. Professoren der FU – sollte eine starke Persönlichkeit mit geistiger und politischer Ausstrahlungskraft – wie sie Laurien verkörperte – das Amt des Regierenden Bürgermeisters übernehmen. Die große Sympathie für die Politikerin bekundete sich auch in dem Spitznamen „Hanna-Granate", den der Berliner Volksmund Laurien wegen ihrer Resolutheit, ihres Engagements und ihrer allgemeinen Spontanität zugewiesen hatte. Auf diesen Spitznamen war sie sogar etwas stolz, „weil er flott ist, weil der mit meinem Vornamen eine phonetische Parallelität hat, auch weil er Volksnähe zeigt und auch zutrifft". Ihre Art erinnerte viele Berliner zudem an die frühere SPD-Oberbürgermeisterin von Berlin, Louise Schröder (1887–1957). Eine Befragung der CDU-Basis auf Kreisparteitagen ergab Ende 1983 stets klare Mehrheiten für Laurien gegenüber ihrem Mitbewerber Eberhard Diepgen (geb. 1941). Die Basis traute ihr als eine Mischung von „Mutter Courage" und „Eiserner Lady" – weitere Spitznamen Lauriens – zu, die Wahl zu gewinnen. Der CDU-Landesausschuss entschied sich indes mehrheitlich für Diepgen, der im Februar 1984 Regierender Bürgermeister wurde und im März 1985 die Wahl für die CDU auch gewann. Zum Abgeordnetenhaus kandidierte Laurien erfolgreich im Wahlkreis Friedenau.

Als loyale Senatorin verblieb Laurien in Diepgens Senat. Als sich der Berliner Innensenator Heinrich Lummer (1932–2019) im April 1986 als Folge des Berliner Bauskandals gezwungen sah, zurückzutreten, wurde Laurien seine Nachfolgerin und außerdem zu Diepgens Stellvertreterin, d.h. zur Bürgermeisterin von Berlin ernannt. Während dieser Amtszeit machte sie immer wieder durch ihr Bemühen um eine bürgernahe Politik auf sich aufmerksam. Die unerwartet deutliche Niederlage der CDU/FDP-Koalition in Berlin bei den Wahlen zum Abgeordnetenhaus im Januar 1989 und der Antritt eines rot-grünen Senats unter dem neuen Regierenden Bürgermeister Walter Momper (geb. 1945) von der SPD beendete Lauriens Ministerkarriere. Im Gedächtnis West-Berlins ist Laurien vor allem als charismatische Schulpolitikerin verankert. Laurien war in der Folge, über die CDU-Landesliste wiedergewählt, Vorsitzende des Petitionsausschusses des Abgeordnetenhauses und arbeitete intensiv in der Berliner Frauen-Union mit. Aus dem CDU-Präsidium schied Laurien im Herbst 1989 aus, blieb aber bis 1996 im CDU-Bundesvorstand.

Bei der ersten Gesamtberliner Wahl, die am 2. Dezember 1990 zeitgleich mit der ersten gesamtdeutschen Bundestagswahl stattfand, gewann Laurien den Wahlkreis 4 Schöneberg mit 41,5 Prozent der Stimmen für die CDU. Nach der Wahl nominierten die Führungsgremien der CDU Laurien als Parlamentspräsidentin, und mit 182 von 239 abgegebenen Stimmen wurde sie am 11. Januar 1991 als erste Frau in dieses Amt gewählt. Die neue Berliner Regierung mit Eberhard Diepgen an der Spitze nahm am 25. Januar 1991 ihre Arbeit auf. Auch ihr Amt als Parlamentspräsidentin übte sie mit der gewohnten Leidenschaft und Energie aus: 1993 organisierte sie den Umzug des Abgeordnetenhauses vom Rathaus Schöneberg in das wiederhergestellte Gebäude des ehemaligen Preußischen Landtags. Die fünf Bilder von Gerhard Richter im Festsaal sind ebenfalls Laurien zu verdanken. Sie hatte sie dem Künstler, dank ihrer Schlagfertigkeit, für nur 500 000 Mark abgekauft. Eines der Bilder war schon damals über eine Millionen Mark wert gewesen.

Als Parlamentspräsidentin leitete sie zahllose Sitzungen mit strenger Autorität, die von politischen Freunden und Gegnern anerkannt wurde. Unvergessen ist, wie sie eine späte, uferlose Plenardebatte mit dem Aufruf „Ihr habtse doch nicht alle!" zum abrupten Ende brachte. Sie rief die Berliner Bevölkerung im Herbst 1992 zu Demonstrationen gegen aufkeimende Ausländerfeindlichkeit und Rassismus auf, denn wo „Rechtsradikalismus, Neonazismus – und das heißt stets auch Antisemitismus und Ausländerfeindlichkeit auftauchen, [ist] unsere politische und pädagogische Verantwortung gefragt", so Laurien. Sie setzte sich vehement für die Verlegung des Sitzes der Bundesregierung von Bonn nach Berlin ein, denn „der Dialog zwischen Ost und West ist nur erfolgreich, wenn Berlin einbezogen ist". Laurien übte die Präsidentschaft bis zum Ende der Legislaturperiode 1995 aus und erlebte das Amt – eigenem Bekunden zu Folge – „im vereinigten Berlin mit fünf Fraktionen wie einen krönenden Schlussstein" ihrer politischen Karriere. Mit einem Zitat des spanischen Jesuiten-Philosophen Balthasar Gracián (1601–1658). „Lasse die Dinge, ehe sie Dich verlassen", verabschiedete sich Laurien nach der letzten Parlamentssitzung vor der Berliner Landtagswahl im September 1995 in den Ruhestand. Die Zeitschrift Die WELT schrieb über das Ende ihrer politischen Laufbahn: „Sie bewies der Stadt immer wieder Mut, Augenmaß und jene Streitbarkeit, die nicht obsiegen will". Doch ihr Rückzug aus der Politik bedeutete für sie keinesfalls, sich aus dem aktuellen Geschehen herauszuhalten. Selbst im Ruhestand 2002 eckte sie noch einmal an, als sie die Louise-Schroeder-Medaille, eine ihrer zahllosen Auszeichnungen, zurückgab – aus Protest gegen die Entscheidung der Jury, diese Medaille auch der Schriftstellerin Daniela Dahn zu verleihen, die sie als *„anti-westliche Pamphletistin"* aus tiefsten Herzen ablehnte.

IV

„Man geht, solange es den Leuten noch leidtut. Jetzt kann ich mich ganz auf meine Ehrenämter konzentrieren", hatte Laurien zum Ende ihrer politischen Karriere gesagt. Und von diesen ehrenamtlichen Tätigkeiten hatte sie viele: So stand Laurien tatkräftig an der Spitze des Internationalen Bundes (IB), ein freier Träger für Jugend-, Sozial- und Bildungsarbeit, war Schirmherrin der Multiple-Sklerose-Gesellschaft und der „Kirche positHIV" sowie Vorsitzende des Vereins der ehemaligen Mitglieder des Abgeordnetenhauses. Seit 1981 war Laurien aktives Mitglied der Gemeinde Mater Dolorosa in Berlin-Lankwitz. Die frühere CDU-Politikerin pflegte auch mit Hingabe ihre alten Freundschaften – allerdings lieber außerhalb der Partei: „Mit Ausnahme von Bernhard Vogel habe ich keine Freunde in der CDU – die Leute waren nicht mein Kaliber, man konnte sich nicht mit denen über Theologie unterhalten", so Laurien.

Die meiste Zeit ihres „Unruhestands" widmete Laurien ihren Ehrenämtern in der katholischen Kirche und scheute sich auch nicht vor Kontroversen in kirchlichen Streitfragen zurück. Dabei ging es ihr hauptsächlich um die Gleichstellung von Mann und Frau in der katholischen Kirche. Sie plädierte dafür, mehr Leitungsfunktionen mit Frauen zu besetzen, und trat für das Diakonat und das Priestertum der Frau ein. Dabei ging es ihr stets „um die Glaubwürdigkeit unserer Vermittlung von der Botschaft des Herrn, um die Glaubwürdigkeit unserer Botschaft von der Gottebenbildlichkeit, die sich nur in Mann und Frau verwirklicht, um die Glaubwürdigkeit der Gleichrangigkeit des Unterschiedlichen". Gemeinsam mit ihrer Schwester, die als evangelische Pfarrerin in Berlin arbeitete, setzte sich Laurien für das Miteinander der Kirchen ein. So übernahm Laurien 1983 die Schirmherrschaft für den ersten ökumenischen Frauenkongress, der der KDFB gemeinsam mit dem Deutschen Evangelischen Frauenbund durchführte. Auf diesem gestalteten die Geschwister gemeinsam einen Gottesdienst: Laurien war für das Referat verantwortlich, ihre Schwester übernahm die Liturgie. All diese Themen griff Laurien in ihren zahlreichen kirchlichen Ehrenämtern auf. Als Predigerin und Vortragsrednerin war Laurien ein gern gesehener Gast auf Katholiken – und evangelischen Kirchentagen, zudem sprach sie im Ersten Deutschen Fernsehen das „Wort zum Sonntag". Von 1967 bis 2000 gehörte sie dem Hauptausschuss des Zentralkomitees der deutschen Katholiken (ZdK) an und leitete von 1975 bis 1997 die Kulturpolitischen Kommissionen des ZdK. 1980 eröffnete sie mit einer betont kämpferischen Rede den Katholikentag in Berlin – als erste Frau in der rund 150-jährigen Geschichte dieser Institution. Von 1966 bis 1983 war sie Mitglied im Bundesvorstand des Katholischen Deutschen Frauen-Bunds, von 1983 bis 1987 Mitglied im Bundesausschuss. Von 1996 bis 2004 fungierte Laurien als Vorsitzende des Berliner Diözesanverbands des KDFB. Als die Deutsche Bischofskonferenz im Februar 1969 eine Synode zur Verwirklichung der Beschlüsse des Zweiten Vatikanischen Konzils einberief, wurde Laurien als stimmberechtigte Laiin zu den Sitzungen geladen. Dieses Amt als Präsidiumsmitglied der Würzburger Synode hatte Laurien von 1972 bis 1975 inne. Auch nach Ende der Synode verteidigte Laurien das Zweite Vatikanische Konzil gegen die Dauerkritik der Traditionalisten. Von 1991 bis 2000 war Laurien Vorsitzende des Berliner Diözesanrats der Katholiken. Sie unterstützte 2006 im Streit um die Schwangerschaftskonfliktberatung in einem öffentlichen „Zwischenruf" gemeinsam mit anderen Unions-Politikern wie Hans Maier, Bernhard Vogel und Annette Schavan den katholischen Laienverband „Donum Vitae" gegen die offizielle Stellungnahme der deutschen Bischöfe. Was sie unglaublich ärgerte, war, dass das Fach LER (Lebensgestaltung-Ethik-Religionskunde) für alle Schülerinnen und Schüler verpflichtend sein sollte, statt diesen die Wahl zwischen LER und dem Unterricht in einer Glaubensgemeinschaft zu lassen. „Keiner, der Gläubige wie der Ungläubige, soll auf sein Bekenntnis verzichten. Ein jeder spricht seine Sprache, aber er versteht die anderen!", so Laurien. Im Jahr 2009 setzte sie sich für das Volksbegehren „Pro Reli" ein, da sie der Meinung war, dass der Religionsunterricht, „seinen festen Platz im Leben der Schule haben muss". Für ihr kirchliches Ehrenamt wurde sie mit der Ehrendoktorwürde der katholisch-theologischen Fakultät der Westfälischen Wilhelms-Universität Münster geehrt. Sie ehrte Laurien als eine „engagierte Christin, die mit prophetischer Leidenschaft restaurativen Tendenzen im deutschen Katholizismus widerspricht".

Ein weiterer Schwerpunkt ihrer ehrenamtlichen Tätigkeit war das Wachhalten der Erinnerung an die Verbrechen des Nationalsozialismus. Als gebürtige Danzigerin, die ihre Wurzeln nicht vergessen hatte, trat sie für die deutsch-polnische Versöhnung ein. Zudem war Laurien Mitbegründerin und stellvertretende Vorsitzende des im Jahr 1993 gegründeten Vereins „Gegen Vergessen – für Demokratie", der bis heute existiert und historische Erinnerungsarbeit mit dem konkreten Einsatz für die Demokratie verbindet. Zentrale Punkte bilden die Auseinandersetzung mit den nationalsozialistischen Verbrechen, dem Unrecht des SED-Regimes und verschiedenen Formen des politischen Extremismus – alles Themen, die Laurien Zeit ihres Lebens am Herzen lagen. Als sie mit anderen Engagierten meinte, dass es in Berlin bei der Aufklärung „gegen Rechts" hapert, drängte sie den Senat zum Handeln. Denn diese junge Lehrer-Generation, wisse ihrer Meinung nach zu wenig über die Neonazis: „Die denken wohl noch, dass die mit Glatze und Springer-Stiefel rumlaufen". Dabei gäben sie sich längst als „Biedermänner, die Hausaufgabenhilfe und Rentenberatung anbieten". Auch in der Öffentlichkeit bot Laurien den Rechtsextremen die Stirn: 2004 hielt sie auf einer Gegendemonstration zum Aufmarsch der Neonazis am Todestag von Rudolf Hess in dessen Begräbnisort eine leidenschaftliche Rede, die die Würde aller Menschen in den Fokus stellte. Des Weiteren setzte sie sich für eine angemessene Würdigung aller Opfer des Nationalsozialismus ein. Man dürfe diese nicht „in Güteklassen einteilen", so Laurien, die mit zu den Forderern eines zentralen Mahnmals zum Gedenken an die im Nationalsozialismus verfolgten Homosexuellen eintrat. Grundlegend für ihr unermüdliches Engagement und ihre Aufopferung für Andere war ihre Überzeugung: „Wenn ich mein Leben, das Zusammenleben mit anderen, die Beschaffenheit der Gesellschaft als Anfrage und Aufgabe begreife, dann kann es keine „Ohne-mich-Haltung" geben."

V

In ihren letzten Lebensjahren hat Laurien häufig ein Wort von Augustinus dankbar zitiert: „Kostbar ist mir jeder Tropfen Zeit". Diese ging für sie nach einem bewegten und entbehrungsreichen Leben am 12. März 2010 in Berlin zu Ende. Angesichts der Nachricht von Lauriens Tod würdigte Bundeskanzlerin Angela Merkel sie als eine der „prägendsten politischen Persönlichkeiten der letzten Jahrzehnte". Parlamentspräsident Walter Momper erinnerte an seine Vorgängerin als eine „temperamentvolle, resolute und kämpferische Frau, ebenso durchsetzungsfähig wie charmant", die auch „über Parteigrenzen oft erfrischend und unkonventionell agierte und dabei immer wieder überraschte". Berlins Regierender Bürgermeister Klaus Wowereit erinnerte an Lauriens „Streitlust und ihren Tatendrang", an ihre „Gabe zuzuhören und sich anderer anzunehmen", an ihre „Fähigkeit, sich resolut für ein Ziel einzusetzen". „An Hanna-Renate Laurien spürte man immer, wie sehr sie im christlichen Glauben verwurzelt war, der ihr Kraft und Inspiration gab, der ihr Bild vom Menschen prägte", so Wowereit. In einem Trauergottesdienst in der St. Hedwigs-Kathedrale nahm Berlin am 29. März 2010 Abschied. In Erinnerung bleibt Hanna-Renate Laurien als eine der prägendsten Frauenpersönlichkeiten der christlichen Demokratie, deren Biographie sich zwischen Krieg und Frieden, Vertreibung und Integration, Teilung und Einheit, Nationalismus und Europäisierung, konservativer Bildungspolitik und progressiver Bildungsreform, traditionell christlicher Wertorientierung und Frauenemanzipation, sowie katholischem Klerikalismus und Modernismus bewegte und somit einen Teil der wechselhaften deutschen Geschichte widerspiegelt, den sie als engagierte christliche Demokratin und überzeugte Katholikin selbst mitgestaltet hat.

Quellen

Politischer Nachlass von Hanna-Renate Laurien im Archiv für Christlich-Demokratische Politik (ACDP, 01–889).

Schriften

Nicht Ja und nicht Amen. Eine Frau in der Politik beruft sich auf das Christentum, Freiburg, Basel, Wien 1985. – Texte aus Berliner Sicht, Berlin 1988. – Abgeschrieben? Plädoyer für eine faire Diskussion über das Priestertum der Frau, Freiburg, Basel, Wien 1995.

Literatur

U.-B. *Giebel,* V. *Wodtke-Werner* (Hg.), Aus Respekt vor den Menschen. Streitbar, politisch, engagiert – Hanna-Renate Laurien, Ostfildern 1998.

Internet

A. *Keller-Kühne,* Hanna-Renate Laurien (Biogramm), unter: Konrad Adenauer-Stiftung, Geschichte der CDU, Personen (https://www.kas.de/de/web/geschichte-der-cdu/personen).

Paul Josef Cordes

KARL LEHMANN (1936-2018)

Leben und Wirken von Karl Lehmann sind in allgemein leicht zugänglichen Quellen sehr gut dokumentiert. Der folgende Beitrag will darum statt objektiver Daten eine subjektive Sicht der Persönlichkeit stärker hervorheben. Lehmann wurde 1936 im hohenzollerischen Sigmaringen geboren. Dort besuchte er Volksschule und Gymnasium. Mit April 1956 begann er den Weg zum priesterlichen Dienst im Freiburger *Collegium Borromaeum* und fand in dem dortigen Direktor, dem späteren Generalvikar der Erzdiözese Robert Schlund, einen geistlichen Freund und kontinuierlichen Förderer. 1958 bahnte sich dann ein Sprung über die Alpen an: Der junge Theologiestudent nahm die Möglichkeit wahr, seine Ausbildung als Alumnus des *Collegium Germanicum et Hungaricum* an der *Pontificia Università Gregoriana* in Rom fortzusetzen. Während des Theologiestudiums vertiefte er gleichzeitig sein bereits in Freiburg erwachtes Interesse an Martin Heidegger, das er 1962 an der *Gregoriana* mit der philosophischen Promotion („Vom Ursprung und Sinn der Seinsfrage im Denken Martin Heideggers") abschloss. 1963 wurde er in der Ewigen Stadt zum Priester geweiht. Er setzte dort sein Studium fort und doktorierte 1967 in Theologie mit der Arbeit „Auferweckt am dritten Tag nach der Schrift – Exegetische und fundamentaltheologische Studien zu 1 Kor 15,3b–5". Ohne habilitiert zu sein, erhielt er überraschend 1968 einen Ruf auf den Lehrstuhl für Dogmatik der Katholisch-Theologischen Fakultät der Johannes-Gutenberg-Universität in Mainz.

Karl Lehmann war unbestreitbar ein theologisch-kirchenpolitischer Gigant. Seine wissenschaftliche und ekklesiale Relevanz erahnt noch heute, wer seine Bibliographie sichtet. Da stehen für die Jahre 1962 bis 2018 – sage und schreibe – 4256 Titel, die Einzelveröffentlichungen, Artikel, Interviews und Grußworte verzeichnen. Nach ihnen den Autor *en détail* zu erheben, wäre eine Sisyphos-Arbeit. Auch aus diesem Grunde soll eine lebensnahe, fast private Annäherung an diese bemerkenswerte Gestalt versucht werden.

I

Der Paderborner Regens Wilmsen hatte mir nach der Priesterweihe 1961 nahegelegt, eine theologische Promotion in Angriff zu nehmen. Nach längerer Unschlüssigkeit nahm ich an und wählte als Materie das *Sacramentum Ordinis*. Wenig später lernte ich Karl Lehmann kennen; er arbeitete noch vor seiner Berufung nach Mainz als wissenschaftlicher Assistent bei Karl Rahner in Münster.

Als Lehmann dann selbst Ordinarius wurde, stellte mich dank seiner Fürsprache Erzbischof Jaeger 1969 vom Diözesandienst frei, und er selbst akzeptierte mich als Doktorand. So begann eine Zeit freundschaftlichen Umgangs mit dem akademischen Lehrer: Wir waren fast gleichaltrig, wohnten beide im Mainzer Priesterseminar und fuhren gemeinsam in seinem PKW zur Universität. Allgemein als brillanter junger Wissenschaftler wahrgenommen, lehrte er stets in vollen Hörsälen. Seine Vorlesungen zeigten seine tiefe Bindung an Offenbarung und Glaube der katholischen Kirche. Gleichzeitig unterfutterte er das Dogma mit philosophie-geschichtlichen Verständnishilfen und mit aktueller Relevanz. Unerschöpflich war sein Arbeitseifer, außergewöhnlich seine theologische Rezeptivität. Wöchentlich ging er mehrfach in die Dom-Buchhandlung Franz Stoffl und kam mit einem Arm voll Neuerscheinungen zurück. Diese las er sogleich – denn er kannte am nächsten Morgen ihren Inhalt. Und er vergaß vom Gelesenen anscheinend nichts: Während einer längeren Autofahrt, bei der er am Steuer saß, gab er mir fortwährend aus dem Kopf Literaturhinweise, die ich notierte.

Nach dem Vaticanum II waren die theologischen Konturen des Weihesakraments heißumstritten. So bereiteten die deutschen Bischöfe ein „Schreiben über das priesterliche Amt" vor (1969), dessen Redaktion der Dogmatiker entscheidend bereicherte. Ich erlebte den Forscher. Nicht selten sprengten unsere Arbeitssitzungen die Tagesordnung des Seminars. Dann nahm er mich spät noch mit zum Essen beim „Italiener". Bis heute sehe ich ihn als meinen kenntnisreichen, anspruchsvollen und mitbrüderlichen Mentor.

In den Mainzer Jahren hatte die Deutsche Bischofskonferenz einen weiteren Grund, Lehmanns Hilfe zu suchen. Die Hirten quälte Hans Küngs Publikation „Unfehlbar – Eine Anfrage" (1970). Der Konferenzvorsitzende, Kardinal Döpfner, erinnerte sich offenbar des fähigen Theologen, den er 1963 zum Priester geweiht hatte. Lehmann sekundierte den Verteidigern der Glaubenswahrheit mit hellsichtigen und überzeugenden Argumenten. Er investierte in großer Diskretion viele Stunden Arbeit, ohne sich je medial wichtig zu machen. Und nicht zuletzt dank seiner Hilfe trat der deutsche Episkopat Küng geschlossen entgegen. Am Ende dieser Entwicklung stand der Entzug der Lehrerlaubnis 1979.

Solche Verborgenheit Lehmanns wendete sich dann jedoch durch die „Würzburger Synode". Nach dem Aufruhr beim 82. Deutschen Katholikentag in Essen 1968 beschloss die Bischofskonferenz am 27. Februar 1969 in Bad Honnef eine „Gemeinsame Synode der Diözesen in der Bundesrepublik Deutschland". Sie begann 1971. Karl Lehmann gehörte gleich von Anfang an zu ihren konzeptionellen Experten. In der kenntnisreichen „Allgemeinen Einführung" zur „Offiziellen Gesamtausgabe" hat er später die vielen Vorfragen, Gefährdungen und Widerstände aufgeführt, die dieses

Vorhaben dogmatisch und kirchenrechtlich heraufbeschwor. Sich ihnen zu stellen, war besonders er in der Lage; er nahm die anstehende Kärrnerarbeit auf sich. So avancierte er im Kreis kirchlicher Vertreter zu einem Protagonisten der Synode. Und er selbst identifizierte sich zunehmend mit ihr, dem Rang ihrer Beschlüsse sowie dem Gewicht, das ihre progressiven „Vorstöße" etwa durch Meinungsartikel in der Presse erhielten. Solches Prestige brachte es vielleicht mit sich, dass nicht immer lediglich eine Theologie *sine ira et studio*, sondern auch kirchenpolitische Opportunität bei ihm Raum fand. Jedenfalls mag die synodale Diskussion über die sog. Laienpredigt einen solchen Eindruck zulassen.

Bei der Synode leitete Lehmann die „Sachkommission 1", die das Thema „Glaubenssituation und Verkündigung" zu behandeln hatte. Man befasste sich u.a. wieder einmal mit der Predigtkrise. Das gedankliche Durchdringen des homiletischen Feldes stieß auch auf die Frage, ob Nicht-Geweihte mit der Predigt bei der Heiligen Messe beauftragt werden könnten. Mit der Absicht, sie einzuräumen, wurde eine Vorlage zur „Beteiligung der Laien an der Verkündigung" erstellt. Offensichtlich zielte der Text auf ein neues Berufsprofil für Pastoralreferenten und -assistenten, deren Anzahl in Deutschland deutlich zugenommen hatte und deren wissenschaftliche Aufgeschlossenheit die akademischen Lehrer der Theologie schätzten. Wohl schien es geboten, solche amtliche Verkündigung auf „außerordentliche Fälle" zu beschränken. Ferner sollte sie an eine gediegene Ausbildung des Predigers gebunden sein. Doch prinzipiell wurde sie als Möglichkeit angezielt. Ihre kanonische Legitimation mochte sich auf einen kirchlichen Rechtsakt, eine Beauftragung durch den Bischof (etwa eine *missio homiletica*), stützen.

Nach Abschluss meiner eigenen Studien 1971 wurde ich von Kardinal Döpfner ins Sekretariat der Bischofskonferenz berufen. Die Ergebnisse meiner Doktorarbeit vor Augen, bezweifelte ich rasch das theologische Fundament für das lancierte neue Modell. Die Heilige Messe macht ja offenkundig, dass sich im Tun des Priesters Wort- und Kultdienst durchdringen: dass die Predigt sich im sakramentalen Zeichen verdichtet und, dass das Sakrament sichtbar gewordene Verkündigung ist. Auch rieb sich der Würzburger Vorstoß m.E. an den Aussagen des Vaticanum II über das Weihesakrament. Dies Konzil hatte die bislang maßgebliche Sicht von Trient (1545–1563) doch erheblich erweitert: War im 16. Jahrhundert gegen die Irrtümer Luthers der Ordinierte als Sakramentsspender definiert worden, so stellte das Vaticanum II nun heraus, dass auch die Befähigung zu Verkündigung und Gemeindeleitung im Weihesakrament gründeten. Durfte die deutsche Synode diese neue Klärung des Priesteramtes unbeachtet lassen und – wenn auch in bester pastoraler Absicht – den eindeutigen theologischen Fortschritt des Vaticanum II aufs Spiel setzen?

Mir schien, ich sollte mit einem kleinen Traktat über das Weihesakrament die Synodalen vor einer Sackgasse bewahren. Die Zeit drängte; denn für die Dritte Vollversammlung (Januar 1973) stand die Abstimmung über einen „Beschluss" in dieser Materie an. Im Mai 1972 erstellte ich einen Text. Obwohl der Chefredakteur der „Herder-Korrespondenz" zunächst Interesse zeigte, erschien der Artikel dort nicht. Die „Angesehenen" (Gal 2,6) der Synode blockierten. Eine theologische Diskussion von Bedenken hatte anscheinend hinter der Kirchenpolitik zurückzustehen. Mit Mühe kam eine Publikation in der Zeitschrift „Catholica" des Paderborner Ökumene-Instituts zustande, von der ein Sonderdruck in die Hände wenigstens der bischöflichen Synodalen gelangte. Doch dann traf mich die lautstarke Missbilligung der involvierten Sachkommission. Und einem privaten Brief ihres Vorsitzenden (vom 28. November 1972) konnte ich entnehmen: Mein Doktorvater empfand meine Intervention als ungehörig, wenn nicht als persönliche Diskreditierung.

Der Beschluss zur „Beteiligung der Laien an der Verkündigung" wurde dann von der Synode angenommen und am 3. März 1974 durch die Deutsche Bischofskonferenz in Kraft gesetzt. Allerdings galt er nicht lange. Der neue Codex des Kirchenrechts von 1983 bestimmte nämlich: „Unter den Formen der Predigt ragt die Homilie hervor, die Teil der Liturgie selbst ist und dem Priester oder dem Diakon vorbehalten wird" (c. 767 § 1). Obschon Lehmann so nachdrücklich für die „Laienpredigt" eingetreten war, akzeptierte er – inzwischen Bischof von Mainz – die Entscheidung der Universalkirche. Er wusste sich der *Catholica* eingefügt.

II

Zum Wintersemester 1971 stand für den Mainzer Ordinarius Lehmann ein Wechsel an die Heimatfakultät Freiburg an. Es wurden zwölf Jahre, die er dann dort der Lehrtätigkeit nachging – obschon sein Name bei der Suche nach bischöflichen Hirten für frei gewordene deutsche Bistümer immer wieder durch die Gazetten ging. Im Jahr 1983 hatten die Spekulationen ein Ende: Das Domkapitel von Mainz stimmte für Karl Lehmann als Nachfolger von Kardinal Hermann Volk. Der deutsche Episkopat, der seine Wissens- und Führungsfähigkeiten erlebt hatte, brauchte nur wenige Jahre, den Ordinarius einer kleineren Diözese in die Nachfolge bedeutender Kardinäle, des verehrten Julius Döpfner, München (1965–1976) und des aufrechten Joseph Höffner, Köln (1976–1987) zum Vorsitzenden zu wählen.

Als solcher übernahm er auch die Praxis seiner Vorgänger, den Bischöfen wichtige aktuelle Themen in der Form eines Grundsatzreferates darzulegen. Später einmal bemerkte er knapp die Absicht, die ihn bewegte: Er habe unabhängig von konkreten Anlässen einmal im Jahr in völliger Freiheit etwas zur Situation der Kirche in der Welt sagen wollen. Wer Lehmanns Themen und ihre Behandlung anschaut, sieht sich gleich zu Hochachtung und Dankbarkeit genötigt. Drängende und bedrängende Probleme der Gesellschaft, der Kirche und der Sozialpolitik werden durchdacht, etwa: „Die Emanzipation der Frau und die Antwort der Kirche – Prolegomena zu den Implikationen der modernen Frauenfrage" (1988), „Beratung zwischen Lebensschutz und Abtreibung" (1992), „Das Christentum – eine Religion unter anderen? Zum interreligiösen Dialog aus katholischer Sicht" (2002). Gerade dieser Vortrag hat, über die damalige Aktualität im Kontext des Attentats auf die „Twin-Towers" vom 11. September 2001 hinaus, fortdauernde Bedeutung, kommen in ihm doch zahlreiche Themen gesellschaftlicher Diskussionen zur Sprache (Sichtweise des Islam, New Age, Yoga).

Schon einige Akzente dieses letzten Referats belegen erneut Lehmanns theologische Tiefe. Er legte dar: Nach wie vor sähen Wissenschaft und Öffentlichkeit „Religion" vor allem in funktionaler Perspektive. Sie entstehe durch menschliche Intuition und diene der Daseinsbewältigung. So folgere dann die sog. „pluralistische Religions-Theologie", die verschiedenen Religionen seien eigenständige und gleichwertige gültige Antworten auf die Offenbarung oder Erfahrungen der Transzendenz. Sie gälten als relative Ausdrucksformen eines gemeinsamen, ihnen zugrundeliegenden Absoluten. Diesen Thesen widerspricht der Vorsitzende. Einmal setzten sich Altes wie Neues Testament und die Kirchenväter mit Schärfe von den anderen Religionen ab. Derartige Auffassungen seien ja so etwas wie eine Verkehrung der Schöpfungsordnung; denn ihre anthropozentrische Begründung verliere weitgehend Gott als ihren Urheber aus dem Blick. Sie schaffe Irrglauben und Trug sowie Verblendung des Herzens. Der biblische Glaube erkenne somit keineswegs alles, was sich irgendwie als „religiös" ausgibt, schon darum als heilsbedeutsam an. Damit wisse das Christentum um ein entschiedenes Nein zu heidnischen Religionen. Es sähe in ihnen Hilfsmittel, mit denen der Mensch sich selbst gegen Gott absichert, anstatt sich Gottes Anspruch auszuliefern.

Fragwürdiger aber ist noch – so weiter der Referent – was die pluralistische Theologie der Religionen offenbar bewegt: Sie möchte die Heilsbedeutung Jesu Christi anderen Religionen gegenüber herabsetzen und bestreitet darum die globale Heilsrolle des Herrn. Man argumentiert, der historische Jesus selbst habe sich lediglich als lokaler Reformator verstanden ohne Anspruch auf Einzigartigkeit und Universalität; erst die neutestamentlichen Schriften hätten sie ihm später zugeschrieben. Dagegen ist – so Lehmann – jedoch vom christlichen Glauben her festzuhalten: Trotz der Einpflanzung Jesu in Zeit und Ort überragt er beides; er ist Gottes Sohn. Seine Person umfasst Partikularität und Universalität. Darum beschreiben auch die Evangelien die geschichtliche Einmaligkeit und universale Bedeutung, die durch die Auferstehung und Erhöhung bekräftigt und bestätigt wird, *in eins*. Die Einmaligkeit ist hier mit Endgültigkeit, die Einzigartigkeit mit Universalität in einem Wort zusammengefasst.

Unser Glaube ist an der Person Jesu Christi festgemacht. Christentum ist kein weltanschauliches System. Wir sind konfrontiert mit der einzigartigen und universalen Heilsgabe einer geschichtlichen Gestalt. Jesus Christus ist das *ens concretum*, in dem sich die endgültig erschienene und im Geist gegenwärtig bleibende Liebe Gottes für alle Menschen offenbart. Wohl kann sie allen Menschen gleichfalls auf kirchenfernen Wegen einladend entgegenkommen. Aber solche Möglichkeiten können die Heilsbedeutung des einmaligen Christusereignisse nicht relativieren. Damit ist kein billiger Superioritätsanspruch des christlichen Glaubens behauptet. Vielmehr muss der Christ sich die Frage stellen, ob er der größeren Verantwortung gerecht geworden ist, die ihm seine einmalige Berufung geschenkt hat. Nicht zufällig warnt Jesus immer wieder die Berufenen, dass sie ihren „Vorzug" nicht verspielen.

Diese wenigen Federstriche zeigen auf, wie Lehmann auch als Bischof ungeschmälerte Qualität in Theologie und wissenschaftlicher Forschung mit pastoraler Wachheit und Akribie zu verbinden verstand. Socher Leitungsdienst erwies dem Episkopat einen wichtigen Dienst. Er nutzte seine Autorität und sein intellektuelles *Prae* gegenüber vielen. Und dieses Auditorium strahlte ja auf theologische Kenntnis und gläubige Zeit-Analyse eines ganzen Landes aus. Zu aller Glück war der Bischof in seinem Herzen ein gründlicher Universitätslehrer geblieben.

III

Zwanzig Jahre hindurch – von 1988 bis 2008 – gab der Konferenz-Vorsitz dem Bischof von Mainz Gelegenheit zur theologischen Fortbildung. Er nahm diese Möglichkeit sehr ernst und erwarb sich große Verdienste. Ein anderer Dienst, der sich auch über lange Zeit hinzog, dürfte ihn freilich noch mehr Mühe und Kraft gekostet haben als die Ausarbeitung der genannten Vorträge: die kirchliche Ausstellung eines „Scheins", der ggf. auch die Abtreibung eines Embryos ermöglichte. In diesem Konflikt agierte er nicht primär als Wissenschaftler, sondern als Kirchenpolitiker. Der Verlauf dieses Streits, der hier nur skizziert werden kann, füllt in Bibliotheken Regale. Die Problematik überschreitet die Kirche und tritt erkennbar in die öffentliche Zeitgeschichte – komplex und voller Dramatik.

Der deutsch-deutsche Einigungsvertrag von 1990 verpflichtete den Gesetzgeber zu neuen rechtlichen Regelungen des Lebensschutzes. Die am 26. Juni 1992 vom Bundestag verabschiedete „Beratungslösung" qualifizierte den Schwangerschaftsabbruch unter gewissen Voraussetzungen als nicht rechtswidrig. Eine davon war, dass sich die werdende Mutter mindestens drei Tage vor dem Eingriff einer dazu legitimierten Beratung unterzogen hatte.

Seit 1974 unterhielten u.a. „Caritas" und „Sozialdienst katholische Frauen" in der Bundesrepublik Beratungsstellen für Problemschwangerschaften. Bischof Lehmann hatte im Juni 1992 vor SPD und FDP-Abgeordneten zunächst für die Kirche abgelehnt, sich „in ein Verfahren einbinden zu lassen, das die Ausstellung einer Beratungsbescheinigung zu einer wesentlichen Voraussetzung für die Tötung ungeborener Menschen macht". Solche Klarheit wich jedoch später changierender Doppeldeutigkeit. Bei seinem Referat zur Herbstvollversammlung der Bischofskonferenz 1992 („Beratung zwischen Lebensschutz und Abtreibung") kritisierte er wohl das neue Gesetz und bezweifelte, dass eine so konzipierte Beratung „einem effektiven Lebensschutz des Kindes dienen könnte". Dennoch müsse dahingestellt bleiben, ob es zur Strafandrohung eine Alternative gäbe. Schließlich gab er zu bedenken, „auch ein Rückzug in eine vermeintlich eindeutigere und heile Welt kann schuldig machen. Wer gibt z.b. die Ermächtigung, auf die Rettung vieler ungeborener Kinder und die Ermutigung vieler schwangerer Frauen zu verzichten, indem man seinen Auftrag nicht mehr in dem gesetzlichen Beratungssystem erfüllt."

Das Urteil des Bundesverfassungsgerichts vom 28. Mai 1993 ließ das „Beratungskonzept" als solches unbeanstandet. Vor dem „Sozialdienst katholischer Frauen" erklärte der Bischof kurz danach zwar, die Kirche könne sich mit einer Straflosigkeit der Abtreibung nicht abfinden. Doch gleichzeitig wollte er „das neue Modell" hinnehmen. Ausführlich widmete er sich dann den Beratungsscheinen und nannte sie den Nachweis einer „lebensorientierenden Beratung"; sie wären keine *cooperatio in malum*. Wenige Tage später (22. Juni 1993) folgte der Ständige Rat der Bischofskonferenz der vom Vorsitzenden gezeichneten Linie: Der Beratungsschein dokumentiere eine lebensschützende Beratung. Ähnlich formulierte es schließlich das vom Deutschen Bundestag am 21. August 1995 verabschiedete „Schwangeren- und Familienhilfeänderungsgesetz".

Auf der darauffolgenden Herbst-Vollversammlung im September 1995 bemängelte Lehmann zwar wiederum die Rechtslage zum Lebensschutz und den „verhängnisvollen Kompromisscharakter" des neuen Gesetzes. Allerdings hinderten solche Vorbehalte die Konferenz nicht, am Vollzug dieses Gesetzes mitzuwirken. Man wolle die in ihm enthaltenen Interpretations- und Handlungsspielräume positiv ausfüllen, offensiv mit einem eigenen Profil versehen und alternative Zeichen setzen. Die Konferenz beschloss, eine bischöfliche Delegation solle im Vatikan mit dem Papst und der Glaubenskongregation Gespräche über die Beteiligung der Kirche an der Schwangerschafts-Konfliktberatung führen. Diese konferierte mehrfach mit den zuständigen Amtsträgern der Römischen Kurie und wurde auf ihr Bitten hin am 27. Mai 1997 vom Papst selbst empfangen. Auf der Frühjahrsvollversammlung 1997 hatten die Bischöfe nochmals lange kontrovers debattiert. In den abschließenden Presseerklärungen legte der Vorsitzende seine Auffassung dar, dass die katholische Beratung der schwangeren Frauen keine *cooperatio formalis ad malum*, sondern „nach den Kriterien der Ethik und der katholischen Moraltheologie" nur eine „entfernte materielle Kooperation" sei. Der Beratungsschein würden nämlich ausgestellt, „ohne dass ein zwingender Zusammenhang bestehe, zu einer maßgeblichen Voraussetzung für die Straffreiheit der Tötung eines ungeborenen Kindes" zu werden. Dennoch einigte sich der Ständige Rat im Januar 1998 auf die Einsetzung einer Arbeitsgruppe, die – ergebnisoffen – nach Wegen suchen sollte, wie die Beratungstätigkeit „ohne einen Schein der bisherigen Art" fortgesetzt werden könnte – während jedoch einige Ordinarien für ihre Diözesen die Annullierung des Scheins „in absehbarer Zeit" ankündigten. Die Frühjahrsvollversammlung im Februar 1999 gab schließlich dem Schein ein neues Profil („ein anderer Schein"; ein „Schein anderer Art"), damit der konstitutive Beitrag der Beratung hervorträte, sie hielt jedoch am Verbleiben im gesetzlichen Beratungssystem fest.

Diese episkopale Selbstverteidigung ist hartnäckig und windungsreich. Wer sie freilich rasch mit einem Verdikt belege, täte ihren Protagonisten Unrecht. Denn die Hirten sahen sich in ihr hohem Engagement für die Beratungsstellen prinzipiell von der Pastoralkonstitution des Vaticanum II gedeckt. „Gaudium et Spes" (= GS) stellt heraus, dass der Gemeinschaft der Gläubigen auch der Dienst an Menschheit und Welt aufgetragen ist: „In der Verfolgung ihrer eignen Heilsabsicht vermittelt die Kirche nicht nur den Menschen das göttliche Leben, sondern lässt dessen Widerschein mehr oder weniger auf die ganze Welt fallen." Ausdrücklich werden dann die Heilung und Hebung der menschlichen Personenwürde und die Festigung des menschlichen Gemeinschaftslebens genannt (GS 40). Darum ist das Verhältnis zwischen Kirche und Welt nicht als simple Koexistenz zu verstehen. Beide Wirklichkeiten umschließen eben ein- und denselben Menschen und dienen dem Leben ein- und desselben Menschen. So bezeichnet die Konstitution logisch das Zueinander von Kirche und Welt als „gegenseitige Hilfe". Diese Verhältnisbestimmung kehrt im 4. Kapitel des Textes häufig wieder. Sie meint geistige und ganzheitliche Förderung des Menschen genauso wie den Aufbau helfender Strukturen: Die Kirche kann gesellschaftlich nicht ins Abseits treten.

Freilich darf andererseits die gegenseitige Verwiesenheit der beiden Partner die Kirche auch nicht ihre eigene Identität kosten. Kirche verlöre ihren Sinn, ließe sie sich weltliche Kategorien aufzwingen. Leider verdeckten nun die Vorkämpfer für den „Schein" im Ringen um ihre politische und gesellschaftliche Relevanz diese wesentliche Integrität von Sein und Sendung der Kirche. Die Unterscheidung etwa zwischen *cooperatio formalis* und *cooperatio remota* klingt zwar überaus scharfsinnig. Aber sie trifft für die anstehende Frage überhaupt nicht zu; denn der auszustellende Schein behält eben doch nach § 218a StGB seinen Sinn in der Straflosigkeit nach

Abtreibung. Bedrückender ist darüber hinaus, dass mit Hilfe politisch kluger Schachzüge und formaler Rechtsbeachtung die theologisch-geistliche Tiefendimension der kirchlichen *communio* Schaden leidet, weil sie von rein weltlichem Denken nicht erfasst werden kann.

Papst Johannes Paul II., ausgewiesener Ethiker und sensibler Humanist, sah sich herausgefordert. In insgesamt sechs Schreiben an die deutschen Bischöfe wandte er sich gegen die Ausstellung eines zur Abtreibung ermächtigenden Beratungsnachweises durch katholische Stellen. Nur den wichtigeren Briefen kann hier nachgegangen werden. So betonte er am 21. September 1995, jedwede katholische Beratungstätigkeit müsse ausschließen, „dass die Kirche mitschuldig wird an der Tötung unschuldiger Kinder". Am 11. Januar 1998 legte er dar, mit dem Zertifikat über die Bescheinigung trete die katholische Kirche in das Dilemma, zwar das Leben des Embryos zu verteidigen, aber gleichzeitig die notwendige Voraussetzung zur Durchführung der Abtreibung zu schaffen. „Der positive Text, den Sie für die von den katholischen Beratern ausgestellte Beratungsbescheinigung formuliert haben, beseitigt diese widersprüchliche Spannung nicht radikal. [...] Sie befinden sich somit in einer Konfliktsituation mit ihrer Grundvision in der Frage der Verteidigung des Lebens und mit dem Zweck ihrer Beratung. Gegen ihre Absicht sind sie an der Umsetzung von Gesetzen beteiligt, die zur Tötung unschuldiger Menschen führen und für viele ein Skandal sind." Seine Schlussfolgerung: „Deshalb möchte ich Sie, liebe Brüder, dringend bitten, dafür zu sorgen, dass eine solche Bescheinigung nicht mehr bei kirchlichen Beratern ausgestellt wird oder von der Kirche abhängig ist." Die im Februar 1999 während der Frühjahrsvollversammlung vorgeschlagenen Subtilitäten eines „Scheins anderer Art" verschleierten vollends alle Eindeutigkeit. Darum äußerte Johannes Paul II. nun nicht länger lediglich eine begründete Bitte. Er legte den Bischöfen mit Datum vom 3. Juni 1999 als „oberster Hirte der Kirche" (die Wendung gebraucht er zweimal) seine „Entscheidung" vor. Für den Fall eines Verbleibens der katholischen Kirche in dem gesetzlich umrissenen Beratungssystem müsse das auszustellende Zertifikat den Satz enthalten: „Diese Bescheinigung kann nicht zur Durchführung straffreier Abtreibungen verwendet werden". Der unbedingte Einsatz für jedes ungeborene Leben, dem sich die Kirche von Anfang an verpflichtet wisse, ließe keine Zweideutigkeiten oder Kompromisse zu. „Hier muss die Kirche in Wort und Tat immer und überall mit ein und derselben Sprache sprechen." Kirche ist eine *communio*.

Die Entscheidung des Papstes weckte in Deutschland vielerorts heftigen Widerspruch. Der Vorsitzende der Konferenz beklagte sich am 12. Juni 1999 bitter beim Apostolischen Nuntius Lajolo: Der Papst-Brief lasse nicht erkennen, dass Johannes Paul die ganzen Bemühungen der Bischofskonferenz ausreichend würdige. Das päpstliche Vorverständnis der Lage in Deutschland hätte sich durch die Versuche der Bischöfe und deren Arbeitsgruppen kaum ernsthaft anfragen lassen. Dennoch folgte der Ständige Rat bei seinem Treffen am 22./23. Juni 1999 der Entscheidung Johannes Pauls II. und forderte, dem Beratungsschein müsse durch einen Vermerk die Gültigkeit zur Abtreibung entzogen werden. Daraufhin reagierten einige deutsche Medien mit bissigen Kommentaren. Von „Eiertanz", „Bigotterie", „Spitzfindigkeit" und „Doppelbödigkeit" war die Rede. Man schalt die Bischöfe des „Kniefalls vor dem Vatikan", der „Spiegel" hielt ihnen vor, sie „wahren den Schein und verwirren die Begriffe".

In den folgenden Monaten zerbrach dann auch öffentlich die Homogenität der Bischofskonferenz. Einige Bischöfe nahmen ihre individuelle und vom Weihe-Sakrament her gebotene Eigenverantwortung wahr und legten den Ausstieg aus der Konfliktberatung für ihre diözesanen Institutionen fest. Es kam zu einer neuen Begegnung deutscher Bischöfe mit Papst Johannes Paul in Castelgandolfo. Erst bei der Sitzung des Ständigen Rates am 22./23. November 1999 konnte der Schlusspunkt unter die Sache gesetzt werden: „Wir Bischöfe sind uns einig im Ziel, das Leben ungeborener Kinder zu retten und Frauen in Schwangerschaftskonflikten zu helfen. Wir haben gerungen und ringen um den besten Weg des Lebensschutzes. Der Papst hat uns ermutigt, eine intensive Beratung fortzusetzen, allerdings mit der Weisung verbunden, keinen Beratungsnachweis ausstellen zu lassen, der den Weg zu einer straffreien Abtreibung ermöglicht." Dass sich mit dieser Erklärung jedoch alle deutschen Katholiken der Theologie und Autorität des „obersten Hirten der Kirche" keineswegs gebeugt hatten, zeigte dann die Gründung des Vereins „Donum vitae", der bereits am 24. September 1999 seine Arbeit begann.

Manfred Spieker hat die spannungsvolle Geschichte der Beratungsstellen in allen Einzelheiten nachgezeichnet. Sie zeigt, wie sich „Lebensbilder" mit „Zeitgeschichte" durchdringen. In ihrem Ablauf sind die Langmut des Papstes wie die Persistenz der Konferenz und ihres Vorsitzenden gleichermaßen packend. Wie mag das Gros der deutschen Bischöfe das Ringen durchlebt haben? Obschon rein hypothetisch, soll doch spekuliert werden, in welcher Lage sie sich sahen. Ohne Frage wollten die Hirten ausnahmslos den Schutz des werdenden Lebens. Dann kam das neue Abtreibungsstrafrecht. Im Juni 1992 lehnte Bischof Lehmann es – wie erwähnt – noch ab und sah sich eingebunden in Lehre und Praxis der Universalkirche. Er konnte sich bestärkt sehen durch das päpstliche Lehrschreiben „Evangelium vitae" (25. März 1995), das ein ganzes Kapitel gegen die Abtreibung enthält. Dann aber vergrößerte sich der öffentliche Druck auf die kirchliche Lehre und wurde schmerzhaft spürbar. Kirchliche Institutionen wie „Caritas" und „Sozialdienst katholischer Frauen" sowie das Zentralkomitee der deutschen Katholiken drängten auf katholische Präsenz in der Gesellschaft. Renommierte Politiker mischten sich ein. Theologische und juristische Spitzfindigkeit deuteten die *cooperatio ad malum* in eine angeblich vertretbare „entfernte materielle Kooperation" um – wenn auch „Evangelium vitae" zum Problemkomplex ausdrücklich jegliche *cooperatio formalis* missbilligt hatte (Nr. 74). Den deutschen Hirten öffnete sich nur scheinbar der Weg zur Mitarbeit mit staatlichen Strukturen. Katholisch eingebunden zu sein in Lehre und Praxis der Universalkirche relativierte sich. Die kirchliche Weltverwiesenheit, die GS 40 einräumt, unterlief diese Einbindung, obwohl doch die kirchliche Lehre wie die fortdauernde Tradition und ihre öffentliche Vorbildfunktion die Hirten anmahnen; obwohl solche *communio* für sie konstitutiv ist und darum unverzichtbar. Wer sich an die *communio* bindet, folgt der geoffenbarten Wahrheit und wird selbst getragen. Befand doch schon der theologische Altmeister Karl Rahner, gewiss kein einfältiger kirchlicher Systemverteidiger: Jeder einzelne, auch der amtliche Lehrende, fände sich in der Kirche als Gemeinschaft der Glaubenden „sowohl gedemütigt wie befreit durch den Glauben aller, mit deren Glaubensvollzug er in der einen Kirche in einer geheimnisvollen und doch im kirchlichen Gehorsam nüchtern harten Kommunikation steht".

IV

Gerade Karl Rahner steht mit seiner Theologie dafür, dass solche geforderte *communio* Widersprüche oder Diskussionen einschließt. Sie bedeutet niemals ein denkfaules Mitlaufen. Schon das Neue Testament belegt, dass diesem Geist auch Freimut zu eigen ist. Gottes Wort hält im Galater-Brief den Zusammenstoß der beiden Apostelfürsten in Antiochia fest. Paulus wirft Petrus vor, aus Furcht vor den Beschnittenen die Tischgemeinschaft mit den Heidenchristen aufgegeben zu haben. Der Völkerapostel widersteht solcher Eintrübung der Glaubenswahrheit „ins Angesicht", um die neue Freiheit in Christus zu retten. Sein Argument: Er selbst habe sein „Evangelium nicht von einem Menschen übernommen oder gelernt, sondern durch die Offenbarung Jesu Christi" (Gal 1,12), So rettete er Jesus Christus für die ganze *Catholica* als den Erlöser. Dann bekennt er seinen Handschlag mit Jakobus und Petrus (Gal 2,9): die kirchliche *communio* ist unverzichtbar, und Christus ist ihr Fundament. Es ist die Glaubensbotschaft, in der der Bote die *communio* Christi findet. Irrende sind hingegen die, die sich nicht von den Ursprungszeugen, sondern von der Weltweisheit lenken lassen. Die Gesamtkirche kann Glaubensgewissheit geben; der Sonderweg geht fehl.

Es waren die frühen Kirchenväter, die in den ersten christlichen Jahrhunderten bei der Deutung des Wortes Gottes das Geheimnis der Dreifaltigkeit zu formulieren versuchten. Sie nahmen dafür etwa den Ausdruck „Gesicht" oder „Person" (*prosopon*) zu Hilfe. So ist etwa für Klemens von Alexandrien († 215) der eingeborene Sohn das *prosopon* des Vaters, wodurch unter den Menschen Gott offenbart und sichtbar wird – obgleich der *logos* gleichzeitig von Ewigkeit her das Bild des unsichtbaren Gottes bleibt. Die göttlichen „Gesichter" verdeutlichen sich biblisch im Zueinander der Personen, wie etwa Athanasius († 373) oder Basilius († 379) darlegen. Dadurch gelingt es den Theologen, abstrakte Sachaussagen zur Darlegung des Glaubens zu übersteigen. Sie dringen zur personalen Intimität des trinitarischen Lebens vor: Die gewählte anthropologische Sicht rückt uns, seinen Geschöpfen, den liebenden Gott selber näher.

Das Band für die trinitarische Gemeinschaft sehen dieser Kirchenväter dann in der *koinonia* bzw. *communio*, welche die drei göttlichen Personen leben. Es ist die *koinonia*, die Vater, Sohn und Heiligem Geist die gleiche Würde gibt. Aber *koinonia* verschließt sich nicht in eingrenzendem Miteinander; sie ergießt sich von der Trinität her über die Glaubenden aus. Für diese Wahrheit soll nochmals Klemens von Alexandrien bürgen: „Eilen wir also, eilen wir, uns zu vereinen im Heil, in der neuen Geburt; in der einen Liebe – wir, die wir viele sind – nach dem Vorbild jener *koinonia*, die im einzigen Wesen Gottes herrscht. Weil er uns das Gute gewährt, wollen wir unsererseits Einheit stiften und uns an der guten Ur-Einheit festmachen". Im dreifaltigen Gott hat alle *koinonia* der Kirche ihre Wurzel. Als Teilnahme am trinitarischen Leben ist sie gnadenhaften Ursprungs. Obwohl kirchliche Gemeinschaft alle menschliche Anstrengung herausfordert, gründet sie doch letztlich nicht in irdischem Übereinkommen oder diplomatischer Konzilianz. Das zu verkennen, wäre nicht nur fatal, es wäre letal für die Kirche.

Unterschiedlichste Motive mögen Karl Lehmann dazu gedrängt haben, seine außergewöhnliche theologische und kirchenpolitische Kapazität für die Integration kirchlicher Sendung in die Gesellschaft einzusetzen. Rückblickend auf sein Leben bedauert er allerdings eine unangemessene Weltverhaftung und mahnt in seinem „Geistlichen Testament" stattdessen übernatürliche Kategorien für katholisches Entscheiden und Handeln an. Er schreibt u.a.: „Theologie und Kirche haben mein Leben in Atem gehalten. Ich würde wieder so wählen! Wir haben uns alle, gerade in der Zeit nach 1945, tief in die Welt und das Diesseits vergraben und verkrallt, auch in der Kirche. Dies gilt auch für mich. Ich bitte Gott und die Menschen um Vergebung. Die Erneuerung muss tief aus Glauben, Hoffnung und Liebe kommen. Deshalb rufe ich allen die Worte meines Wahlspruchs zu, die vom Heiligen Paulus stammen, und mir immer wichtiger geworden sind: ‚Steht fest im Glauben'!" (15. März 2009).

V

Nach dem Gebet des Angelus des 21. Januar 2001 hatte Papst Johannes Paul II. die Kreierung von 37 Bischöfen zu Kardinälen angekündigt. Eine Woche später fügte er ihnen, zur großen Überraschung vieler, sieben weitere hinzu. Zu ihnen zählte auch Bischof Lehmann – nach manchen deutschen Kommentatoren eine längst fällige Ernennung für diesen „Brückenbauer" und „Türöffner". Tausende Sympathisanten begrüßten ihn in Mainz nach seiner Rückkehr am 4. März. Er selbst begründete seine Kreierung mit dem Interesse Roms an der Einheit der Deutschen Bischofskonferenz. Doch wäre sie fraglos nicht möglich geworden ohne Lehmanns existentielle Verankerung in der Kirche und das Wohlwollen sowie die Langmut des heiligen Papstes Johannes Pauls II.

Quellen und Literatur

Klemens von Alexandrien, Protreptikos, Stromateis („Bibliothek der Kirchenväter", Kempten 1911 ff.). – II. Vatikanisches Konzil, Pastorale Konstitution über die Kirche in der Welt von heute Gaudium et spes. – Gemeinsame Synode der Bistümer in der Bundesrepublik Deutschland (hg. von deren Präsidium). Beschlüsse der Vollversammlung. Offizielle Gesamtausgabe, Freiburg 1976. – P. J. *Cordes*, Predigtvollmacht ohne Ordination?, in: Catholica 27 (1937), S. 1–12. – P. J. *Cordes*, Communio – Utopie oder Programm?, Freiburg 1993. – K. *Rahner*, Dogmatische Randbemerkungen zur Kirchenfrömmigkeit, in: *Ders.*, Schriften zur Theologie V, Einsiedeln 1962, S. 379–410. – M. *Spieker*, Kirche und Abtreibung in Deutschland. Ursachen und Verlauf eines Konfliktes, Paderborn 2008. – R. *Zerfass*, Der Streit um die Laienpredigt. Eine pastoraltheologische Untersuchung, Freiburg 1974, S. 362–369.

Schriften (Auswahl)

Die vollständige Bibliographie findet sich auf der Homepage der Universitätsbibliothek Freiburg i. Br. (www.ub-freiburg.de/fileadmin/ub/referate/04/lehmann/lehmann1.htm). Das Eintreten für das Lebensrecht des ungeborenen Kindes als christlicher und humaner Auftrag, hg. vom Sekretariat der Deutschen Bischofskonferenz, Bonn 1991. – Das Christentum – eine Religion unter anderen? Zum interreligiösen Dialog aus katholischer Perspektive, hg. vom Sekretariat der Deutschen Bischofskonferenz, Bonn 2002. – Zuversicht aus dem Glauben, Freiburg 2006.

Hans-Jürgen Becker

PAUL MIKAT (1924-2011)

Paul Josef Mikat wurde am 10. Dezember 1924 in Scherfede (heute Stadtteil von Warburg/Westfalen) geboren. Seine Kindheit war nicht leicht, denn seine Mutter, die Kunstgeschichte studiert hatte und später Ärztin wurde, gab das „unehelich" geborene Kind in ein Waisenhaus. Erst im Alter von fünf Jahren wurde es von dem Ehepaar Leo und Maria Mikat (geb. Tölle) adoptiert. Seinen leiblichen Vater – vermutlich ein Kleriker – lernte Mikat nie kennen. Der protestantische Adoptivvater war bei der Firma Fried. Krupp AG in Essen tätig, die Adoptivmutter war eine katholische Lehrerin, die das Kind in ihrer Konfession aufzog. Mikat besuchte die Volksschule und ab 1935 ein humanistisches Gymnasium. Neben dem Schulbesuch absolvierte er 1940–1941 auf Wunsch seines Vaters ein Praktikum in der Firma Krupp und wechselte dann zu einem Realgymnasium. Als er 1942 zum Arbeitsdienst eingezogen wurde, erteilte ihm die Schule am 26. Juli 1942 ein Abiturzeugnis ohne mündliche Prüfung. 1943 begann für Mikat der Kriegsdienst bei der Kriegsmarine. Als Oberfähnrich d. R. war er auf Minensuchbooten eingesetzt. Am 15. März 1945 wurde er zum Leutnant ernannt. Die später verbreitete Behauptung, er sei damals in die NSDAP eingetreten, hat sich als unwahr erwiesen. Über das Kriegsende hinaus leistete er auf einem Minenräumboot unter englischem Kommando Dienst, bis er im August 1945 entlassen wurde. Als Folge des Krieges musste er lebenslang Einbußen an seiner Gesundheit (Herz- und Ohrenprobleme) hinnehmen.

Da er den Wunsch hatte, katholischer Geistlicher zu werden, bewarb er sich um einen Studienplatz bei der Theologischen Fakultät der Universität Bonn und nahm dort zum Wintersemester 1945/46 das Studium auf. Er wohnte im Collegium Leoninum in Bonn. Am Ende des 2. Studiensemesters wurde ihm ein Zweitstudium in der Philosophischen Fakultät genehmigt, das er beantragt hatte, um später in den Fächern Religion, Deutsch und Geschichte Unterricht erteilen zu können. Mikat engagierte sich im Allgemeinen Studentenausschuss, in der katholischen Studentengemeinde und auch im „Bendorfer Kreis", wo er u.a. einen Vortrag über „Möglichkeiten und Grenzen christlicher Politik" hielt. Dazu passt, dass er bereits am 1. Oktober 1945 in die gerade erst gegründete CDU eintrat. Gleichzeitig gehörte er der katholischen Studentenverbindung „Rheinfels" an. Das alles war ihm noch nicht genug, denn er beantragte die Zulassung zu einem weiteren Studiengang: Zum Wintersemester 1948/49 nahm er das Jurastudium auf. Allerdings war dieses weitere Studium durch äußere Umstände nahegelegt worden, denn die erforderliche Genehmigung zur Fortsetzung des Theologiestudiums und die Zulassung zur theologischen Abschlussprüfung wurden ihm vom zuständigen Generalvikariat in Köln verweigert. Kardinal Josef Frings hatte starke Bedenken gegen sein Weiterstudium, was vermutlich in der unehelichen Geburt des angehenden Priesterkandidaten begründet war. Nach dem Kirchenrecht galt die uneheliche Geburt als Weihehindernis. Auf Fürsprache des Leiters des Collegium Leoninum Prälat Joseph Teusch (1902–1976) wurde Mikat dann wenigstens noch die Zulassung zur theologischen Abschlussprüfung gewährt, die er im März 1950 bestand. Im juristischen Studium waren insbesondere Wilhelm Bosch, Ernst Friesenhahn, Hermann Conrad und Heinrich Vogt seine Lehrer. Er finanzierte das Studium durch Unterricht im Schuldienst der Stadt Bonn. Die Erste Juristische Staatsprüfung bestand er am 28. Februar 1953. Nach der Promotion zum Dr. iur. utr. heiratete er 1954 Edith Hintzen. Aus dieser Ehe gingen die Töchter Marianne, Barbara und Annette hervor.

I

Wie das theologische Staatsexamen belegt, hatte Mikat die Theologie als ersten Schwerpunkt seiner wissenschaftlichen Ausbildung gewählt. Er blieb diesem Fach stets verbunden, wobei die biblische Theologie, die Patristik, die Kirchengeschichte und das Kirchenrecht im Vordergrund standen. Als er dann noch während des Theologiestudiums das Jurastudium begann, konnte er sein theologisches Wissen mit der Jurisprudenz verbinden. Dies zeigt sich bereits im Thema seiner juristischen Dissertation „Geschlechtliches Unvermögen als Ehehindernis im kanonischen Kirchenrecht". Das Promotionsverfahren bestand Mikat am 20. Februar 1954 mit dem Prädikat „magna cum laude". Gutachter waren der Rechtshistoriker Hermann Conrad (1904–1972) und der Familienrechtler Friedrich Wilhelm Bosch (1911–2000). Im Anschluss an die Promotion konnte seine Tätigkeit als wissenschaftliche Hilfskraft bei Conrad in eine reguläre Assistentenstelle umgewandelt werden. Nun hielt er auch, in Vertretung von Conrad, erste Proseminare und Vorlesungen in der kirchlichen Rechtsgeschichte. Bereits drei Jahre nach seiner Promotion konnte sich Mikat am 12. Dezember 1956 in Bonn für Rechtsgeschichte und Kirchenrecht habilitieren. Das Thema seiner Habilitationsschrift lautete „Der Einfluss der Kirche auf die Entwicklung des Eherechts in merowingisch-fränkischer Zeit". Gutachter waren sein Doktorvater Hermann Conrad und der Verfassungsrechtler Ulrich Scheuner (1903–1981). Schon im März 1957 übernahm der junge Privatdozent eine Lehrstuhlvertretung für Deutsches Recht, Bürgerliches Recht, Handelsrecht und Kirchenrecht an der Universität Würzburg. Dieser von ihm vertretene Lehrstuhl wurde ihm, der gerade einmal 33 Jahre alt war, am

1. Oktober 1957 übertragen. Nach 8 Jahren in Würzburg wechselte Mikat an die neugegründete Universität in Bochum, wo er von 1965 bis 1990 die Fächer Rechtsgeschichte, Bürgerliches Recht und Staatskirchenrecht vertrat. Neben vielen Doktoranden betreute er vier Nachwuchswissenschaftler: Bei ihm habilitierten sich Dieter Schwab (1966), Dieter Giesen (1970), Hans-Wolfgang Strätz (1970) und Joseph Listl (1971). Neben seiner Vorlesungstätigkeit fungierte Mikat von 1977 bis 1993 auch als Herausgeber der Zeitschrift der Savigny-Stiftung für Rechtsgeschichte (Kanonistische Abteilung). Seit 1958 war er ferner Mitherausgeber der Zeitschrift für das gesamte Familienrecht.

Im Jahre 1973 wurde Mikat zum ordentlichen Mitglied der Rheinisch-Westfälischen Akademie der Wissenschaften in der Klasse für Geisteswissenschaften gewählt; von 1998 bis 2001 war er Präsident der Akademie. Zu seinem wissenschaftlichen Denk- und Argumentationsstil bemerkte Konrad Repgen treffend: „Er entsprach der Grundstruktur seiner Persönlichkeit, deren Tun in der Wissenschaft eben kein anderes war als ihr Handeln in der Politik. [...] Er zielte weniger auf Abgrenzung als auf Konsens; seine Sache war nicht das harte *aut / aut* einer Kontroverse, sondern das verbindliche *vel / vel* eines Traktats. Daher lagen ihm problemorientierte Analysen eher als fertige Antworten." Den Gegenstand von Mikats Forschungen umreißt Dieter Schwab mit den Worten: „Es sind drei Forschungsgegenstände, zu denen er immer wieder zurückkehrt: 1) das Verhältnis von Religion und Recht; 2) Das Verhältnis von Kirche, Staat und Gesellschaft und 3) das Familienrecht." Im Vorwort zu seiner 1989 erschienenen Festschrift zum 65. Geburtstag schreiben die Herausgeber, dass Mikats umfassendes Wissen auf der Grundlage einer in der Gegenwart selten anzutreffenden Synthese juristischen, theologischen und geschichtlichen Denkens erwachsen sei. Sie fahren fort: „Paul Mikat verbindet die Klarheit und Weite grundsätzlicher Welterfahrung mit dem Sinn für den Kairos praktischer Wertverwirklichung."

II

Als 1945 die CDU gegründet wurde, gehörte Paul Mikat zu ihren ersten Mitgliedern (1. Oktober 1945). Bei den Wahlen zum Bundestag 1957 war Franz Meyers (1908–2002) der CDU-Wahlleiter, der von dem tatkräftigen Mikat unterstützt wurde, zur Seite. In seinen Augen hatte sich Mikat offensichtlich bewährt, denn 1962 berief er als Ministerpräsident des Landes Nordrhein-Westfalen den 37jährigen Jura-Professor aus Würzburg als Kultusminister in sein Kabinett. Die erste Aufgabe, die hier zu bewältigen war, bestand in der Behebung des eklatanten Lehrermangels. Um schnell den Unterricht an den Volksschulen zu gewährleisten, wurden in einem Schnellverfahren Bewerber, die das Abitur hatten und berechtigt waren, ein Studium für das Lehramt aufzunehmen, in einjährigen Lehrgängen ausgebildet (sog. „Mikätzchen" oder „Mikater"). Mikat bemühte sich aber gleichzeitig, geeigneten Nachwuchs für das reguläre Lehramtsstudium zu gewinnen.

Bekannt geworden ist er ferner durch die Planungen von Hochschulgründungen, die nach und nach verwirklicht werden konnten: Bochum (1962), Düsseldorf (1965), Dortmund (1968) und Bielefeld (1969). Von 1963 bis 1965 war er Vorsitzender der Ständigen Konferenz der Kultusminister. Als 1966 die FDP die Koalition mit der CDU aufkündigte, wurde Heinz Kühn (1912–1992, SPD) neuer Ministerpräsident. Mikat verlor sein Ministeramt und wurde ein Landtagsabgeordneter auf der Oppositionsbank.

Von 1969 bis 1987 gehörte er dem Bundestag an. Hier spielte er eine bedeutende Rolle als Vermittler und Moderator, mehr im Hintergrund als in der Öffentlichkeit. Er trat nicht oft als Redner auf, doch seine Stellungnahmen in den Jahren 1971 und 1975, die er im Namen seiner Fraktion zur Reform des § 218 StGB, zum Ehescheidungsrecht und damit verbunden der Einführung des Zerrüttungsprinzips abgab, erreichten ein Niveau, das in der Geschichte des Parlaments nur selten erreicht wird. In diese Problematik hatte er sich u.a. durch eine Aufsatzserie unter dem Titel „Rechtsgeschichtliche und rechtspolitische Erwägungen zum Zerrüttungsprinzip" gründlich eingearbeitet.

Für die Fraktion von CDU/CSU war er als Justiziar tätig und konnte so manchen internen Konflikt bereinigen. Er war auch parteiübergreifend als Ratgeber sehr gesucht. Das gilt insbesondere für das Ringen um einen Strukturwandel im Bereich der Steinkohlen- und Eisenindustrie. Mikat war von 1987–1989 Vorsitzender der Kommission Montanregionen des Landes Nordrhein-Westfalen (Abschlussbericht vom 9. Februar 1989), ab 1989 Vorsitzender der Kohle-Kommission der Bundesregierung, Nordrhein-Westfalens und des Saarlandes und ab 1998 Vorsitzender der Energie-Kommission der Bundesregierung.

Diese vielen Aufgaben konnte Mikat bewältigen, weil er sich einen Ruf als unabhängiger, uneigennütziger und sachkundiger Ratgeber erworben hatte. Er trat nicht in großen Versammlungen auf, sondern erledigte viele Aufgaben im persönlichen Gespräch, insbesondere am Telefon, notfalls auch am Autotelefon. Ansammlung von Akten vermied er nach Möglichkeit. Möglich wurde es ihm durch sein phänomenales Gedächtnis.

III

Eine besondere Begabung hatte Mikat für die Organisation des Wissenschaftsbetriebs. Als Gründer von vier Universitäten wurde er bereits genannt. Sein Gründungstalent wurde auch in seiner Amtszeit als Akademie-Präsident in Düsseldorf sichtbar, als er die Akademie im Jahr 2000 – unter

Beibehaltung der Klasse für Naturwissenschaften – um die neue Klasse für Ingenieur- und Wirtschaftswissenschaften erweiterte. Er gründete ferner eine Stiftung der Freunde und Förderer der Akademie, um den Haushalt der Einrichtung zu stützen. Nicht zuletzt bemühte er sich auch um die Gründung einer „Jungen Akademie", die ein seit 2006 bestehendes Förderprogramm für herausragende junge Wissenschaftler aller Fachrichtungen ist.

Sein Ruf als kluger und umsichtiger Ratgeber führte dazu, dass er Testamentsvollstrecker für Alfried Krupp von Bohlen und Halbach (1967–1998) wurde. In diesem Zusammenhang kam es zur Gründung der Alfried Krupp von Bohlen und Halbach Stiftung. Vorsitzender des Stiftungsgremiums war der mit Mikat befreundete Berthold Beitz (1913–2013). Paul Mikat gehörte dem Kuratorium der Stiftung seit 1984 an und war daher in der Lage, die Förderungspolitik der Stiftung mitzugestalten. In der 1962 gegründeten Stiftung Volkswagenwerk war er gleichfalls als Kurator tätig.

Für Mikat war aber vielleicht sein Wirken in der Görres-Gesellschaft von besonderer Bedeutung. Seit 1963 war er Mitglied des Beirats und seit 1964 Vorstandsmitglied der Gesellschaft, um 1967 als Nachfolger von Hans Peters (1896–1966) deren Präsident zu werden. Hier bot sich ihm ein reiches Betätigungsfeld. Da die Gesellschaft nur über wenige Mittel verfügte, war es ein Glücksfall, dass Mikat durch persönliches Ansehen und fachliche Wertschätzung bei den Vorständen forschungsfördernder Stiftungen im rheinisch-westfälischen Industrie- und Wirtschaftskreisen erhebliche Mittel für Grundlagenforschung, Publikationen und Quelleneditionen einwerben konnte.

Wie lebendig und interdisziplinär die Görres-Gesellschaft sich unter der Präsidentschaft von Paul Mikat entfaltete, zeigte sich besonders in den jährlich im Herbst stattfindenden Generalversammlungen, über die jeweils ein eigenes Heft mit dem Titel „Jahres- und Tagungsbericht der Görres-Gesellschaft" Auskunft gibt. Bei der Eröffnung der Generalversammlung versuchte der Präsident, zunächst möglichst viele Teilnehmer persönlich zu begrüßen. Beim abendlichen Empfang durch die gastgebende Stadt oder Universität hielt er stets eine von Witz und Geist sprühende Rede, in der er dem Gastgeber dankte und zugleich die jeweilige Orts- und Politikgeschichte mit leichter Ironie einbezog. Am nächsten Tag erfolgte die Trennung der Heerscharen, die sich zu den Vorträgen der einzelnen wissenschaftlichen Sektionen begaben. In den Sektionen, in ihren Tagungen und Publikationen, spielte und spielt sich noch heute ein wesentlicher Teil des wissenschaftlichen Agierens ab. Die Zahl der Sektionen hatte sich unter Mikat leicht verändert und war modernisiert worden. Im Folgenden werden die einzelnen Sektionen nach dem jeweiligen Wissenschaftsgebiet aufgeführt und die dazugehörigen Publikationsorgane benannt. Auf diese Weise wird sichtbar, dass Paul Mikat als Präsident der Gesellschaft ein unglaublich breites Spektrum von Wissensgebieten überblicken musste. Er versuchte, einzelne Vorträge bei den diversen Sektionen zu besuchen und gewann so ein Bild von deren Aktivitäten. Bei den zahlreichen Publikationen war nicht selten seine Hilfe zur Finanzierung der Drucklegung gefragt.

Sektionen der Görres-Gesellschaft und deren Publikationsorgane (während der Zeit der Präsidentschaft Mikats):

- Philosophie: Philosophisches Jahrbuch; Beiträge zur Geschichte der Philosophie und Theologie des Mittelalters
- Pädagogik: Vierteljahresschrift für Wissenschaftliche Pädagogik
- Psychologie, Psychiatrie und Psychotherapie: Zeitschrift für Psychologie, Psychiatrie und Psychotherapie; Monographien zur Klinischen Psychologie, Psychiatrie und Psychotherapie
- Geschichte: Historisches Jahrbuch; Quellen und Forschungen aus dem Gebiet der Geschichte
- Gesellschaft zur Herausgabe des Corpus Catholicorum
- Altertumswissenschaft mit den Abteilungen Klassische Philologie, Alte Geschichte: Archäologie: Studien zur Geschichte und Kultur des Altertums
- Romanische, Deutsche, Englisch-Amerikanische und Slawische Philologie: Literaturwissenschaftliches Jahrbuch; Schriften zur Literaturwissenschaft; Beiträge zur englischen und amerikanischen Literatur
- Kunde des christlichen Orients: Oriens christianus
- Religionswissenschaft, Religionsgeschichte und Ethnologie
- Rechts- und Staatswissenschaft: Rechts- und Staatswissenschaftliche Veröffentlichungen der Görres-Gesellschaft
- Wirtschafts- und Sozialwissenschaft: Veröffentlichungen der Sektion für Wirtschafts- und Sozialwissenschaft
- Kunstwissenschaft: Eikoniká – Kunstwissenschaftliche Beiträge
- Musikwissenschaft: Beiträge zur Geschichte der Kirchenmusik; Kirchenmusikalisches Jahrbuch
- Volkskunde: Jahrbuch für Europäische Ethnologie (früher: Jahrbuch für Volkskunde)
- Politische Wissenschaft und Kommunikationswissenschaft: Politik- und Kommunikationswissenschaftliche Veröffentlichungen der Görres-Gesellschaft
- Soziologie: Sozialwissenschaftliche Abhandlungen der Görres-Gesellschaft
- Medizin: Zeitschrift für medizinische Ethik

Institute der Görres-Gesellschaft:

- Römisches Institut der Görres-Gesellschaft: Römische Quartalschrift für christliche Altertumskunde und Kirchengeschichte

- Lissabon: Portugiesische Forschungen
- Madrid: Spanische Forschungen
- Jerusalem
- Institut für interdisziplinäre Forschung: Veröffentlichungen des Instituts für Interdisziplinäre Forschung (Naturwissenschaft – Philosophie – Theologie)

Was die Fortsetzung bereits angelaufener Forschungsvorhaben angeht, so warteten auf Mikat zahlreiche Projekte. Genannt seien etwa die *Nuntiaturberichte*, bei denen die Görres-Gesellschaft es in Abstimmung mit dem Deutschen Historischen Institut in Rom und dem Österreichischen Institut in Rom übernommen hatte, die Kölner Nuntiatur zu erschließen. Von 1969 bis 2015 konnten insgesamt 17 Bände für den Zeitraum von 1590 bis 1621 von namhaften Historikern ediert werden (Burkhard Rohberg, Wolfgang Reinhard, Klaus Wittstatt, Klaus Jaitner, Joseph Wijnhoven, Peter Burschel, Stefan Samerski, Maria Teresa Börner und Peter Schmid). Mikat förderte auch den Abschluss eines langjährigen Großprojekts der Gesellschaft; hier war das Römische Institut der Görres-Gesellschaft am Campo Santo Teutonico zuständig für die Herausgabe der Akten des Concilium Tridentinum (seit 1901). Die insgesamt 19-bändige Edition erschien unter dem Titel „*Concilium Tridentinum. Diariorum, actorum, epistularum, tractatuum nova collectio*, edidit Societas Goerresiana". Der abschließende Band wurde 2001 von Klaus Ganzer im Verlag Herder ediert. Zur Erforschung der Konziliengeschichte trug die im Auftrag der Görres-Gesellschaft herausgegebene Quellenedition *Conciliorum Oecumenicorum Decreta* mit deutscher Übersetzung von Josef Wohlmuth, 3 Bde., Freiburg 1998–2001, bei.

Unter der Präsidentschaft von Mikat wurde auch das Staatslexikon der Görres-Gesellschaft in einer siebenten Auflage neu herausgebracht, das dieser selbst gerne als Flaggschiff der Görres-Gesellschaft bezeichnete. Er hatte das Projekt bereits 1976 angekündigt. In den Jahren 1985 bis 1989 ist dann die Neuauflage in fünf Bänden im Herder Verlag erschienen. Das Werk wurde um zwei Bände mit dem Titel „Die Staaten der Welt", die 1992 und 1993 herauskamen, ergänzt. Mikat gab sich damit aber nicht zufrieden und gab, der Schnelllebigkeit der Zeit Rechnung tragend, den Anstoß zur Herstellung einer völlig neu bearbeiteten achten Auflage des Werkes „Staatslexikon. Recht – Wirtschaft – Gesellschaft". Diese Neuauflage erschien in sechs Bänden (2017 bis 2022) unter der Herausgeberschaft von Heinrich Oberreuter (Passau) im Verlag Herder.

An neuen Projekten verfolgte Mikat den Plan, das immer spezieller werdende Wissen in Handbüchern darzustellen, die auch dem Laien Zugang zu den neuesten wissenschaftlichen Erkenntnissen bieten sollten. Er regte nicht nur die Herstellung an, sondern er sorgte auch für die erforderliche Finanzierung. So sind unter seiner Ägide erschienen:

- Lexikon der Bioethik, hg. von Wilhelm Korff, 3 Bände, Gütersloh 1998
- Handbuch der Wirtschaftsethik, hg. von Wilhelm Korff, 4 Bände, Gütersloh 1999
- Handbuch der katholischen Soziallehre, hg. von Anton Rauscher, Berlin 2008
- Handbuch der Erziehungswissenschaft, hg. von Ursula Frost, Gerhard Mertens, Hildegard Macha, Stephanie Hellekamps und Thomas Fuhr, 3 Bände, Paderborn u.a. 2008–2009

Wer sich zuverlässig über den katholischen Standpunkt zu Fragen der Bio- und Wirtschaftethik, zur katholischen Soziallehre und zu den aktuellen Problemen der Erziehungswissenschaft informieren will, kann sich hier wissenschaftlich fundierten Rat holen.

Mikat sorgte sich nach Kräften auch um die Förderung von jungen Forschern. Das Programm zur Vergabe von Habilitationsstipendien nahm unter ihm erneut Fahrt auf. Nicht unerwähnt soll auch bleiben, dass er tatkräftig half, das von Hans Hattenhauer (1931–2015) vorgeschlagene Projekt einer deutschen Übersetzung des Corpus Iuris Civilis zu realisieren. Das anspruchsvolle Unternehmen wurde durch die Alfried- von-Bohlen und Halbach-Stiftung finanziert. Nach dem Band mit dem zweisprachigen Text der Institutionen (Heidelberg 1990) konnte eine Reihe von Bänden mit der Übersetzung der Digesten herausgebracht werden. Als zunächst letzter Band ist Band V (Digesten 28–34), hg. von Rolf Knütel, Berthold Kupisch, Thomas Rüfner, Hans Hermann Seiler, im Verlag C.F. Müller, Heidelberg 2012, erschienen.

Auch aus eigenen Mitteln unterstützte Mikat die Wissenschaft. Er gründete am 10. November 1992 zusammen mit anderen Gelehrten die Paul-Mikat-Stiftung, die den Zweck verfolgt, Forschung und Lehre an der Heinrich-Heine-Universität Düsseldorf, speziell der Juristischen Fakultät, zu fördern.

Paul Mikat starb am 24. September 2011 im Alter von 86 Jahren. Für sein dem Gemeinwohl verpflichtetes Lebenswerk hatte er vielfache Anerkennung gefunden. So zeigten z. B. die vier von ihm gegründeten Universitäten ihre Dankbarkeit durch die Verleihung des Titels *doctor honoris causa*. Der Bundespräsident verlieh ihm 1985 das Große Bundesverdienstkreuz mit Stern und Schulterband. Das Land Nordrhein-Westfalen zeichnete ihn 1994 mit dem Staatspreis des Landes aus. Die Päpste zollten ihre Anerkennung 1969 durch Verleihung des Titels eines *Commendatore* des Gregoriusordens und 2005 durch die Ernennung zum Großkreuz-Ritter (*Cavaliere di Gran Croce*) dieses päpstlichen Ordens. Die Görres-Gesellschaft zeichnete ihn 2007 durch Verleihung des Ehrenrings und 2008 durch Ernennung zum Ehrenpräsidenten aus.

Schriften (in Auswahl)

Monographien und Aufsätze

Geschlechtliches Unvermögen als Ehehindernis im kanonischen Eherecht, Diss. iur., Bonn 1954 (Maschinenschrift, 158 S.). – Der Einfluss der Kirche auf die Entwicklung des Eherechts in merowingisch-fränkischer Zeit, Habilitationsschrift Bonn 1956 (zunächst nicht gedruckt, aber später in fünf umfangreichen Sammelbänden in den Jahren 1974, 1984 und 1995 publiziert). – Rechtsgeschichtliche und rechtspolitische Erwägungen zum Zerrüttungsprinzip, in: Familienrechtszeitung 1962, S. 81–89, 273–281, 497–504; 1963, S. 65–76. – Universitätsgründungsprobleme in Nordrhein-Westfalen (Akademievorträge der Katholischen Akademie in Bayern 2), Würzburg 1964. – Das Verhältnis von Kirche und Staat in der Bundesrepublik. Vortrag gehalten vor der Berliner Juristischen Gesellschaft am 5. Juli 1963 (Schriftenreihe der Juristischen Gesellschaft zu Berlin 14), Berlin 1964. – Das Verhältnis von Kirche und Staat im Lande Nordrhein-Westfalen in Geschichte und Gegenwart (Veröffentlichungen der Arbeitsgemeinschaft für Forschung des Landes Nordrhein-Westfalen; H. 129), Köln u.a. 1966; Das C der CDU. Mahnung und Risiko (Bundesgeschäftsstelle der CDU), Bonn 1969. – Scheidungsreform in einer pluralistischen Gesellschaft, Bielefeld 1970. – Lukanische Christusverkündigung und Kaiserkult – Zum Problem der christlichen Loyalität gegenüber dem Staat, in: Jahres- und Tagungsbericht der Görres-Gesellschaft 1970, Bonn 1971, S. 27–45. – Christliche Weltverantwortung in einer veränderten gesellschaftlichen Situation, Düsseldorf 1976. – Dotierte Ehe – rechte Ehe. Zur Entwicklung des Eheschließungsrechts in fränkischer Zeit (Rheinisch-Westfälische Akademie der Wissenschaften, Vorträge Geisteswissenschaften G 227), Opladen 1978. – Kirche und Staat in der neueren Entwicklung (Wege der Forschung 566), Darmstadt 1980. – Rechtsprobleme der Schlüsselgewalt, Opladen 1981. – Bemerkungen zum Verhältnis von Kirchengut und Staatsgewalt am Vorabend der Reformation, in: Zeitschrift der Savigny-Stiftung für Rechtsgeschichte, Kanonistische Abteilung 66 (1981), S. 264–309. – Leitlinien zukünftiger Bildungspolitik: Berliner Erklärung zur Bildungspolitik, in: Die neue Ordnung 36 (1982), S. 15–25. – Ethische Strukturen der Ehe in unserer Zeit. Zur Normierungsfrage im Kontext des abendländischen Eheverständnisses, in: Essener Gespräche zum Thema Staat und Kirche 21 (Münster 1986), S. 9–71. – Die Polygamiefrage in der frühen Neuzeit (Rheinisch-Westfälische Akademie der Wissenschaften, Vorträge Geisteswissenschaften G 294), Opladen 1988. – Zum Strukturwandel in Nordrhein-Westfalen. Strukturpolitik und Kohlepolitik, Paderborn u.a. 1990. – Die Inzestverbote des Dritten Konzils von Orléans (538). Ein Beitrag zur Geschichte des fränkischen Eherechts (Rheinisch-Westfälische Akademie der Wissenschaften, Vorträge Geisteswissenschaften G 323), Opladen 1993. – Die Inzestgesetzgebung der merowingisch-fränkischen Konzilien (511–626/27) (Rechts- und staatswissenschaftliche Veröffentlichungen der Görres-Gesellschaft; N.F. 74), Paderborn (u.a.) 1994. – Konflikt und Loyalität. Bedingungen für die Begegnung von früher Kirche und römischem Imperium, Paderborn 2007.

Sammelbände mit Aufsätzen von Paul Mikat

Religionsrechtliche Schriften: Abhandlungen zum Staatskirchenrecht und zum Eherecht von Paul Mikat, hg. von J. *Listl*, 2 Bde., Berlin 1974. – Geschichte, Recht, Religion, Politik. Beiträge von Paul Mikat, hg. von D. *Giesen* und D. *Ruthe*, 2 Bde., Paderborn u.a. 1984. – Spektrum. Aufsätze und Reden von Paul Mikat, hg. von G. *Mertens*, Paderborn u.a. 1995.

Literatur (in Auswahl)

D. *Schwab*, D. *Giesen*, J. *Listl* und H.-W. *Strätz* (Hg.), Staat, Kirche, Wissenschaft in einer pluralistischen Gesellschaft. Festschrift zum 65. Geburtstag von Paul Mikat, Berlin 1989. – R. *Willhardt* (Hg.), Der Gründervater: Prof. Dr. Dr. h.c. mult. Paul Mikat zum 75. Geburtstag, Düsseldorf 2000. – A. *Grau*, Gegen den Strom: die Reaktion der CDU/CSU-Opposition auf die Ost- und Deutschlandpolitik der sozial-liberalen Koalition, 1969–1973, Düsseldorf 2005. – R. *Morsey*, Die Görres-Gesellschaft zur Pflege der Wissenschaft. Streiflichter ihrer Geschichte. Paderborn u. a. 2009. – W. *Bergsdorf*, Ansprache vor der Trauergemeinde am 7. Oktober 2011, in: Jahres- und Tagungsbericht der Görres-Gesellschaft 2011, Bonn 2012, S. 41–44. – R. *Morsey*, Die Wahl von Paul Mikat zum Präsidenten der Görres-Gesellschaft – 1966 vertagt, 1967 in einer Kampfabstimmung erfolgt, in: Jahres- und Tagungsbericht der Görres-Gesellschaft 2011, Bonn 2012, S. 45–78. – D. *Schwab*, Zum wissenschaftlichen Werk von Paul Mikat, in: Jahres- und Tagungsbericht der Görres-Gesellschaft 2012, Bonn 2013, S. 77–90. – R. *Morsey*, Paul Mikat, Präsident der Görres-Gesellschaft 1967–2007, Fakten und persönliche Erinnerungen, in: Jahres- und Tagungsbericht der Görres-Gesellschaft 2012, Bonn 2013, S. 91–105. – P. *Landau*, Paul Mikat (10.12.1924–24.9.2011), in: Zeitschrift der Savigny-Stiftung für Rechtsgeschichte, Kanonistische Abteilung 99 (2013), S. 478–484. – R. *Morsey*, Zur Vita Paul Mikats bis zu seiner Berufung an die Universität Würzburg (1924–1957), Speyer 2014. – H. *Hatt* u.a. (Hg.), Paul Mikat zu Ehren, Beiträge von K. *Repgen* (zum Wissenschaftler und Politiker), A. *Schavan* (zum Bildungspolitiker), D. *Schwab* (zum Familienrechtler) und J. *Isensee* (zur Gelehrtenpersönlichkeit), Paderborn u.a. 2014.

Internet

A. *Burtscheidt*, Paul Mikat, unter: Internetportal Rheinische Geschichte (http://www.rheinische-geschichte.lvr.de/Persoenlichkeiten/paul-mikat); – M. *Lingen*, Paul Mikat, unter: Konrad Adenauer-Stiftung, Geschichte der CDU, Personen (https://www.kas.de/de/web/geschichte-der-cdu/personen); – Jahresberichte der Görres-Gesellschaft (https://www.goerres-gesellschaft.de/publikationen/jahresberichte.html).

Sabine Konrad

KLAUS MÖRSDORF (1909–1989)

Der bedeutende und einflussreiche Kanonist und Theologe Klaus Mörsdorf wirkte 31 Jahre lang (1946–1977) als Professor für Kirchenrecht und Gründer des Kanonistischen Instituts an der Universität München. Durch seine Mitarbeit am Zweiten Vatikanischen Konzil (1962–1965) und an der Reform des Kirchenrechts stellte er noch bis heute sichtbare Weichen für Theologie und Kirchenrecht.

Sein dreibändiges „Lehrbuch des Kirchenrechts aufgrund des ‚Codex Iuris Canonici'" (gegründet von seinem Lehrer Eduard Eichmann, ab der 6. Auflage neu bearbeitet von Klaus Mörsdorf; ab der 12. Auflage weitergeführt von Winfried Aymans) gilt als sein Hauptwerk. Noch umfangreicher ist allerdings die Liste seiner zahlreichen weiteren veröffentlichten Studien zu allen Bereichen des Kirchenrechts sowie seiner Kommentierungen und kritischen Auseinandersetzungen mit den Konzilsgegenständen und zur Reform des Kirchenrechts.

Die theologische Grundlegung des Kirchenrechts war Mörsdorfs stetes Anliegen, das sich in all seinen Studien und Überlegungen zeigt. Er verstand das Kirchenrecht entgegen dem verbreiteten rechtspositivistischen Zeitgeist nicht als Rechtswissenschaft, sondern als theologische Disziplin, was er in seinem bekannten Satz „Das Kirchenrecht ist eine theologische Disziplin mit juristischer Methode." (1946) zum Ausdruck brachte. Sein ausgeprägtes Anliegen, die theologischen Aspekte des Kirchenrechts darzustellen und zu vertiefen, war die Reaktion auf die damals vorherrschenden rechtspositivistischen Tendenzen, die das kirchliche Recht auf gleicher Ebene mit dem weltlichen Recht sahen und ekklesiologische Aspekte sowie die Unterscheidung des Kirchenrechts in *ius divinum* und *ius mere ecclesiasticum* außer Acht ließen. Für Mörsdorf stand dagegen fest, dass zunächst die theologischen Grundlagen studiert und erst daraus entsprechende rechtliche Konsequenzen gezogen werden müssen. Dieses Prinzip bestimmte all seine wissenschaftliche Arbeit, auch wenn er von seinem Lehrer Eduard Eichmann (1870–1946) nicht dazu motiviert wurde, der die Überlegungen Mörsdorfs zu theologischen Aspekten für überflüssig hielt und stattdessen umso mehr dessen juristische Ausführungen schätzte.

Als apologetische Reaktion auf die Aussagen Rudolph Sohms (1841–1917), dass das Kirchenrecht mit dem Wesen der Kirche nicht vereinbar sei und dass von ihren Ursprüngen her gedacht die Kirche eine rein charismatische, aber keine rechtliche Organisation habe, entwickelte und veröffentlichte Mörsdorf 1952 seine Lehre von der theologischen Grundlegung des Kirchenrechts. Der zufolge wurde der Kirche mit dem Auftrag, das Heilswirken des Herrn fortzusetzen, zugleich die Art und Weise bestimmt, wie dieser Auftrag auszuführen sei, und zwar durch die Verkündigung des Wortes und durch die Spendung der Sakramente. Durch Wortverkündigung und sakramentales Handeln sei es der Herr selbst, der sein Heilswirken fortsetze. Sowohl die Sakramente als auch die Verkündigung hätten rechtliche Strukturen und gehörten untrennbar miteinander verbunden als Elemente im Aufbau der Kirche. Von dieser Lehre konnte Mörsdorf einen großen Schülerkreis überzeugen, der sich nicht nur selbst als „Münchner Schule" bezeichnete. Diese wurde in München noch viele Jahre von Winfried Aymans vertreten.

II

Als viertes von acht Kindern wurde Klaus Mörsdorf am 3. April 1909 in Muhl im Hunsrück geboren. Dass seine Eltern Johann Mörsdorf und Mathilde Mörsdorf, geb. Steffen, trotz der abgelegenen Wohnlage und den schwierigen Umständen des Ersten Weltkriegs (1914–1918) und dessen Folgen allen acht Kindern eine akademische Ausbildung ermöglichen konnten, ist bemerkenswert. Klaus´ akademischer Werdegang begann nach seinem Abitur (1928 in Saarbrücken) mit dem Studium der Theologie, Philosophie und Rechtswissenschaften an den Universitäten München, Berlin und Köln. Bereits mit 22 Jahren wurde er am 21. November 1931 von der Rechtswissenschaftlichen Fakultät der Universität Köln mit der von Godehard Josef Ebers betreuten Arbeit „Das neue Besetzungsrecht der bischöflichen Stühle unter besonderer Berücksichtigung der Entwicklung des Listenverfahrens" (Bonn 1933) zum Dr. iur. promoviert. Es folgten zwischen 1932 und 1936 Studien der Theologie an den Priesterseminaren Fulda und Berlin sowie an der Universität München und der Hochschule Sankt Georgen in Frankfurt am Main. Die Priesterweihe empfing er am 15. März 1936 in der Hedwigskathedrale in Berlin, wo er anschließend als Hausgeistlicher in St. Dominikus in Berlin-Hermsdorf und als Kaplan in St. Marien in Berlin-Friedenau tätig war. Er wurde nach dieser kurzen seelsorglichen Tätigkeit zum Studium an der Universität München freigestellt, die ihn am 28. Mai 1938 zum Doktor der Theologie (Dr. theol.) promovierte. Hierzu konnte er unter der Betreuung Eduard Eichmanns seine rechtssprachliche Untersuchung aus dem Studienjahr 1933/34 verwenden, mit der er eine von der Theologischen Fakultät der Universität München gestellte Preisaufgabe gewonnen hatte. Bei seiner Dissertation handelt es sich um das bis heute bekannte Standardwerk „Die Rechtssprache des Codex Iuris Canonici. Eine kritische Untersuchung". Nach seiner theologischen Promotion erhielt er zum 1. September

1938 eine der damals noch seltenen wissenschaftlichen Assistentenstellen am Katholisch-Theologischen Seminar der Universität Münster, wo er sich am 15. November 1939 mit der Studie „Rechtsprechung und Verwaltung im kanonischen Recht" für das Fach Kirchenrecht habilitierte. Die Ernennung zum Dozenten wurde ihm allerdings von den damaligen Machthabern verweigert. Daher nahm er 1940 seine seelsorgliche Tätigkeit, diesmal als Militärpfarrer in Münster, bis 1945 wieder auf. Doch auch im universitären Bereich konnte er bald wieder eine aktive Rolle übernehmen, als er nach dem Tod seines Lehrers Egon Schneider zum 23. Dezember 1943 mit der Lehrstuhlvertretung in Münster beauftragt wurde. Nach dem Ende des Zweiten Weltkriegs und des nationalsozialistischen Regimes 1945 wurde Mörsdorf zum 1. Januar 1946 zum ordentlichen Professor des Kirchenrechts an der Universität Münster berufen. Sein Wirkungsort verlagerte sich allerdings bereits einige Monate später an die Universität München, wo er ab dem 1. Mai 1946 als Nachfolger seines Lehrers Eduard Eichmann ordentlicher Professor für Kirchenrecht wurde und somit im Alter von 37 Jahren endgültig in die Stadt zog, in der er bis zum Ende seines Lebens geblieben ist.

Der Zweite Weltkrieg hatte die Münchner Universität schwer getroffen. Das Hauptgebäude war fast völlig zerstört und die Theologische Fakultät war seit 1939 geschlossen. Klaus Mörsdorf selbst schrieb in einem Rückblick über das Jahr 1946: „Unser Deutschland (…) stand vor den Gräueln der Verwüstung, die der von deutscher Hybris heraufbeschworene Zweite Weltkrieg hinterlassen hatte." Es war nun auch an ihm, in dieser schweren Zeit die 1946 wieder eröffnete Theologische Fakultät mit aufzubauen – unter anderem zusammen mit seinen langjährigen Freunden Michael Schmaus (1897–1993) und Joseph Maria Pascher (1893–1979), die wie er 1946 nach München berufen wurden. Mit der Gründung des Kanonistischen Instituts 1947 (kirchliche Errichtung *ad instar facultatis* erst 1954) schuf Mörsdorf eine bis heute im deutschen Sprachraum einzigartige Lehreinrichtung für kanonisches Recht, die seit 2001 zu seinem Gedenken den Namen „Klaus-Mörsdorf-Studium für Kanonistik" trägt. Klaus Mörsdorf war von 1946 bis zu seiner Emeritierung 31 Jahre lang am Institut tätig und bildete in dieser Zeit zusammen mit seinen Instituts-Kollegen (u.a. Audomar Scheuermann [1908–2000] und Heribert Schmitz [1929–2018]) zahlreiche Kanonisten aus, die mit dem Lizentiat des Kanonischen Rechts (Lic. iur. can.), der Promotion im Kanonischen Recht (Dr. iur. can) und/oder der Habilitation im Kanonischen Recht abschlossen. Zwischen der Gründung des Instituts und Mörsdorfs Emeritierung haben dort 64 Absolventen (darunter nur eine Frau) ihre Studien zum Kanonischen Recht abgeschlossen und konnten an kirchlichen Gerichten, in kirchlichen Ämtern oder an Universitäten als Kanonisten tätig werden. Zu seinen Schülern zählen unter anderem die nachmaligen Professoren für Kirchenrecht Heribert Heinemann (1925–2012; Bochum), Richard Adolf Strigl (1926–1958; München), Heribert Schmitz

(1929–2018; Passau, Trier und München) und Winfried Aymans (geb. 1936; Trier, Bonn und München, hier als direkter Nachfolger Mörsdorfs) sowie die Bischöfe Viktor Josef Dammertz OSB (1929–2020; Augsburg), Eugenio Correcco (1931–1995; Lugano, zuvor Professor für Kirchenrecht in Freiburg i.Ue.), Oskar Saier (1932–2008; Freiburg i. Br.) und Kardinal Antonio María Rouco Varela (geb. 1936; Santiago de Compostela und Madrid).

Neben seinem Wirken als Universitätsprofessor nahm Mörsdorf zahlreiche weitere Aufgaben wahr und beeinflusste die Entwicklung des Kirchenrechts und der Theologie maßgeblich. Seit 20. Februar 1953 war Mörsdorf ordentliches Mitglied der Bayerischen Akademie der Wissenschaften und seit 18. Juni 1955 Mitglied des Advisory Board des Institute of Research and Study in Medieval Canon Law (Washington D.C.). Ausgezeichnet und geehrt wurde Mörsdorf am 10. März 1976 mit der Verleihung der Ehrendoktorwürde (Dr. iur. can. h.c.) der Universität Leuven sowie 1978 mit dem Bayerischen Verdienstorden und am 25. August 1983, dem Jahr der Promulgation des *Codex Iuris Canonici*, mit der Ernennung zum Apostolischen Protonotar. An der Reform des Kirchenrechts, die am 25. Januar 1959 mit der Ankündigung von Papst Johannes XXIII. (1881–1963) begann, mit dem Ziel der kirchlichen Erneuerung ein Ökumenisches Konzil durchzuführen und das Kirchenrecht entsprechend dessen Beschlüssen zu reformieren, war Mörsdorf direkt und nachhaltig beteiligt – zunächst als *peritus* (Sachverständiger) des Zweiten Vatikanischen Konzils und später als Konsultor der Codex-Reformkommission (Ernennung am 17. April 1967). Er wurde am 25. Oktober 1960 zum Mitglied der *Pontificia Commissio de Disciplina Sacramentorum Praeparatoria Concilii Vaticani II* und am 17. April 1964 zum Konsultor der *Pontificia Commissio CIC Recognoscendo* ernannt. Auch an der Römischen Kurie war er beratend tätig, nämlich seit dem 1. April 1973 als Konsultor der *Sacra Congregatio pro Clericis*.

III

Man wird heute kaum noch erahnen können, was ein Mensch mit einer Lebenszeit zwischen 1909 und 1989 an Schwerem und Belastendem ertragen haben musste. Vor diesem Hintergrund war auch Klaus Mörsdorf mit Rückschlägen, Einschränkungen und Hindernissen konfrontiert. Kurz vor seiner Einschulung begann der Erste Weltkrieg. Und als sich Jahre später seine Studien an der Universität mit den diversen akademischen Abschlüssen (Dr. iur., Dr. theol., Habilitation) dem verdienten Ende entgegensahen, und eigentlich dem erfolgreichen beruflichen Werdegang alle Türen offenstehen sollten, herrschten die Nationalsozialisten und unterbrachen zunächst sein akademisches Wirken in Münster für mehrere Jahre. Als Mörsdorf 1946 nach München berufen wurde, stand er vor einer zerstörten Universität, deren Theologische Fakultät wiederaufgebaut werden musste, nachdem sie sechs Jahre lang geschlossen war. Gerade diese Jahre waren eine schwierige Zeit, die Klaus Mörsdorf in vielerlei Hinsicht geprägt hat. Andererseits zählte er auch zu den glücklichen Menschen, denen es vergönnt war, zwei epochale Ereignisse der Kirchengeschichte mitzuerleben: das Zweite Vatikanische Konzil (1962–1965) sowie die darauffolgende Reform des *Codex Iuris Canonici* (1967–1982). Klaus Mörsdorf hatte die Möglichkeit, an beiden aktiv mitzuwirken und seine jahrelange wissenschaftliche Vorbereitung dort umzusetzen – ohne freilich dies zuvor erahnen zu können. Man könnte im Rückblick den Eindruck gewinnen, er hätte durch seine eigenen Studien und die auf seine Anregung entstandenen Arbeiten den Plan einer Kirchenrechts-Reform schon verfolgt, oder als hätte er das alles in der großen Hoffnung auf eine Reform erarbeitet und nur auf den entscheidenden Zeitpunkt gewartet, an dem er seine fundierten Vorbereitungen in die Tat umsetzen konnte. Bereits im Jahr nach der Ankündigung der Codex-Reform verfasste Mörsdorf ein 58 Seiten starkes Gutachten unter dem Titel „Erwägungen zur Anpassung des Codex Iuris Canonici. Gutachten vom 17. März 1960". Er brachte darin sein Anliegen zum Ausdruck, einige Themen zunächst vom Konzil klären und prüfen zu lassen, um für die Gesetzesreform eine sichere Grundlage zu haben. Unter Berücksichtigung der wissenschaftlichen Diskussion, die er maßgeblich mitgeprägt hatte, stellte er die problematischen Fragestellungen der Reihe nach dar. Es handelte sich um grundlegende Fragen aus dem Verfassungsrecht, den Allgemeinen Normen und dem Sakramentenrecht. Im Hinblick auf die Kirchengliedschaft sah er sich zwei Polen gegenüber: einerseits die Taufe als unzerstörbares gliedschaffendes Prinzip und andererseits die rechtliche Möglichkeit, einen Getauften beispielsweise aufgrund von Häresie oder Schisma von der gelebten Gemeinschaft ausschließen zu können. Die theologische Aufgabe sah Mörsdorf darin, beide Gedankenreihen so miteinander zu verbinden, dass beide unverkürzt bestehen bleiben könnten. Als Lösung schlug er vor, die Kirchengliedschaft als mehrschichtigen Begriff zu definieren und zwischen tätiger Gliedschaft (der persönliche Frömmigkeitsvollzug) und konstitutioneller Gliedschaft (das durch die Taufe vermittelte Personsein in der Kirche) zu unterscheiden.

Ein weiteres, für ihn zentrales Thema war die Klärung der Natur der Leitungsgewalt (*sacra potestas*), präziser gesagt der Beziehung zwischen Weihe- und Hirtengewalt, die er als noch nicht ausreichend erfasst und weithin verkannt einstufte. Seine Sorge war, dass das Beziehungsverhältnis zwischen Weihe- und Hirtengewalt dadurch verunklart wurde, dass die Weihegewalt als sakramentale Gewalt verstanden wurde und die Hirtengewalt dagegen als Rechtsgewalt, wodurch ein Gegensatz zwischen Sakrament und Recht entstand. Mörsdorf betonte, dass es sich um eine einzige Gewalt handelte und war ein entscheidender Impulsgeber für das Konzil, nicht von zwei oder drei Gewalten zu sprechen, sondern nur von einer, der *sacra potestas.* Der Unterschied zwischen Weihe- und Hirtengewalt käme allein von der verschiedenen Weise ihrer Übertragung (Weihegewalt durch die Weihe, Hirtengewalt durch Übertragung eines Amtes), woraus sich auch ihre jeweils eigentümliche Funktion ableiten ließe. Trennen könne man beide allerdings nicht, was bedeute, dass nur Geweihte fähig sein können, Leitungsgewalt auszuüben. Bis zum *Schema novissimum* aus dem Jahr 1982, das durch Papst Johannes Paul II. (1920–2005) nach Beratung mit einer kleinen Kardinalskommission einer abschließenden Revision unterzogen wurde, war in den Entwürfen für das neue Kirchenrecht noch die Übernahme von Leitungsgewalt durch Laien vorgesehen. Papst Johannes Paul II. änderte dies erst kurz vor der Promulgation des neuen *Codex Iuris Canonici* am 25. Januar 1983. Für das heutige Kirchenrecht bedeutet das, dass Laien zwar an der Leitungsgewalt nach Maßgabe des Rechts mitwirken können (*cooperari possunt*, c. 129 CIC/1983), aber nicht – wie im letzten Entwurf vorgesehen – teilhaben können (*partem habere possunt*).

Mörsdorf argumentierte entschieden und auf theologischer sowie kirchenrechtlicher Ebene gegen Karl Rahners (1904–1984) Auffassung, dass in einem streng theologischen Sinn sogar eine Frau durchaus zum Klerus gehören könne, sofern sie rechtmäßig im habituellen Besitz irgendeines Stückes der liturgischen oder rechtlichen Gewalt sei. Ebenso wies er Yves Congars (1904–1995) Theologie des Laientums zurück. Der Begriff des Laien sei nach Mörsdorfs Auffassung auch in der theologischen Diskussion strittig geworden und bedürfe einer Klärung durch das Konzil. Er sei zudem nur im Zusammenhang und in Abgrenzung mit dem des Klerikers zu denken, weil gerade der Unterschied zum Kleriker den Laien ausmache. Mörsdorf räumte aber ein, dass Laien zu einer kanonischen Sendung mit gewissen Vollmachten hoheitlichen Charakters durchaus fähig seien. Für die Codex-Reform forderte er, der Stellung des Laien die ihr gebührende Behandlung einzuräumen, die der Entwicklung der vorangehenden Jahrzehnte Rechnung tragen solle. Dabei bezog er sich u.a. auf Aussagen von Papst Pius XII. (1876–1958) zur Stellung der Laien, die zu seinem Bedauern beim kirchlichen Gesetzgeber keine Früchte getragen haben.

In diesem Zusammenhang steht auch Mörsdorfs Lehre vom Volk Gottes, das sich aus Klerikern und Laien zusammensetzt. Der Begriff „Volk Gottes" wurde zu einem zentralen Begriff für das Zweite Vatikanische Konzil und später selbstverständlich für das neue Gesetzbuch. Bereits 1947 definierte Mörsdorf die Kirche als Gottesvolk. Letztlich ist der Begriff Volk Gottes in der Dogmatischen Konstitution *Lumen Gentium* zum zentralen Begriff geworden, von dem schlussendlich auch die neue Konzeption des kirchlichen Verfassungsrechts im Zweiten Buch des CIC/1983 (*De Populo Dei*) ausging.

Dass sich das Strafrecht seit der Promulgation des CIC/1917 nicht weiterentwickelte, führte Mörsdorf darauf zurück, dass es seinen Sinn und Zweck verloren hätte, und es eines grundsätzlich neuen Ansatzes bedurfte. Es sei ein Strafrecht für Kleriker und Religiosen, aber irrelevant für Laien. In der Praxis gehe es vor allem darum, selbständig eingetretene Tatstrafen nachzulassen, als darum, Straftaten zu verurteilen. Die kirchliche Gerichtsbarkeit werde kaum noch bemüht, was zum einen daran lag, dass der Staat die ausschließliche Strafgerichtsbarkeit für sich beanspruchte und zum anderen, dass die Wirksamkeit des Strafens weitgehend aus dem Rechtsbereich in den inneren Bereich (*forum internum* – Gewissensbereich) hinein verlagert wurde. Die Abschaffung des Strafens im inneren Bereich sowie die Reduzierung der Tatstrafen wurden später auch zu einem der zehn Prinzipien für die Codex-Reform, die die Bischofssynode 1967 formulierte.

Weitere Fragestellungen, die Mörsdorf für die Klärung durch das Konzil vortrug, waren der Begriff des Kirchenamtes, die Unterscheidung von äußerem und innerem Bereich, das Verhältnis zwischen Papst und Bischof, der Ausbau der Bischofskonferenzen, das Mitopfern der Gläubigen bei der Eucharistie und die Verortung des Messstipendiums sowie einige Fragen aus dem Eherecht, wie die Frage nach der Zulassung der bedingten Eheschließung im lateinischen Recht.

Ein Jahr nach der Vorlage seines Gutachtens, das er vermutlich zum Gebrauch künftiger Konzilsväter verfasst hatte, wurde Mörsdorf 1961 zum Mitglied der Konzilsvorbereitungskommission „De Sacramentis" berufen. Hierfür legte er ebenfalls ein Gutachten vor, das sich mit der Natur der Jurisdiktion beschäftigte, die zur gültigen Lossprechung von Sünden erforderlich ist. In jenem Jahr wurde Mörsdorf auch schon informell von Julius Kardinal Döpfner (1913–1976) als Berater bei der Begutachtung der Entwürfe (Schemata, 1961 und 1963) für die künftigen Konzilsdekrete hinzugezogen – also bereits vor Beginn des Konzils. Mit Beginn der zweiten Sitzungsperiode 1963 wurde Mörsdorf zum *peritus* (Sachverständigen) des Konzils ernannt. Es handelte sich um Schemata zu Tonsur und Kleidung von Klerikern, über das historische und künstlerische Erbe der Kirche, über kirchliche Ämter und Pfründe sowie über die Verwaltung der kirchlichen Güter. Mörsdorfs Kommentare zu den Schemata über die Bischofskonferenzen und über den Hirtendienst der Bischöfe finden sich in den neuen Entwürfen wieder. Bei dem endgültigen Konzilsdekret *Christus Dominus* handelt es sich laut Haering sogar um eine „Fortführung des fünf Tage zuvor von Mörsdorf vorgelegten Gutachtens und um eine Kommentierung der verbleibenden Nummern des Schemas." Kardinal Döpfner beschränkte Mörsdorfs Zuarbeit allerdings nicht nur auf diesen Bereich, sondern bezog ihn mit seiner Fachkompetenz auch in die Arbeit der zum *Schema Decreti De Matrimonii Sacramento* (Eherecht) und zur Erarbeitung des Entwurfs des *Motu Proprio* über die Mischehen ein. Auf diese Weise konnte Mörsdorf mit Kardinal Döpfners Unterstützung jahrelang seine Vorstellungen in die Konzilsarbeit und letztlich in deren Beschlüsse einbringen.

IV

Nach dem Konzil ging es darum, die konziliaren Neuansätze für die Kirche und Öffentlichkeit zugänglich und verständlich zu machen. Durch seine intensive Beteiligung am Dekret *Christus Dominus* war Mörsdorf prädestiniert, dazu eine umfangreiche Kommentierung für die Ergänzungsbände des „Lexikons für Theologie und Kirche" zu verfassen. Diese Ergänzungsbände hatten das Ziel, die Konzilsbeschlüsse theologisch-wissenschaftlich zu rezipieren und mit ausführlichen wissenschaftlichen Kommentaren zu versehen. Zudem verfasste Mörsdorf zahlreiche Publikationen zu Konzilsthemen, wie zum Beispiel zur Teilhabe der Laien an der Sendung der Kirche und zur Autonomie der Ortskirche, sowie zu nachkonziliaren Gesetzen des Apostolischen Stuhls, wie dem von Paul VI. promulgierte Motu Proprio *Apostolica sollicitudo* (15. September 1965) zur Errichtung der Bischofssynode und der Neuordnung der Mischehen durch das Motu Proprio *Matrimonia Mixta* (31. März 1970). Er beteiligte sich mit zahlreichen verfassungsrechtlichen Beiträgen am neuen theologischen Lexikon „Sacramentum mundi", das von Karl Rahner in vier Bänden zwischen 1967 und 1969 herausgegeben wurde. Doch nicht nur in bewährter schriftlicher Form brachte Mörsdorf den Fachleuten, Theologen und der Gesellschaft die Neuerungen näher, sondern auch durch eine mehrteilige Sendereihe des Bayerischen Rundfunks, in der er grundlegende Fragen der anstehenden Codex-Reform vor dem Hintergrund des Konzils erläuterte.

Doch zeitgleich begann auch schon der nächste Schritt in der Erneuerung der Kirche: die Reform des Kirchenrechts. Bereits 1963 wurde Mörsdorf zum Konsultor in der Päpstlichen Kommission für die Revision des *Codex Iuris Canonici* von 1917 ernannt und war somit von Anfang an beteiligt. Es ging darum, die Beschlüsse des Konzils im kanonischen Recht umzusetzen und das vorliegende Gesetzbuch von 1917 entsprechend zu überarbeiten. Die Promulgation des neuen Gesetzbuchs im Jahr 1983 sollte einen Epochen-Wechsel in der Kanonistik darstellen.

Als die Kommission nach Ende des Konzils (8. Dezember 1965) ihre Arbeit aufnahm, begann für Mörsdorf eine Zeit, in der er häufig nach Rom reisen musste. Er bereitete die Revisionsarbeiten ausführlich und für die Öffentlichkeit einsehbar vor. So veröffentlichte er u. a. 1964 den Artikel „Grundfragen einer Reform des kanonischen Rechts" in der Münchener Theologischen Zeitschrift und dokumentierte darin und durch zahlreiche weitere Publikationen seine Anliegen und auch die Arbeit der Reformkommission für den deutschsprachigen Raum, zusätzlich zu den offiziellen Berichten in der Zeitschrift *Communicationes*, die seit 1969 von der Päpstlichen Kommission herausgegeben wurde und über die Arbeit der einzelnen Studiengruppen berichtete.

Die Kommission erstellte zunächst zu jedem Teil des *Codex Iuris Canonici* Einzelentwürfe (Schemata) und teilte sich dann auf verschiedene

Studiengruppen auf. Diese Studiengruppen erforderten Einzelarbeit an den jeweiligen Wirkungsorten ihrer Mitglieder, aber auch zahlreiche Sitzungen, die in Rom stattfanden. Grundlage ihrer Arbeit waren die Konzilsbeschlüsse, darauf aufbauende päpstliche Gesetzgebung und zusätzliche päpstliche Vorgaben. Hinzu kamen die zehn von der Bischofssynode 1967 erarbeiteten Prinzipien zur Codex-Reform. Die Einzelentwürfe wurden an Fachleute, Universitäten und Institute in aller Welt gesandt, die ihre Kommentare und Vorschläge an die Kommission zur Weiterarbeit am Reformprozess zurücksenken sollten.

Am Kanonistischen Institut in München hat Klaus Mörsdorf mit seinen Kollegen ein Forum für die Diskussion der deutschsprachigen Fachleute geschaffen. In fünf Symposien diskutierten sie in München über das Vorhaben einer „*Lex Ecclesiae Fundamentalis*" (1971), über das kirchliche Dienst- und Arbeitsrecht (1974), über die Revision des Sakramentenrechts (1975), über die Neuordnung des Ordens- und Prozessrechts (1977) sowie über die letzten Einzelschemata (1978). Die Ergebnisse der Symposien wurden meist in der Zeitschrift „Archiv für Katholisches Kirchenrecht", die Mörsdorf damals selbst herausgegeben hat, veröffentlicht.

V

Klaus Mörsdorf lebte und wirkte in einer theologisch und kirchenrechtlich einschneidenden Epoche. Nach einer ersten Lebenshälfte der intensiven Vorbereitung hatte er in seiner zweiten Lebenshälfte die Möglichkeit, durch die Mitwirkung am Zweiten Vatikanischen Konzil und bei der Reform des Kirchenrechts das umzusetzen, was er sich über Jahre hinweg erarbeitet hatte. Aber nicht nur die großen, von der Kirchenleitung vorgegebenen Ereignisse und Spielräume, ermöglichten ihm, nachhaltigen Einfluss auf die Entwicklung des Kirchenrechts zu nehmen. Auch sein Eifer für das Kirchenrecht, der in zahlreichen Schriften aller Art an die Öffentlichkeit getreten ist, machte ihn für Kirche, Kirchenrecht und Theologie zu einem prägenden Wissenschaftler, der kritische Meinungen und gegenteilige Auffassungen zu Wort kommen ließ und stets auf sachlicher Ebene argumentierte. Wenn er bedenkliche oder gefährliche Tendenzen beobachtete, die seiner Auffassung nach nicht mehr den Beschlüssen des Konzils folgten, hielt er sich mit Kritik nicht zurück. Stephan Haering fasste das einmal folgendermaßen zusammen: „Klaus Mörsdorf hat das Konzil begrüßt und die Revision des *Codex Iuris Canonici* durch seine engagierte Arbeit mitgetragen, war aber aufgrund seiner Persönlichkeit gegen einen naiven kirchlichen Fortschrittsoptimismus gefeit."

Mörsdorf war ein Vorreiter des Konzils und maßgeblich an der Reform des Kirchenrechts beteiligt. Er war sich der Besonderheit der Zeit durchaus bewusst und bezeichnete 1970 das Vierteljahrhundert seit Kriegsende als eine Zeitspanne, „die man zu den bewegendsten Zeiten der Menschheitsgeschichte rechnen darf". Er war ein gefragter Kanonist im wahrsten Sinne des Wortes. Doch nicht nur Eifer für die Theologie und insbesondere für das Kirchenrecht trieben ihn an. Er hätte mit seinen Erfolgen sehr zufrieden sein können, die aus seiner Sicht die Kirche in eine gute Zukunft führen konnten. Doch er sorgte sich zugleich um die Kirche, was er folgendermaßen darstellte: „In unseren Tagen stehen Kirche, Staat und Gesellschaft in einer Not, die mit der materiellen Notlage der Nachkriegszeit nicht vergleichbar ist. Ein Freiheitsverständnis, das den Menschen zum Maß aller Dinge macht und nicht mehr darum weiß, dass echte Freiheit nur in der Wahrung einer wesenhaften Bindung zu verwirklichen ist, rüttelt an den Grundlagen unserer aus christlichem Geist gestalteten Gesellschaftsordnung und in der nachkonziliaren Zeit auch an den Grundfesten der Katholischen Kirche, die heute im offenen Schussfeld eines theologischen Journalismus liegt...". Sogar „mit der Geistsalbung ausgerüstete Bischöfe" seien durch die in Presse, Funk und Fernsehen vermittelten Inhalte verunsichert. Mit der Glaubensnot gehe auch eine Infragestellung der Kirche und ihres heiligen Rechts einher.

Mörsdorfs zahlreiche Publikationen entstanden durchweg vor 1983. Zu dem damals neuen Gesetzbuch äußerte er sich nicht mehr schriftlich. Es war auch nicht erforderlich – trägt doch der CIC seine Handschrift.

Schriften (Auswahl)

Lehrbuch des Kirchenrechts aufgrund des Codex Iuris Canonici, begründet von Eduard Eichmann, neubearbeitet von Klaus Mörsdorf, erstmals in völlig veränderter 5. Aufl., 3 Bde (Paderborn 1949, 1950), zuletzt in 11. verbesserter Aufl. (Band I [1964], Band II [1967], ebenfalls in 12. unveränderter Aufl. 1967), Band III (1979). – Die Rechtssprache des Codex Iuris Canonici. Eine kritische Untersuchung; von der Theologischen Fakultät der Ludwig-Maximilians-Universität München gekrönte Preisschrift (Görres-Gesellschaft, Sektion für Rechts- und Staatswissenschaft 74), Paderborn 1937, 1967. – Zur Grundlegung des Rechtes der Kirche, in: Münchner Theologische Zeitschrift 3 (1952), 329–348. – Eduard Eichmann. Zum 100. Geburtstag (14.2.1970), in: AfkKR 139 (1970), 492–499. – Nachdruck von 48 ausgewählten Aufsätzen: W. *Ayman*, K.-T. *Schmitz*, H. *Schmitz* (Hg.), Klaus Mörsdorf. Schriften zum Kanonischen Recht, Paderborn 1989 (gesamtes Schriftenverzeichnis: S. 879–889).

Literatur (Auswahl)

W. *Ayman*, Klaus Mörsdorf. Erinnerungen an den akademischen Lehrer und väterlichen Freund anlässlich seines 100. Geburtstags, in: AfkKR 178 (2009), 3–6. – A. *Cattaneo*, Klaus Mörsdorfs Beitrag zur Revision des CIC, in: AfkKR 178 (2009), 17–51. – S. *Haering*, Der Münchner Kanonist Klaus Mörsdorf und das Zweite Vatikanische Konzil, in: Erneuerung in Christus. Das Zweite Vatikanische Konzil (1962–1965) im Spiegel Münchener Kirchenarchive (Schriften des Archivs des Erzbistums München und Freising 16), hg. von A.R. *Batlogg* u.a., Regensburg 2012, S 177–190. – A. *Cattaneo*, Klaus Mörsdorf (1909–1989), in: 60 Portraits aus dem Kirchenrecht. Leben und Werk bedeutender Kanonisten, hg. von P. *Thull*, St. Ottilien 2017, S. 515–525.

Berthold Wald

JOSEF PIEPER (1904-1997)

Josef Pieper wurde am 4. Mai 1904 in der Nähe von Münster geboren. Nach dem Besuch des humanistischen Gymnasium Paulinum in Münster studierte er von 1923-1928 an den Universitäten Münster und Berlin Philosophie, Rechtswissenschaften und Soziologie. Schon auf dem Gymnasium beginnt seine Beschäftigung mit dem Werk des Thomas von Aquin. 1928 wird er von der philosophischen Fakultät der Universität Münster mit einer Dissertation über die Grundlagen der thomasischen Ethik promoviert („Die Wirklichkeit und das Gute"). Von 1928-1932 ist Pieper Assistent am Forschungsinstitut für Organisationslehre und Soziologie der Universität Münster. In diese Zeit fällt die erste Begegnung mit Hans Urs von Balthasar, mit dem Pieper eine lebenslange Freundschaft verbindet. Ort der Begegnung sind die jährlichen philosophisch-theologischen Sommerkurse in der Nähe von Basel mit dem Jesuiten Erich Przywara, den Pieper im Rückblick einen seine „Weltsicht von Grund auf prägenden Lehrer" genannt hat. Przywaras philosophisch-theologische Kurse bringen Pieper erstmals in Kontakt mit der zeitgenössischen Philosophie (Heideggers existential-ontologische Umdeutung der Phänomenologie, Marburger Neukantianismus, logischer Positivismus). Angeregt durch die Sozialenzyklika „Quadragesimo anno" Pius' XI. publiziert er ab 1932 über sozialphilosophische Fragen. Nach Beschlagnahmung und Verbot einzelner Schriften beginnt er 1934 mit einer aktuellen Neuformulierung des christlichen Menschenbilds („Vom Sinn der Tapferkeit"). Er tut dies im Rückgriff auf die Tugendlehre des Thomas von Aquin auch auf ausdrücklichen Wunsch seines Verlegers Jakob Hegner. Eine leitende Mitarbeit am „Institut für neuzeitliche Volksbildungsarbeit" in Dortmund ab 1935 ermöglicht es dem seit 1932 stellenlosen Akademiker zu heiraten und eine Familie zu gründen (drei Kinder). Nicht eigens deklariertes Ziel des Dortmunder Instituts war es, unter den Bedingungen des NS-Staates katholische Volksbildung zu erhalten und zu stärken, wozu Pieper auch durch eigene Schriften bis zur Aufhebung des Instituts 1940 beigetragen hat („Christenfibel", „Thomas-Fibel", „Über das christliche Menschenbild"). Eine zweisprachige Ausgabe der „Summa Theologica" des Thomas von Aquin kommt aufgrund der Zeitumstände nicht zustande. Zentrale Thomas-Texte in Piepers Übersetzung („Das Wort", „Das Herrenmahl", „Das Credo", „Das Vater unser", „Die Zehn Gebote") sind gleichwohl erschienen und inzwischen wieder neu aufgelegt. 1940 erfolgt die Einberufung zum Militärdienst als Gutachter bei der Heerespsychologie und später zu Eignungsuntersuchungen von Kriegsversehrten. Erst nach Kriegsende kann er sich endlich mit der Schrift „Wahrheit der Dinge" an der Philosophischen Fakultät der Universität Münster habilitieren. Ab dem Wintersemester 1946 lehrt er Philosophie an den Hochschulen in Essen und Münster. Seine bis heute international meistgelesenen Bücher „Muße und Kult" sowie „Was heißt Philosophieren?" (beide 1948) erscheinen schon 1950 in englischer Übersetzung. Piepers Verleger im angelsächsischen Sprachraum ist seitdem der gerade mit dem Nobelpreis für Literatur ausgezeichnete englische Lyriker T. S. Eliot. Er publiziert beide Schriften in einem Band mit dem von ihm selbst vorgeschlagenen Titel „Leisure the basis of culture". Auf Vorschlag des befreundeten Verlegers Peter Suhrkamp wird Pieper 1949 als Gründungsmitglied in die Deutsche Akademie für Sprache und Dichtung berufen und ist seit 1954, noch vor seiner Berufung auf einen Universitätslehrstuhl, auch Mitglied der Arbeitsgemeinschaft für Forschung des Landes NRW (der späteren Rheinisch-Westfälischen Akademie der Wissenschaften). In rascher Folge erscheinende und viel beachtete Bücher zu aktuellen anthropologischen, ethischen und kulturphilosophischen Themen bringen ihm zahlreiche Rufe an bedeutende deutsche und amerikanische Hochschulen ein, die er allesamt ablehnt. Erst im Mai 1959 wird Pieper durch ministerielles Drängen zum ordentlichen Professor für Philosophische Anthropologie an der Universität Münster berufen. Zu den Teilnehmern regelmäßiger Zusammenkünfte im Hause Pieper gehört auch Joseph Ratzinger, der an der Theologischen Fakultät in Münster von 1963 bis 1966 den Lehrstuhl für Fundamentaltheologie innehat und sich dem geistigen Erbe Piepers bis heute verbunden weiß. Piepers außerordentlicher Lehrerfolg an der Universität Münster war auch mitursächlich dafür, dass im Zuge des notwendigen Hochschulausbaus der bis heute größte Hörsaal der Universität Münster (H1) mit ca. 1000 Plätzen errichtet wurde. Schon ab 1950 führen ihn Gastprofessuren immer wieder in die USA und nach Kanada, später auch Forschungs- und Vortragsreisen nach Indien, Japan und in weitere Länder Asiens. Auch außerhalb der Universität erreicht Pieper ein breites Publikum durch Vorträge, Rundfunk- und Fernsehproduktionen, darunter drei Fernsehspiele „Kümmert euch nicht um Sokrates" zu Platons „Gorgias" (1962), zum platonischen „Symposion" (1965) und zum Tod des Sokrates (Apologie, Phaidon, Kriton, 1967, 1979). 1964 und 1974 erhält er die theologische Ehrendoktorwürde der Universitäten München und Münster, 1985 und 1990 die philosophische Ehrendoktorwürde der Katholischen Universitäten Eichstätt und Washington D.C. Das Deutsche Literaturarchiv in Marbach am Neckar erwirbt 1977 das Recht, seinen Nachlass zu verwalten, der seither öffentlich zugänglich ist. Unter den zahlreichen Preisen, die Pieper erhalten hat, ragt der Balzan-Preis heraus. Dieser wird 1981 erstmals im Fach Philosophie verliehen und ist dem Nobelpreis in Dotierung und Reputation vergleichbar. Bis heute ist Josef Pieper der einzige deutsche Philosoph, dem diese höchste Auszeichnung zu Teil wurde. Nach seiner Emeritierung 1972 lehrt er auch weiterhin vor zahlreichen Hörern jeden Freitagabend an der Universität. Im Frühjahr 1994, auf dem philosophischen Symposion zu seinem neuzigsten Geburtstag im Rathaus der Stadt Münster, konnte Pieper noch die Ankündigung der Werkausgabe erleben, die ab 1995 im Hamburger Felix Meiner Verlag zu erscheinen beginnt. Eine für das Sommersemester 1996 angekündigte Vorlesung „Was heißt Glauben?" wird seine letzte sein; eine für das Wintersemester geplante Vorlesung kommt nicht mehr zustande, seine stark verminderte Sehkraft lässt das nicht mehr zu. Pieper stirbt am 6. November 1997 in seinem Haus in Münster.

I

In der Philosophie des Zwanzigsten Jahrhunderts nimmt Josef Pieper eine Sonderstellung ein. Von der universitären Fachphilosophie weitgehend mit Schweigen übergangen, fasziniert Pieper sehr wohl seine akademisch gebildeten Hörer und Leser, wie überhaupt alle, die für ein von Sinnfragen des Lebens angeregtes Philosophieren aufgeschlossen sind. Im Pieper-Nachlass in Marbach am Neckar finden sich Hunderte von Leser- und Hörerzuschriften, die das eindrucksvoll belegen. Einige Stimmen aus dem akademischen Bereich, die über die Wirkung Piepers Aufschluss geben, sollen hier beispielhaft genannt sein. 1964 hält Pieper auf Einladung der Deutschen Forschungsgemeinschaft (DFG) in Berlin den Festvortrag zum fünfzehnjährigen Bestehen. In Anwesenheit des Bundespräsidenten und vor den Spitzen aus Politik und Wissenschaft, dazu zahlreichen Wissenschaftlern aus unterschiedlichen Fachgebieten, spricht er über das Thema „Der Verderb des Wortes und die Macht. Platons Kampf gegen die Sophistik" – mit der ausdrücklichen Warnung vor den Folgen eines von der Norm der Sache emanzipierten Sprachgebrauchs. Wer den Wahrheitsbezug und Mitteilungscharakter der Sprache bewusst ignoriert, macht den Anderen zum Objekt seiner Herrschaftsinteressen. Die Sophistik ist kein Phänomen der Vergangenheit, sondern eine andauernde menschliche Versuchung, und Platons Kampf gegen den Missbrauch der Sprache gerade im Medienzeitalter von unerhörter Aktualität. Am 27. Juli 1964 bedankt sich der Generalsekretär der DFG, Kurt Zierold, „für den großartigen Vortrag" und berichtet, was er aus dem Kollegenkreis darüber gehört hat: „Das war der eindrucksvollste Vortrag, den wir bei unseren 15 Jahresversammlungen hörten, gerade weil er bei allen, die empfänglich sind, nicht eine Köpfchenangelegenheit blieb, sondern unter die Haut ging. Eben deswegen blieben einige der Fachwissenschaftler abseits, weil sie nicht vorhatten, sich irgendetwas unter die Haut gehen zu lassen." Wenige Tage später, am 3. August, meldet sich auch der Präsident der DFG, der Romanist Gerhard Hess, und berichtet, „wie stark die Spannung im Saale war und wie die stets erneuerte Verbindung des klassischen Konflikts mit den Anfechtungen der Gegenwart erregte und fesselte." Schließlich noch ein letztes Zeugnis für die außerordentliche Wirkung Piepers auf den wohl gebildetsten Theologen unserer Zeit. Mit Schreiben vom 14. Mai 2008 bedankt sich Papst Benedikt XVI. für die Zusendung eines Bandes der Werkeausgabe und schreibt: „Obwohl ich beim Ankommen des Buches in größter zeitlicher Bedrängnis war, konnte ich es mir doch nicht versagen, den ein und anderen Beitrag zu lesen. Ich habe wieder die gleiche Faszination empfunden, die mich immer bei der Berührung mit Piepers Denken angerührt hat."

Wie kommt es nun, dass ein Universitätsprofessor für Philosophische Anthropologie, der entgegen dem fachwissenschaftlichen Standard jeden Anspruch auf Originalität und Neuheit stets für sich zurückgewiesen hat, eine solche Resonanz, geradezu ein Hinein-gezogen-werden in den Bannkreis seines Denkens, erfährt? Papst Benedikt gibt auf diese Frage in dem bereits zitierten Schreiben eine verblüffend einfache und überzeugende Antwort: „Das Große an Pieper sehe ich gerade darin, dass er nicht gelehrte Philosophie macht, sondern unbefangen nach der Sache selbst fragt. Und das gerade macht den wahren Philosophen aus." In einer Rezension von Piepers „Über die Liebe" (1972) hatte Ludger Oeing-Hanhoff, ein Tübinger Kollege und Pieper noch aus seinen Münsteraner Jahren zeitlebens verbunden, den gleichen Punkt getroffen: „Er ist ein Philosoph, der wirklich über seine Sache schreiben kann, statt nur Fachmann in der Zurüstung des philosophischen Schreibzeugs zu sein."

Was nun aber war „die Sache", über die sich Pieper so überzeugend äußern konnte, und wie hat er sich ihrer angenommen? In „Philosophie in Selbstdarstellungen" (1975) formuliert Pieper rückblickend die ihm in der Mitte seines Denkens gestellte Aufgabe so: seine Sache ist eine „aus den Elementen der großen europäischen Denktradition neu zu formulierende Lehre vom Sein und Sollen des Menschen". Es geht ihm darum, das vielfach undeutlich gewordene und auch missdeutete christliche Menschenbild mit Bezug auf konkrete Fragen des heutigen Menschen wirksam vor Augen zu bringen im Rückgriff auf Fragen und Denken der „Großen" in Philosophie und Theologie. Das sind für Pieper nicht zuerst die „Modernen", sondern vor allem die „Alten", insbesondere Platon und Thomas von Aquin. Schon durch den Bezug auf die Lebenssituation der Menschen heute verbietet sich eine auf das bloße Sinnverstehen beschränkte historische Interpretation. Mit Thomas von Aquin erinnert Pieper an den Sinn einer wahrhaft philosophischen Interpretation. Dem Philosophierenden geht es letzten Endes nicht darum, herauszufinden, was andere gedacht haben, sondern wie sich die Wahrheit der Dinge verhält. In Philosophie und auch Theologie gehören darum Überlieferungsbezug und Gegenwartsbezug zusammen. Historisch verstehender Nachvollzug als „Vollzug der Tradition" (Odo Marquart) kommt fachlich anspruchsvoll daher, ist aber philosophisch und existentiell bedeutungslos. Worum es philosophisch sinnvoll allein gehen kann, ist *Tradition als Herausforderung* des Denkens, wie die zweite Aufsatzsammlung Piepers aus dem Jahr 1963 überschrieben ist. Das Zugehörige zu dieser Tradition benennt der Titel seiner ersten Sammlung: „Weistum, Dichtung, Sakrament. Aufsätze und Notizen" (1954). Die darin bezeichneten thematischen Schwerpunkte weisen fundamentale Gemeinsamkeiten mit dem Gegenstand des Philosophierens auf. Es sind allesamt Manifestationen des Außerordentlichen, des Wunderbaren und Erstaunlichen, deren Vermittlung und Wirksamkeit im Denk- und Erfahrungshorizont des Menschen an die sprachliche Gestalt gebunden ist. Piepers eigener Umgang mit der Sprache als Medium der philosophischen Kommunikation ist geprägt von der Unterscheidung zwischen Sprache und Terminologie. Der Terminus ist präzis im genauen Sinn des Wortes: er schneidet heraus, was von wissenschaftlichem Interesse ist und lässt alles andere weg. Das Wort in der Bedeutungsfülle der gesprochenen Sprache dagegen verkörpert den Reichtum der menschlichen Welt- und Selbsterfahrung. Natürlich gibt es hier Unterschiede im Gebrauch dieser Worte. Philosophischer Wortgebrauch muss genau sein, um bezeichnen zu können. Sein Ziel ist aber dasselbe wie im dichterischen Wortgebrauch und der sakramentalen Sprache: Blick und Herz zu weiten und sich dem Ganzen der Wirklichkeit auszusetzen.

Wie Pieper sich selbst in diesem weiten Kontext als Philosophierenden gesehen hat, ist für einen kompakten ersten Zugang am besten nachvollziehbar in seinem Beitrag zu „Philosophie in Selbstdarstellungen" (1975). Fremddarstellungen oder Zusammenfassungen seines Denkens müssen schon angesichts des Umfangs und der sprachlichen Meisterschaft seines Werkes notgedrungen farb- und kraftlos bleiben. Im Folgenden soll der Versuch gemacht werden, einige Grundlinien des Denkens in ihrem biographischen Zusammenhang, also mit „Sitz im Leben", hervorzuheben. Der Ton liegt also nicht auf den Inhalten, wie etwa Piepers Büchern über die menschlichen Grundtugenden, die weltweit einzigartig sind und darum in viele Sprachen übersetzt, sondern auf sich schon früh abzeichnenden Kontinuität des Gedachten.

II

Es gibt kein besonderes philosophisches Erweckungserlebnis, das Pieper auf den Weg des Denkens gebracht hat, sehr wohl aber ein geistiges Erwachen des in seinem katholischen Glauben fest verwurzelten jungen Mannes zu tieferem Verstehen und zur Vergewisserung seiner Wahrheit. Pieper war, wie viele seiner Zeitgenossen auch, in der Jugendbewegung engagiert – einer von außen betrachtet antibürgerlichen Emanzipationsbewegung. Von innen her gesehen war es ein Suchen nach einer tragfähigen Grundlage der

Existenz. Zum Emanzipatorischen gehörte der Aufbruch in die Weite, das Wandern und das „Fahren", wie es damals hieß. Unter Piepers nachgelassenen Aufzeichnungen findet sich eine Liste solcher „Wanderfahrten", die entgegen dem wörtlichen Sinn wenig mit „fahren" zu tun hatten, sondern zu Fuß zurückgelegt wurden und sich von der unmittelbaren Umgebung immer weiter in die Ferne verlagerten. In „Noch wußte es niemand" (1976), dem ersten Band seiner Autobiographie, berichtet er davon, dass die „große Fahrt" nach dem Abitur, im Frühjahr 1923, der Höhepunkt des Fahrtenlebens werden sollte. Pieper hatte „keineswegs im Sinn, sogleich mit dem Studium zu beginnen", wie dies ganz zweifellos dem Wunsch der Eltern entsprochen hätte. Von seinem Vater konnte er keine Unterstützung für solch „extravagante Pläne" erwarten, „begreiflicherweise. Dann würde ich eben ein paar Monate arbeiten und Geld verdienen, beim Bau eines Bahndammes, am Rande der Stadt." Alles Aufbegehren und alle Suche nach einem neuen authentischen Lebensstil erhielt gleich in der ersten Begegnung des damals 16-jährigen Schülers mit Romano Guardini auf Burg Rothenfels ziemlich unerwartet eine neue „formgebende Mitte". Das war im August 1920. Guardini, katholischer Priester in Mainz und dort bereits Leiter einer Vereinigung höherer Schüler mit Namen „Juventus", war selber in diesem August des Jahres 1920 zum ersten Mal auf der Burg, deren geistlicher Leiter er einige Jahre später werden sollte. Seine Bedeutung für die Neuausrichtung und kirchliche Bindung der katholischen Jugendbewegung ist ohne Vergleich. Guardinis erzieherisch-bildendes Wirken wurde gewissermaßen zum Synonym für den Geist von Rothenfels, in dem eine neue Generation von katholischen Christen heranwuchs. Piepers Guardini-Preis-Rede (1981) bestätigt das: „Tatsächlich denke ich, so oft mir Rothenfels in die Erinnerung tritt, sogleich und fast ausschließlich an ihn." Er wurde Pieper in mehrfacher Hinsicht bedeutsam als „ein unvergleichlicher Lehrer", dem „alles Professorale [...] fremd" war. Guardini „lehrte" nicht vom Katheder herab, sondern setzte sich mitten unter die jungen Leute, darauf achtend, „ob seine Worte ankamen und angenommen wurden." Die allgemeinen deutschen Quickborntage von 1920 bis 1924, an denen Pieper teilgenommen hat, waren von einer sich stetig erweiternden Suchbewegung inspiriert, der es um einen lebendigen Zugang zu einer gottgewollten Ordnung der Dinge zu tun war, in welcher sich das Natürliche mit dem Übernatürlichen verbindet. Im Mittelpunkt stand „Christus – unser Führer" und von dorther die aktive Teilnahme am liturgischen Geschehen in der Messfeier. Mit seinen Erläuterungen zum Sinn der Kirche, zu heiligen Handlungen und heiligen Zeichen und schließlich zum Verhältnis von Gemeinschaft und Einzelnem wollte Guardini der kaum mehr verstandenen sakramentale Handlung und den mit ihr verbundenen „Worten ihren Sinn wiedergeben, und den Formen und Handlungen auch, [...] weil nirgendwo die Entseelung des Wortes, die Entleerung des Handelns, die Verflüchtigung des Zeichens so furchtbar ist" wie hier.

Die letzte Tagung auf Rothenfels, an der Pieper teilnahm, war die „Werkwoche" vom Sommer 1924. Sie wird unmittelbar bedeutsam für den gerade einmal zwanzigjährigen Philosophie- und Jurastudenten, der sich in Gedanken bereits mit dem Thema seiner Dissertation befasste und durch ein „einziges Wort" von Guardini „eine bedeutende Fördernis" erfuhr. Im genauen Wortlaut nicht mehr erinnerlich, war es ein einziger Satz aus einer improvisierten Ansprache „Vom klassischen Geist" im Rothenfelser Rittersaal zu Goethes 175. Geburtstag, am 28. August 1924. Den sachlichen Gehalt dieses Satzes hat Pieper mit eigenen Worten später so formuliert und als „These" seiner Dissertation „Die ontische Grundlage des Sittlichen bei Thomas von Aquin" vorangestellt (spätere Auflagen erscheinen unter dem Titel „Die Wirklichkeit und das Gute"): „Alles Sollen gründet im Sein. Die Wirklichkeit ist das Fundament des Ethischen. Das Gute ist das Wirklichkeitsgemäße. Wer das Gute wissen und tun will, der muss seinen Blick richten auf die gegenständliche Seinswelt. Nicht auf die eigene ‚Gesinnung', nicht auf das ‚Gewissen', nicht auf ‚die Werte', nicht auf eigenmächtig gesetzte ‚Ideale' und ‚Vorbilder'. Er muss absehen von seinem eigenen Akt und hinblicken auf die Wirklichkeit." Die schon nach vier Jahren vollzogene Lösung aus der Jugendbewegung war für Pieper ein notwendiger Schritt, um wirklich erwachsen zu sein. Doch in all dem Zeitbedingten gab es für ihn durchaus einen bleibenden Ertrag, eine „Frucht", die allerdings erst Jahre später reifen sollte. Er meinte damit die in jener jugendbewegten Zeit enthusiastisch „mit der Energie unseres Herzens" zurückgewonnenen „neuen, uralten Einsichten, die dann, mehr als ein Menschenalter danach, das Zweite Vatikanische Konzil zum selbstverständlichen, inzwischen schon wieder neu gefährdeten Gemeinwissen gemacht hat." Dazu gehörte für ihn die – nach dem Konzil – vor allem im Disput mit „fortschrittlichen" Theologen verteidigte frühe Einsicht, dass „im sakramentlich-kultischen Vollzug der Mysterienfeier *das* als Realität geschieht, wovon sonst bestenfalls geredet wird, und dass dies der Kern allen geistigen Lebens ist – nicht allein im Christentum, sondern in aller vor- und außerchristlichen Religion." Dies Thema hat Jahrzehnte später vielfach Eingang in seine religionsphilosophischen Schriften gefunden, wie auch in seine kulturtheoretische Studie „Zustimmung zur Welt. Eine Theorie des Festes".

Im Blick auf die Themenkreise von Piepers späteren Veröffentlichungen zeigen sich weitere kritisch-konstruktive Verbindungslinien, welche in den Umkreis der von Guardini inspirierten Bewegung verweisen. Deutlich ist zu sehen, wie sich Piepers lebenslanges Engagement in der Erwachsenbildung zu den prägenden Erfahrungen im Umkreis der Jugendbewegung verhält. Wie seinem bewunderten Lehrer Guardini geht es ihm um Menschenbildung, um „echte Bildung" als Synthese von „Total-Überblick" und Charakter. Seine These lautet: „Nur totale Bildung ist wirklich Bildung; echte Bildung ist entweder total oder sie ist überhaupt nicht. […] Bildung als Person-Zustand [...] ist ein Prädikat des Menschen; es bezeichnet den Zustand der Verwirklichung der menschlichen Wesensform." Ein wichtiges Feld, auf dem Pieper während seiner vierjährigen soziologischen Assistentenzeit sehr produktiv und engagiert gearbeitet hatte, war die „soziale Frage". Seine Behandlungsweise unterscheidet sich hier sehr deutlich von anderen Zugängen in einem ganz zentralen Punkt: Pieper war skeptisch gegenüber jeder Form von Sozialromantik, welche die Lösung der sozialen Probleme von dem „Umbau der Gesellschaft in eine Gemeinschaft" erwartete. Eine zur Gemeinschaft umgebaute Gesellschaft wird totalitär und lässt keinen Raum mehr für das Individuelle, Besondere und Fremde, für die Würde der menschlichen Person. Eben dieser Gefahr einer übersteigerten Gemeinschaftsideologie suchte Guardini schon auf Burg Rothenfels im kirchlichen Raum zu begegnen. Pieper hat diese Linie weiter ausgezogen in den gesellschaftspolitischen Bereich hinein.

III

Noch vor den „Grundformen sozialer Spielregeln" (1933) hatte Pieper zwei Schriften zur sozialen Frage veröffentlicht, die alsbald die Aufmerksamkeit für den klar formulierenden jungen Mann weckten, der sich selbst zu dieser Zeit mehr der Soziologie als der Philosophie zugehörig fühlte. Die „Neuordnung der menschlichen Gesellschaft" (1932) ist eine systematische Einführung in die Enzyklika „Quadragesimo anno", die innerhalb kurzer Zeit mehrfach aufgelegt wurde. Beflügelt durch den Erfolg dieser Schrift legt Pieper im selben Jahr noch eine thesenförmige Zusammenfassung der „Grundgedanken der Enzyklika" vor mit dem Titel „Thesen zur sozialen Politik". Sie wird 1934 verboten und beschlagnahmt, wie auch eine Neuauflage der „Grundformen" verboten wird. Es folgt, ebenfalls 1934, eine letzte Schrift zu den Grundgedanken der päpstlichen Enzyklika: „Das Arbeitsrecht des Neuen Reiches und die Enzyklika Quadragesimo anno" – ein Versuch, sachliche Überstimmungen herauszustellen, erschienen als Heft Nr. 3 in der Schriftenreihe „Reich und Kirche". Pieper räumt später ein, dass dieser Versuch problematisch war. Schon bald nach Erscheinen des Heftes war ihm durch die inzwischen verübten Staatsverbrechen selber klar geworden, dass eine Neuauflage nicht zu verantworten wäre, und weigert sich, der erbetenen Neuauflage zuzustimmen.

Kritik an dieser Schrift ist schon früh geäußert und des Öfteren wiederholt worden. Neuerdings hat Kurt Flasch den Versuch gemacht, Pieper eine gesinnungsmäßige Nähe zur Ideologie des „Führers Adolf Hitler" anzudichten – als „Katholischer Brückenbauer des Nationalsozialismus". Aus großer zeitlicher Distanz über Gesinnungen zu urteilen unter Ausblendung biographisch gesicherter und öffentlich zugänglicher Informationen ist für einen

Historiker erstaunlich unprofessionell. Wie es um Piepers Absicht und Gesinnung steht, wird deutlich, wenn man sich die erste Kontroverse um diese Schrift anschaut. Freundschaftlich im Ton aber deutlich in der Sache reagiert Pieper auf die Bedenken des Jesuiten Gustav Gundlach, der maßgeblich an der Vorbereitung der Enzyklika beteiligt war. Gundlach war mit dem Buch „Grundformen sozialer Spielregeln" sehr einverstanden gewesen. Das „aktive Interesse" Gundlachs an den Veröffentlichungen Piepers wird verständlich, wenn man weiß, dass Pieper sich in der rasch zum Bestseller gewordenen Schrift über die „Neuordnung der menschlichen Gesellschaft" ausdrücklich der erstmals von Gundlach in die katholische Soziallehre eingeführten Begriffe „Klasse", „Klassengesellschaft" und „Klassenkampf" bedient, und – wie dieser – die „Notwendigkeit einer wirklichen Klassenauseinandersetzung" vertreten hatte, wenn sie denn „auf der Grundlage und mit dem Ziel der Gerechtigkeit" geführt wird. Als „die beiden Brennpunkte der Enzyklika" und als Fokus der eigenen Interpretation hebt Pieper hervor: die „Entproletarisierung des Proletariats" und die „Aufrichtung einer berufsständischen Ordnung". Insbesondere sein Insistieren auf der „Entproletarisierung" macht den Abstand deutlich zwischen dem schon von Gundlach betonten Reformanliegen und der zurückhaltenden Rezeption der Enzyklika im sozialkonservativen Bürgertum.

So verwundern Gundlachs kritische Bedenken keineswegs, wenn er diesen aus seiner Sicht vielversprechenden jungen Autor ganz unvermutet in der Nähe einer Bewegung wiederfindet, die mit der im Juli 1933 gegründeten Schriftenreihe „Reich und Kirche" offensichtlich das Ziel verfolgt, bestimmte Einflussmöglichkeiten nach dem Ende des politischen Katholizismus zu wahren, und dafür einen „katholischen Zugang zum Nationalsozialismus" zu propagieren – so der Titel von Heft Nr. 1 aus der Feder des Braunsberger Kirchenhistorikers Josef Lortz. Gundlach stand solchen „Begegnungen zwischen katholischem Christentum und nationalsozialistischer Weltanschauung" (Heft Nr. 2 des Münsteraner Dogmatikers Michael Schmaus) mit ablehnender Skepsis gegenüber und ließ das seine Leser auch deutlich wissen. Aus Piepers Antwort auf Gundlachs wohlwollend kritischen Brief wird nun mehreres deutlich, was seine eigene Haltung zu den von Gundlach bekämpften Annäherungsversuchen betrifft. Da ist zunächst das ernüchterte Eingeständnis (und auch die Beschämung darüber), sich bei der Annahme eventuell bestehender „positiver Mitgestaltungsmöglichkeiten" offenkundig getäuscht zu haben. Diese (Selbst-)Täuschung wurde aber spätestens mit der Röhm-Affäre vom 30. Juni 1934, also der „Ermordung von klarerweise Unbeteiligten und Unschuldigen" und deren nachträglicher Rechtfertigung durch ein eigens zu diesem Zweck erlassenes Gesetz, unmöglich gemacht. Jedenfalls war für Pieper im gleichen Augenblick klar, wie er später berichtet hat, dass gesetzliche Regelungen diesem Regime rein gar nichts bedeuten und man es daher nicht beim Wort nehmen könne.

Keine Illusionen hegte Pieper jedoch von Anfang an über die Unvereinbarkeit von katholischem Christentum und nationalsozialistischer Weltanschauung. Der briefliche Hinweis an Gundlach auf die (hoffentlich bemerkte) Selbstbeschränkung in der Themenstellung seiner Schrift – im Unterschied zu den anderen Heften der Reihe – macht deutlich, dass Pieper seine bisher geübte Zurückhaltung gegenüber dem Nationalsozialismus als totalitärer Ideologie nicht aufgeben hatte und auch später nicht aufgeben wird. Eine Notiz des Gauamtsleiters von Westfalen Dr. Grässner vom 7. Januar 1943 bestätigt das: „Er lehnt nationalsozialistische Weltanschauung, wie aus seinen Gesprächen mit mir eindeutig hervorging, aus seinen überaus starken Bindungen zur Lehre und Tradition der katholischen Kirche auch heute noch ab und zeigt für die Rassenfrage, und danach für die Judenfrage keinerlei Verständnis. [...] Pieper ist, davon bin ich überzeugt, im tiefsten Innern Gegner des Nationalsozialismus." Mit seinem Rückzug aus der Schriftenreihe wollte Pieper darum ein Missverständnis seiner Position vermeiden, nachdem ihn weder ein sachlicher Grund noch ein persönliches Motiv mit dem formulierten Anliegen dieser Reihe verbunden hatte, die „Wiederherstellung der politischen Ordnung rufe geradezu nach der Vollendung aus den Quellgründen der Religion" (aus dem Werbetext der Schriftenreihe). Jetzt „umzudenken", wie es allenthalben in den anderen Heften nach Jahren der Konfrontation mit der nationalsozialistischen „Bewegung" gefordert wurde, war seine Sache nicht.

Piepers Schrift zum Arbeitsrecht war so ein wenig überzeugendes Experiment der Einflussnahme – nicht auf die Katholiken, sondern auf die Machthaber seiner Zeit. Die Beharrlichkeit seiner Ablehnung der Ideologie des NS-Staates mag einen Moment lang zweifelhaft erschienen sein durch die missverständliche Nachbarschaft zu den anderen Heften von „Reich und Kirche". Mit der Verweigerung einer Neuauflage war dieses Missverständnis aus der Welt geschafft. Damals hat jedenfalls niemand aus dem sich formierenden Widerstand gegen den Nationalsozialismus Pieper unterstellt, ein Mitläufer und „Brückenbauer" zu sein. Seinen in der Dortmunder Zeit veröffentlichten ethisch-anthropologischen Schriften war diese innere Gegnerschaft zum Nationalsozialismus offensichtlich anzumerken. Nach Kriegsende erfährt Pieper am 12. März 1946 aus einer Zuschrift von Inge Scholl, der Schwester der 1943 in München hingerichteten Hans und Sophie Scholl, wie „wesentlich bei meinem Bruder Ihre Schrift ‚Über die Klugheit' an seiner Besinnung auf das wahre Christentum und seine Hinwendung zur Kirche mitwirkte. ‚Das sind Bücher, die einem ein Rückgrat geben, sagte er damals.'" Ein anderes Beispiel für die – auch überkonfessionelle – Wahrnehmung Piepers ist Dietrich Bonhoeffers erst posthum veröffentlichte „Ethik". Diese beginnt mit dem Kapitel: „Christus, die Wirklichkeit und das Gute" – worin sich Bonhoeffer unmittelbar auf Piepers „Die Wirklichkeit und das Gute bezieht". Es ist kaum anzunehmen, dass Bonhoeffers aus seinen Zettelnotizen bekannte Hochschätzung auch der späteren Schriften Piepers vereinbar gewesen wäre mit einer darin angelegten latenten Nähe zur nationalsozialistischen Ideologie, deren Ablehnung ihn schließlich das Leben kosten wird.

IV

Die öffentliche Wahrnehmung Piepers ist heute weitgehend bestimmt durch den Erfolg seiner Schriften nach 1945. Was davor liegt, insbesondere der sozialphilosophische Teil seiner Schriften, mag als Vorgeschichte gelten. Eine Kontinuität wird zumeist allein in dem philosophierenden Rückgriff auf Thomas von Aquin gesehen, die 1933 mit der Schrift „Über die Tapferkeit" beginnt und, wie Piepers spätere Thomas-Interpretationen auch, den vorherrschenden Einstellungen und Ansichten über den Menschen ein Korrektiv entgegensetzt. Eine solche Deutung greift zu kurz und übersieht, wie Pieper selbst die intellektuelle Herausforderung nach 1945 versteht und dabei die Kontinuität zu seiner bisherigen Sicht auf die Existenzsituation des modernen Menschen deutlich macht. Aufschluss darüber gibt sein Vortrag „Philosophische Gedanken zum sozialen Problem" (gedruckt 1948). Die darin vollzogene Umdeutung des sozialpolitischen Begriffs der „Entproletarisierung" zu einer kultursoziologischen Kategorie lässt sich verstehen als gedankliches Scharnier zwischen dem Frühwerk und den späteren Schriften Piepers nach 1945. Seine Umdeutung, die bereits in der antitotalitären Perspektive der „Grundformen sozialer Spielregeln" angelegt ist, ähnelt in signifikanter Weise der zeitgenössischen Kulturkritik an dem Phänomen der „Vermassung" (Ortega y Gasset, Jaspers) und der „Uneigentlichkeit der Existenz" (Heidegger).

Die Notwendigkeit einer Vertiefung der Analyse ergab sich auch aus der nur begrenzt gültigen Aussagekraft von sozialpolitischen Grundkategorien wie „Klasse", „Klassengesellschaft" und „Proletariat". Man hat mit guten Gründen bezweifelt, ob die Forderung nach einer *wirtschaftlichen* Entproletarisierung, wie sie von der Enzyklika „Quadragesimo anno" erhoben wurde, zum damaligen Zeitpunkt der tatsächlichen sozialen Lage noch angemessen war. Kultursoziologisch gesehen scheint der sozialpolitisch entscheidende Vorgang der einer zunehmenden Vermassung durch Nivellierung der Klassengegensätze gewesen zu sein. Wenn das zutrifft, dann kommt Piepers späterem Verständnis der Entproletarisierung als kultursoziologischer Kategorie eine Schlüsselfunktion für die Deutung der inneren Verfassung des modernen Menschen zu. In einem offenen Briefwechsel mit dem Publizisten Karl Thieme zum Thema „Muße und Entproletarisierung" hat Pieper die in seinem Vortrag von 1948 inzwischen vollzogene Umdeutung seines sozialpolitischen Leitgedankens wieder aufgegriffen. Er verteidigt und verdeutlicht darin seinen Vorschlag, den Begriff der Entproletarisierung weiter zu fassen mit dem Argument, dass „darunter ein Vorgang [...], der den ganzen Menschen betrifft", zu verstehen sei, weil der entgegenstehende Befund auch dann gegeben ist, „wenn keine Eigentumslosigkeit besteht" – „auf Grund von seelischer Verarmung". Die „volle Realisierung eines nicht-proletarischen Daseins" sei darum auch „nicht mehr durch bloße ‚Sozialpolitik', auch nicht durch ‚christliche Sozialpolitik' zu erreichen." Im selben Jahr 1948 erscheinen dann zwei Schriften, die eine positive Antwort auf das Problem der seelischen Verarmung zu geben versuchen: „Muße und Kult" und „Was heißt philosophieren?" Ein zeitgleicher Artikel in den Frankfurter Heften verdeutlicht bereits im Titel die Abkehr von der Beschränkung auf das im engeren Sinn sozialpolitische Problem: „Philosophieren als Überschreiten der Arbeitswelt".

Von hier aus tun sich nicht bloß Verbindungen auf zu seinem späteren Werk. Es zeigt sich auch, dass Pieper mit seinem kultursoziologisch erweiterten Begriff der Proletarität als seelischer Verarmung dieselbe, von Jaspers und Ortega y Gasset aus unterschiedlichen Blickwinkeln beschriebene Problematik der Gegenwart vor Augen hat. Bei Jaspers lesen wir dazu in seinem berühmten Essay von 1931 mit dem Titel „Die geistige Situation der Gegenwart": „Es beginnt heute der letzte Feldzug gegen den Adel. Statt auf politischem und soziologischem Felde wird er in den Seelen selbst geführt. [...] Der Ernst des Problems, wie für den Massenmenschen zu sorgen sei, der nicht willens ist, innerlich auf sich zu stehen, führt zum Aufstand des existentiellen Plebejertums in jedem von uns gegen das Selbstsein, das die Gottheit in ihrer Verborgenheit von uns fordert". Der Kultursoziologe Arnim Müller-Armack hat diese These ganz zutreffend dahingehend interpretiert, dass die von Jaspers und Ortega y Gasset beschriebene „Vermassung [oder Proletarisierung] in erster Linie das Korrelat der seelischen Säkularisation, nicht der Technisierung", ist. Dies trifft genau das Phänomen, das Pieper mit den nach 1945 kultursoziologisch verwendeten Begriffen „Proletarität" und „Entproletarisierung" im Auge hat. Wenn daher nur eine nicht minder radikale, an die Wurzel gehende Antwort geboten ist – eine Überwindung „der Vermassung und Proletarisierung [...] kann letztlich nur von der Tiefe einer echten Weltanschauung, eines echten Glaubens her gelöst werden" – dann hat Pieper mit seinem ganzen späteren Werk darauf eine Antwort zu geben versucht.

V

Einer Nachbemerkung vom Herbst 1979 zu seiner erstmals 1949 gedruckten Schrift „Über das Ende der Zeit" ist zu entnehmen, dass Pieper dieses Thema in besonderer Weise beschäftigt hat, „vor allem unter dem Aspekt von Hoffnung und Verzweiflung, aber auch unter dem einer Standortbestimmung der gegenwärtigen Zeit." Was „Ende" heißen kann, kommt für ihn von zwei Seiten in den Blick: in geschichtsphilosophischer Perspektive als „Ende der Zeit" und wiederum in existenzphilosophischer Perspektive als „Ende des Lebens". Beide Male gilt sein Interesse der Frage, ob es angesichts des Endes Grund zur Hoffnung gibt – für den Einzelnen wie für die Menschheit insgesamt. „Ende" ist allerdings ein doppelsinniges Wort. Es kann bedeuten „Schlusspunkt" (*terminus*), aber auch „Ziel" (*finis*). Schon die Festlegung auf eine der beiden Bedeutungen bringt unvermeidlich eine Gesamtkonzeption der Wirklichkeit ins Spiel. Wer behauptet, das Leben des Einzelnen wie die Menschheit insgesamt habe ein Ziel, macht starke metaphysische Annahmen darüber, was denn Leben und Geschichte dem Grunde nach sind. Dies gilt nicht weniger für die entgegengesetzte Behauptung, wonach alles, was ist, zwar ein Ende hat, aber kein Ziel. Das Faktum, dass jedes menschliche Leben bereits mit der Geburt unterwegs ist auf sein Ende hin, bedarf einer Deutung aus der Natur dieses Lebens selbst. Die von Pieper erstmals in „Über die Hoffnung" (1935) vorgelegte Deutung setzt an bei dem aus der christlichen Theologie übernommenen Gedanken des *status viatoris* und dem zugehörigen Begriff des *status comprehensoris*. Leben bedeutet für den Menschen wesenhaft „Auf-dem-Wege-Sein" (*viator*) zu einem Ziel, das die innere Dynamik dieses Unterwegs-Seins bestimmt und als Erfüllung (*comprehensio*) doch jenseits dieses Weges liegt.

Als Selbstaussage über die „viatorische Existenz", so könnte man auch das Lebenszeugnis Piepers deuten. Im zweiten Band seiner autobiographischen Aufzeichnungen, „Noch nicht aller Tage Abend" (1979), berichtet er in einer „Nachbemerkung" von der „Verwunderung", die der Titel des ersten Bands, „Noch wusste es niemand" (1975), unter seinen Freunden hervorgerufen hat. „‚Was, zum Teufel, wusste noch niemand?' – Solche Verwunderung hat wiederum mich immer neu überrascht." Waren nicht alle Ereignisse, von denen er rückblickend berichtet, unvorhersehbar in einer „sich von einem Augenblick zum anderen unerwartet verändernden Welt"? Was sollte also so merkwürdig sein an dem Titel, der ja nur die „Jedermannserfahrung" ausdrückt, „dass wir doch einfach nicht ahnen, was der morgige Tag uns bringen wird." Also kein Grund zur Verwunderung, oder doch? Im Weiterlesen ist von der „Heiterkeit des Nicht-wissen-Könnens" die Rede und davon, dass auch der Titel des nun vorliegenden zweiten Bands, „Noch nicht aller Tage Abend", nur eine „unabweisbare Einsicht", ja „schlichthin eine Binsenweisheit" ist, die beides befeuern kann: „die Hoffnung wie die Furcht". Das Stichwort „Hoffnung" lässt aufhorchen und wird sogleich konkretisiert durch den Bezug auf die Auskunft der „abendländischen Theologie", welche „besagt, der Siebente Tag, der Tag der Gottesruhe wie auch des Menschen Ruhe in Gott, habe wohl einen Morgen, einen Abend jedoch nicht." Achten wir noch auf den Titel des dritten Teils seiner Aufzeichnungen, „Eine Geschichte wie ein

Strahl" (1988). Das Buch beginnt mit einer kurzen Vorbemerkung: „Wo endet der Strahl?" Auch hier zunächst die Abwehrgeste aller tiefgründigen Vermutungen. Gemeint ist etwas „eher Nüchtern-Exaktes", nämlich dass „die vielleicht ja erst nach meinem Tode ans Licht kommende Darstellung der Begebenheiten [...] notwendig unvollendet bleiben" werde. Doch dann, im letzten Satz des Vorworts „Wo endet der Strahl", erhalten wir darauf zur Antwort, „dass der ‚Strahl' des gelebten Lebens zwar nicht durch einen ‚Punkt b' begrenzt sein, wohl aber an sein Ende kommen wird in dem, was einer den ‚Punkt Omega' genannt hat – welcher aber für uns ein, solange wir leben, unergründliches Mysterium bleibt."

Nehmen wir nun einfach mit gleicher Nüchternheit zur Kenntnis, dass im Rückblick auf das nicht im Voraus Wissbare des eigenen Lebens und mit Bezug auf sein Ende (den „Abend" aller Tage) von „Hoffnung" und „Furcht" die Rede ist und dass dieses Ende (durch den Tod) „nicht begrenzt" ist, sondern das Leben vielmehr auf ein „unergründliches Mysterium" zuläuft. Fällt das, was hier nur verschlüsselt mitgeteilt wird, nicht exakt unter den Begriff der viatorischen Existenz? Dann wäre es zu lesen als ein konkretes Zeugnis der Hoffnung. Und dies mag auch der Grund gewesen sein, überhaupt über das eigene Leben und seine wundersamen Fügungen zu berichten. Vor diesem Hintergrund ist die Frage nun doch nicht mehr so verwunderlich, ob da wirklich niemand war, der wusste und wissen konnte, welchen Weg dieses Leben nehmen wird. Die Antwort gibt Pieper selbst in seinem letzten autobiographischen Text, den er krank und geschwächt nicht mehr öffentlich vortragen konnte. Inhaltlich geht es darin um „die dramatischen Umstände", „unter denen ich die jetzt in einem Bande wohlgeordneten Traktate über die Tugenden niedergeschrieben habe". Der Titel dieses letzten Rückblicks lautet: „Planen oder geplant sein?" Geplant hatte der junge Pieper etwas ganz anderes, nämlich den Weg sozialwissenschaftlicher Studien fortzusetzen, den er sehr erfolgreich mit seiner Einführungsschrift in die Enzyklika „Quadragesimo anno" begonnen hatte. Doch dann, nach weiteren Buchveröffentlichungen, darunter die „Grundformen sozialer Spielregeln", kam mit der Machtergreifung der Nationalsozialisten das völlig unerwartete Ende dieses Weges, und es ging anders weiter als geplant. Das ist der biographische Hintergrund für die, wie Pieper eingangs sagt, „schwer beantwortbare" und „vielleicht seltsam erscheinende Frage": *Planen oder geplant sein?* Diese Frage erfährt unmittelbar vor dem endgültigen Verstummen folgende Antwort: „Durch die politische Macht daran gehindert zu werden, die eigenen Pläne zu realisieren, ist zwar eine schmerzliche Erfahrung. Aber ahnen zu dürfen, mit dem, was zu tun man sich dann genötigt sieht, einem ungleich größeren Plan zu folgen und vielleicht sogar selber ‚geplant' zu sein, ist eine Glückserfahrung, die aller Realisierung eigener Pläne versagt geblieben wäre." Jetzt, am Ende des Lebens, wird die im ersten Teil seiner autobiographischen Aufzeichnungen immerhin angedeutete „durch Schweigen ausgesparte, formgebende Mitte" seiner Lebensberichte in einer Weise benannt, die keinen Zweifel daran lässt, was der Leser wenigstens erahnen soll: dass da jemand ist, der im Voraus immer schon um unser Leben weiß. Daraus spricht die Gelassenheit des Hoffenden, der sich der Führung Gottes anvertraut hat. In solchem Vertrauen alle Hindernisse und Widrigkeiten des Lebens anzunehmen, ist ein beeindruckendes Zeugnis viatorischer Existenz.

Quellen

Der Nachlass von Josef Pieper befindet sich im Deutschen Literaturarchiv, Marbach am Neckar. Josef Pieper, Werke in acht Bänden mit zwei Ergänzungsbänden (hg. B. Wald), Hamburg 1995 ff. (in Bd. 8,2 Schriften- und Literaturverzeichnis 1929–2006)

Schriften (Auswahl)

Die Wirklichkeit und das Gute, Münster 1929. – Grundformen sozialer Spielregeln, Freiburg 1933, 7. veränderte Neuauflage München 1987. – Vom Sinn der Tapferkeit, München 1934. – Über die Hoffnung, München 1935. – Christenfibel, Köln 1936. – Über das christliche Menschenbild, München 1936. – Traktat über die Klugheit, München 1937. – Zucht und Maß. Über die vierte Kardinaltugend, München 1939. – Über Thomas von Aquin, München 1940. – Was heißt Philosophieren?, München 1948. – Muße und Kult, München 1948. – Wahrheit der Dinge. Eine Untersuchung zur Anthropologie des Hochmittelalters, München 1948. – Über das Ende der Zeit, München 1950. – Was heißt Akademisch?, München 1952. – Philosophia negativa. Zwei Versuche über Thomas von Aquin, München 1953. – Über die Gerechtigkeit, München 1953. – Glück und Kontemplation, München 1957. – Hinführung zu Thomas von Aquin, München 1958. – Scholastik. Gestalten und Probleme der mittelalterlichen Philosophie, München 1958. – Über den Glauben. Ein philosophischer Traktat, München 1962. – Begeisterung und göttlicher Wahnsinn. Über den platonischen Dialog „Phaidros", München 1962. – Zustimmung zur Welt. Eine Theorie des Festes, München 1963. – Das Viergespann. Klugheit – Gerechtigkeit – Tapferkeit – Maß, München 1964 (= Über die Tugenden, München 2004). – Über die platonischen Mythen, München 1965. – Verteidigungsrede für die Philosophie, München 1966. – Hoffnung und Geschichte, München 1967. – Tod und Unsterblichkeit, München 1968. –Überlieferung. Begriff und Anspruch, München 1970. – Über die Liebe, München 1972. – Über die Schwierigkeit, heute zu glauben. Reden und Aufsätze, München 1974. – Über den Begriff der Sünde, München 1977. – Lieben, hoffen, glauben, München 1986. – Autobiographische Aufzeichnungen. 3 Bde., München 1976–1988.

Medien

Kümmert euch nicht um Sokrates. Drei Fernsehspiele, Katholisches Filmwerk Frankfurt 1990. – Edition Josef Pieper, Matthias Grünewald Verlag, Mainz 1996 ff. (Hörkassetten).

Literatur

B. *Wald*, „Was ich für meine Sache halte". Zum 90. Geburtstag von Josef Pieper, in: Philosophisches Jahrbuch 102 (1995), S. 113–118. – *Ders.*, Aktualisierung durch Enthistorisierung. Zu einem Brief von Josef Pieper an Gustav Gundlach aus der Zeit der NS-Diktatur, in: Philosophisches Jahrbuch 104 (1997), S. 175–181. – *Ders.*, Der „linke Pieper" und das Dritte Reich, in: Die Neue Ordnung 59 (2005), S. 278–293. – *Ders.*, Josef Pieper. Philosoph – katholisch und intellektuell, in: Katholische Intellektuelle des 20. Jahrhunderts, hg. von H.-R. *Schwab*, Kevelaer 2009, S. 379–392; 765–767. – *Ders.*, Christliches Menschenbild. Zugänge zum Werk von Josef Pieper, München 2017. – T. *Möllenbeck*, B. *Wald* (Hg.), „Die Wahrheit bekennen". Josef Pieper im Dialog mit Romano Guardini, Hans Urs von Balthasar, T. S. Eliot, C. S. Lewis, Joseph Ratzinger, München 2017. – *Dies.*, Christliche Philosophie? Denkwege mit C. S. Lewis und Josef Pieper, Paderborn 2017. – B. *Wald*, Viatorische Existenz. Grundlegung einer Philosophie der Hoffnung bei Josef Pieper, in: Der Mensch als „homo viator". Existenzphilosophische Perspektiven, hg. von M. *Röbel*, W. *Schüßler*, Freiburg 2021, S. 49–73.

Internet

josef-pieper-arbeitsstelle.de
josef-pieper-stiftung.de

Manfred Spieker

ANTON RAUSCHER (1928-2020)

Die Soziallehre der katholischen Kirche will die Christen zu verantwortlichem Handeln in Wirtschaft und Gesellschaft, im Staat und in den internationalen Beziehungen befähigen. Sie entnimmt dem Evangelium und dem auf dem christlichen Menschenbild beruhenden Naturrecht eine Reihe von Vorgaben für die Gestaltung der sozialen und politischen Beziehungen. In den päpstlichen Sozialenzykliken seit „Rerum Novarum" (1891) werden diese Vorgaben immer wieder neu auf aktuelle Problemlagen hin entfaltet. Auch das II. Vatikanische Konzil hat mit der Pastoralkonstitution über die Kirche in der Welt von heute „Gaudium et Spes" (1965) der Soziallehre ein Fundament gegeben. In der Geschichte Deutschlands und Europas gab es immer wieder Etappen, in denen die katholische Soziallehre Einfluss auf die Gestaltung der Rechtsordnung hatte: in der Weimarer Republik durch den langjährigen Reichsarbeitsminister Heinrich Brauns (1868–1939), der wesentliche Teile der sozialstaatlichen Regelungen prägte; in der Gründungsphase der Bundesrepublik durch Adolf Süsterhenn (1905–1974), der im Parlamentarischen Rat wesentlich zu der an unantastbaren Grundrechten und am Subsidiaritätsprinzip orientierten föderalen und demokratischen Verfassungsordnung beitrug; in der Krise der europäischen Integration in den 1990er Jahren durch Helmut Kohl (1930–2017), der mittels der Verankerung des Subsidiaritätsprinzips in den europäischen Verträgen dazu beitrug, dass diese Krise überwunden wurde.

Aber es gab in der Geschichte Deutschlands und Europas auch Etappen, in denen die katholische Soziallehre erheblichem Widerstand ausgesetzt war – nicht nur in den Phasen der totalitären Diktaturen des Nationalsozialismus und des Kommunismus, sondern auch in den innenpolitischen Gärungen nach 1968, als naturrechtliche Vorgaben, vor allem für Ehe und Familie, heftigen Anfeindungen ausgesetzt waren und das Lebensrecht ungeborener Kinder europaweit missachtet wurde. In dieser Phase war Anton Rauscher ein Fels in der Brandung, ein unermüdlicher Streiter für die katholische Soziallehre, den Papst Benedikt XVI. in einem persönlichen Brief zum 80. Geburtstag im Jahr 2008 würdigte: „Viele Jahrzehnte hindurch haben Sie die katholische Soziallehre entwickeln helfen und sie im öffentlichen Gespräch, in der politischen und gesellschaftlichen Praxis gegenwärtig gehalten. Dabei musste eine schwierige Periode bestanden werden, in der religiös gefärbte Ideologien mit großen Versprechungen die nüchterne Arbeit der katholischen Soziallehre beiseite zu schieben und durch Utopien zu ersetzen versuchten. In diesem ideologischen Nebel, dem sich allzu viele bereitwillig gebeugt haben, sind Sie aufrecht geblieben und haben mit Ihrer unbestreitbaren Sachkompetenz zu den realen politischen und ökonomischen Problemen Stellung genommen und sie von den ethischen Einsichten des Glaubens her beleuchtet. So haben Sie zur Bildung der Gewissen und zu verantwortlichem gesellschaftlichem Handeln aus dem Glauben und seiner Vernunft heraus einen wichtigen Beitrag geleistet, der die Ideologien überdauert".

|

Rauscher wurde am 8. August 1928 als Sohn des Schriftsetzers Anton Rauscher und seiner Frau Kreszenz, geborene Dietrich, in München geboren. Er hatte eine Schwester, Katharina, die später als Beamtin in der bayerischen Schulverwaltung arbeitete. Auf die religiöse Erziehung der Kinder legte vor allem die Mutter Wert. In München besuchte Rauscher von 1935 bis 1939 die Volksschule und von 1939 bis 1947 das Theresiengymnasium, das bekannt war für zahlreiche Schüler aus Elternhäusern mit entschieden antinationalsozialistischer Einstellung. Zusammen mit befreundeten Domministranten und seinem Freund, Gerhard Gruber, der später ebenfalls Priester wurde und als Generalvikar des Erzbistums München von 1968 bis 1990 drei Erzbischöfen diente, widersetzte sich Rauscher dem nationalsozialistischen Kampf gegen das Christentum: Als die Schule gezwungen wurde, im Klassenzimmer ein Bild von Rubens „Christus am Kreuz" abzuhängen, kauften die Schüler von ihrem Taschengeld ein Kreuz und hängten es heimlich wieder auf. Der Direktor des Gymnasiums, ein NSDAP-Mitglied mit goldenem Parteiabzeichen, der, so wurde vermutet, sich innerlich vom Nationalsozialismus abgewandt hatte und die Gestapo von der Schule fernhalten wollte, ließ das Kreuz zwar erneut abhängen, verwies die Schüler aber nicht von der Schule und verriet sie auch nicht an die Polizei. Unmittelbar vor dem Ende des Zweiten Weltkrieges wurde Rauscher noch zum Militärdienst bei einer Pioniereinheit eingezogen.

Nach dem Abitur trat Rauscher in das Priesterseminar in Freising ein und studierte zunächst zwei Semester Philosophie an der Philosophisch-Theologischen Hochschule Freising, der damaligen Priesterausbildungsstätte des Erzbistums München und Freising. Dort lernte er auch Joseph Ratzinger kennen, den späteren Papst Benedikt XVI., der Ende 1945 sein Studium in Freising begonnen hatte. Im Jahr 1948 setzte Rauscher sein Studium an der Päpstlichen Universität Gregoriana in Rom fort. Im Juni 1950 machte er das Lizentiat in Philosophie, vier Jahre später das Lizentiat in Theologie. Am 10. Oktober 1953 wurde er als Alumne des Collegium Germanicum et Hungaricum in Rom durch Kardinal Clemente Micara, den Kardinalvikar von Rom, zum Priester geweiht. An das Lizentiat in Theologie schloss Rauscher vier weitere Semester des Promotionsstudiums bei dem Jesuiten Gustav Gundlach (1892–1963) an. Gundlach war in der ersten Hälfte des 20. Jahrhunderts der maßgebliche deutschsprachige Sozialethiker und trug als Mitglied des von Oswald von Nell-Breuning SJ (1890–1991) geleiteten „Königswinterer Kreises" 1930 Wesentliches zur Sozialenzyklika „Quadragesimo Anno" von Papst Pius XI. bei: Von ihm stammt die Definition des Subsidiaritätsprinzips in Ziffer 79 der Enzyklika. Im Pontifikat Pius' XII. von 1939 bis 1958 war Gundlach Berater des Papstes, auf den die Entwürfe der meisten sozialethischen Ansprachen, insbesondere der Weihnachtsansprachen, zurückgingen. Während des gesamten Studiums galt Rauschers Hauptinteresse der christlichen Sozialwissenschaft. Am 18. Mai 1956 wurde er an der Gregoriana zum Dr. theol. promoviert. Seine von Gundlach betreute Dissertation behandelte das Thema „Subsidiaritätsprinzip und berufsständische Ordnung in ‚Quadragesimo anno'".

Nach der Promotion trat Rauscher der Societas Jesu bei, in der er immer ein Solitär blieb. Der Orden schickte ihn zum Noviziat nach Irland und im November 1957 nach Japan, wo er sich zunächst dem Studium der Sprache und der Kultur widmete. Im Sommer 1959 wurde er als Dozent für das Fach Gesellschaftslehre und Sozialethik an die Sophia-Universität in Tokio berufen. Nach der Rückkehr nach Deutschland 1960 begann er ein von der Deutschen Forschungsgemeinschaft und dem Auswärtigen Amt sowie von der japanischen Regierung gefördertes Habilitationsprojekt über den deutschen Nationalökonomen und Berater der japanischen Regierung, Hermann Roesler (1834–1894). Roesler gehörte zu den frühen Kritikern von Adam Smith, dem Begründer der Nationalökonomie. Er hatte Smith vorgeworfen, die Wirtschaft aus der Gesellschaft und der Kultur herauszulösen und als reines Marktgeschehen zu betrachten. Gleichzeitig studierte Rauscher Wirtschaftswissenschaften an der Universität Münster und arbeitete am Institut für Christliche Sozialwissenschaften in der Katholisch-Theologischen Fakultät, das von Joseph Höffner (1906–1987) und, nach dessen Ernennung zum Bischof von Münster im Jahr 1962, ab 1964 von Wilhelm Weber (1925–1983) geleitet wurde. Die Forschungsergebnisse über Hermann Roesler waren Gegenstand seiner Habilitationsschrift „Die soziale Rechtsidee und die Überwindung des wirtschaftsliberalen Denkens. Hermann Roesler und sein Beitrag zum Verständnis von Wirtschaft und Gesellschaft". Die Katholisch-Theologische Fakultät erteilte ihm am 12. Juni 1968 die Venia Legendi für das Fach Christliche Sozialwissenschaften. Am 1. November 1968 wurde er zum Dozenten und am 27. Juli 1970 zum Wissenschaftlichen Rat und Professor ernannt. Im Wintersemester 1969/70 und im Sommersemester 1970 übertrug ihm die Fakultät zusätzlich die Vertretung des Fachs Moraltheologie an Stelle des erkrankten Lehrstuhlinhabers Wilhelm Heinen.

II

Anfang 1971 erhielt Rauscher einen Ruf an die Katholisch-Theologische Fakultät der neu errichteten Universität Augsburg. Er nahm den Ruf an und wurde am 21. Juni 1971 zum ordentlichen Professor für Christliche Gesellschaftslehre ernannt. Diese Professur behielt er bis zu seiner Emeritierung am 30. September 1996. Rauscher unterrichtete in Augsburg Studenten nicht nur der Katholischen Theologie, sondern auch der Wirtschaftswissenschaften, die bei ihm ab dem Studienjahr 1977/78 jeweils im Sommersemester eine Wahlpflichtveranstaltung im Rahmen ihrer Diplomprüfungsordnung absolvieren konnten. Für Studenten der Theologie führte er 1975, in Kooperation mit den Bischöfen des Ruhrgebietes sowie von Aachen und von Trier, die Industriepraktika ein, die dem Zweck dienten, die angehenden Seelsorger mit der Arbeits- und Berufswelt besser vertraut zu machen. Sie bestanden jeweils aus einem Vorbereitungskurs, einem vierwöchigen Einsatz der Studenten als ungelernte Arbeiter in einem Industrie- oder Dienstleistungsbetrieb und einer Phase der Auswertung. Sie fanden bis 1988 zunächst im Ruhrgebiet und ab 1980 auch in Süddeutschland statt. Die Teilnehmerzahl bewegte sich zwischen 15 und 30 Studenten.

Rauschers Bereitschaft, Verantwortung zu tragen, führte dazu, dass er zahlreiche akademische Ämter auf Fakultäts-, Universitäts- und Landesebene übernahm. So war er u.a. von 1972 bis 1975 Vizepräsident der Universität Augsburg. Er vertrat die Fakultät im Katholisch-Theologischen Fakultätentag, dessen Vorsitzender er von 1979 bis 1981 war, und die Universität von 1975 bis 1980 in der Bayerischen Hochschulplanungskommission. Er war Mitglied zahlreicher Berufungskommissionen und bestimmte zusammen mit Karl Forster (1928–1981), der das Fach Pastoraltheologie vertrat und früh verstarb, und dem Kirchenrechtler Joseph Listl SJ (1929–2013) maßgeblich den Aufbau der Fakultät. Von 1984 bis 1992 war er Sprecher der Arbeitsgemeinschaft der Professoren für Christliche Gesellschaftslehre. Trotz der vielen akademischen Ämter, zu denen noch zahlreiche weitere Verpflichtungen hinzukamen, die mit der Leitung der Katholischen Sozialwissenschaftlichen Zentralstelle in Mönchengladbach verbunden waren, fand Rauscher „immer noch Zeit zu intensiven Gesprächen mit seinen zahlreichen Schülern über deren Promotions- und Habilitationsvorhaben", wie die Herausgeber einer Festschrift zu seinem 65. Geburtstag 1993, Norbert Glatzel und Eugen Kleindienst, voll Anerkennung feststellten. Zu seinen Schülern zählen u.a. Wolfgang Ockenfels OP, später Professor für Christliche Gesellschaftslehre in Trier, Norbert Glatzel, der die Christliche Gesellschaftslehre an den Universitäten Bamberg und Freiburg vertrat, Bischof Jozef Punt (Haarlem-Amsterdam) und Weihbischof Anton Losinger (Augsburg).

Schon bald nach seiner Emeritierung machte sich Rauscher große Sorgen um die Entwicklung sowohl der Katholisch-Theologischen Fakultät in

Augsburg als auch des Fachs Christliche Gesellschaftslehre in Deutschland. In einem Brief an den Bischof von Augsburg, Viktor Josef Dammertz OSB, vom 19. Juni 1997 beklagte er den „Erosionsprozess" der Fakultät, der sowohl im Wegfall als auch in der Herabstufung von Lehrstühlen zu beobachten sei, weiterhin in den mangelnden Veröffentlichungen der Professoren und in der „glaubens- und kirchenkritischen Linie, die eine Reihe von Lehrstuhlinhabern vertreten". Er gab zu bedenken, „ob angesichts der zahlreichen Katholisch-Theologischen Fakultäten in Bayern die Fakultät in Augsburg nicht aufgegeben werden sollte". Bereits am 3. Februar 1997 hatte er in einem Brief an den bayerischen Kultus- und Wissenschaftsminister, Hans Zehetmair (CSU), die Zurückstufung der Professur für Christliche Gesellschaftslehre in Augsburg und die Berufungspolitik auf die sozialethischen Lehrstühle in Bayern beklagt. Er nahm Anstoß daran, dass das Fach zunehmend von Moraltheologen vertreten wurde, denen eine sozialwissenschaftliche Ausbildung fehlte. Die Qualitätssicherung bei den Berufungen betreffe nicht nur die Kirche, sondern „genauso den Staat, der bei der Gestaltung der theologischen Fakultäten ja keineswegs nur Vollstrecker kirchlicher Anliegen ist, sondern auch seinerseits ein vitales Interesse an einer Theologie haben muss, die in der Lage ist, zusammen mit dem christlichen Glauben und dem Leben der Kirche gerade auch die Bezüge zwischen Kirche und Gesellschaft so zu reflektieren, dass daraus für die Christen und für alle Bürger tragfähige Wertorientierungen für ihr soziales Denken und Handeln erwachsen". Ein Jahr später, am 2. Februar 1998, beschrieb er in einem Brief an den Nuntius, Erzbischof Giovanni Lajolo, die Lage des Fachs Christliche Gesellschaftslehre in Deutschland und bat ihn, darauf hinzuwirken, dass die deutschen Bischöfe auch in Zukunft interessiert seien an ausgebildeten Priestern im Fachgebiet Christliche Gesellschaftslehre. Hier entscheide sich die „Präsenz der Kirche in der künftigen Gesellschaft". Papst Johannes Paul II. hatte bereits bei seinem Deutschland-Besuch am 22. Juni 1996 die Bischöfe in Paderborn ermahnt, auf die in einem Strategiepapier der DBK zur Entwicklung der Theologischen Fakultäten erwogene Zusammenlegung der Lehrstühle für Christliche Gesellschaftslehre mit denen für Moraltheologie zu verzichten: „Die Katholische Soziallehre und der Beitrag zu ihrer Entwicklung" seien „gerade im deutschsprachigen Raum Verpflichtung genug, ihr auch weiterhin den ihr zukommenden Stellenwert beizumessen". In seinem Brief an Zehetmair hatte Rauscher auf diese Aussage hingewiesen.

III

Zum Zeitpunkt seiner Ernennung zum Professor für Christliche Gesellschaftslehre an der Universität Augsburg war Rauscher bereits acht Jahre Direktor der Katholischen Sozialwissenschaftlichen Zentralstelle (KSZ) in Mönchengladbach. Die KSZ war von der Deutschen Bischofskonferenz (DBK) und dem Zentralkomitee der deutschen Katholiken (ZdK) am 12. Februar 1963 gegründet worden mit dem Ziel, die katholische Soziallehre in Deutschland im Geiste des gerade stattfindenden II. Vatikanischen Konzils fruchtbar zu machen. Ihr Standort wurde Mönchengladbach, weil sich das Bistum Aachen besonders für die Errichtung eingesetzt hatte und weil die Stadt als Heimat des sozialen Katholizismus und der sozialwissenschaftlichen Bibliothek des „Volksvereins für das katholische Deutschland" ein Haus angeboten hatte. Die beiden Stellen für wissenschaftliche Mitarbeiter waren mit Dr. Albrecht Langner und Dipl. Volkswirt Josef Oelinger besetzt worden. Der erste Direktor, Pater Gustav Gundlach SJ, der nach seiner Emeritierung an der Gregoriana 1962 nach Deutschland zurückgekehrt war und bei der Konzeption der KSZ eine wesentliche Rolle gespielt hatte, war bereits am 23. Juni 1963 gestorben. Er hatte aufgrund der Ernennung von Joseph Höffner zum Bischof von Münster im Juni 1962 auch noch Höffners Lehrstuhl an der Universität Münster vertreten. Noch am Tag der Beerdigung Gundlachs in Mönchengladbach wurde Rauscher von Höffner gefragt, ob er sich vorstellen könne, vorläufig die Leitung der KSZ zu übernehmen. Er zögerte, weil er noch an seiner Habilitationsschrift arbeitete und in Münster Wirtschaftswissenschaften studierte, aber Höffner meinte, dass beides vereinbar sei. Die DBK beauftragte ihn am 29. August 1963 mit der vorläufigen Leitung. Daraus wurden 47 Jahre bis zum 31. März 2010. Als Rauscher den Ruf nach Augsburg angenommen hatte, wollte er die Leitung der KSZ abgeben, aber Höffner meinte erneut, dass beides vereinbar sei. Das erste Projekt, das die KSZ unter seiner Leitung in Angriff nahm, war die Sammlung und Publikation der Schriften Gundlachs zur katholischen Soziallehre. Diese erschienen in zwei Bänden mit rund 1400 Seiten 1964 im Verlag Bachem in Köln. Als Direktor der KSZ wurde Rauscher einer breiteren Öffentlichkeit bekannt. Da er auch bald Berater und von 1979 bis 1992 Sekretär der Kommission für gesellschaftliche Fragen der DBK wurde, hatte er erheblichen Einfluss auf die Bischöfe und ihre Stellungnahmen zu gesellschaftlichen und politischen Fragen.

In dieser Funktion wirkte er auch am Hirtenbrief der deutschen Bischöfe zur Bundestagswahl am 5. Oktober 1980 mit. Dieser Hirtenbrief fiel wegen seiner Resonanz unter allen nachkonziliaren Hirtenbriefen aus dem Rahmen. Nachdem die Bischöfe nach dem II. Vatikanischen Konzil dazu übergegangen waren, vor Bundestagswahlen nur noch dazu aufzurufen, zur Wahl zu gehen, aber keine politischen Themen mehr anzusprechen, die als Wahlempfehlung hätten verstanden werden können, veröffentlichten sie im September 1980 einen Hirtenbrief, der eine Warnung vor der zunehmenden Staatsverschuldung enthielt. Aufsehen erregte vor allem der Satz: „Die Ausweitung der Staatstätigkeit, die damit verbundene Bürokratisierung und die gefährlich hohe Staatsverschuldung müssen jetzt korrigiert werden". Der

Protest des damaligen Bundeskanzlers Helmut Schmidt gegen diese Kritik der, wie er sie nannte, „Politiker in der Soutane" brachte den Hirtenbrief tagelang in die Schlagzeilen. „Die Zeit" sprach gar von der „Bombe der Bischöfe". Der „Spiegel" hatte den „erzreaktionären Jesuiten Anton Rauscher" als Urheber ausgemacht. Rauscher, der selber seine Arbeit für die bischöfliche Kommission als „nicht einfach" bezeichnete – „weil nicht der Eindruck entstehen durfte, als ob der Sekretär den Gang der Beratungen bestimmte" –, hatte in seinem von den Bischöfen übernommenen Entwurf nicht nur die Staatsverschuldung kritisiert, sondern auch drei weitere Problembereiche angesprochen: die Bedeutung von Ehe und Familie, die Verantwortung des Staates für die Sicherung des Friedens und an erster Stelle den Schutz des ungeborenen Lebens. Es sei schmerzlich, „feststellen zu müssen, dass die Menschen in unserer Gesellschaft vielen ungeborenen Kindern das Recht auf Leben verweigern und dass unsere Rechtsordnung dieses Grundrecht nicht mehr umfassend schützt".

Rauscher pendelte zwischen seinen drei Arbeitsstellen in Mönchengladbach, Augsburg und Bonn, wo sich das Sekretariat der DBK befand, nahm aber alle drei Aufgaben gleichermaßen mit großem Verantwortungsbewusstsein, beeindruckender Souveränität und nachhaltigem Erfolg wahr. Von 1981 bis 1994 war Rauscher zusätzlich Beobachter des Hl. Stuhls im Lenkungsausschuss für Sozialpolitik des Europarates in Straßburg. Auf vier Feldern erwarb sich Rauscher als Direktor der KSZ bleibende Verdienste: 1. der Zusammenführung der Sozialethiker der deutschsprachigen Länder; 2. in der Pflege internationaler Kontakte; 3. in der Gründung einer Schriftenreihe mit dem Titel „Kirche und Gesellschaft", die Aktualität und wissenschaftliche Seriosität vereinte, sowie 4. in der Organisation einer breiten sozialethischen Forschung, die im „Handbuch der Katholischen Soziallehre" 2008 ihren Höhepunkt fand.

IV

Mit den Sozialethiker-Tagungen begann die KSZ 1968. Thema der ersten Tagung war die „paritätische Mitbestimmung". In den 1960er Jahren divergierten die Positionen der Sozialethiker dazu erheblich – vom gewerkschaftsnahen Oswald von Nell-Breuning SJ bis zum arbeitgebernahen Basilius Streithofen OP. Rauscher gelang es, Vertreter aller Positionen nach Mönchengladbach einzuladen und einen echten Dialog zu organisieren. Bis 1976 fanden die Konferenzen alle zwei Jahre, danach jedes Jahr statt. Sie behandelten Themen von hoher Aktualität aus der Perspektive der Sozialethik und verschiedener Nachbardisziplinen. Die KSZ bot den Sozialethikern die Möglichkeit, Fragen der politischen Ethik und der Wirtschaftsethik mit Verfassungsrechtlern, Nationalökonomen, Politikwissenschaftlern, Soziologen, Historikern und Moraltheologen sowie mit Vertretern aus Politik und Verbänden zu diskutieren. Vorträge und Zusammenfassungen der Diskussionen publizierte Rauscher zunächst in sieben Einzelbänden und ab der Tagung 1979 in der Reihe „Mönchengladbacher Gespräche". Von 1980 bis zur Übergabe seines Amtes an seinen Nachfolger Peter Schallenberg 2010 erschienen 30 Bände.

Die internationalen Kontakte, die Rauscher zum großen Nutzen der Katholischen Soziallehre in Deutschland pflegte, hatten einerseits drei Länderschwerpunkte, nämlich Polen, USA und Südkorea, und andererseits einen thematischen Schwerpunkt, nämlich die Befreiungstheologie. Polen war während der kommunistischen Herrschaft in Mittel- und Osteuropa das einzige Land mit einer katholischen Universität in Lublin und verschiedenen Fakultäten/Akademien für Katholische Theologie, an denen auch die Katholische Soziallehre unterrichtet wurde. Durch die Wahl des Erzbischofs von Krakau, Karol Wojtyła, zum Papst im Jahr 1978 und durch das mehr als 26 Jahre dauernde Pontifikat Johannes Pauls II. erhielt die Katholische Soziallehre nicht nur in Polen einen kräftigen Schub. Bereits 1979 lud Rauscher mehrere polnische Kollegen zur Tagung der Sozialethiker nach Mönchengladbach ein. Ihre Vorträge sind im ersten Band der „Mönchengladbacher Gespräche" zum Thema „Christliche Soziallehre unter verschiedenen Gesellschaftssystemen" dokumentiert. Höhepunkt der Kontakte mit Polen in der Zeit vor der Wende war ein einwöchiges Seminar deutscher und polnischer Sozialwissenschaftler und -ethiker zum Thema „Subsidiarität" im Juni 1986 im Gästehaus der Katholischen Universität Lublin in Kazimierz Dolny, an dem auch die Konrad-Adenauer-Stiftung beteiligt war. Nach der Wende weiteten sich Rauschers Initiativen auf ganz Mitteleuropa aus. Zwischen 1994 und 2003 organisierte er sieben Europa-Foren, um die Sozialethiker Deutschlands und Mittel- sowie Südosteuropas miteinander in Kontakt zu bringen. Am 31. Mai 1999 verlieh ihm die Katholische Universität Lublin die Ehrendoktorwürde.

Für Rauschers Kontakte in die USA war seine Freundschaft mit Jude Dougherty, dem langjährigen Dekan der Philosophischen Fakultät der Katholischen Universität von Amerika in Washington D.C., sehr hilfreich. Während Dougherty, der wenige Wochen nach Rauscher am 6.März 2021 verstarb, einen Kreis von rund 20 englischsprachigen Teilnehmern einlud, darunter zahlreiche Kollegen, aber auch Unternehmer und Bischöfe, unter ihnen die Kardinäle Raymond Leo Burke und George Pell, gelang es Rauscher, rund 20 deutschsprachige Kollegen für die gemeinsamen Kolloquien zu gewinnen, darunter auch den Vorsitzenden der DBK, Bischof Karl Lehmann, und den Vorsitzenden der Konrad-Adenauer-Stiftung, Ministerpräsident Bernhard Vogel. Die Kolloquien fanden alle zwei Jahre statt, abwechselnd in Deutschland – meist in Wildbad Kreuth mit Unterstützung der Hanns-Seidel-Stiftung – und in den USA, so in Washington D C., St. Louis,

Chicago, Detroit und Philadelphia mit Unterstützung der Konrad-Adenauer-Stiftung. Die Vorträge der Kolloquien publizierte Rauscher zweisprachig in der Reihe „Soziale Orientierung" im Verlag Duncker und Humblot.

Kontakte zu koreanischen Doktoranden im Fach Katholische Soziallehre in Deutschland, die nach ihrer Promotion Professoren in Südkorea wurden, führten zu deutsch-koreanischen Kolloquien, in deren Mittelpunkt die Probleme der Wiedervereinigung unterschiedlicher Gesellschaftssysteme standen. Das Interesse in Südkorea an der Wiedervereinigung Deutschlands war groß. Rauscher organisierte zwischen 1997 und 2007 sechs derartige Kolloquien mit Unterstützung der Hanns-Seidel-Stiftung. Sie wurden danach von der Katholischen Universität Eichstätt weitergeführt. Am 1. September 1998 ernannte die Sogang-Universität in Seoul Rauscher zum Gastprofessor, und am 25. Oktober 2005 verlieh sie ihm die Ehrendoktorwürde. Sehr hilfreich war Rauscher auch bei der Gründung der Internationalen Vereinigung für Christliche Soziallehre, die auf die Initiative von Patrick de Laubier (Genf) und Manfred Spieker (Osnabrück) zurückging. An einem der ersten Gespräche zur Gründung dieser Vereinigung, damals noch „Université Volante" genannt, im Institut Catholique in Paris war auch Rauscher beteiligt. Er lud den Kreis der Gründer – darunter den späteren Erzbischof von Reims, Gérard Défois, und den Vorsitzenden der Christlichen Gewerkschaften Frankreichs, Jean Bornard, – für den 25./26. Oktober 1986 in das Maternus-Haus nach Köln ein. Seitdem trifft sich diese Vereinigung, der Vertreter verschiedener christlicher Konfessionen angehören – darunter seit 2002 auch Justin Welby, der spätere Erzbischof von Canterbury und Primas der Anglikanischen Kirche, – einmal jährlich zu einer dreitägigen Konferenz.

Was den thematischen Schwerpunkt seiner internationalen Kontakte, die „Theologie der Befreiung", betrifft, die in den 1970er und 80er Jahren die katholische Kirche nicht nur in Lateinamerika, sondern auch in Europa, vor allem in Rom, sehr beschäftigte, so war Rauscher eine der Säulen des Arbeitskreises „Kirche und Befreiung", der 1973 vom Bischof und späteren Kardinal von Essen, Franz Hengsbach (1910–1991), und dem Generalsekretär des Lateinamerikanischen Bischofsrates (CELAM) und späteren Kardinal, Alfonso Lopez Trujillo, gegründet wurde. Aufgabe des Arbeitskreises war es, nach Lösungsansätzen der Katholischen Soziallehre für die sozialen, politischen und wirtschaftlichen Probleme Lateinamerikas zu suchen und bestimmten Varianten der „Theologie der Befreiung" entgegenzutreten, die, fasziniert von der „marxistischen Analyse", diese Lösung nicht von Reformen, sondern von Klassenkampf und Revolution erwarteten. Die während der Tagungen dieses Arbeitskreises gehaltenen Vorträge wurden im Verlag Pattloch publiziert.

Im Auftrag der DBK unternahm Rauscher zusammen mit den Professoren Lothar Roos (Bonn) und Wilhelm Weber (Münster) mehrwöchige, strapaziöse Studienreisen durch verschiedene Kontinente, um die sozialen und politischen Verhältnisse sowie die Situation der katholischen Kirche vor Ort zu studieren. Eine vierwöchige Reise führte 1979 in fünf afrikanische Länder (Elfenbeinküste, Nigeria, Kenia, Südafrika, Algerien). Nach dieser Reise erlitt Rauscher einen Herzinfarkt, der ihn, wie schon der Ruf nach Augsburg, veranlasste, Kardinal Höffner, inzwischen Erzbischof von Köln, erneut um Ablösung als Direktor der KSZ zu bitten. Höffner antwortete, er wolle zunächst Rauschers Regeneration abwarten. Nach einem Jahr bat er dann Rauscher, zusätzlich zu seinen Aufgaben in Augsburg und Mönchengladbach noch die Vertretung des Heiligen Stuhls im Sozialpolitischen Ausschuss des Europarates in Straßburg zu übernehmen. Eine weitere mehrwöchige Reise führte die drei Professoren zusammen mit Jürgen Aretz vom Referat Weltkirche der DBK 1981 nach Lateinamerika (Brasilien, Argentinien, Chile, Peru, Kolumbien, Nicaragua und Costa Rica). Bei dieser Reise ging es vor allem um den Einfluss der Befreiungstheologie auf die Kirche in diesen Ländern und um die Tätigkeit der Hilfswerke der deutschen Katholiken Misereor und Adveniat. Eine weitere Reise führte Rauscher zusammen mit Lothar Roos und Friedrich Fahr, dem Finanzdirektor der Erzdiözese München, 1987 nach Asien (Japan, Südkorea, Taiwan, Philippinen und Hongkong). Über jede Reise wurde ein ausführlicher Bericht für die DBK verfasst.

Zu den Aufträgen der KSZ gehörte laut Gründungsmemorandum die Unterstützung der sozialen Bildung in den Diözesen und Verbänden „durch Erarbeitung wissenschaftlicher Materialien". Schon der 1890 in Mönchengladbach gegründete „Volksverein für das katholische Deutschland" hatte diesen Bildungsauftrag, den er bis zu seinem Verbot durch die Nationalsozialisten am 1. Juli 1933 mit großem Erfolg wahrnahm. Die Reihe „Kirche und Gesellschaft", die Rauscher 1973 startete, sollte diesen Auftrag erfüllen. Unmittelbarer Anlass für die ersten Hefte war die Absicht der Jungdemokraten der FDP 1972, das partnerschaftliche Verhältnis von Kirche und Staat in Deutschland zu ändern und die Kirche aus der Öffentlichkeit zu verdrängen. Jährlich erschienen in dieser Reihe, wegen der Farbe des Umschlags auch „Grüne Reihe" genannt, zehn Hefte von jeweils einem Druckbogen, also 16 Seiten. Rauscher gelang es, diese auch für den schulischen Unterricht hilfreiche Reihe immer aktuellen Themen zu widmen und für ihre Bearbeitung kompetente Autoren zu gewinnen, darunter oft die Protagonisten der jeweiligen Debatte, so der Bildungspolitik (Hans Maier), der Sozialpolitik (Norbert Blüm), der Währungs- und Finanzpolitik (Hans Tietmeyer), der Rechtspolitik (Willi Geiger, Josef Isensee, Paul Kirchhof) sowie der Politik des Aufbaus der ostdeutschen Länder (Bernhard Vogel, Jürgen Aretz). Rauscher sorgte dafür, dass der Schutz sowohl des ungeborenen als auch des zu Ende gehenden Lebens kontinuierlich und aus verschiedenen Perspektiven thematisiert wurde (Robert Spaemann, Vincens Lissek, Willi Geiger, Manfred Spieker, Clemens Breuer, Heinrich Pompey, Eberhard

Schockenhoff, Herbert Tröndle, Adolf Laufs, Felix Raabe, Daniel Rhonheimer). Ebenso besorgt war er um das Thema Ehe und Familie (Clemens und Rudolph Willeke, Max Wingen, Franz Pöggeler, Johannes Pechstein, Jürgen Liminski, Anton Rauscher und Manfred Spieker). Dabei verteilte er nicht nur die Themen an die Autoren, sondern hatte oft auch genauere Vorstellungen für ihre Bearbeitung. Sein Einsatz für den Lebensschutz veranlasste ihn auch, bereits kurz nach der Gründung der „Juristenvereinigung Lebensrecht" deren Mitglied zu werden und in deren Wissenschaftlichem Beirat mitzuarbeiten. Bis zum Ausscheiden aus der KSZ erschienen 371 Hefte der „Grünen Reihe". Kardinal Lehmann nannte diese Reihe in seinem Vortrag beim Festakt der DBK anlässlich des 80. Geburtstages Rauschers „eine Enzyklopädie der konkreten sozialethischen und politischen Interventionen der katholischen Kirche in diesen Jahrzehnten". Sie sei „ein ganz außerordentliches Verdienst" Rauschers. Die Reihe, die nachzuahmen es auch weniger erfolgreiche Anstrengungen in Italien, Spanien und Portugal gab, wurde von seinem Nachfolger Peter Schallenberg fortgeführt und erreichte bis Ende 2021 485 Hefte.

Bei der Organisation der Forschung zur Geschichte des deutschen Katholizismus sowie zur Implementierung der Katholischen Soziallehre in Deutschland wurde Rauscher von einer „Wissenschaftlichen Kommission" unterstützt, die 1977 bei der KSZ eingerichtet wurde. In dieser Kommission, „die sich durch Sachverstand und Initiativfreude auszeichnete", wie Rauscher 2017 schrieb, wurden Projekte besprochen und vergeben, von den beiden Taschenbuchbänden „Der soziale und politische Katholizismus. Entwicklungslinien in Deutschland 1803–1963", die 1981/1982 im Verlag Olzog erschienen und weite Verbreitung fanden, bis zum „Handbuch der Katholischen Soziallehre" (2008). Die Veröffentlichungen dieser Kommission erschienen ebenfalls in der Reihe „Soziale Orientierung", die von Rauscher bis Band 20 zusammen mit Karl Forster und nach dessen Tod, ab Band 24, zusammen mit Stefan Mückl und Arnd Uhle herausgegeben wurde (bis 2020 28 Bände). Die Aufklärung über die Entwicklung des deutschen Katholizismus im 19. und 20. Jahrhundert und über den Beitrag des Katholizismus zur Gestaltung der Staats- und Gesellschaftsordnung Deutschlands war Rauscher ein großes Anliegen, dem vor allem die „Beiträge zur Katholizismusforschung" dienten. Für die 39 Bände in den zwei Reihen „Quellentexte" (15 Bände) und „Abhandlungen" (24 Bände) gewann Rauscher kompetente Autoren. Das gilt auch für die 15 Hefte der Reihe „Katholische Soziallehre in Text und Kommentar", an deren Veröffentlichung sich die drei katholischen Sozialverbände – der Bund Katholischer Unternehmer, die Katholische Arbeitnehmer-Bewegung und der Kolpingverband – beteiligten. Es gilt ebenso für die gemeinsam mit seinem Mitarbeiter in der KSZ, Günter Baadte, herausgegebene Reihe „Kirche heute" mit neun Bänden und für die Reihe „Zeitgeschichte in Lebensbildern. Aus dem deutschen

Katholizismus des 19. und 20. Jahrhunderts", deren erste zwei Bände von Rudolf Morsey herausgegeben wurden, während die Bände drei bis zwölf von Rauscher zusammen mit Morsey und Jürgen Aretz besorgt wurden. Für Band 12 (2007) verfasste Rauscher selbst den Artikel über Wilhelm Weber. Zusammen mit Weber und, nach dessen Tod 1983, mit Lothar Roos war er ab 1969 Herausgeber der „Abhandlungen zur Sozialethik", von denen bis 2008 im Verlag Schöningh 50 Bände erschienen. Höhepunkt seiner Fähigkeit, kompetente Kollegen zusammenzuführen, war das „Handbuch der Katholischen Soziallehre", in dem 65 Autoren in 81 Beiträgen, gegliedert in 14 Kapitel, alle Themen der Katholischen Soziallehre bearbeiteten. Es wurde von Rauscher in Verbindung mit Jörg Althammer, Wolfgang Bergsdorf und Otto Depenheuer im Verlag Duncker und Humblot herausgegeben. Ein anderes Standardwerk der katholischen Soziallehre, das 2004 veröffentlichte „Kompendium der Soziallehre der Kirche" des Päpstlichen Rates Justitia et Pax, verdankt Rauscher die Überprüfung der 2006 erschienenen deutschen Übersetzung.

Rauscher verstand es nicht nur, kompetente Kollegen für seine Forschungs- und Buchprojekte zu gewinnen, er verstand es auch, Stiftungen und potente Spender zu überzeugen, ihm die notwendigen Mittel für seine Projekte zur Verfügung zu stellen. Er war ein Meister im Organisieren und Finanzieren sozialethischer Forschung, ein „Magier des Wissenschaftsbetriebs" (Morsey). Die Stiftung Humanum verlieh ihm für seine Verdienste um die Katholische Soziallehre 2011 den Augustin-Kardinal-Bea-Preis. Das Preisgeld von 30 000 Euro ging ein in seine Stiftung zur Förderung der katholischen Soziallehre. Diese Stiftung dient dem Ziel, die von den Päpsten seit Leo XIII. entwickelten Prinzipien der katholischen Soziallehre für das Zusammenleben der Menschen und der Völker für die Klärung aktueller Fragen fruchtbar zu machen.

V

Bei aller Organisation von Forschung unterließ es Rauscher aber nie, auch selber zentralen Fragen des Verhältnisses von Kirche und Gesellschaft nachzugehen. Das zeigen nicht nur die 39 Hefte in der Grünen Reihe, die er selbst verfasste, sondern auch seine „Beiträge zur christlichen Gesellschaftsverantwortung", die in vier Bänden mit zusammen rund 2800 Seiten unter dem Titel „Kirche in der Welt" zwischen 1988 und 2006 im Verlag Echter erschienen. Im Vorwort zum vierten Band stellte er bedauernd fest, dass ihm die Doppelbelastung von Universität und KSZ größere Untersuchungen nach Dissertation und Habilitation nicht mehr erlaubt habe. Aber sein naturrechtlicher Ansatz hat ihn immer wieder angespornt, Entwicklungen in Kirche und Gesellschaft, in Staat und Wirtschaft, auch in ökumenischen Unternehmungen, im Licht der Katholischen Soziallehre zu analysieren. Mehrfach war er an Arbeitskreisen von katholischen und evangelischen Sozialethikern beteiligt, die unter dem Dach der Konrad-Adenauer-Stiftung erfolgreich um gemeinsame Texte zur Menschenwürde und zum Gemeinwohl rangen. Aus dem personalen Menschenbild der Katholischen Soziallehre ergab sich für Rauscher der Dienstcharakter von Staat und Gesellschaft. Die „personale Struktur des gesellschaftlichen Lebens", so der Titel der Festschrift zu seinem 65. Geburtstag im Jahr 1993, verteidigte Rauscher immer wieder gegen ideologische Ansätze in den Sozialwissenschaften und auch in der Theologie.

Vertreter der Befreiungstheologie und Moraltheologen, die glaubten, eine Beschäftigung mit Umwelt-, Friedens- oder Genderthemen vermittle bereits sozialethische Kompetenz, rieben sich an Rauscher, der seine Ansichten zwar auch nicht immer wie ein Diplomat vertrat, aber gegenüber anderen Positionen so offen und tolerant war, dass er deren Vertreter wiederholt als Referenten zu den Sozialethiker-Tagungen einlud. Moraltheologen mit sozialethischen Ambitionen, die aus der Schule von Wilhelm Korff (1926– 2019) und Franz Furger (1935–1997) hervorgingen, versammelten sich ab 2002 jährlich in Berlin und mieden die Konferenzen in Mönchengladbach. Bemühungen Schallenbergs, seit 2010 Nachfolger Rauschers als Direktor des KSZ, die Spaltung zu überwinden, hatten bis 2021 keinen Erfolg. Auch von den Nachfolgern von Nell-Breuning an der Jesuitenhochschule in Frankfurt-St. Georgen kam Gegenwind. Aber Versuche, einen Gegensatz zwischen Nell-Breuning und Rauscher zu konstruieren, misslangen: Nell-Breuning hatte Rauscher in drei Briefen – vom 6. Juni, vom 18. Juli 1989 sowie vom 23. März 1990 – eine sehr große Überreinstimmung ihrer Positionen bescheinigt. Nachdem ihm die ersten beiden Bände von Rauschers Beiträgen zur christlichen Gesellschaftsverantwortung „Kirche in der Welt" überreicht worden waren, hatte er geschrieben: „Ich würde es als das Beste würdigen, das wir derzeit zu dem Thema besitzen. Ich gestehe, auch selbst daraus einiges zugelernt zu haben. So haben Sie zum Beispiel eine Sicht der Subsidiarität aufgezeigt, die ich bis dahin nicht erkannt hatte und die leider auch im neuen CIC kaum oder nicht aufscheint. Professor Weber schrieb mir einmal, in 96 Prozent meiner Aussagen stimme er mit mir überein. Auf ein genaues Maß der Übereinstimmung mit Ihnen möchte ich mich nicht festlegen, aber so ungefähr dürfte es das Gleiche sein".

Aus dem personalen Menschenbild ergab sich für Rauscher das Subsidiaritätsprinzip, mit dem er sich seit seiner Dissertation in Rom immer wieder neu beschäftigte. Es habe seit „Quadragesimo anno" fortwährend seine Relevanz bewiesen. Rauscher verstand es, deutlich zu machen, dass es nicht nur für die Sozialpolitik, sondern für eine freiheitliche Verfassungsordnung insgesamt von Bedeutung ist: Es verbürge den sozialen Pluralismus und richte sich gegen staatlichen Zentralismus und gegen totalitäre Systeme, schrieb er in einem zentralen Beitrag mit dem Titel „Kirchliche Soziallehre" für das Handwörterbuch der Wirtschaftswissenschaften 1977, in dem er auch die Entwicklung der Sozialethik in den protestantischen Kirchen berücksichtigte. Andererseits sei das Subsidiaritätsprinzip „kein Freibrief für die Durchsetzung gruppenegoistischer Interessen" und man könne sich auch nicht darauf berufen, „wenn der Staat mangels eigener Initiative und Verantwortungsbereitschaft gezwungenermaßen mehr und mehr Gemeinschaftsaufgaben übernehmen muss". Zusammen mit dem Solidaritätsprinzip sei es der Schlüssel für das Gemeinwohl, das in der Hilfe für die einzelnen Gesellschaftsglieder zur eigenverantwortlichen Wahrnehmung ihrer Lebensaufgaben bestehe, das aber auch „nicht gegen die wesentlichen Lebens- und Freiheitsrechte des Menschen ausgespielt werden darf".

Rauschers „Beiträge zur christlichen Gesellschaftsverantwortung" sind zu Klassikern der modernen, dialogbereiten, ökumenischen, die gesellschaftliche Entwicklung beeinflussenden katholischen Soziallehre geworden. Mit Recht stellte der Oberbürgermeister von Mönchengladbach, Norbert Bude (SPD), beim Festakt der DBK zu seinem 80. Geburtstag deshalb fest, Rauscher habe wesentlich dazu beigetragen, „dass sich die katholische Soziallehre nicht allein innerhalb der Kirche abspielt".

Quellen

Der Augsburger Nachlass befindet sich im Archiv der Jesuiten ECE, München, der Mönchengladbacher Nachlass im Archiv der KSZ in Mönchengladbach.

Schriften (Auswahl)

Subsidiaritätsprinzip und berufsständische Ordnung in ‚Quadragesimo anno', Münster 1958. – Die soziale Rechtsidee und die Überwindung des wirtschaftsliberalen Denkens. Hermann Roesler und sein Beitrag zum Verständnis von Wirtschaft und Gesellschaft, Paderborn 1969. – Die Eigenart des kirchlichen Dienstes. Zur Entscheidung der katholischen Kirche für den „dritten Weg", Würzburg 1983. – Kirche in der Welt. Beiträge zur christlichen Gesellschaftsverantwortung. Bde 1 und 2, Würzburg 1988, Bd. 3, Würzburg 1998, Bd. 4, Würzburg 2006. – Die soziale Verantwortung der Christen. Die Katholische Sozialwissenschaftliche Zentralstelle Mönchengladbach, Paderborn 2017.

Literatur

N. *Glatzel* und E. *Kleindienst* (Hg.), Die personale Struktur des gesellschaftlichen Lebens. Festschrift für Anton Rauscher zum 65. Geburtstag, Berlin 1993. – M. *Spieker*, „Aufrecht geblieben". Nachruf auf Anton Rauscher, in: Zeitschrift für Lebensrecht, Heft 1/2021. – Die Neue Ordnung, Heft 6/2008 „Anton Rauscher gewidmet" mit Beiträgen von K. Kardinal *Lehmann* und L. *Roos*.

Walter Schweidler

ROBERT SPAEMANN (1927-2018)

Ohne in es allzu viel hineingeheimnissen zu wollen, kann man doch an das Faktum erinnern, dass im zwanzigsten Jahrhundert – mit Wittgenstein und Heidegger – zum ersten Mal seit dem Mittelalter die alles überragenden philosophischen Denker Katholiken gewesen sind. Robert Spaemann, um eine Generation jünger als die beiden, war es ebenfalls, im Unterschied zu ihnen war er aber auch ein außerordentlich frommer und glaubenstreuer Mensch, der noch im hohen Alter mehrere Bände mit Auslegungen der Psalmen verfasst und, etwa im Einsatz für die Tridentinische Messe, über viele Jahre hinweg seinen Glauben öffentlich bezeugt und gelebt hat. „Auch dieser war bei ihm", hat er in Aufnahme von Mk 14,67 auf sein Grabkreuz schreiben lassen. Nichtsdestoweniger war er ein „reiner" Philosoph, dessen Werk man sich durch die Bezüge zu seiner religiösen Überzeugung ebenso wenig erschließen kann wie das eines großen Künstlers oder Naturwissenschaftlers. Als philosophischer Denker war er zudem in kaum übertreffbarem Maße originell und unkonventionell, ein „Solitär" (A. Cammann), den man in keine Schublade einordnen kann. Ihm wurde mancher Stempel aufzudrücken versucht: Aristoteliker, Antimodernist, Metaphysiker etc. Dass man damit sein denkerisches Werk im Kern nicht trifft, ist sicher; inwieweit solche Kennzeichnungen aber doch beanspruchen können, wenigstens Aspekte seines Schaffens zu beleuchten, das wird sich erst zeigen können, wenn es einmal so weit durchdrungen und weitergeführt worden sein wird, wie es das aufgrund seiner Qualität und Originalität verdient hat. Auch als politischem Menschen wird man ihm durch herkömmliche Kategorien nicht gerecht. In seiner Jugend, so hat er selbst gesagt, habe er „ein katholisch-konservatives politisches Weltbild" entwickelt, und was Grundzüge seines öffentlichen und intellektuellen Engagements angeht, wird man dieses auch in allen Phasen seines weiteren Lebens wiederfinden. Aber wer ihm nahe genug stand, der konnte ihn auch mit listig-fröhlichem Augenaufschlag Brecht zitieren hören: „In mir habt ihr einen, auf den könnt ihr nicht bauen…". Nicht zuletzt ist er national bekannt geworden durch seine vehemente, rigoristische Ablehnung der Kernkrafttechnologie, die er zu einer Zeit äußerte, als dies noch so unpopulär war wie es heute das Gegenteil, also ihre Befürwortung, geworden ist. „Heiterkeit und Skepsis, sich gegenseitig mäßigend", hat er im Proustschen Fragebogen, der über viele Jahre hinweg von der FAZ Prominenten unterbreitet wurde, auf die Frage nach seinem Grundbefinden geantwortet. Am ehesten dürfte man ihm gerecht werden, wenn man die völlige Sicherheit seines Glaubens und die nur durch sie zu ermessende Geistesverfassung dessen, der sich in dieser Welt als Fremdling fühlt, nachzuvollziehen versucht.

I

Robert Spaemann wurde am 5. Mai 1927 in Berlin geboren. Seine Mutter, Schwäbin, war Tänzerin bei Mary Wigman, sein Vater, Westfale, war, als er sie kennenlernte, noch Mitarbeiter der „Sozialistischen Monatshefte" und wurde später, nach dem Tod der Mutter 1936, 1942 zum Priester geweiht. Nach der Hinwendung der Eltern zur katholischen Kirche wurde Robert Spaemann im münsterländischen Gerleve als Dreijähriger getauft, wo er in der Abtei St. Josef bis zur Vertreibung der Mönche 1943 immer das Osterfest erlebte. Er berichtet vom „unbeschreiblichen Wohlbehagen", das er dort erstmals – und dann zeitlebens – beim psalmodierenden Gesang der Mönche empfunden habe. Vom Eintritt ins Kloster hielt ihn letztendlich die Begegnung mit seiner Frau Cordelia ab, mit der er, wie er nach ihrem Tod 2003 einmal sagte, 60 Jahre befreundet und 50 Jahre verheiratet war. Die beiden hatten drei Kinder.

In Hayingen auf der Schwäbischen Alb lernte er für einige Jahre das bäuerliche Leben kennen, an das er sich, wie an manch anderer, als mit und nach dem Krieg unwiederbringlich verlorene Lebensform erinnerte. Zu dieser Lebensform gehörte für ihn der unerschütterliche katholische Glaube, der, so seine oft geäußerte Überzeugung, ihn und die, die ihn wirklich teilten, gegen den Nationalsozialismus in der Wurzel immunisierte. Er entzog sich dem in den letzten Kriegswochen noch drohenden Wehrdienst und wäre, wie er berichtet, wenn Hitler den Krieg gewonnen hätte, Gärtner geworden. Er hat später das kollektiv-traumatische Verhältnis eines bedeutenden Teils insbesondere der intellektuellen Öffentlichkeit in Deutschland zur eigenen Nation auf Ressentiments zurückgeführt, die aus der Verdrängung des Versagens im Angesicht der nationalsozialistischen Versuchung diejenigen beherrschten, die oder deren Eltern ihr erlegen waren oder doch Kompromisse mit dem geistigen Machtanspruch des Regimes geschlossen hatten. Vom Schicksal der Juden, so sagte er, habe er gewusst, weil er, im Unterschied zu den meisten seiner Mitbürger, davon wissen wollte. Das Kriegsende habe er tatsächlich als Befreiung erlebt, weil die Strafandrohungen der amerikanischen Besatzungsmacht, so drakonisch sie waren, mit Rechtssicherheit einhergingen.

1945 begann er im zerstörten Münster („Was ihr hier seht", so zitierte er einmal später aus dem Gedächtnis eine inmitten der Ruinen von Kardinal Galen gehaltene Predigt, „ist die Strafe Gottes für den Satz: ‚Alle Staatsgewalt geht vom Volke aus'!") mit dem Studium zunächst der Theologie und dann der Philosophie. Neben der Erkenntnis, für den Priesterberuf nicht geeignet zu sein, habe für den Wechsel, so hat er auf Nachfrage zugestanden, die Persönlichkeit Joachim Ritters (1903–1974), der 1946 in Münster zu lehren begann, wesentliche Bedeutung gehabt. In Ritters „Collegium Philosophicum" fand er sich in einen Kreis ein (zu dem u.a. Odo Marquard, Hermann Lübbe, Günter Rohrmoser, Ernst-Wolfgang Böckenförde und Martin Kriele gehörten), der heute unter dem Kürzel „Ritter-Schule", gegen das sich die Beteiligten unisono gewehrt haben, wachsende zeitgeschichtliche Aufmerksamkeit findet, und dem man bescheinigt hat, zur „Frankfurter Schule" einen geistigen Kontrapunkt gesetzt und „den philosophischen Konservatismus in der Bundesrepublik mit zeitgemäßen, intellektuell attraktiven Ausdrucksmitteln versehen" zu haben (U. Raulff).

Ritter, der, bevor dieser zur Schande seiner Nation aus Deutschland verjagt wurde, Assistent bei Ernst Cassirer gewesen war, hat auf Spaemanns Denken wohl in zwei symbiotisch verbundenen Richtungen Einfluss gehabt. Er brachte ihm Hegel in Gestalt einer geschichtlich-dialektischen Analyseform nahe, die für Spaemanns gesamtes späteres Werk, insbesondere in seiner staats- und gesellschaftsphilosophischen Dimension, richtungweisend geblieben ist. Nicht, wie ihm mitunter unterstellt worden ist, ein reaktionärer Affekt gegen die Moderne, sondern die Analyse, der ihr durch ihre Selbsthypothetisierung im Namen des *etsi Deus non daretur* einbeschriebene Dialektik und Unentschiedenheit hat ihn hierbei geleitet. „Links" und „Rechts", so heißt es in einem Artikel von 1979 (zu finden in dem Sammelband „Grenzen"), seien verbunden durch „die Abwesenheit einer Idee von natürlicher Finalität des Menschen und der Gesellschaft. Der Begriff des Telos spaltet sich, die *disjecta membra* aber entfesseln Energien wie die einer Atomspaltung". Hierin kann man im Kern seine Antwort auf die Frage „why liberalism failed" (R. Deneen) und die Ursachenanalyse der heutigen gesellschaftlichen Spaltung in der ganzen westlichen Welt sehen.

Ritter lehrte Spaemann die Pointe dessen, was bei Aristoteles „das von Natur aus Rechte" bedeutet, nämlich nicht etwa einen Bestand an quasigesetzlichen Normen in einer zeitenthobenen metaphysischen Sphäre, sondern ein Ensemble sittlicher Verhältnisse, gewachsener Lebensformen, die den Menschen eine gemeinsame, geistige wie geschichtlich-kulturelle Heimat geben, aus deren Verteidigung und Verinnerlichung sie im Lauf ihres Lebens die Antwort auf die Frage finden können, warum dieses Leben es wert ist und einmal gewesen sein wird, in Gemeinschaft und Freiheit gelebt zu werden. Konkrete Lebensverhältnisse gegen abstrakte Hypostasierungen: das könnte man als den doch auch in Folge von Ritters Denken aufleuchtenden politischen Aspekt in Spaemanns Begriff vom gelungenen menschlichen Dasein kennzeichnen, wie er schließlich in seinem großen Personen-Buch entwickelt wird. „Die in einem gerechten Menschen realisierte und konkretisierte Gerechtigkeit ist mehr als die Idee der Gerechtigkeit, und der

Mensch, der für sein Vaterland stirbt, ist mehr als sein Vaterland", so heißt es dort. „Als Individuum ist er nur Teil seines Volkes. Aber indem er dieses Teilsein realisiert, ist er eine Totalität, der gegenüber das Volk nur eine Abstraktion ist." In Liebe und Wahrheit, so das letztlich paradoxe Prinzip seines Begriffs vom humanen Dasein, transzendiert der Mensch sich auf das hin, was wichtiger ist als er und findet in eben diesem Schritt über sich hinaus erst sich selbst.

II

In der Zeit der Gründung der Bundesrepublik hatte Spaemann, wie er sagt, seine „marxistische Phase durchlaufen", die ihn nach intensiver Lektüre von Marx, Lenin und Stalin 1947 zum Studium nach München und zu einem SED-Kongress in Berlin geführt hatte, der den Stalinismus in einer Weise praktizierte, die ihn „aufwachen", das Parteiabzeichen in die Toilette werfen, zuhause in Dorsten das Leninbild von der Wand nehmen und gar nicht mehr nach München zurückkehren ließ. Stattdessen nahm er 1948 ein Stipendium wahr und studierte in Fribourg, wo sein Thomas-Studium noch einmal eine dezidiert systematische Note bekam. Durch Carl Schmitt wurde er auf den Vicomte de Bonald aufmerksam, über dessen politische Philosophie er, wieder zurück in Münster, seine Dissertation „Der Ursprung der Soziologie aus dem Geist der Restauration" schrieb. Er wurde 1952 von Ritter promoviert, das Buch erschien 1959. Den Grundgedanken des Buches hat er dezidiert als seine eigene Entdeckung reklamiert: dass der moderne Konservatismus wesentlich durch den funktionalistischen Traditionalismus bestimmt ist, das heißt die Gestaltung der Gesellschaft im Namen eines Glaubens, den der, der sich ihm unterwirft (und auch der, der in seinem Namen politisch handelt und gestaltet), gar nicht zu haben braucht. Schon 1949 hatte Spaemann in der „Dialektik der Aufklärung" von Horkheimer und Adorno das linke Gegenstück zu dieser Analyse gefunden: die Moderne folge dem Prinzip der „Unterwerfung des Daseins unter die Bedingungen seiner Erhaltung". Dem konservativen „Glauben an das, woran man nicht glaubt", ist so von der anderen, der progressiven Seite her nur fundamentalistische Gesellschaftskritik entgegenzusetzen. Selbsterhaltung und Selbstverwirklichung werden, wo ihr teleologisches, aus einem gemeinsamen Verständnis von der möglichen Sinnerfüllung menschlichen Lebens gespeistes Vermittlungsprinzip fehlt, zu antagonistischen Leitlinien des Machtkampfes in einer gespaltenen Gesellschaft.

Von 1952 bis 1956 arbeitete Spaemann als Verlagslektor bei Kohlhammer in Stuttgart. Zurück nach Münster kam er dann aufgrund eines für ihn überraschenden (von Ritter vermittelten) Angebots des Pädagogen Ernst Lichtenstein, Assistent an seinem Institut zu werden und sich zugleich in

Pädagogik und Philosophie zu habilitieren. Die 1962 abgeschlossene Habilitationsschrift „Reflexion und Spontaneität. Studien über Fénélon" ist vielleicht Spaemanns schönstes Buch geblieben. Eigentlich ist es eine Ansammlung von systematisch allerdings eng verbundenen Essays über einen ganzen Strauß von Themen: Mystik und Aufklärung, das Entstehen eines eigenen Bewusstseins von „Kindheit", Liebe als Prinzip der Philosophie, bürgerliche Ethik und nichtteleologische Ontologie und vieles mehr. Eigentlicher Gegenstand des Buches ist die letzte große theologische Kontroverse von gesamteuropäischer öffentlicher Bedeutung, der Streit über den „amour pur", die reine und vollkommen selbstlose Gottesliebe und über die Einschätzung, ob es sich dabei um ein katholisch-orthodoxes oder ein quietistisch-glaubensgefährdendes Prinzip handle. Fénélon, Erzbischof von Cambrai, wurde schließlich von der Kirche verurteilt und verlor seine Funktion als Erzieher des Dauphins. Der Mensch tut das Gute, um in den Himmel zu kommen: das blieb katholisches Moralprinzip, und in gewisser Weise musste der Gedanke, dass Moral auf eine Selbstbestimmung des menschlichen Handelns ohne jede Vorteilserwartung, ja bis hin zur Selbstaufgabe gegründet werden könne, in der Ethik des Protestanten Kant überleben. Spaemanns Analyse des Streits fußte wiederum auf der Dialektik, die sich aus dem nicht-teleologischen cartesischen Naturbegriff ergab, den Fénélon mit seinem Widersacher Bossuet teilte und aufgrund derer beide sich auf Thomas von Aquin beriefen und beide ihn missverstanden. Diese Analyse wurde zum wesentlichen Schritt auf Spaemanns Weg zur „Entdeckung des Teleologieproblems", dessen systematische Behandlung mit seinem Namen bis heute vor allem verbunden ist.

III

Nach der Habilitation nahm Spaemann einen Ruf auf den neu errichteten Lehrstuhl für Philosophie und Pädagogik an der TH Stuttgart an, wo er bis 1967 blieb, unterbrochen durch das Jahr 1965, in dem er in Brasilien lehrte. Wegen einer Krankheit, die er sich in Brasilien zugezogen hatte, musste er Rufe nach Zürich und Hamburg ablehnen, wurde aber 1968 auf den Lehrstuhl von Karl Jaspers und Hans-Georg Gadamer nach Heidelberg berufen. Er trat das Amt 1969 an und traf auf Denker wie Dieter Henrich, Ernst Tugendhat, Georg Picht und all den geballten akademischen Be- und Verstand dieser bedeutenden Universität. Sein Bestreben, im Unterschied zu Stuttgart nun Studenten zu haben, die Philosophie im Hauptfach studierten und die seine Schüler werden konnten, hatte sich am renommiertesten Platz der damaligen Zeit erfüllt. In Heidelberg kam er allerdings in die Wogen der Unruhen, die im Vorjahr begonnen und inzwischen das ganze öffentliche Leben in Deutschland erfasst hatten. Von einzelnen Vorlesungen bis hin zur

Rektoratswahl wurden die für die Universität tragenden Veranstaltungen von einer gewalttätigen Minderheit, die sich als revolutionäre Avantgarde aufspielte, gesprengt und unmöglich gemacht. Spaemann selbst nahm, wie dann auch später in München, den Gesprächsfaden auch mit den radikalen Studenten auf und ließ ihn nicht mehr abreißen. Sein Argument war immer, dass die Kritik an der Professorenuniversität die Autonomie der Hochschule in Frage stellen und die Übernahme durch staatliche Machtorgane begünstigen müssen würde. „Inzwischen", so sagte er knapp ein halbes Jahrhundert später dazu, „haben die Professoren ja auch weitgehend die Rolle der Erfüllungsgehilfen der Ministerialerlasse übernommen. Alle beklagen sich heute über den Bologna-Prozess. Aber es hätte diesen Prozess nicht gegeben, wenn die Professorenschaft, die darüber jammert, sich geweigert hätte, diesen Prozess mitzumachen."

Aber nicht die Studenten waren es, sondern der Kleinmut der ihren Angriffen ausgesetzten staatlichen Instanzen und vor allem der Defätismus und die Solidaritätsverweigerung der professoralen Kollegen, was ihn zu der Entscheidung veranlasst hat, das Heidelberger Goldgeschenk nach zwei Jahren auszuschlagen und nach Stuttgart, wo man ihn mit Handkuss wieder aufnehmen wollte, zurückzugehen. Ausschlaggebend war der Selbstmord des Honorarprofessors Jan van der Meulen, eines Hegel-Experten, dessen Marx-Vorlesung von gewalttätigen Linken, die die Hörerschaft am Zutritt zum Hörsaal hinderten, undurchführbar gemacht wurde und den die Institutsleitung in harschem Ton aufforderte, dem Verlangen nach „Diskussion", statt Vorlesung nachzukommen. Kurz nach dessen Suizid bezahlte Spaemann das Entgelt einer Lehrbeauftragten, deren Tätigkeit nach Boykottaktionen das Institut aus angeblichen Budgetzwängen nicht verlängern wollte, aus eigener Tasche. Als im nächsten Semester ihre Veranstaltung ohne weitere Begründung gestrichen wurde, wurde ihm Heidelberg unerträglich und er gab den glanzvollen Lehrstuhl auf, um, wie er später sagte, „beim Rasieren wieder in den Spiegel schauen" zu können. Der 68er Anarchismus ist für ihn ohne Zweifel eine Schlüsselerfahrung gewesen, die sein ganzes späteres Wirken im politischen Raum geprägt hat.

Vor der Rückkehr nach Stuttgart nahm er für ein Jahr das Angebot einer Gastprofessur in Salzburg an, wo ihm in einem ehemaligen Bauernhaus an der Hellbrunner Allee über zehn Jahre eine der idyllischsten Etappen seines Lebensweges beschieden war. Seine akademische Wirkungsstätte wurde jedoch eine andere. Er hätte nach Salzburg berufen werden können, überwarf sich aber mit der Fakultät wegen eines Habilitationsverfahrens. Inmitten der so noch einmal verschärften Schwebeposition erreichte ihn der Ruf auf den Lehrstuhl Max Müllers an der Ludwig-Maximilians-Universität München. Spaemann, der sich, wie er sagt, niemals auf einen Lehrstuhl beworben hat, war zu einem im ganzen deutschen Sprachraum umworbenen Denker geworden, und als solcher trat er, nach seinen eigenen Worten durchaus gegen seine eigenen Intentionen, nun auch in den Raum der öffentlichen politischen Debatte ein.

1972 wurde Spamann durch zwei Aufsätze, die zu seinen anregendsten Beiträgen zur politischen Philosophie gehören, einem breiteren Publikum bekannt. „Die Utopie der Herrschaftsfreiheit" (veröffentlicht in der Sammlung „Zur Kritik der politischen Utopie") kritisierte den diskursethischen Ansatz von Habermas, mit dem es dann zu einem Briefwechsel kam, und „Moral und Gewalt" zeigte, dass das „Recht auf Widerstand" gegen den Staat eine Vermischung von rechts- mit geschichtsphilosophischen Kategorien darstellt. 1978 war Spaemann wesentlich beteiligt am Kongress „Mut zur Erziehung", der dem von links propagierten Erziehungsziel Emanzipation und der Instrumentalisierung von Bildung als Vehikel der Gesellschaftsveränderung entgegentrat. Spaemann profilierte sich als Antipode der „Frankfurter Schule", aber er ging niemals auf die Gründung oder Bildung einer eigenen Gefolgschaft aus; sondern in den beiden Jahrzehnten, die er an der Ludwig-Maximilians-Universität lehrte, entwickelte sich sein denkerischer wie auch der Weg, auf dem er zunehmend öffentliche Aufmerksamkeit erfuhr, in zwei äußerlich getrennte, aber in der philosophischen Substanz eng verbundene Richtungen.

Öffentlich hörbar wurde er vor allem durch seine Stellungnahmen zum bioethischen und biopolitischen Diskurs. In allen wichtigen Streitthemen, von Abtreibung und Euthanasie über künstliche Befruchtung, vorgeburtliche Selektion, Selbsttötung und Todesstrafe bis hin zum Tierschutz und dem Umgang mit der ökologischen Krise ergriff er mit nationaler und internationaler Resonanz das Wort, um das Prinzip der Menschenwürde auf der Grundlage einer strikt deontologischen Ethik umfassend zu verteidigen. Sein Aufsatz „Über die Unmöglichkeit einer universalteleologischen Ethik" trägt das für die Debatte zwischen Deontologie und Konsequenzialismus bis heute entscheidende Argument vor: Eine Ethik, die den sittlichen Wert von Handlungen aus den Folgen ableiten will, die sie zur Bilanz der Glückssteigerung und Leidminderung im Horizont des Gesamtverlauf des Weltganzen beitragen, setzt einen weltüberschauenden, also göttlichen Standpunkt voraus, den kein Mensch für sich in Anspruch nehmen kann. Politisch führte die rigorose Zurückweisung des Konsequenzialismus allerdings im Licht der unseligen Weberschen Begrifflichkeit auch zu mancher Einordnung Spaemanns als „Gesinnungsethiker". Will man seine Position im ethischen Grundlagenstreit auch nur ansatzweise verstehen, muss man jedoch den für sie entscheidenden handlungstheoretischen Grundbegriff berücksichtigen, den Begriff des Handlungstypus oder, traditionell gesprochen, „Handlungsobjekts". Selbstverständlich entscheiden die Folgen darüber, ob eine Handlung von ihrer inneren Natur her gut ist: Heilen, Helfen, Schützen, Erziehen usw. sind Handlungstypen, die gut sind, weil sie ihrem Sinn nach Gutes bewirken. Einzelne Handlungen aber, die vom Typ her gut sind, können sittlich korrumpiert werden, sei es durch die Umstände des Handlungsumfeldes, sei es durch die Absichten der Handelnden: *bonum ex integra causa, malum ex quocumque defectu.* Deswegen kann eine Handlung schlecht sein, auch wenn sie vom Typ her gut ist, während umgekehrt niemals eine in sich, also vom Typus her schlechte Handlung wie etwa die Tötung eines unschuldigen Menschen, durch Umstände oder Absichten zu einer guten gemacht werden kann. Im Licht dieses Prinzips ist Spaemanns praktische Philosophie eine „Verantwortungsethik" im präzisesten Sinne des Wortes: sie fordert das Einstehen des Handelnden für das, was sein Tun objektiv, ungeachtet aller möglicherweise damit verbundenen guten Absichten, bedeutet.

IV

Die Hauptrichtung seiner Denkentwicklung in der ganzen Münchener Zeit war aber die, welche Spaemann schon im Fénélon-Buch aufgegangen war und in der er die philosophische Leistung erbracht hat, die wie keine andere mit seinem Namen verbunden ist: die „Wiederentdeckung des teleologischen Denkens", wie es im Untertitel des 1981 zusammen mit Reinhard Löw verfassten, aus Münchener Seminaren hervorgegangenen Buches „Die Frage Wozu?" (neu aufgelegt unter dem Titel „Natürliche Ziele") heißt. Neben Heidegger und Merleau-Ponty gehört Spaemann zu den Philosophen des zwanzigsten Jahrhunderts, die, durchaus im Einklang mit den neuesten Entwicklungen in den biologischen Konzepten von Information und Spezies, die finalistische Engführung des Zweckbegriffs in der Naturbeschreibung überwunden haben. Der „Zweck", an dem sich das Leben eines individuellen Wesens gemäß der ihm durch seine Art vorgegebenen Natur ausrichtet, ist ihm nicht durch einen „intelligent designer" oder wie auch immer zu apostrophierenden Programmierer eingegeben und liegt auch nicht in einer am Ende seines Weges wartenden und es von diesem her leitenden Zielinstanz. Vielmehr zeigt sich dieser Zweck und besteht in dem normalen, es mit seinen Artgenossen verbindenden und es von Wesen anderer Art unterscheidenden Lebensweg selbst, der eine Zeitgestalt sui generis ist und als solche auf keine, insbesondere keine kausal ableitbaren Ausgangsbedingungen zurückgeführt werden kann. Er zeigt sich, aristotelisch gesprochen, als Form-, nicht als Wirk- oder Finalursache. Grundlage dieser Konzeption ist ein in seiner Wurzel von der griechischen Idee der *physis* her gedachter Begriff vom „Natürlichen" als demjenigen, was sich „von sich selbst her zeigt" und ontologisch in striktem Gegensatz zum „Künstlichen" steht. Diese Konzeption als solche ist in der Tat deutlich gegensätzlich zum Naturbegriff der neuzeitlichen empirischen Wissenschaften, der in letzter Konsequenz das Natürliche als Erscheinungsweise oder Epiphänomen des

Künstlichen (Dampfmaschine, Uhrwerk, Labor, Computer) zu fassen versucht. Der Sache nach ist der antike Naturbegriff zumindest ein struktureller Ausgangspunkt des Konzepts von Personenwürde, das Spaemann in seinem ethischen Denken so prinzipiell verteidigt hat: Was alle Menschen miteinander verbindet und sie von allen nichtmenschlichen Lebewesen und allen Artefakten ontologisch zu unterscheiden zwingt, wird im ethischen Diskurs des zwanzigsten Jahrhunderts die Würde des Menschen genannt, und diese Differenz im Sein ist die Rechtfertigungsquelle der normativen Verpflichtungen, die handelnden Personen im Verhältnis zu allen Angehörigen der menschlichen Spezies, die von ihrem Handeln betroffen sind, obliegen.

„Dieser Versuch über Ethik enthält hoffentlich nichts grundsätzlich Neues. Wo es um Fragen des richtigen Lebens geht, könnte nur Falsches wirklich neu sein." So beginnt das 1989 erschienene, aus seiner späten Ethik-Vorlesung hervorgegangene Werk „Glück und Wohlwollen", in dem Spaemann sich nichts Geringeres zum Ziel setzt als die Vermittlung der beiden ethischen Grundansätze, die man mit den Namen Aristoteles und Kant markieren kann. Ausgangspunkt ist die *eudaimonia*, der Begriff vom Leben als eines Ganzen, zu dem der Mensch sich verhält, indem er sein Gelingen anstrebt. Ein gelingendes Leben kann man sich aber nicht vornehmen wie einen normalen Handlungszweck, und man kann es sich auch nicht erarbeiten durch Aneinanderreihung möglichst vieler erfüllter Zustände. Das spezifisch menschliche Glück muss zwischen dem Sichverströmen im Unbedingten und dem Sichselbstbewahren im Bedingten liegen. So denkt es der „aristotelische Kompromiss", nämlich als ein Sichüberschreiten des Individuums, das aber nicht der Schritt ins Unendliche, sondern die geordnete Gemeinschaft mit den anderen ist, also in die Polis. In ihrem größeren Ganzen kann der Mensch sich so verlieren, dass er sich zugleich als der, der er ist, darin wieder findet.

Bei diesem Kompromiss aber kann es nicht sein Bewenden haben, wenn Ethik nicht in ökonomischem Kooperations- und juristischem Anspruchsdenken aufgehen, sondern eben doch eine Antwort auf die Frage nach einem glücklichen, den danach Strebenden ganz erfüllenden Leben bieten soll. Philosophische Ethik verlangt daher, so Spaemann, die Vereinbarkeit und sogar die Einheit von Glück und Sittlichkeit zu denken. Seine Lösung lautet: *amor benevolentiae*, das Wohlwollen eines vernünftigen Wesens. Überschreiten seiner selbst und Identifikation mit dem, was den unüberbietbaren Horizont eines menschlichen Lebens ausmacht, gehen zusammen in der Identifikation mit dem Glück dessen, den man liebt und dem man wohlwill. Es gibt eine Verwandlung des naturwüchsigen Interesses, die nur einem auf sein Glück hin geordneten Leben gelingen kann und die es doch aus sich selbst heraus so überschreitet, dass die Wirklichkeit des Anderen in ihrer eigenen Sinnsetzung zum Motiv vernünftigen Handelns wird. Das so gewandelte ist essenziell das Interesse eines vernünftigen Wesens; es geht einher mit dem nur einem solchen Wesen möglichen Verständnis von Sein, einem Heraustreten aus der tierischen Perspektive, so dass das denkende Wesen sich nicht mehr im Zentrum seiner Welt wähnt, sondern zu sich selbst in Distanz tritt und im Blick des Anderen von ihm und sich selbst her erfährt, was Wirklichkeit ist. So fallen nach Spaemann die Prinzipien von Ethik und Metaphysik und mit ihnen letztlich der Grund von Sein und Sollen in eins.

Nach der Emeritierung 1992 verfasste, ebenfalls aufbauend auf einer der letzten seiner Vorlesungen, Spaemann sein wohl wirkungsmächtigstes und bekanntestes Buch: „Personen. Versuche über den Unterschied zwischen ‚etwas' und ‚jemand'". An dessen Ende steht die Bekräftigung der seinem gesamten praktischen Engagement zugrundeliegenden These, dass alle Menschen Personen sind. Was es aber überhaupt heißt, „Person" zu sein, ist der Gegenstand einer Untersuchung, die bis in die Anfänge der Geschichte zurückführen muss, aus der das Bewusstsein des Menschen von seiner Personalität überhaupt erst hervorgegangen ist. Diese Geschichte allerdings beginnt erst nach der antiken Metaphysik; sie beginnt wesentlich mit dem römischen Recht, der klassischen Grammatik und vor allem mit dem Christentum und seiner Auslegung des Verhältnisses von göttlichem und menschlichem Sein. Die teleologische Metaphysik eines Platon oder Aristoteles, so grundlegend sie für den Begriff der Menschenwürde gewesen sein mag, hat nach Spaemann den Begriff der Person nicht nur nicht zu denken vermocht, sondern ihn sogar ontologisch verfehlt. Die Frage nach dem, worin sich zeigt – nicht welcher Natur, sondern –, „wer" wir selbst sind, hat die antike Philosophie, so Spaemann, „nie klar gestellt. Denn das Stellen dieser Frage führt hinter den Begriff der *physis* als eines ontologisch Ersten zurück." Von hier aus entwickelt er einen höchst originellen Begriff von Freiheit, der den eigentlichen Zentralpunkt seiner gesamten Personkonzeption bildet. Der Mensch ist nicht, wie das Tier, seine Natur, sondern er „hat" sie, und sie zu haben, heißt, von ihr frei zu sein. Hier kommt die Grundthese von „Glück und Wohlwollen" erneut ins Spiel. Die Person, so Spaemann, ist ihrer Natur nicht unterworfen. „Sie kann sich frei zu ihr verhalten. Aber das kann sie nicht von sich aus, sondern nur durch die Begegnung mit anderen Personen. Erst die Bejahung anderen Selbstseins – als Anerkennung, Gerechtigkeit, Liebe – erlaubt uns jene Selbstdistanz und Selbstaneignung, die für Personen konstitutiv ist, also die ‚Freiheit von uns selbst'".

Neu gegenüber allem Bisherigen ist jedoch, wie Spaemann in dieser abschließenden Konzeption seines Gedankens vom Menschsein den Charakter dieses Verhältnisses von Selbstdistanz und Selbstaneignung als den einer „Umkehr" betont. Hier wird endgültig die Grenze auch zu jeder stoischen Denkfigur eines „Folgens" der oder „Einstimmens in seine" Natur gezogen, und hier wird auch der – nicht „theologische", Offenbarung auslegende, aber – christliche Grund seines Denkens unbestreitbar und auch von ihm unbestritten offenbar. Wie schon in „Glück und Wohlwollen" das den Menschen uneinholbar übersteigende „Subjekt der Verzeihung" (er äußerte einmal, er habe ursprünglich als letzten Satz des Buches ein „hoc est quod omnes dicunt Deum" setzen wollen), so bildet auch in „Personen" das Verzeihen den phänomenal feststehenden, aller Kritik unhintergehbaren Sicherheitsquell des menschlichen Anspruchs, sich aus eigener Kraft auf die Wahrheit hin transzendieren zu können.

V

Die hohe Bedeutung, welche die beiden späten Hauptwerke der Verzeihung zusprechen, reflektiert eine sehr persönliche Seite Spaemanns, die nicht in der Philosophie, sondern in seinem Glauben wurzelte. Er lebte im Bewusstsein tiefer Reue für das, was er als sein Zurückbleiben hinter den Möglichkeiten und Forderungen der durch Jesus Christus den Menschen im Zeichen der unendlichen Güte ihres Schöpfers eröffneten Heiligkeit ihres Lebens empfand. Wer diese eminente Grundhaltung seiner Persönlichkeit verstehen will, sollte in jedem Fall auf seine Bemerkungen über die „Schwierigkeiten mit der Erbsündenlehre" (in der Sammlung „Das unsterbliche Gerücht") zurückgreifen. Dort ist die Pointe seiner Auffassung mit einem Wort markiert: Stellvertretung. Den christlichen Gedanken, dass wir als Menschen für Taten büßen, die im Ursprung nicht die unsrigen sind, die wir aber durch die Schuld, die wir ganz in eigener Verantwortung auf uns laden, zu den unsrigen machen, hat Spaemann als eine der ganz gewaltigen Provokationen erachtet, die der Neuzeit mit ihrem Pathos des Selbstermächtigers und Selbstregierers Mensch unbegreiflich sein und unverzeihlich erscheinen muss. Es ist eben die Freiheit, der wir als Menschen unsere mit allen anderen Geschöpfen unvergleichliche Würde verdanken, die uns mit allen anderen unseres Geschlechts auf eine Weise verbindet und verknüpft, die uns für ihre und sie für unsere Taten verantwortlich macht. Und diese Verbindung ist der Grund, warum wir sowohl der Versuchung der Sünde frei gegenüberstehen als auch dieser Freiheit nicht gerecht werden: Wir tragen das Schicksal unseres, des Menschengeschlechts in und auf uns. Wir sind seine Repräsentanten und als solche zugleich bedingt durch es und mit ihm auch Repräsentanten eines Unbedingten, auf das hin es, dieses Geschlecht, sich in jedem seiner Angehörigen transzendiert. In dieser Konstellation liegt die große Wertschätzung begründet, die Spaemann, jenseits des idealistisch-subjektphilosophischen Ansatzes von dessen theoretischer Philosophie, doch dem Moralisten und Universalisten – und wohl auch dem Rigoristen – Kant entgegengebracht hat.

Für den Christen Spaemann sind die Menschen eine Gemeinschaft von erlösungsbedürftigen Sündern, die auf die Gnade angewiesen sind, die Gott ihnen, indem er als einer von ihnen in die Welt gekommen ist und stellvertretend für sie alle ihre Schuld auf sich genommen hat, erwiesen hat. Es war das Bewusstsein für diese im wörtlichen Sinne religiöse Wesensbindung an die ungeschuldete Erlösungstat Christi, dessen Fehlen im politischen wie auch im kirchlichen Bereich Spaemann tief empfunden und ihn zeit seines Lebens, besonders aber in den Jahrzehnten nach seiner Emeritierung, zu manch scharfer gesellschaftskritischer Einlassung gebracht hat. Das leere Pathos des deklamierten „Fremdschämens" für das Unrecht vergangener Taten oder bestehender Strukturen, aus dem für den, der diese Scham öffentlich vorführt, nichts folgt, hat er nur mit sarkastischem Spott bedacht: „Man schreit *mea culpa* und klopft anderen an die Brust..." Der das Proprium des christlichen Glaubens negierende Unernst, mit dem die Offenbarung des Gottmenschen, der von sich gesagt hat, dass er nicht gekommen sei, um den Frieden zu bringen, sondern das Schwert, im Namen der amorphen Anbiederung an einen altruistisch banalisierten Zeitgeist verraten und politisch instrumentalisiert wird, war ihm ein Gräuel. Er entwarf sogar einmal die Idee einer persiflierenden Umschreibung der Evangelien im zeitgeistigen Sinne, in der etwa die klugen den törichten Jungfrauen nach dem Motto „wir sind doch alle Christen..." das Tor öffnen etc. So unideologisch er sich quer zu allen politischen Lagern in gesellschaftliche Streitfragen, von der Atombewaffnung über die Kernkraftnutzung bis zur Fülle der bioethischen und biopolitischen Debatten einmischte, so unverrückbar stand für ihn die Verantwortung fest, die er als Christ und Katholik für den aus der Tradition erwachsenen, jeder kirchenpolitischen Willkür und jeglichem menschengemachten Zeitgeist entzogenen Bestand der Glaubenswahrheit und der Liturgie wahrzunehmen hatte. Das ändert aber nichts daran, dass die Weisen, in denen er konkret in Glaubensangelegenheiten eingriff und zu ihrer Gestaltung beitrug, auf den Einsichten und Kompetenzen basierten, die er als philosophischer Denker und argumentierender Ethiker gewonnen und erworben hatte. So wirkte er beratend und mitgestaltend auf mehrere der in der Hochphase der bioethischen und biopolitischen Diskurse ergangenen Enzykliken von Papst Johannes Paul II. wie auch auf die Instruktion der Kongregation für die Glaubenslehre von 1987 über die „Achtung vor dem beginnenden menschlichen Leben und die Würde der Fortpflanzung" ein. Und auch der Streit um die Beteiligung der katholischen Kirche an der Schwangerenkonfliktberatung, der in den Jahren vor 1999 zu einer innerkirchlichen Zerreißprobe in Deutschland führte, war, wie immer man den Rigorismus seiner Position beurteilen mag, in Spaemanns Verständnis ein ethischer Streit; das heißt, er ging nicht um das moralische Anliegen, das die beteiligten Seiten miteinander teilten, sondern um dessen ethische („Ethik" ist die philosophische Rekonstruktion und Begründung von Moral) Substanz und die Konsequenzen, die aus dieser zu ziehen sind. Nicht die Schwangerenberatung als solche, die ja auch in aller Entschiedenheit fortgesetzt wurde, sondern die Beteiligung der kirchlichen Einrichtungen an einem gesetzlich geregelten Verfahren, innerhalb dessen die Ausstellung eines Zertifikates, das Voraussetzung für die Straflosigkeit einer im Anschluss an die Beratung durchgeführten Abtreibung war, die Mitwirkung der kirchlichen Stellen an der Ermöglichung einer in sich schlechten, unmenschlichen Handlung bedeutete, war nach Spaemanns Auffassung mit der deontologischen Ethik im Zentrum der katholischen Moralauffassung unvereinbar. Auf sein eigentliches Argument, dass der christliche Glaube von dieser deontologischen Grundlage des aus ihm folgenden Moralverständnisses unablösbar sei – ein Argument, über das man zumindest differenziert streiten kann und muss – wurde gerade im innerkirchlichen Bereich nur am Rande eingegangen, während insbesondere in Teilen des deutschen Gremienkatholizismus und der mit ihm vernetzten politischen Kräfte Spaemann Fassungslosigkeit und Gehässigkeit entgegenschlugen.

Dass er die meisten, die ihm im Leben begegneten und mit Sicherheit auch viele, zu denen er aus seinen Schriften spricht, nicht kalt gelassen hat, liegt so zu einem gewissen Teil sicher an der Glut seines christlichen Glaubens, aber ebenso und nicht intrinsisch von ihr gespeist am geistigen Feuer seines philosophischen Argumentierens, für das Spaemann bewundert und gefürchtet worden ist. „Wenn Sokrates' Muttersprache Deutsch gewesen wäre, er hätte gesprochen, wie Spaemann schreibt" (I. Mangold). Noch mehr aber liegt es an der Wärme, die aus dem strahlte, worin er die „Entdeckung der Person" lokalisiert hat: seinem Herzen. Glut und Feuer seines Glaubens und Denkens hat er aufgrund der Macht der Vernunft, der er in aller philosophischen Rigorosität gehorcht hat, in keinerlei Eifer brennen, sondern in größtmöglicher Gelassenheit auf andere ausstrahlen lassen. („Ent-Täuschung ist immer gut, weil Täuschung immer schlecht ist", war ein Wahlspruch von ihm.) Er war der „Lehrer der Weisheit in Lehre und Beispiel", den Kant in seinem „Weltbegriff der Philosophie" beschwört. Das gelungene Leben war das, nicht worüber, sondern aus dem er sprach: „Glücklich sein", so sagt er einmal, „heißt zu merken, dass man es ist". Als wie unzulänglich er das, was er an Gutem zur irdischen Welt beitragen konnte, auch empfunden haben mag, es ist ihm letztlich in berührendem Maße von den Seinigen vergolten worden. Insbesondere in den Jahrzehnten nach seiner Emeritierung hat er für die Güte, Selbstlosigkeit, Gastfreundschaft und Hilfsbereitschaft, die er für andere aufbrachte, reichlichen Dank erhalten: in den Formen der öffentlichen Ehrung, vom Bundesverdienstkreuz und dem französischen Ordre des Palmes académiques bis zu den Ehrendoktoraten in Fribourg, Pamplona und Washington, in der Nähe und Verehrung, die ihm seine Schüler, Freunde und Kollegen in einer ganzen Reihe von Festschriften, Veranstaltungen und Begegnungen gewidmet haben, vor allem aber in der Liebe seiner Familie und einer Vielzahl von Menschen, die bis zum Ende seines Lebens bei ihm waren.

Quellen

Der gesamte Nachlass von Robert Spaemann, zu dem auch die Korrespondenz mit einer ganzen Reihe von Persönlichkeiten der Zeitgeschichte gehört, befindet sich im Literaturarchiv in Marbach. Eine Edition der „Gesammelten Schriften in Einzelbänden. Ausgabe letzter Hand" ist 2019 bei Klett-Cotta in Stuttgart begonnen worden.

Schriften

Zu den wichtigsten philosophischen Büchern Spaemanns gehören: Zur Kritik der politischen Utopie. Zehn Kapitel politischer Philosophie, Stuttgart 1977. – Glück und Wohlwollen. Versuch über Ethik, Stuttgart 1989. – Reflexion und Spontaneität. Studien über Fénélon (1963), Stuttgart 1990. – Personen. Versuche über den Unterschied zwischen ‚etwas' und ‚jemand', Stuttgart 1996. – Der Ursprung der Soziologie aus dem Geist der Restauration. Studien über L.G.A. de Bonald (1959), Stuttgart 1998. – Grenzen. Zur ethischen Dimension des Handelns, Stuttgart 2002. – Natürliche Ziele. Geschichte und Wiederentdeckung des teleologischen Denkens [zusammen mit Reinhard Löw] (1981 unter dem Titel: Die Frage ‚Wozu?'), Stuttgart 2005. – Der letzte Gottesbeweis, München 2007. – Schritte über uns hinaus. Gesammelte Reden und Aufsätze Bd. 1 und 2, Stuttgart 2010/2011. – Das unsterbliche Gerücht. Die Frage nach Gott und die Täuschung der Moderne, 7. Aufl., Stuttgart 2014. – Zum politischen Engagement vgl. u.a. [zusammen mit Ernst-Wolfgang Böckenförde]: Christliche Moral und atomare Kampfmittel, in: Militärseelsorge. Zeitschrift des katholischen Militärbischofsamtes 3 (1961) [Nr. 4], S. 267–301. – Töten oder Sterbenlassen? Worum es in der Euthanasiedebatte geht [mit Thomas Fuchs], Freiburg, Basel, Wien 1997. – Nach uns die Kernschmelze. Hybris im atomaren Zeitalter, Stuttgart 2011. – Zum christlichen Glaubenszeugnis vgl. u.a. Einsprüche. Christliche Reden, Einsiedeln 1977. – Meditationen eines Christen. Über die Psalmen 1–51, Stuttgart 2014. – Meditationen eines Christen. Eine Auswahl aus den Psalmen 52–150, Stuttgart 2016. – Sowie den Gesprächsbeitrag in Eckhard *Nordhofen* (Hg.): Tridentinische Messe: ein Streitfall. Reaktionen auf das Motu proprio „Summorum Pontificum" Benedikts XVI, Kevelaer 2008. – Zur Biographie: R. *Spaemann*, Über Gott und die Welt. Eine Autobiographie in Gesprächen, Stuttgart 2012.

Literatur

A. *Madigan*, Robert Spaemann's *Philosophische Essays*, in: Review of Metaphysics 51, № 1 (September 1997), S. 105–132. – H.-G. *Nissing* (Hg.), Grundvollzüge der Person. Dimensionen des Menschseins bei Robert Spaemann, München 2008. – U. *Kruse-Ebeling*, Ute: Liebe und Ethik. Eine Verhältnisbestimmung ausgehend von Max Scheler und Robert Spaemann, Göttingen 2009. – H. *Zaborowski*, Robert

Spaemann's Philosophy of the Human Person. Nature, Freedom, and the Critique of Modernity, New York 2010. – S. *Meisert*, Ethik, die sich einmischt. Eine Untersuchung der Moralphilosophie Robert Spaemanns, Fribourg 2014. – D. *Pietrowski*, Alles, was ist, ist auf etwas aus. Die schöpfungstheologischen Prämissen der Philosophie Robert Spaemanns, Hamburg 2015. – J. *Kreiml*, M. *Stickelbroeck* (Hg.), Die Person – ihr Selbstsein und ihr Handeln. Zur Philosophie Robert Spaemanns, Regensburg 2016. – R. *Schönberger*, Das Sein des Sinnes. Die Philosophie Robert Spaemanns im Kontext der Philosophie des 20. Jahrhunderts, in: Die Person – ihr Selbstsein und ihr Handeln. Zur Philosophie Robert Spaemanns, hg. von J. *Kreiml* und M. *Stickelbroeck*, Regensburg 2016, S. 10–59. – A. *Kuciński*, Naturrecht in der Gegenwart. Anstöße zur Erneuerung naturrechtlichen Denkens im Anschluss an Robert Spaemann, Paderborn 2017. – A. *Ramelow*, Teleology and transcendence: The Thought of Robert Spaemann, in: Communio. International Catholic Review 45, 3–4 (2018), S. 567–612. – M. *Maier*, Philosophie der Begegnung. Studien über Robert Spaemann, in: Eichstätter philosophische Studien, Bd 5, Freiburg, München 2021. [Enthält die derzeit aktuellste und umfangreichste Zusammenstellung der Literatur von und über Robert Spaemann in fast allen Bereichen seines philosophischen Denkens und Wirkens.]

Christian Würtz

HERBERT TRÖNDLE (1919–2017)

I

Die einstmals habsburgische Grafschaft Hauenstein liegt am Hochrhein, westlich von Waldshut-Tiengen. Dieser Landstrich, der seit Johann Viktor von Scheffel vor allem unter dem Namen Hotzenwald bekannt ist, zeichnet sich durch dichte Wälder und freie Hochflächen aus, in der die Bewohner schon seit dem Mittelalter besondere Freiheitsrechte hatten. So durften sie alljährlich acht Einungsmeister selbst wählen, die dann für ein Jahr die niedere Gerichtsbarkeit ausübten und für die Landesverteidigung zuständig waren. Ein aus ihrer Mitte gewählter Redmann hatte Sitz und Stimme in den Breisgauer Landständen in Freiburg. Die Hauensteiner hatten das Jagdrecht auf Niederwild, konnten über ihr Eigentum frei verfügen und brauchten, um wegzuziehen, keinen Herrn zu fragen. Allerdings wurden durch das Kloster St. Blasien und vor allem durch die Wiener Regierung diese Rechte immer wieder in Frage gestellt. Das führte im 18. Jahrhundert in den Salpetereraufständen zu blutigen Kämpfen, bei dem die Hauensteiner letztlich unterlagen und ihre Freiheitsrechte verloren. Allerdings lebte in teilweiser mythischer Verklärung unter den Hauensteinern das Bewusstsein fort, freie Leute zu sein. Als kantige Typen, eigenwillig, zäh, freiheits- und gerechtigkeitsliebend gelten bis heute die „Leute auf dem Wald", wie man die Hauensteiner oder Hotzenwälder früher nannte.

In dieser Landschaft mit dieser Geschichte und Prägung erblickte am 24. August 1919 Herbert Tröndle in dem kleinen Ort Kiesenbach, heute ein Ortsteil der Gemeinde Albbruck im Landkreis Waldshut, das Licht der Welt. Am 7. September empfing er in Albbruck die Taufe. Er war das dritte Kind der Eheleute Joseph Tröndle und Rosa, geb. Häseli. Der Vater war Schmied, besorgte aber auch Schlosser- und Installationsarbeiten, die Mutter war in einer kinderreichen Familie in Frick in der nahegelegenen Schweiz aufgewachsen. Der Großvater Blasius Tröndle, der die Schmiede gegründet hatte, stammte von einem Bauernhof in dem Dorf Gaiß, heute ein Ortsteil von Waldshut-Tiengen. Die Vorfahren lassen sich bis ins 16. Jahrhundert zu einem Nicolaus Tröndle zurückverfolgen, der Bauer, Redmann und Einungsmeister gewesen war.

Da der junge Herbert wenig Interesse am Handwerk seines Vaters zeigte, schickte dieser seinen Sohn nach der vierten Klasse der Volksschule auf das Realgymnasium im nahen Waldshut. Dort begeisterte ihn alles, was mit

Kunst und Musik zu tun hatte, eine Neigung, die er ein Leben lang beibehalten sollte. Er spielte Cello im Schulorchester, zuhause stand ihm ein Klavier zur Verfügung. „In kurzschlüssiger Unlust", wie Tröndle selbst schrieb, entschloss er sich, die Schulzeit mit der Mittleren Reife zu beenden und eine Banklehre zu beginnen. Da die Lehrstelle überraschenderweise aber doch nicht frei wurde, kehrte er an die Schule zurück, wo er im März 1938 sein Abitur bestand.

Schon zuvor hatte er sich mit seiner ganzen Klasse freiwillig zum Wehrdienst gemeldet. Ehe er aber Soldat wurde, hatte er einen sechsmonatigen Arbeitsdienst abzuleisten, den er größtenteils auf der Schreibstube verbrachte. Danach wurde er zum Infanterie-Regiment 75 eingezogen, das 1941 in Jäger-Regiment umbenannt wurde. Seine militärische Grundausbildung erhielt er in Villingen im Schwarzwald. Noch ehe das erste Jahr beim Militär vorbei war, brach am 1. September 1939 mit dem Überfall der deutschen Wehrmacht auf Polen der Zweite Weltkrieg aus. Tröndle blieb mit seinem Regiment allerdings im Westen und machte den Frankreichfeldzug mit, wo er erste Fronteinsätze erlebte. Nach mehr als zweijähriger Dienstzeit wurde er zum Unteroffizier und Offiziersanwärter befördert, 1941 folgte die Ernennung zum Leutnant, 1943 zum Oberleutnant der Reserve.

1941 wurde Tröndles Regiment nach Südostpreußen verlegt. Als am 22. Juni 1941 der Russlandfeldzug begann, war es an den Kampfhandlungen vom ersten Tag an beteiligt. Nach starken Verlusten in seinem Regiment wurde Tröndle Führer einer Kompanie, die zum großen Teil aus blutjungen, wenig ausgebildeten Soldaten bestand, für die er nun, selbst nur wenige Jahre älter, die Verantwortung trug.

Am 27. Juni 1942 wurde Tröndle schwer verwundet. Eine Granate war in seinem Gefechtsstand explodiert, riss ihm den linken Unterschenkel weg und zertrümmerte seinen rechten Fuß. Noch auf dem Hauptverbandsplatz wurden ihm beide Beine im Unterschenkel amputiert. Seine erste Reaktion auf die Verwundung gegenüber einem Kameraden war, die Hände in die Höhe reckend, der Ausspruch: „Klavierspielen kann ich noch!" Auch wenn die Operation erfolgreich verlief, lag doch eine fast einjährige Genesungszeit vor ihm, die er in verschiedenen Lazaretten, zuletzt in Badenweiler und Freiburg, verbrachte. Während dieser Monate lernte er gut, mit Prothesen zu gehen. Für seinen Einsatz im Feld wurde er, nachdem er zuvor bereits das Eiserne Kreuz I. Klasse erhalten hatte, mit dem Deutschen Kreuz in Gold ausgezeichnet. Neben den dauerhaften gesundheitlichen Schäden blieben ihm die Erinnerungen an die schrecklichen Erfahrungen im Krieg, aber auch die Dankbarkeit für den Einsatz der Ärzte und Kameraden.

Trotz der schwierigen persönlichen wie gesellschaftlichen Lage blickte Tröndle voller Optimismus in die Zukunft. Noch während er im Lazarett war, immatrikulierte er sich zum Sommersemester 1943 an der Rechts- und Staatswissenschaftlichen Fakultät der Albert-Ludwigs-Universität in Freiburg, um Volkswirtschaft zu studieren. Doch obwohl er bei den bedeutenden Ökonomen Walter Eucken und Constantin von Dietze Vorlesungen hörte, fand er nur wenig Zugang zum volkswirtschaftlichen Studium, so dass er bereits nach einem Semester zum Jurastudium wechselte. Die Rechtswissenschaft sollte von nun an sein ganzes Leben prägen. In Freiburg hörte er so namhafte Professoren wie Adolf Schönke, Theodor Maunz, Erik Wolf, Gustav Boehmer und Franz Beyerle. Doch schon nach zwei Semestern wechselte er zum Wintersemester 1944/45 an die Friedrich-Schiller-Universität nach Jena. Hier setzte er seine juristischen Studien bei Walter Krusch, Hermann-Arnold Schultze-von Lasaulx, Hellmuth von Weber, Gerhard Wacke und Franz Jerusalem fort.

Ausschlaggebend für diesen Ortswechsel war keineswegs ein besonderes wissenschaftliches Interesse, sondern die Liebe. Tröndle hatte nämlich im Jahr zuvor Ilse Dosse im Lazarett kennengelernt. Sie war drei Jahre jünger als er und besuchte im nahegelegenen Weimar die Meisterschule für Handwerk und angewandte Kunst, um Fotografin zu werden. Sie stammte aus einer protestantischen Pastorenfamilie. Ihr in Braunschweig-Geitelde geborene Vater Fritz war Dozent an der Technischen Hochschule Braunschweig für Religionswissenschaft sowie seit 1935 Leiter des Predigerseminars in Wolfenbüttel. Bereits ihr Großvater Ernst sowie zwei ihrer Onkel waren gleichfalls Pastoren. Der Vater Fritz Dosse hatte 1917 Margarete Maushake, die aus einer Landwirtschaft in Dobbeln stammte, geheiratet. Aus der Ehe gingen neben Ilse fünf weitere Kinder hervor. Die Eltern waren zunächst nicht sehr begeistert über den potentiellen Schwiegersohn. Sie hatten sich für ihre Tochter etwas anderes als einen mit alemannischer Färbung sprechenden, kriegsversehrten, katholischen, noch im Studium stehenden Handwerkersohn vorgestellt. Doch nachdem die Mutter Margarete Herbert Tröndle kennengelernt hatte, gab erst sie und dann auch der zukünftige Schwiegervater ihre Bedenken auf, so dass bereits an Weihnachten 1944 im Pfarrhaus von Groß Stöckheim bei Wolfenbüttel Verlobung gefeiert werden konnte.

Trotz der vermehrten Luftangriffe und der schwieriger werdenden Versorgungslage konnte Tröndle in Jena das Wintersemester im Februar abschließen. Doch an eine Heimfahrt an den Hochrhein war wegen der Kriegslage nicht zu denken, so dass er mit seiner Verlobten in deren Heimat im Braunschweigischen Land fuhr. Am 5. April 1945, als die Front bereits nahegekommen war und sich das baldige Kriegsende abzeichnete, heirateten Ilse Dosse und Herbert Tröndle. Den Sommer über blieb das junge Paar bei der Schwiegermutter im Pfarrhaus von Groß Stöckheim, wo Tröndle die reichhaltige Bibliothek seines Schwiegervaters nutzte, um sich weiterzubilden. Dabei vertiefte er sich vor allem in Wilhelm Windelbands „Geschichte der Philosophie".

Als die Georg-August-Universität Göttingen bereits im September 1945 wieder den Vorlesungsbetrieb aufnahm, entschloss sich Tröndle, unverzüglich sein Studium fortzuführen. Trotz der widrigen Nachkriegsumstände und der allgemeinen großen Not war ein ordentliches Studium möglich, was nicht zuletzt daran lag, dass an der Juristischen Fakultät zahlreiche namhafte Professoren lehrten. Tröndle hörte u.a. Zivilrecht bei Ludwig Raiser, Günther Beitzke, Julius von Gierke und Wilhelm Felgenträger, Strafrecht bei Eberhard Schmidt, Hans Welzel und Paul Bockelmann, öffentliches Recht bei Rudolf Smend, Völkerrecht bei Wilhelm Grewe sowie römisches Recht bei Franz Wieacker. Bereits nach dem sechsten Fachsemester meldete sich Tröndle zum Ersten juristischen Staatsexamen. Die mündliche Prüfung am 13. März 1947 in Celle bestand er mit dem Prädikat „vollbefriedigend".

Da Tröndle während des Studiums besonders erfolgreich im Zivilprozessrecht war, entschloss er sich zu einer zivilrechtlichen Dissertation, die er den Sommer 1947 über ausarbeitete. Betreut wurde die Arbeit mit dem Titel „Der § 814 BGB, insbesondere seine Anwendung auf fehlerhafte gegenseitige Verträge" von dem aus Freiburg gebürtigen Günther Beitzke, Korreferent war Hans Niedermeyer.

II

Nun zog es Tröndle wieder zurück Richtung Heimat. Am 1. September 1947 begann er am Amtsgericht Säckingen mit dem Referendariat. Es folgten Stationen bei der Staatsanwaltschaft am Landgericht Waldshut sowie beim Landratsamt. Die Tätigkeiten als Referendar nahmen Tröndle so sehr in Anspruch, dass er sich kaum auf das noch anstehende Rigorosum vorbereiten konnte. Daher fiel er im ersten Anlauf durch, was für ihn, wie er selbst meinte, „heilsame Folgen" hatte. Denn seine daraufhin verstärkte Beschäftigung mit theoretischen Fragen kamen Tröndle nicht nur beim erneuten, nun erfolgreichen Anlauf des Rigorosums am 1. Dezember 1949 zugute, sondern auch beim Zweiten juristischen Staatsexamen, das er am 15. Juli 1950 beim Oberlandesgericht in Freiburg mit dem Prädikat „gut" als erster seines Jahrgangs bestand. Damit war ihm der Weg in den badischen Justizdienst geebnet. Das Justizministerium in Freiburg ernannte ihn zum 1. Oktober 1950 zum Dienstverweser am Amtsgericht Säckingen, das ihm aus seiner Ausbildungszeit wohl vertraut war. Als Gerichtssprache bediente er sich bei Einheimischen gerne des „Hotzenwälderischen", was zu einer verständlichen und volksnahen Rechtsprechung führte.

Nach drei sehr anstrengenden Jahren folgte eine Abordnung als „Hilfsarbeiter" an den Bundesgerichtshof nach Karlsruhe. Der Präsident des BGH Hermann Weinkauff ordnete Tröndle dem ersten Strafsenat zu, obwohl dieser sich als Zivilrechtler gesehen hatte – eine für sein weiteres Wirken entscheidende Weichenstellung, sollte doch fortan der Schwerpunkt seines juristischen Wirkens auf dem Strafrecht liegen. Aus familiären Gründen, die Familie war mittlerweile um zwei Söhne und zwei Töchter gewachsen, kehrte Tröndle wieder an den Hochrhein zurück und trat zum Jahresbeginn 1956 seinen Dienst am Landgericht Waldshut an. Beim Abschied aus Karlsruhe hatte Senatspräsident Max Hörchner dem 36jährigen bescheinigt, dass er zum Bundesrichter geeignet sei. Doch die Zeit an der neuen Stelle währte nur kurz. Denn bereits zum 1. Oktober 1956 wechselte Tröndle als Referent für die Strafrechtsreform an das Bundesjustizministerium nach Bonn. Dieses Reformvorhaben war bereits 1953 vom damaligen Justizminister Thomas Dehler angestoßen worden und knüpfte an die Reformbemühungen der Weimarer Zeit an. Sein Nachfolger Fritz Neumayer setzte ein Jahr später die Große Strafrechtskommission ein, die sich aus Vertretern der Bundestagsfraktionen, Ländervertretern, Strafrechtsprofessoren, Richtern, Staatsanwälten und Vertretern der Anwaltschaft zusammensetzte. Sie tagte bis 1959 und legte dann zwei Gesetzentwürfe vor. Diese bildeten die Grundlage für einen Gesamtentwurf, welcher der Bundesregierung 1960 vorgelegt wurde. Bis das Strafrecht tatsächlich geändert wurde, sollte es aber rund zehn weitere Jahre dauern. Die Arbeit an der Reform bot Tröndle die Gelegenheit, sich mit der gesamten Materie des Strafgesetzbuches intensiv auf höchstem wissenschaftlichem Niveau auseinanderzusetzen und tief in sie einzudringen sowie zugleich mit den führenden Strafrechtsexperten zusammenzuarbeiten. Obwohl er nach Abschluss der Kommissionsarbeit hätte weiter im Ministerium arbeiten können, zog es ihn wieder hin zu einer Richtertätigkeit.

Am 19. Juni 1961 kehrte Tröndle zurück ans Landgericht Waldshut, nun auf die Stelle eines Landgerichtsdirektors, wo er den Vorsitz in einer Strafkammer führte, die auch als Schwurgericht fungierte. Im folgenden Jahr konnte er das geräumige, von seiner Frau mit Geschmack gestaltete und eingerichtete Eigenheim in der Oberen Haspelstraße in Waldshut beziehen.

1966 folgte ein Wechsel als Leitender Oberstaatsanwalt bei der Staatsanwaltschaft am Landgericht Offenburg. Diese Veränderung hatte man Tröndle nahegelegt, damit er für den Fall, dass die Präsidentenstelle in Waldshut frei werde, auf diese wechseln könne, was aber nicht in Betracht käme, wenn er weiterhin dort Stellvertreter bliebe. Schon rund zwei Jahre später war es soweit: Am 19. Juni 1968 wurde er Präsident des Landgerichts Waldshut, das seit der Kreisreform 1975 Waldshut-Tiengen heißt. Er bekleidete diesen Posten bis zu seinem Ruhestand 1984. Wiederum führte er den Vorsitz einer Strafkammer. Tröndle, der nicht nur von sich selbst, sondern auch von seinen Mitarbeitern viel abverlangte, verstand es zugleich, diese zu motivieren, die Freude an der Arbeit zu wecken und sich, wenn es nötig war, schützend vor sie zu stellen. Dabei kam ihm seine ausgezeichnete Menschenkenntnis zugute. Er erwarb sich durch seine profunde Rechtskenntnis, kollegiale Amtsführung, Gründlichkeit und seine sprachlich brillanten mündlichen und schriftlichen Urteilsbegründungen bei Richtern, Staatsanwälten und Strafverteidigern hohes Ansehen. Viele bedeutende Strafprozesse, darunter auch Schwurgerichtsprozesse, führte er mit großem Verhandlungsgeschick und gütiger Strenge, wobei er um jede Entscheidung rang. Bei seiner Verabschiedung bescheinigte ihm der baden-württembergische Justizminister Heinz Eyrich, dass ihm eine „unverwechselbare Prägung der Justiz in seinem Bezirk" gelungen sei. Zudem lobte er ihn als einen „vertrauenswürdigen, verlässlichen und kompetenten Sachwalter der Belange des Rechts." In seiner knapp bemessenen Freizeit nahm er gerne am kulturellen und gesellschaftlichen Leben teil. Oft konnte man ihn bei Konzerten oder Vernissagen antreffen, wo er häufig selbst in die Ausstellungen einführte. Er gehörte der Jury des Alemannischen Literaturpreises an, war Vorsitzender des Vereins der Freunde und Förderer von Schloss Bonndorf sowie Gründungspräsident des Rotary-Clubs Säckingen-Waldshut. Gerne wandte er sich auch historischen Fragen zu. Urlaubsreisen führten ihn häufig in die Provence.

III

Obwohl die Stellen, die Tröndle bekleidete, verantwortungsvolle und arbeitsintensive waren, reichten sie nicht aus, seiner Energie und Schaffenskraft Grenzen zu setzen. Vielmehr wirkte er nicht nur als Praktiker, sondern auch als Wissenschaftler. Schon während seiner Zeit im Bundesjustizministerium begann er, sich als Autor zahlreicher Fachartikel zu profilieren. Verstärkt seit den 1960er Jahren äußerte er sich zu aktuellen Fragen des Strafrechts, die aus seiner praktischen Tätigkeit erwuchsen, aber ebenso zu grundlegenden rechtspolitischen Themen. Auch zahlreiche Urteilsanmerkungen und Buchbesprechungen sowie Festschriftbeiträge stammen aus seiner Feder. Hinzu kam eine beachtliche Anzahl von Vorträgen im In- und Ausland. Ein Schwerpunkt bildete dabei die Frage der Strafzumessung, insbesondere bei Trunkenheit im Verkehr. Tröndle setzte sich vehement für die Geldstrafe statt einer kurzen Freiheitsstrafe bei kleiner und mittlerer Kriminalität ein. Ein anderer Schwerpunkt lag auf dem Straftatbestand der Nötigung, vor allem im Zusammenhang mit Sitzblockaden. Zudem wirkte er als Mitglied der Strafrechtskommission des Deutschen Richterbundes, der Ständigen Deputation des Deutschen Juristentags und des Landesjustizprüfungsamts Baden-Württemberg, als persönliches Mitglied des Kuratoriums und Fachbeirats des Max-Planck-Instituts für ausländisches und internationales Strafrecht in Freiburg sowie als Mitglied des Vorstands der deutschen Landesgruppe der Internationalen Strafrechtsvereinigung. Er war ständiger Mitarbeiter der Monatsschrift für Deutsches Recht und von Goldtammer's Archiv für Strafrecht, von 1973 an dreißig Jahre lang Mitherausgeber der Juristischen Rundschau für deren strafrechtlichen Teil und Mitglied des Wissenschaftlichen Beirats der Zeitschrift Forensia, Interdisziplinäre Zeitschrift für Psychiatrie, Psychologie, Kriminologie und Recht. Mehrfach trat er als Sachverständiger bei öffentlichen Anhörungen vor dem Bundestag, dem Bundesrat und dem Bundesverfassungsgericht auf. 1976 erhielt er einen Lehrauftrag an der Universität Konstanz, im folgenden Jahr dann an derjenigen Freiburgs, wo er sehr gut besuchte Veranstaltungen zu aktuellen Urteilen des Bundesgerichtshofs anbot. 1980 ernannte ihn die Juristische Fakultät zum Honorarprofessor, eine Auszeichnung, über die er sich besonders freute.

Bereits 1966 bekam er das Angebot, beim Leipziger Kommentar zum Strafgesetzbuch, dem wohl umfassendsten, mehrbändigen Großkommentar zu diesem Gesetzeswerk, mitzuwirken, wozu er sich gerne bereiterklärte. Dies war im Rückblick jedoch nur ein Vorspiel zu einer ungleich intensiveren Aufgabe. Der Ministerialbeamte im Bundesjustizministerium Eduard Dreher war aufgrund dieser Kommentierung auf Tröndle aufmerksam geworden. Im Herbst 1975 bot er ihm an, den bisher von ihm bearbeiteten „Kurzkommentar zum Strafgesetzbuch und Nebengesetzen" zu bearbeiten, der im Verlag C. H. Beck, dem führenden juristischen Verlag Deutschlands, erschien. Dieser Kommentar war als Praktikerkommentar konzipiert, wurde aber auch höchsten wissenschaftlichen Ansprüchen gerecht. Er fehlte und fehlt wohl auf keinem Richtertisch, bei keinem Staatsanwalt oder Verteidiger. Darüber hinaus ist er für viele, die mit dem Strafrecht zu tun haben, ein unentbehrliches Nachschlagewerk. Der Name Tröndle wurde über dieses Werk bereits jedem Jurastudenten in Deutschland geläufig.

Dieser Kommentar war am Ende der Weimarer Republik von Otto Schwarz begründet worden und Anfang Januar 1933 erstmals erschienen. Bis 1959 folgten 22 Auflagen, die Schwarz verfasst hatte. Danach bearbeitete Dreher den Kommentar von der 23. Auflage an, die 1961 erschien, bis zur 37. Auflage von 1977. Der „Kurzkommentar" war mittlerweile nicht mehr gar so kurz, wie sein Titel vermuten lassen konnte, sondern umfasste mehr als 1600 Seiten. Bereits 1978 erschien mit der 38. Auflage die erste von Tröndle verantwortete Auflage unter dem Namen Dreher/Tröndle. 1997 erschien die 48. Auflage, die nun auf knapp 2000 Seiten bei einem größeren Format angewachsen war. Damit hatte Tröndle in 19 Jahren elf Auflagen verfasst. Die nächste Auflage unter dem Namen Tröndle/Fischer wurde dann von Thomas Fischer, damaliger Ministerialrat im Sächsischen Justizministerium und späterer Richter am Bundesgerichtshof, verantwortet.

Tröndle musste permanent auf dem neuesten Stand der Gesetzgebung, der Rechtsprechung wie der Literatur sein, um den Kommentar stets aktuell zu halten. Immer wieder waren umfangreiche Gesetzesänderungen einzuarbeiten, nicht zuletzt nach dem Beitritt der DDR zur Bundesrepublik Deutschland 1990. Die im folgenden Jahr erschienene 45. Auflage war das erste Buch überhaupt, welches das nun für Gesamtdeutschland geltende Strafgesetzbuch erläuterte. Einmal mehr wurde der Kommentar damit dem ihm vorauseilenden Ruf gerecht, „der Standardkommentar für den eiligen Praktiker" zu sein, wie es in einer Besprechung hieß.

IV

Besonders seit den 1980er Jahren wandte sich Tröndle zudem Fragen an der Schnittstelle von Recht, Ethik und Medizin zu. Seine Schwerpunkte lagen dabei auf der Sterbehilfe und dem Kriterium des Hirntods im Hinblick auf eine Organspende sowie vor allem auf dem Schutz des ungeborenen Lebens. Das Bundesverfassungsgericht hatte 1975 die im Jahr zuvor vom Bundestag beschlossene Fristenregelung, wonach der Abbruch der Schwangerschaft in den ersten zwölf Wochen seit der Empfängnis straflos war, als verfassungswidrig verworfen. Zugleich hatte es aber einer Indikationenregelung den Weg geebnet, dabei allerdings versäumt, sich zum Rechtscharakter der Indikationen zu äußern. Die gesetzliche Neuregelung 1976 ersetzte die Fristenlösung durch eine Indikationenlösung. Bei Vorliegen einer medizinischen, eugenischen, kriminologischen oder sozialen Indikation konnte straffrei abgetrieben werden. Ohne tiefer gehende Begründung wurde insbesondere in der strafrechtlichen Literatur die Auffassung vertreten, bei sämtlichen Indikationen handele es sich um Rechtfertigungsgründe. Einer der wenigen, die an dieser Sicht von Anfang an Zweifel äußerten, war Tröndle. In seiner Kommentierung der Abtreibungsparagrafen äußerte er seit Beginn Bedenken bezüglich eines Verständnisses indizierter Abtreibungen als rechtmäßig. In der 1982 erschienenen 41. Auflage des Kommentars erklärte er die Einwände gegen die Rechtfertigungsthese erstmals für begründet, um diese These sodann in den weiteren Auflagen immer eingehender zu widerlegen.

Nicht zuletzt durch diese Kommentierung war der Kölner Notar Werner Esser auf Tröndle aufmerksam geworden. Zusammen mit ihm und zwölf weiteren angesehenen Juristen gründete er 1984 die Juristen-Vereinigung Lebensrecht. Ihr Ziel war und ist es, für den wirksamen Schutz des menschlichen Lebens in all seinen Phasen einzutreten. Sie sorgt sich insbesondere um die Menschenwürde und Menschenrechte Ungeborener und Schwangerer und bemüht sich auf der Grundlage der Gleichwertigkeit geborenen und ungeborenen Lebens um einen gerechten Ausgleich. Tröndle wurde zum stellvertretenden Vorsitzenden gewählt. In den kommenden Jahren sollte er die Vereinigung ganz wesentlich mitprägen. Er gehörte auch zeitlebens dem Herausgeberbeirat der Zeitschrift für Lebensrecht an, die von der Juristen-Vereinigung Lebensrecht herausgegeben wurde.

Neben der Kommentierung der einschlägigen Paragrafen zur Abtreibung im Strafgesetzbuch äußerte sich Tröndle wiederholt in Aufsätzen und Vorträgen zum Schutz des ungeborenen Lebens. Dazu boten ihm nach der Wiedervereinigung das Schwangeren- und Familienhilfegesetz von 1992, das

Bundesverfassungsgerichtsurteil von 1993 und das Schwangeren- und Familienhilfeänderungsgesetz von 1995 reichlich Anlass. Die neue gesetzliche Regelung, das sog. Beratungsschutzkonzept, sah Straffreiheit bei einer vorherigen Beratung der Schwangeren und der Vornahme der Abtreibung durch einen Arzt innerhalb der ersten zwölf Wochen der Schwangerschaft vor. Darin erkannte Tröndle eine verkappte Fristenregelung. Dieses Konzept sei, so schrieb er 2007, „mit grundlegenden Verfassungsnormen und Schutzgeboten für Ungeborene nicht in Einklang zu bringen. Am Anfang stand die verfassungsgerichtliche Entscheidung, die durch ihre Inkonsistenz es zum Teil schon dem Gesetzgeber und erst recht später der Praxis erleichtert hat, grundlegende verfassungsgerichtliche Leitsätze weitgehend unbeachtet zu lassen. Ergebnis: In der Folge wurde das ‚Beratungsschutzkonzept' in einer Weise praktiziert, dass das, was man früher ‚Abtreibungsseuche' bezeichnet hatte, im Ergebnis nunmehr aus der Illegalität in die Rechts- und Sozialordnung integriert wurde. Der ‚Appell' an die Verantwortung der Frauen, auf den der *Rechts*schutz für die Ungeborenen reduziert wurde, blieb wirkungslos. Von ihm glaubte das Bundesverfassungsgericht – reichlich weltfremd – für den Lebensschutz Ungeborener Entscheidendes erwarten zu können. Ohnehin hätte aber dieser bloße Appell daran nichts zu ändern vermocht, dass das ‚Beratungsschutzkonzept' Ungeborene nicht in ihrem Lebens*recht* schützt, sondern sie [...] aus dem Recht *exkludiert* hat. Vom Gesetzgeber war das – wenn auch verdeckt – letztlich so gewollt. Belegt ist das dadurch, dass nach diesem Konzept von vornherein jede Schwangere weiß, auch wenn keinerlei Gründe vorliegen, die vor der Verfassung Bestand hätten, dass sie ihre Schwangerschaft auf Kosten der Solidargemeinschaft abbrechen lassen kann, also kein ungeborenes Kind vor diesem ‚Schutzkonzept' sicher ist. Und längst ist es für die Verantwortlichen kein Thema mehr, dass das Bundesverfassungsgericht ursprünglich dieses ‚Schutzkonzept' *nur versuchsweise* unbeanstandet ließ unter der Voraussetzung, dass die vorgeschriebenen Beobachtungs-, Korrektur und Nachbesserungspflichten eingehalten werden."

Konnte Tröndle mit seiner Ansicht beim Gesetzgeber und beim Verfassungsgericht nicht durchdringen, so durfte er für sich in Anspruch nehmen, dass er bei der Frage, ob katholische Einrichtungen einen Beratungsschein ausstellen dürfen, von Anfang an die Position vertreten hatte, die sich letztlich durchsetzte.

Schon nach der 1976 beschlossenen Indikationenregelung stand die katholische Kirche vor der Frage, ob sie einen Schein über die soziale Beratung ausstellen dürfe. Entscheidende Voraussetzung für die Straflosigkeit eines Abbruchs war zwar die ärztliche Indikationsfeststellung, dennoch gehörte das Vorliegen eines Beratungsscheins zu den Bedingungen einer straffreien Abtreibung. Da die Kirche bei der Beratung der Schwangeren Hilfen anbieten konnte, die dieser die Fortsetzung der Schwangerschaft und ein

Leben mit dem Kind ermöglichen sollte, war sie bereit, Beratungsscheine auszustellen. In den 1980er Jahren kam es daraufhin wiederholt zu Anfragen der Glaubenskongregation durch ihre Präfekten Franjo Kardinal Seper und Joseph Kardinal Ratzinger an die deutschen Bischöfe.

Nach einer erneuten Anfrage Kardinal Ratzingers setzte der Vorsitzende der Deutschen Bischofskonferenz Karl Lehmann 1988 eine Kommission ein, der neben Vertretern des Sekretariats der Deutschen Bischofskonferenz, des Katholischen Büros, caritativer Verbände und Moraltheologen Tröndle angehörte. Dieser war das einzige Mitglied, das sich gegen eine kirchliche Mitwirkung beim Ausstellen eines Beratungsscheins ausgesprochen hatte. In seinem Gutachten kam er zum Ergebnis, dass eine Mitwirkung nicht zu rechtfertigen sei, weil das Gesetz, das die Beratung vorschreibe, verfassungswidrig und die Kirche als Körperschaft des Öffentlichen Rechts in der Pflicht stehe, ihre Beraterinnen vor der Einbindung in eine verfassungswidrige Gesamtregelung zu bewahren. Hinzu komme, dass in vielen Fällen eine Abtreibung unabhängig vom Vorliegen einer Indikation allein aufgrund der Beratung straflos bleibe. Mit dieser Ansicht blieb Tröndle allein. Bei der Antwort an Rom durch Bischof Lehmann blieb sie unberücksichtigt.

Durch die Gesetzesänderungen in den 1990er Jahren erhielt die Frage der Beteiligung der katholischen Kirche erneut Brisanz, da nun der Beratungsschein nicht mehr nur eine wesentliche, sondern die einzige Voraussetzung einer Straffreiheit war. Trotz klarer Kritik an der neuen Gesetzeslage beschlossen die Bischöfe, dass vorerst weiterhin durch Stellen in katholischer Trägerschaft Beratungsscheine ausgestellt werden dürfen. Eine von Tröndle im Auftrag Lehmanns gefertigte rechtliche Stellungnahme, in der er vor einem Verbleib im Beratungssystem warnte, blieb auf der Bischofskonferenz unerörtert. Tröndle hatte darin ausgeführt, dass die katholischen Beratungsstellen in die Sackgasse gesetzlichen Unrechts gerieten. Die Pflicht zur Aushändigung des Scheins wirke gegenüber der Beratungstätigkeit wie ein entgegengesetzter Akt. Im schlimmsten Fall werde der Schein zum Werkzeug der Tötung ungeborenen Lebens, nämlich dann, „wenn – für die schweigepflichtige Beraterin erkennbar – eine hilflose Schwangere ihren gesetzlichen Anspruch auf Aushändigung der als Tötungsfreigabe drapierten Beratungsbescheinigung auf massiven Druck von Partner und Umfeld geltend macht." Fand Tröndle, der sich weiterhin engagiert auch öffentlich äußerte, bei der Mehrheit der deutschen Bischöfe kein Gehör, so war man jedoch in Rom auf ihn und seine Argumente aufmerksam geworden, so dass nicht zuletzt Kardinal Ratzinger seine Argumentation wertschätzte, der zu den maßgeblichen Beratern des Papstes gehörte.

Erst nach einigem weiteren Hin und Her verfügte schließlich Papst Johannes Paul II., dass sich die katholische Kirche nicht an dieser Form der Beratung beteiligen dürfe, wozu er sich „um der Würde des Lebens willen gedrängt" fühlte. Das Zeugnis der Kirche für das Leben dürfe nicht verdunkelt werden. Damit hatte sich Tröndles Sichtweise durchgesetzt, die er als mutiger Mahner vorgetragen hatte und weiter vortrug, nun vor allem im Blick auf den von katholischen Laien gegründeten Verein Donum vitae, der weiterhin Beratungsscheine ausstellte. Er sah im Einsatz für den Schutz des ungeborenen Lebens nicht zuletzt eine Verteidigung des Rechtsstaats, wie auch ein Rechtsstaat nur für sich in Anspruch nehmen dürfe, ein solcher zu sein, wenn er die schwächsten Glieder schütze.

V

Die Verdienste, die sich Tröndle um Recht und Gerechtigkeit, um Gesellschaft und Gemeinwohl erworben hat, haben zahlreiche Würdigungen erfahren. Von staatlicher Seite wurden ihm das Große Bundesverdienstkreuz sowie die Verdienstmedaille des Landes Baden-Württemberg verliehen. Aus dem Kreis der juristischen Weggefährten wurde ihm aus Anlass seines 70. Geburtstags eine umfangreiche Festschrift zugeeignet, zum 80. Geburtstag folgte eine vom vormaligen Präsidenten des Bundesgerichtshofs Walter Odersky herausgegebene Sammlung von Aufsätzen aus Tröndles Feder unter dem Titel „Antworten auf Grundfragen. Ausgewählte Beiträge eines Strafrechtskommentators aus drei Jahrzehnten". Als Dank für seinen unermüdlichen Einsatz für den Lebensschutz wurde er 2004 von der Juristen-Vereinigung Lebensrecht zu ihrem Ehrenvorsitzenden ernannt. Anlässlich seiner runden Geburtstage erschienen in den juristischen Fachzeitschriften wie in der allgemeinen Presse Würdigungen seiner Person und seines Wirkens. In ihnen wird er übereinstimmend als „Sachwalter des Rechts" gewürdigt, der sich durch seine enorme Schaffenskraft, sein Temperament, seine Geradlinigkeit und seinen Scharfsinn, aber auch durch Esprit und Herzlichkeit auszeichnet.

Im hohen Alter von 98 Jahren starb er am 1. Oktober 2017 in Waldshut, nicht nur betrauert von seinen Kindern, Enkeln und Urenkeln, sondern von einer großen Schar von Weggefährten, die ihm viel zu verdanken haben. Beerdigt wurde er in seinem Heimatort Albbruck an der Seite seiner Frau, die bereits 2013 verstorben war. Wie sehr Tröndle über den Tod hinaus geschätzt wurde, zeigt die zum 100. Geburtstag erschienene umfangreiche Gedächtnisschrift.

Schriften

Ausgewählte Beiträge eines Strafrechtskommentators aus drei Jahrzehnten, hg. von W. *Odersky*, München 1999 (Verzeichnis der Schriften Herbert Tröndles auf S. 497–505). – Das „Beratungsschutzkonzept". Die Reglementierung einer Preisgabe des

Lebensschutzes Ungeborener, in: Festschrift für Harro Otto zum 70. Geburtstag, hg. von G. *Dannecker* und W. *Langer* u.a., Köln 2007, S. 821–842. – Selbstdarstellung, in: Die deutschsprachige Strafrechtswissenschaft in Selbstdarstellungen, hg. von E. *Hilgendorf*, Berlin 2010, S. 595–631 (Auswahl-Schriftenverzeichnis auf S. 629–631).

Literatur

H.-H. *Jescheck* (Hg.), Festschrift für Herbert Tröndle zum 70. Geburtstag am 24. August 1989, Berlin 1989 (Bibliographie Tröndles auf S. 909–918). – E. *Dreher*, Herbert Tröndle zum 70. Geburtstag, in: Festschrift für Herbert Tröndle zum 70. Geburtstag am 24. August 1989, hg. von H.-H. *Jescheck*, Berlin 1989, S. 1–16. – L. *Meyer-Goßner*, Herbert Tröndle zum 75. Geburtstag, in: Neue Juristische Wochenschrift 1994, S. 2002. – H. *Kintzi*, Herbert Tröndle zum 80. Geburtstag, in: Deutsche Richterzeitung 1999, S. 430. – J. *Klein*, Herbert Tröndle – Mann des Rechts und der Kultur, in: Südkurier (Ausgabe Waldshut) vom 24. August 1999. – K. *Lackner*, Herbert Tröndle zum 80. Geburtstag, in: Neue Juristische Wochenschrift 1999, S. 2488 f. – K. *Lenzen*: Geist und Grundsatztreue – Herbert Tröndle zum Achzigsten, in: Zeitschrift für Lebensrecht 1999, S. 82–84. – H. *Otto*, Herbert Tröndle zum 80. Geburtstag, in: Juristische Rundschau 1999, S. 315 f. – M. *Schremmer*, Herbert Tröndle – 30 Jahre Herausgeber der Juristischen Rundschau, in: Juristische Rundschau 2003, S. 265. – J. *Klein*, 85. Geburtstag von Professor Dr. Herbert Tröndle, in: Heimat am Hoch-Rhein 2005, S. 96–99. – B. *Wütz*: Eine vorbildliche Persönlichkeit am Hochrhein. Professor Dr. Herbert Tröndle zum 90. Geburtstag, in: Heimat am Hoch-Rhein 2010, S. 98–104. – B. *Büchner*, Zur Erinnerung an Prof. Dr. Herbert Tröndle (1919–2017). Ansprache bei der Trauerfeier am 20. Oktober 2017 in Waldshut, in: Zeitschrift für Lebensrecht 2017, S. 127 f. – G. *Schäfer*, Zur Erinnerung an Herbert Tröndle, in: Juristische Rundschau 2019, S. 417f. – R. *Beckmann*, G. *Duttge* (Hg.) u.a., Gedächtnisschrift für Herbert Tröndle, Berlin 2019. – M. *Spieker*, Störender Gutachter. Herbert Tröndle und die katholische Schwangerschaftskonfliktberatung, in: Gedächtnisschrift für Herbert Tröndle, Berlin 2019, S. 789–806.

Thomas Brechenmacher

ISA VERMEHREN (1918-2009)

Isa Vermehren wurde am 21. April 1918 in Lübeck geboren, als Tochter des Rechtsanwalts Kurt Vermehren und seiner Frau Petra. Kurt Vermehren entstammte einer Lübecker Patrizier- und Senatorenfamilie. Isas Eltern führten eine für damalige Begriffe eher „offene" Ehe, drängten in je eigene Sphären und aus dem als eng empfundenen Lübeck hinaus: Kurt Vermehren verlegte seine Kanzlei 1924 nach Hamburg, Petra Vermehren strebte für sich eine Laufbahn als Journalistin an. Das Leben Isas und ihrer beiden Brüder – des älteren Michael und des jüngeren Erich – spielte sich in der zweiten Hälfte der 1920er Jahre vor allem auf Reisen ab – „wir waren immerfort auf Reisen" –, die die Mutter mit den Kindern unternahm und zu denen der Vater phasenweise dazustieß. Geistige, kulturelle und politische Interessen prägten das Familienklima, Religion spielte für die nominell lutherischen Vermehrens keine Rolle; vom Protestantismus hätten sie „nie etwas gemerkt".

Die in Lübeck mit besonderem Gleichschaltungstempo vollzogene Machtübernahme der Nationalsozialisten gab der erst 1931 wieder zurückgekehrten Familie Vermehren den Impuls, die Stadt endgültig zu verlassen, zumal Isa der Schule verwiesen wurde, nachdem sie sich geweigert hatte, die NS-Fahne zu grüßen, aus Solidarität mit einer jüdischen Mitschülerin, der es ihrerseits verboten wurde, den Hitler-Gruß zu zeigen. Da es die Mutter ohnehin nach Berlin zog, um ihre journalistische Karriere voranzutreiben, wurde für die 15-jährige Isa die etwas skurrile Idee eines Bekannten aufgegriffen, sich in der „Katakombe", dem bekannten Kabarett Werner Fincks in der Lutherstraße, vorzustellen: das musikalisch hochbegabte und burschikos-ungehemmt auftretende Mädchen hatte sich darin geübt, mit ihrer Ziehharmonika („Knautschkommode") vierschrötige Matrosenlieder zum Besten zu geben. Finck forderte sie sogleich auf, sich zu präsentieren, und ihr erster Auftritt im November 1933 schlug derart ein, dass sie unvermittelt zum festen Bestandteil des Katakombenprogramms avancierte. Ihre Bravournummer war das derbe und trotz seines scheinbar harmlosen Charakters politisch durchaus hintersinnige „Eine Seefahrt, die ist lustig, ...: „Unser Erster auf der Brücke / Ist ein Kerl, Dreikäsehoch, / Aber eine Schnauze hat er / Wie ne Ankerklüse groß./ Holla-he ..." Mit diesem und ähnlichen Liedern, aber auch kabarettistischen Auftritten an der Seite von Stars der Szene wie Ursula Herking und Finck selbst, wurde das „kleine blonde Mädchen", das „grinst und pfeift wie ein Fuhrknecht" fast über Nacht zu einer als „Naturereignis" (Berliner Morgenpost / Berliner

Volkszeitung) gefeierten Größe der Berliner Kabarettszene. Hier schien sich die Karriere eines bald auch für Musik- und Unterhaltungsfilme gefragten sängerisch-schauspielerischen Multitalents anzubahnen. Freilich stellte die Gestapo im Mai 1935 mit der Schließung der „Katakombe" diese Karriere bald in Frage. Tatsächlich schlug Isa Vermehrens Leben eine ganz andere Richtung ein.

|

Obwohl Isa Vermehren sich durch Gesangs- und Schauspielunterricht ausbildete und auch nach dem Übergriff der NS-Polizeiorgane auf die Berliner Kleinkunstbühnen noch eine Zeitlang im musikalischen Geschäft blieb, wurde ihr bald bewusst, dass diese Facette ihrer Hochbegabung für sie keine dauerhafte Zukunftsperspektive bilden konnte; die Kehrseite ihrer burschikosen Extrovertiertheit war eine grüblerische Suche nach Sinn und vielleicht auch Sicherheit. Im Januar 1936 trat sie mit ihrer Bravournummer ein letztes Mal öffentlich auf – sie habe, gab sie 2002 zu Protokoll, das Lied von der „lustigen Seefahrt" seither nie mehr gesungen – und begann, an einem Abendgymnasium das Abitur nachzuholen. Wie eine Schlüssel-Lektüre wirkte auf sie das 1934 erschienene Buch des katholischen Theologen Otto Karrer, „Das Religiöse in der Menschheit und das Christentum"; dass das Leben Jesu Christi „in der Geschichte" stattfand, habe sie „aufhorchen" lassen. Auf den Weg zur Konversion zum katholischen Bekenntnis brachte sie aber die Begegnung mit der jungen, etwa zehn Jahre älteren aus dem Westfälischen stammenden Adeligen Elisabeth Gräfin Plettenberg, die sie auf einer Berliner Abendgesellschaft kennengelernt hatte. Deren glaubensfeste Lebensstärke zog die 17jährige Isa Vermehren an, und sie begann – zusammen mit ihrem jüngeren Bruder Erich (der Elisabeth Plettenberg 1941 heiratete) – eine Phase religiöser Unterweisung durch die Gräfin, an deren Ende, im Juli 1938 in Bremen, dem Wohnort der Familie Plettenberg, der Übertritt stand; Erich Vermehren folgte ihr darin ein Jahr später.

Zweifellos spielte die Lebenssituation in der terroristischen NS-Diktatur, insbesondere die Erfahrung, „wie der Glaube sich bewährt in der Bedrängnis", bei der Hinwendung Isa Vermehrens zur Religiosität eine Rolle, sicher auch die Auseinandersetzung der Abendgymnasiastin mit den ideologischen Leitautoren des Nationalsozialismus, von Hitler bis Rosenberg. Aber Isa Vermehren betonte stets, dass der zeithistorische Hintergrund nicht entscheidend gewesen sei. Die Evidenz Gottes habe sich ihr aus dem Gebet wie durch ein Gnadengeschenk enthüllt. So leitete sie ihre dann lebenslange Berufung aus einer Art Konversionserlebnis, nämlich der unabweisbaren „Vereinnahmung" durch die Evidenz Gottes ab. Diese Wendung ihres Lebens empfand sie keineswegs als „Bruch" – wie sie es denn auch ablehnte, von einem „zweiten Leben" zu sprechen, sondern als folgerichtige Entwicklung. „Es gibt diese Brucherfahrung nicht in meinem Leben [...]. Die Frage [...] nach dem lebendigen Gott [...] ist die zentrale Frage meines Lebens." Nach ihrer im Februar 1939 am Abendgymnasium absolvierten Abiturprüfung zog Isa Vermehren für ein Jahr in ein Heim für Studentinnen im Berliner Grunewald. Es wurde betrieben von einer Ordensgemeinschaft französischen Ursprungs, der „Gesellschaft der Ordensfrauen vom Heiligen Herzen Jesu (Religieuses du Sacré-Coeur de Jésus, RSCJ). Dieser als temporärer Rückzug in eine Atmosphäre der Ruhe und zu weiterer Unterweisung im Glauben gedachte Schritt bahnte die entscheidende Weichenstellung für ihr weiteres Leben an: „Liebe auf den ersten Blick", wie Isa Vermehren später formulierte. Aber an einen Eintritt in den Orden war in der Situation des Krieges nicht zu denken, zumal die Nationalsozialisten die Berliner Dépendence des Sacré-Coeur in ihrer Existenz bedrohten und die Ordensfrauen zum Krankenhausdienst verpflichteten, aber auch weil die Schwestern ihrerseits die Berufung der Unterhaltungskünstlerin Isa Vermehren zum Ordensleben anzweifelten. Isa hielt sich zunächst mit weiteren Konzertauftritten über Wasser, trat als Nebendarstellerin in Filmen auf und absolvierte 1943 eine Reise nach Russland zur Truppenbetreuung. Andererseits verkehrte sie in Berlin in Kreisen, die in erklärter Opposition, ja im Widerstand zum NS-Regime standen, u.a. mit dem jüngeren Bruder von Helmuth James Graf von Moltke, „Willo" von Moltke. Eine 1943 kurzzeitig eingegangene Verlobung mit dem Architekturstudenten Karl Heinrich Beutler wurde einvernehmlich wieder gelöst, noch bevor Beutler in Russland fiel.

II

„In jenen Tagen", 1946 in den Bombenruinen Hamburgs gedreht, gilt als ein Meilenstein des sogenannten „Trümmerfilms". Regisseur Helmut Käutner und Drehbuchautor Ernst Schnabel erzählten in diesem atmosphärisch dichten Episodenfilm die Jahre 1933 bis 1945 aus der fiktiven Perspektive eines Autos; in der sechsten Episode erscheint Isa Vermehren (noch einmal) als Schauspielerin. Aus dem „Mädchen mit der Knautschkommode" war eine – noch immer zupackend auftretende – ernste junge Frau geworden, in deren Gesicht sich Erfahrungen eingebrannt zu haben scheinen, die über die allgemeine Not der Kriegsjahre noch hinausgingen. Als Erna, ein Dienstmädchen im Arbeitseinsatz, das versucht, ihre ehemalige Arbeitgeberin, Baronin von Thorn, unter einem Vorwand im Auto aus der Stadt zu bringen, wohl wissend, dass diese die Mutter eines am Attentat vom 20. Juli 1944 beteiligten Offiziers ist, liefert Isa Vermehren eine Leistung, die sie zu einer Karriere als Charakterdarstellerin durchaus qualifiziert hätte. Erna und Frau von Thorn geraten wegen einer Autopanne in eine Polizeikontrolle, und die

Fluchthilfe fliegt wegen dieses bösen Zufalls auf. Das den beiden „Mitwisserinnen" drohende Schicksal fängt Käutner am Ende der Szene in Ernas Blick ein; kein Zweifel kann bleiben, welches es sein wird.

Als „In jenen Tagen" 1947 ins Kino kam, war Isa Vermehren nicht nur eine gereifte Schauspielerin geworden, sondern bereits als Autorin hervorgetreten. Auch dies war eine Folge der Wende ihres persönlichen und des Lebens ihrer Familie während der letzten Kriegsjahre. In dem noch 1945 verfassten und 1946 als Buch erschienenen Bericht „Reise durch den letzten Akt" hat sie beides mit hoher intellektueller wie emotionaler Kraft verarbeitet.

Erich Vermehren, der im deutschen diplomatischen Dienst in der Türkei eingesetzt war, hatte sich zusammen mit seiner Frau Elisabeth Anfang 1944 nach England abgesetzt. Diese „Emigration" des jüngeren Bruders blieb nicht ohne Folgen für den Rest der Familie: sowohl die Eltern, Kurt und Petra Vermehren, als auch die Geschwister Michael und Isa wurden von der Gestapo in „Sippenhaft" genommen und zunächst für einige Wochen in einem Hotel in Potsdam interniert. Während die Eltern und der Bruder ins Lager Sachsenhausen bei Oranienburg überstellt wurden, führte Isa die „Reise durch den letzten Akt" nach Ravensbrück. Sie verbrachte dort die meiste Zeit in Einzelhaft im sogenannten Zellenbau, der „Sonderhäftlingen" vorbehalten war. Gegenüber den Bedingungen des „eigentlichen" (Frauen-) Konzentrationslagers, mit dessen Insassinnen sie nur am Rande in Kontakt kam, war diese Art der Haft fast „privilegiert" zu nennen; gleichwohl war Isa Vermehren ständig von der Ungewissheit darüber gepeinigt, ob und wann wohl die Gestapo die „Sippenhaft" in „Sippensühne" umwandeln würde.

Im Zellenbau in Ravensbrück wurden zahlreiche politische Systemgegner des NS, v.a. aus der „guten Berliner Gesellschaft" inhaftiert, und Isa Vermehren lernte hier – in den Zeiten des Freigangs und durch konspirative Kommunikation – zahlreiche Politiker, Adelige, Militärs kennen, die, wie sie, ihre erklärte Dissidenz zum Regime büßten, viele von ihnen mit dem Leben. Unter diesen, von Isa Vermehren in ihrem Bericht einfühlsam Porträtierten, war auch Helmuth von Moltke, der bereits seit Februar 1944 in Ravensbrück einsaß. „Er gehört zu den Wenigen, von denen man mit ganzer Gewissheit sagen kann, daß sie zum Märtyrer geworden sind. Im Bekenntnis der Wahrheit lieferte er sich mit vollem Bewußtsein diesen Henkersknechten aus: um diesem Tode zu entgehen, hätte er geistig sich selbst umbringen müssen, indem er das verleugnete, um dessentwillen er bisher gelebt hatte."

Isa Vermehrens Beobachtungen beschränkten sich aber nicht auf die Häftlingsgesellschaft des Zellenbaus allein. Sie ergriff alle Gelegenheiten, Eindrücke über den Alltag im Frauenkonzentrationslager zu sammeln, und entwarf Psychogramme der Opfer wie der Täter, versuchte das „äußere" wie das „innere Bild" des Lagers zu erfassen. Sie begriff das Lager als „die zerstörende Auswirkung des sich vollendenden Nihilismus", als Abbild des „Werks der totalen Vernichtung". Von dem „harmlos optimistischen Bilde des natürlicherweise ‚guten' Menschen" – so Isa Vermehren im Vorwort – müsse man sich „endgültig losmachen" angesichts dieser Ereignisse; andererseits suche ihr Bericht „Freunde für die hier angewandte Methode zu gewinnen: mit der Sonde verzeihender Liebe das Unrecht zu bekämpfen, um nicht neues auf sich zu laden." Das war keineswegs naiv, sondern zielte auf eine Fähigkeit des Menschen, die sich für Isa Vermehren, auch hier schon deutlich erkennbar, einzig über den Weg der Hingabe an Gott, seinen Willen und sein Gebot ergab. Nicht von ungefähr setzte sie den Interpretationsrahmen ihres Berichts durch die vorangestellte Bitte des Vaterunser: „Und vergib uns unsere Schuld, wie auch wir vergeben unsern Schuldigern."

Voraussetzung für die Niederschrift des Buchmanuskripts – das, einer Vermehrenschen Familientradition folgend, aus einem schriftlichen „Geburtstagsgeschenk" Isas für ihren Vater entstanden sei – war das Überleben. Isa Vermehren überlebte: den fast einjährigen Aufenthalt in Ravensbrück wie die anschließende Fortsetzung ihrer „Reise", eine gespenstische Tournee durch das zertrümmerte NS-Deutschland, die sie – in unterschiedlichsten Zusammensetzungen eines Konvois politischer wie Kriegsgefangener, bewacht und eskortiert von Gestapo, SS und Wehrmacht und stets bedroht von der Aussicht auf ein abruptes Ende der „Reise" durch Exekution – seit Februar 1945 wiederum über Potsdam kurzzeitig in die Konzentrationslager Buchenwald und Dachau und schließlich über die Alpen nach Innsbruck und Südtirol führte, wo die letzten deutschen Bewachungssoldaten aufgaben. Die Schlussszene des „letzten Aktes" war nicht minder grotesk. Der versprengte Trupp wurde in einem Hotel am Pragser Wildsee von den Amerikanern übernommen, wodurch die ehemaligen deutschen KZ-Häftlinge nun selbst zu Kriegsgefangenen wurden, denen noch eine demütigende Verlängerung ihrer Odyssee über Capri und Paris zugemutet wurde, bevor die „mühsame Heimkehr" ihr Ende fand.

Auch die drei anderen inhaftierten Vermehrens überlebten in Sachsenhausen, und alle kamen Ende Juni 1945 in Hamburg wieder zusammen. „Wieso" – überlegte Isa zu Beginn ihres Berichts – „das beabsichtigte Exempel der ‚Sippensühne' an uns nicht statuiert worden ist, weder damals noch nach dem 20. Juli, wird ungeklärt bleiben, es sei denn, es findet sich ein Zeuge, der aussagen kann, warum die Durchführung des schon gegebenen Befehls vertagt wurde."

Die „Reise durch den letzten Akt" zählt zu den frühen Versuchen einer umfassenden, anthropologisch und psychologisch untersetzten, wie stilistisch beachtlichen Bestandsaufnahme und Deutung des Konzentrationslagers. Auf all dies, so Isa Vermehren im Vorwort zur Neuauflage von 1979, komme es aber erst in zweiter Linie an, ebenso wie darauf, „daß [der Bericht] vielleicht einige Aussagen enthält, die von der Forschung inzwischen korrigiert wurden. Es geht heute so wenig wie damals um ein ästhetisches oder ein historisches Werk: es ging und geht um ein Zeugnis für das, ‚was im Menschen ist'." Diese Intention verleiht dem vielgelesenen, noch immer lieferbaren Buch seinen dauerhaften Rang.

III

Allen Möglichkeiten und Angeboten zum Trotz, nun endgültig Sängerin und Schauspielerin zu werden – auch die im Nachkriegsdeutschland neu erwachende Kabarettszene meldete sich wieder –, ließ Isa Vermehren von ihrem Wunsch, in den Orden des Sacré-Coeur einzutreten, nicht mehr ab. Im Mutterhaus der deutschen Ordensprovinz in Bonn-Pützchen wurde sie abermals zurückgewiesen. Neben dem anhaltenden Zweifel an ihrer Berufung stand auch sehr in Frage, was die mittlerweile Endzwanzigerin denn für den Orden leisten könnte; denn sie hatte ja „nichts gelernt". Erst nach einem Umweg über England, wo Isa eine Kommunität fand, die bereit gewesen wäre, sie aufzunehmen, öffnete sich auch ein Weg in Deutschland. Die Bonner Provinzialoberin stellte eine harte Bedingung: Isa Vermehren musste ein mit dem Staatsexamen abgeschlossenes Lehramtsstudium vorweisen. Denn obwohl der 1800 durch die Französin Sophie Barat auf der Grundlage einer sich über Gebet und Exerzitium aufschließenden Herz-Jesu-Verehrung gegründete Orden eine harte Klausur mit strengem Schweigegebot vorschrieb, war er doch nicht rein kontemplativ. Seine apostolische Aufgabe „in der Welt" bestand darin, in eigenen Schulen Mädchen zu bilden.

Das von Isa Vermehren zwischen 1948 und 1951 an der Bonner Universität sehr zügig abgeschlossene Studium in Deutsch und Englisch qualifizierte sie fachlich für diese Aufgabe und öffnete ihr den Weg ins Postulat, der ersten Stufe des zähen Prozesses bis hin zu den endgültigen, den sog. „ewigen Gelübden". Es sollte fast ein Jahrzehnt dauern, bis sie diese 1959 in Rom ablegen durfte. Dazwischen lagen die Jahre der Einübung in das Ordensleben, die einer Art innerer Umpolung glichen, der fast völligen Verabschiedung von allen gewohnten Formen des sozialen Lebens, auf der anderen Seite aber auch (seit der zweiten Hälfte der 1950er Jahre) der ersten Lehrtätigkeit der Novizin, zunächst als Referendarin, nach dem zweiten Staatsexamen und einem zusätzlichen Studium der Geschichte und Philosophie als Lehrerin am ordenseigenen St. Adelheid-(Mädchen-)Gymnasium in Bonn. Dieses Gymnasium war in jenen Jahren noch im Wesentlichen eine Internatsschule, in der die Mädchen unter kasernenmäßiger Disziplin lebten und lernen mussten. Als einfache Lehrerin konnte Isa Vermehren zunächst relativ nahe bei den Schülerinnen sein und ihr musikalisch-künstlerisches Talent auf besondere Weise einbringen, durch Schultheateraufführungen oder im Schul- und Kirchenchor. Dies änderte sich bald, nachdem sie – nun „Mutter Vermehren" – aus Rom zurückgekehrt war und vom Orden ausersehen wurde, das Amt der Schulleiterin zu übernehmen.

Damit wuchs ihr neben der Tätigkeit als Lehrerin eine Aufgabe zu, die ihr weiteres „Berufsleben" mehr und mehr bestimmen sollte. Von 1961 bis 1969 leitete Mutter Vermehren das St-Adelheid-Gynmasium in Bonn, 1969 wurde sie nach Hamburg beordert, um die dortige Sophie-Barat-Schule zu leiten. Obwohl sie selbst Norddeutsche war und Hamburg gut kannte, fiel ihr diese Funktion in der Diaspora, eingebunden in unübersichtliche Verwaltungsstrukturen, weitaus schwerer als diejenige im noch sehr homogen-katholischen Bonn. 1983 wurde Isa Vermehren als Schulleiterin in den Ruhestand versetzt, kehrte nach Bonn zurück und nahm in den Folgejahren diverse weitere Aufgaben innerhalb des Ordens wahr. So stand sie als Oberin von 1986 bis 2004 dem „Sophie-Barat-Haus" vor, einer eigenen, in einer Bonner Villa untergebrachten kleinen Kommunität für ältere Ordensschwestern. Ihre letzten Lebensjahre verbrachte sie wieder im Haupthaus der deutschen Ordensprovinz der RSCJ, dem Bonner Herz-Jesu-Kloster. Sie starb am 15. Juli 2009 im Alter von 91 Jahren.

IV

Als Isa Vermehren am Ziel und endgültig in den von ihr geliebten Orden aufgenommen worden war, dessen spirituelle Ausrichtung und Lebensgestaltung sie nicht zuletzt durch die lange Phase der Prüfung hindurch als die ihrer Berufung adäquate erkannt hatte, stand der große Umbruch der katholischen Weltkirche bevor. Das „Aggiornamento" des Zweiten Vatikanischen Konzils mit seinen Folgen, für die Kirche insgesamt und speziell für Ordensleben und Liturgie, begriff sie nicht als Aufbruch und Erneuerung, sondern vor allem als Krise. Das war weit mehr als der unwillige Widerstand einer „Konservativen" oder einer „Traditionalistin" (Positionsbestimmungen, zu denen sie sich gerne bekannte); es war eine für Isa Vermehren fast existentiell empfundene Bedrohung ihrer innersten Glaubensüberzeugungen und der damit verbundenen Lebensentscheidungen. Die 2017 veröffentlichten Auszüge aus ihren umfangreichen Tagebüchern seit 1950 belegen dieses Krisenbewusstsein auf fast dramatische Weise.

Die Reformen des Konzils verstand Isa Vermehren als überstürzte Verzeitgeistigung, als einen Einbruch des Weltlichen in den sakralen Raum der Kirche. Sie sah die Kirche vom Glauben abfallen, häretisch werden (12.11.1967); indem sich die Kirche in eine Organisation verwandle, die ihre Aufgabe darin sehe, die Welt zu bessern, säkularisiere sie sich selbst und entferne sich vom „Auftrag Christi" (20.07.1968). „Wir bekommen die Folgen einer einseitigen Theologie zu verkosten: Christus unser Partner etc. Die Demokratisierung der Kirche, ja, geradezu die Parlamentarisierung der Hl. Dreifaltigkeit Gottes hat in vollem Umfange eingesetzt […]. Das Christentum geht – vielleicht in die ihm wesentlichere – Form über, nur noch

Kultgemeinschaft zu sein und nicht mehr Kulturgemeinschaft. Aber davor wird sich der große Abfall ereignen" (Neujahrsnacht 1964/65). Ihre eigene Aufgehobenheit im *Corpus Mysticum* sah sie vor allem durch die Liturgie und – für sie als Ordensfrau naheliegend – die Ordensreform des Konzils bedroht (18.09.1977). „Ich habe durch die liturgische Reform meinen früheren Frieden in der Messe verloren." (12.02.1966) An der Umsetzung des konziliaren Ordensreformdekrets innerhalb ihres eigenen Ordens entsetzten sie Grad und Schnelligkeit des Traditionsbruches: die Abkehr vom hergebrachten Habit, die weitgehende Aufgabe des Schweigegebots, ganz besonders aber die damit verbundene grundstürzende Umdefinition der Ordensstruktur. „Mit dem Kleid [Modernisierung der Tracht] zieht man uns den Titel [Mutter] aus – wir werden Schwestern. Darin kündigt sich eine solche Verschiebung unserer apostolischen Funktion an, dass man sich fragt, wie die Wurzel – die Herz-Jesu-Verehrung – davon unberührt, d.i. unverletzt bleiben kann. Große Traurigkeit, Angst vor dem Heimweh." (24.03.1967)

Natürlich reflektierte Isa Vermehren auch, dass ein Teil ihrer Dissidenz in ihrer eigenen Intellektualität gegründet lag. Für den durch den Orden geforderten Gehorsam war sie nicht naiv genug, und die „Abtötung" ihres kritischen Potentials sollte ihr nicht gelingen. Hier liegt ein Problem ihrer gesamten Ordensexistenz; die reichhaltigen Niederschriften aus ihren Exerzitien geben Zeugnis dafür. Hatte sie vor der Ordensreform eine Selbstzufriedenheit des Ordens kritisiert, sträubte sie sich im Zuge der Reform gegen das Tempo des Wandels. „Die Beschlüsse unseres Generalkapitels [...] erregen mir nicht die geringste Begeisterung, sondern verlangen im Gegenteil schweigendes Mich-unterwerfen, ohne dass es mir gelingt, auch mein Urteil zu unterwerfen." (14.08.1965) Dieser ungehorsame Intellekt, der sogar gegen eine von ihm diagnostizierte Auflösung des Gehorsams rebellierte, also ungehorsam noch gegen die Abschaffung des Gehorsams war, schlug sich 1980 in einer in der Internationalen Katholischen Zeitschrift Communio – anonym – veröffentlichten ziemlich beißenden Satire auf die Ordensreform nieder: hier schilderte Isa Vermehren eine Gruppe von Fahrradfahrerinnen, die keinen Meter mehr vorankam, weil sie begonnen hatte, sich – um „modern" zu werden –, in unendlichen Debatten über das „richtige Radfahren" selbst zu demobilisieren. Dabei war Isa Vermehren keineswegs reaktionär im Sinne bedingungslosen Festhaltens am Althergebrachten – eine Haltung, zu der ihr Bruder Erich und seine Frau Elisabeth tendierten. Dass Glauben auch „unter veränderten kulturellen Bedingungen" möglich sein müsse, war ihr klar. „Ist es zulässig, Wertung und Verständnis für den alten Ordo zum alleinigen Kriterium für volle verlässliche Rechtgläubigkeit zu machen? [...] Ich merke in zunehmendem Maße, dass ich das zwar [zu] verstehen, aber in dieser Radikalität nicht mit- und nachvollziehen vermag." (03.09.1974)

Isa Vermehren rang bis in ihre letzten Lebensjahre um das richtige Funktionieren „in der Mitte meiner religiösen Existenz" (28.10.1965);

das „schleichende Hinsterben meiner heiß geliebten Ordensgesellschaft" (28.11.2005) gestaltete diese innere Auseinandersetzung nicht leichter. Neben dem Intellekt stand freilich – und dies sollte nicht ganz außer Acht bleiben beim Versuch, Isa Vermehrens komplexe Persönlichkeit zu erfassen – ein tief emotionales Bedürfnis nach Heimat, die „Angst vor dem Heimweh". Denn wenn Isa Vermehrens Lebensgang *einer* war und nicht *zwei*, dann können die Zusammenhänge nicht übersehen werden zwischen der Verlorenheit der jungen Isa, einer Jugend in Unruhe und einer Mutter, die sich ihrer 15jährigen Tochter im Berlin der 1930er Jahre entzog – worauf diese sich der „Ersatzmutter" Elisabeth Plettenberg zuwandte –, den Destruktionserfahrungen der Kriegsjahre mit der Kulmination der Haftzeit, ausgelöst durch den Fluchtakt des Bruders, und dem tiefen, vielleicht unstillbaren Bedürfnis nach Aufgehobenheit in der Ordensgemeinschaft der „Mütter" und nach der „vollkommenen" Brautschaft Christi. In Isa Vermehrens Essay über die „Frau als Mutter" (1990) mochte dies alles mitgeklungen haben, wenn sie – eine Formulierung von Hanna-Barbara Gerl-Falkovitz aufgreifend – in der Mutter den „unbedingt behütenden und den unbedingt bergenden Bereich" figuriert sieht, „das Heimliche in einer Welt des Unheimlichen, das Angstvertreibende in der Urwelt der Angst." Der Zusammenbruch ihrer nach diesem so verstandenen Mütterlichkeitsprinzip organisierten Ordensgemeinschaft kam Isa Vermehren sicher auch wie eine erneut drohende Vertreibung hinaus in die „Urwelt der Angst" vor.

Das Aufgehobensein in der Kontemplation war umso wichtiger, als die zweite Seite des Ordenslebens ja gerade im Apostolat bestand, in der Nachfolge Christi in der Welt. „Ausgelöst von dem intensiven Verlangen, alle Energien unmittelbar am Hebel der Welt einzusetzen", habe sie oft der „Wunsch, in einem [rein] kontemplativen Orden zu leben" überfallen. Sie war sich bewusst: „Eine RSCJ[-Ordensfrau] dürfte so weder wünschen noch fühlen" (28.10.1965) Freilich empfand sie diese Spannung umso intensiver, als sie sich durch ihr Apostolat in die Auseinandersetzung mit einer krisenerschütterten Gesellschaft gestellt sah, die durch die ebenfalls krisengeschwächte Ordensstruktur kontemplativ nicht mehr aufzufangen war.

Als Leiterin von Schulen, deren Grundlagen – Konfessionsschule, Ordensschule, Mädchenschule, Internat – in jenen Jahren allesamt gesellschaftlich demontiert wurden, stand Mutter Isa in den 1960er und 1970er Jahren in der permanenten Defensive. Dem Anpassungsdruck von außen war sie in der Hamburger noch viel stärker ausgesetzt als in der Bonner Zeit, was, zumal in ihren ersten Jahren an der Sophie-Barat-Schule, zu merklichen Spannungen mit den Demokratisierung und Mitbestimmung fordernden Schülerinnen (und gegen Ende ihrer Dienstzeit auch Schülern) führte. Die politischen wie sozialen Reiz- und Streitthemen, von der „68er-Revolution" über die „sexuelle Befreiung" durch die Pille bis zur „Friedensbewegung" der frühen 1980er Jahre, machten vor den Toren der Ordensschulen nicht Halt. Als Erzieherin musste sich Isa Vermehren diesen Themen stellen, auch persönlich erst Positionen dazu gewinnen. Nach außen hin scheint ihr dies mit bemerkenswerter „stabilitas mentis" gelungen zu sein, ungeachtet ihrer eigenen inneren Zweifel. Ihre Diagnose der Moderne lautete im Kern: Säkularisierung aller Werte, Abriss der einen, transzendentalen Bindung an Jesus Christus, und als Folge daraus existentielle Beliebigkeit und Verlorenheit. Bezogen auf den Wandel von Ehe und Partnerschaft stellte sich ihr die Situation etwa so dar: „Der latente Existenzialismus, der noch in allen Köpfen herumspukt, scheint uns zu erlauben, unsere Identität in immer neuen Entwürfen zu suchen, zu denen, so meinen viele, auch stets ein neuer Partner gehören dürfe oder müsse; für viele ist die Selbstsuche an die Stelle der Gottsuche getreten. Wer allerdings meint, beim neuen Partner jenen Halt, jene Geborgenheit, jene letzte Seinsgewissheit zu finden, die nur Gott zu geben vermag, der hat die Enttäuschung vorprogrammiert: durch diese Erwartung wird im Prinzip jede menschliche Beziehung überfordert, an ihr muß sie auf die Dauer zerbrechen. Gerade im Scheitern unserer Beziehungen werden letzte Bedingtheiten menschlicher Existenz bloßgelegt, die nach einer umfassenderen Erklärung verlangen." (Die Frau als Braut und Ehefrau, 1990).

Was sie für die Kirche als Autoritätsverlust beklagte (im Tagebuch noch im Januar 2007), spiegelte sich für Isa Vermehren gesellschaftlich in der „totalen Nivellierung *aller* Unterschiede", eine Formulierung, die sie, zeitgemäß, aus der Auseinandersetzung mit der in den 1970er Jahren noch resonanzstarken marxistischen Ideologie herausarbeitete. „Mir kommt es so vor, als läge gerade noch ein hauchdünner, an vielen Stellen schon arg zerschlissener Schleier von ehemals christlicher Kultur und Denkungsart über unserer BRD, die aber in ihren allgemeinen Denkvoraussetzungen schon durchweg marxistisch ist […] Unter marxistisch verstehe ich nicht so sehr die Inhalte der kommunistischen Parteilehre, sondern in erster Linie ihre philosophischen Voraussetzungen, ihre formalen Prinzipien, an erster Stelle die Ablehnung irgendwelcher auf die Transzendenz verweisender Ordnungskategorien, zugunsten einer rein weltimmanenten Dialektik." (Karfreitag 1973).

Bereits während ihrer aktiven Zeit als Lehrerin und Schulleiterin trat Isa Vermehren auch in einer größeren Öffentlichkeit mit Stellungnahmen zu gesellschaftlichen Streitfragen hervor, so 1968 in einer WDR-Fernsehdiskussion mit einem evangelischen Pfarrer, einem Psychiater und einem Sexualwissenschaftler zum Thema „Sexualaufklärung und Sexualerziehung", in der sie ihre Fähigkeit zu pointierter, jedoch gleichwohl unpolemischer Zuspitzung bewies, wenn sie etwa das Stereotyp unterlief, die Kirche sei „leibfeindlich", gleichzeitig aber unterstrich, dass „Keuschheit nicht nur nötig, sondern auch möglich" sei „als adäquates sexuelles Verhalten. Sie [die Keuschheit] hat aber nichts mit Leibfeindlichkeit zu tun. […] Die Kirche hat immer gewußt, daß die Sünden, die man *in* der Liebe begeht, weniger schlimm sind in den Augen Gottes als die Sünden *gegen* die Liebe. – Das muß man mal festhalten!"

V

Zu einer überregional vernehmbaren Stimme in öffentlichen Debatten wurde Mutter Vermehren aber erst nach ihrer Pensionierung. Zurückgekehrt nach Bonn, begann sie, eine zunehmende Zahl von Vorträgen zu absolvieren, die oftmals in Publikationen mündeten. Seit 1984 erschien sie in unregelmäßiger Folge am späten Samstagabend im ARD-Hauptprogramm als Rednerin im „Wort zum Sonntag", einer etwa fünfminütigen Sendung, in der evangelische und katholische Geistliche und Theologen kurze religiöse Reflexionen zu Lebenssituationen, oftmals auch zu aktuellen Anlässen, (noch heute) anbieten, und der ob ihrer Position vor dem Spätfilm eine hohe Zahl von Zuschauern (vielfach wohl eher *nolens volens*) garantiert ist. Isa Vermehren resümierte im Rückblick, sie habe sich dieser Aufgabe „mit größtem Vergnügen" gestellt; die äußerliche Strenge der Ordensfrau im Habit, ihre melodiöse Altstimme mit der hanseatischen Diktion, das Beider-Sache-Sein in der Formulierung von Gedanken, die sie keinesfalls vom Blatt ablas, sondern unterstützt von ausdrucksstarken Gesten der Hände gleichsam formte, nicht zuletzt aber auch der hinter der großen Brille oftmals nur für eine Sekunde aufblitzende, eher beiläufige Humor, verliehen diesen kurzen Bildschirmauftritten eine eigene Faszination. Aus kleinen Episoden ihres eigenen Lebens stieß sie unvermittelt zu den „großen Fragen" vor: was kann Freundschaft sein, und was hat echte Freundschaft mit dem Urvertrauen in Gottes Freundschaft zu tun (23.11.1996), in welchem Verhältnis stehen Zeit und Liebe zueinander („wer Liebe hat, der hat auch Zeit", 24.09.1988), was will ich werden, was soll ich werden, was bin ich, was ist der Mensch (10.11.1984)?

Nicht nur im „Wort zum Sonntag", an dem sie fünfzehn Jahre lang mitwirkte, sondern auch in anderen mündlichen wie schriftlichen Beiträgen entwickelte sich Isa Vermehren zu einer Meisterin der kleinen Form, sei es in Exerzitien und Meditationen, sei es in kurzen Einführungen in die „eucharistische Existenz" des Ordenslebens, sei es aber auch in der Stellungnahme zu aktuellen Themen, die sie auf dem Fundament ihres „Traditionalismus" behandelte, ohne freilich die Bedürfnisse und Sachlagen der Zeit aus den Augen zu verlieren oder gar zu leugnen. Als ehemalige Lehrerin heranwachsender Mädchen und junger Frauen lag es für sie nahe, auch Aspekte weiblicher Lebensformen in den Anforderungen und auch Rollenzuschreibungen der Gegenwart zu reflektieren. In „Blickpunkt Frau", einer zusammen mit einer Kollegin vom St.-Adelheid-Gymnasium in sechs Bändchen

1990 publizierten Vortragsreihe, spürte sie Frauenbildern anthropologisch, mythologisch, kulturgeschichtlich, sozialgeschichtlich und natürlich auch theologisch nach, um stets bei Orientierungsvorschlägen für weibliches Leben aus dem Geist einer an Jesus Christus ausgerichteten Existenz anzulangen. „Wir wollen unsere Welt, unser Leben selbst bestimmen, machen, gestalten – wir wollen nichts mehr empfangen, nichts mehr hinnehmen, so wie es ist. Ein unübersehbares Symptom dafür, daß auch die Frauen sich diese Grundhaltung zu eigen gemacht haben, ist die gerade in unseren westlichen Nationen so weit und selbstverständlich verbreitete Empfängnisverhütung, Empfängnisscheu, Empfängnisablehnung bis hin zur Abtreibung. – Diese Auf- und Ablehnung signalisiert deutlicher als alles andere die tiefe Vertrauenskrise, in die der moderne Mensch mit seinem Macherwahn geraten ist: Vertrauenskrise Gott gegenüber, Vertrauenskrise gegenüber der Natur, Vertrauenskrise schließlich auch gegenüber der eigenen Gattung und Art. In einer maßlosen Überspannung der Erwartungen an sich selbst und das trügerische Füllhorn persönlicher Freiheit wird ebenso fieberhaft wie vergeblich Ersatz gesucht für das, was verloren wurde: unser Leben bleibt ohne Frucht, wenn wir nicht wieder lernen, Empfangende zu sein, wenn wir nicht wieder bereit sind, Mütter und Väter zu sein." (Die Frau als Mutter).

In verstärktem Maße war Isa Vermehren gegen Ende ihres Lebens auch als Zeitzeugin der NS-Vergangenheit und des christlich motivierten Widerstands gegen das NS-Regime gefragt. Hatte sie in dem von ihr selbst erteilten (Geschichts-)Unterricht offenbar kaum über ihre persönlichen Erlebnisse in der KZ-Haft gesprochen, trat sie seit der Neuauflage des „letzten Aktes" 1979 und im Zuge des im gleichen Jahr durch die Fernsehserie „Holocaust" neu entfachten erinnerungspolitischen Interesses mit einschlägigen Vorträgen oder als Gesprächspartnerin in Schulen und Akademien häufiger auf. Noch als 88jährige, 2006, hielt sie den Festvortrag anlässlich des 62. Jahrestages des 20. Juli 1944 in der Gedenkstätte Deutscher Widerstand in Berlin, mit „persönlichen Gedanken und Erinnerungen" zur „bleibenden Bedeutung" dieses Ereignisses. „Mit dem Datum des 20. Juli ist das Bekenntnis zu Recht und Wahrheit, Freiheit und Würde, zu Todesverachtung und Gottesfurcht mit unauslöschlichen Lettern in unsere deutsche Geschichte eingegraben. Das sind Grundwerte, ohne die kein Volk seine Identität behaupten kann."

Von der „Knautschkommode" zum Ordenshabit, von der burschikosen Göre im taumelnden Kabarett-Berlin der 1930er Jahre zur katholischen Traditionalistin und Wort-zum-Sonntag-Lebenshelferin; dazwischen Konversion, KZ-Haft, Filmkarriere, Autorin, lange Jahre der Einfindung und Einbindung ins Ordensleben, der Tätigkeit als Lehrerin, Erzieherin und Schulleiterin, Krisenerfahrungen, Krisenbewältigung nach innen wie außen: eine deutsche Biographie des 20. Jahrhunderts, ein ungewöhnliches, befreites Frauenleben, kein „typisches" Katholikinnenleben, ganz im Gegenteil: All diese und viele Facetten mehr formen das unverwechselbar Eigene der Isa Vermehren und lassen sie als eine „unbequeme" Persönlichkeit in Erscheinung treten, gerade weil sie sich unter kein Klischee beugen lässt. Die Fülle ihrer Lebenserfahrung, der Blick in den Abgrund dessen, zu dem Menschen fähig sind; von hier aus aber die Treue zu ihrer Berufung in der Nachfolge Christi: diese illusionslose Haltung konnte dem Zeitgeist nicht zu Diensten sein, appellierte freilich, sich in der *conditio humana* begreifen zu lernen, als Geschöpfe Gottes mit je eigener personaler Würde ausgestattet zu sein, andererseits in eine trügerische Freiheit gestellt, sündhaft und daher erlösungsbedürftig. Mit dieser unbeirrbaren Botschaft musste die Ordensfrau als Mediengestalt in den 1980er und 1990er Jahren wie ein Solitär erscheinen, als Figuration eines auch damals schon (und jenseits aller kitschtriefenden, zeitweise sehr populären Nonnen- und Pfarrer-TV-Serien …) fast absolut „Anderen". Wie eine Art geistig-geistliches Vermächtnis in wenigen Sätzen brachte Mutter Vermehren als „Zeugin des Jahrhunderts" 2002 im Gespräch mit Volker Kühn ihr großes „Mißtrauen gegenüber Leuten" zum Ausdruck, „die meinen, sie hätten die Welt im Griff" (dies gelte gerade auch für Wissenschaft und Forschung); solche hielte sie für „Lügner und Betrüger". „Wir haben die Welt nicht im Griff, wir haben uns ja selbst nicht im Griff." Die Weltgeschichte werde nicht in einem Aufblühen des Reiches Gottes „auf dieser Welt" enden; das verheißene Reich Gottes sei gerade nicht von dieser Welt. Aber: Für das Ende „dürfen wir Hoffnung haben, nicht weil wir so gut sind, sondern weil Gott gnädig ist."

Quellen

Nachlass: Bundesarchiv Koblenz BArch N 1801 (ca. 1970–2009) [zur Benutzung freigegeben ab 2025/2032].
Medien: Film: In jenen Tagen (Helmut Käutner 1946/47). – Audio CD: Isa Vermehren: Windstärke 12. Seemannslieder und Balladen (Edition Berliner Musenkinder), 2002. – „Ich bin nicht immer laut …" Vom Kabarett ins Kloster. Der lange Weg der Isa Vermehren. Ein Porträt von Volker Kühn, 2005. – Internet: Isa Vermehren: Es wahrhaben wollen. Gespräch mit Volker Kühn, in der Reihe: Zeugen des Jahrhunderts (ZDF 2002); URL: https://www.youtube.com/watch?v=GVHrvwwkKm4. – C. *Boeck* (Hg.), Selbstbewußt im Kloster. Nonnen sprechen über ihr Leben, München 1996.

Schriften

Reise durch den letzten Akt, Ein Bericht (10.2.44 bis 29.6.45), Hamburg 1946. – Neuausgaben u.d.T. Reise durch den letzten Akt. Ravensbrück, Buchenwald, Dachau: eine Frau berichtet, Reinbek 1979 u.ö. (zuletzt 2005). – Mutter Barat. Gestalt und Sendung der Stifterin des Sacré Coeur, Berlin 1966 (mit E. *Smith*); Sexualaufklärung und Sexualerziehung. Eine Diskussion (mit G. *Huber,* H. *Hunger* und G. *Schmidt*), Kevelaer 1968. – Christsein in einer Ordensgemeinschaft, Leutesdorf 1989 (= Deutsche Sendungen von Radio Vatikan. Aktuelle Schriften). – Führe sie zu Gott. Radio-Exerzitien 1991, Leutesdorf 1991 (= Deutsche Sendungen von Radio Vatikan. Aktuelle Schriften). – Blickpunkt Frau, Teil 1–6, Köln 1990 (mit I. *Dunkelberg*). – Mit brennendem Herzen. Morgenandachten, 1991. – Ehelosigkeit um des Himmelreiches willen – aktuell oder überholt? Eine Besinnung zum Thema Zölibat, 1992. – Gottesbotschaft an Maria, 1993. – Sühne für uns. Herz-Jesu-Verehrung noch aktuell?, 1993. – Chronik des Sacré Coeur. Deutsch-schwedische Ordensprovinz 1993, Köln 1993 (mit Ch. *Bardenhewer* und M. *Horatz*). – Hat Ravensbrück noch eine Botschaft für uns?, in: Katholische Bildung 94 (1993), S. 205–207. – Starke Frauen, 1994 (mit J. *Burggraf* und M. *Hohlmeier*). – Aufstand zum Leben. Wegbereitungen für Ostern, Freiburg/Brsg. 1996. – Der Christ heute auf der Suche nach seiner Identität, Köln 2000. – Das Licht in der Finsternis. Die bleibende Bedeutung des 20. Juli 1944. Persönliche Gedanken und Erinnerungen, Berlin 2006. – Der Mensch – das Kostbarste, 2008. – Tagebücher 1950–2009 in Auszügen, hrsg. und bearb. von H. *Böse,* Heimbach/Eifel 2017.

Literatur

V. *Kühn,* „Vermehren, Isa" in: Neue Deutsche Biographie 26 (2016), S. 763–765 (Online-Version: https://www.deutsche-biographie.de/pnd118768115.html#ndbcontent). – *Ders.,* „Ich bin nicht immer laut …". Isa Vermehren, das Mädchen mit der Knautschkommode, in: A.-C. *Rhode-Jüchtern* und M. *Kublitz-Kramer* (Hg.), Echolos. Klangwelten verfolgter Musikerinnen in der NS-Zeit, Bielefeld 2004, S. 95–107. – M. *Wegner,* Ein weites Herz. Die zwei Leben der Isa Vermehren, München 2003, ⁴2011.

Christopher Beckmann

HANS-JOCHEN VOGEL (1926–2020)

Mustert man die zahlreichen Nachrufe, die in den Tagen nach dem Tod Hans-Jochen Vogels am 26. Juli 2020 erschienen, so ist dort immer wieder von seinem ausgeprägten Pflichtbewusstsein, von gewaltigem Fleiß und von ungewöhnlicher Disziplin die Rede. Meist findet auch sein Hang zum Bürokratischen Erwähnung – man denke an die schon legendären Klarsichthüllen – und die Neigung zu einem Führungsstil mit durchaus autoritären Zügen. „Meister der Pflicht" nannte ihn der „Tagesspiegel", „Unerschütterlicher Parteisoldat" die „Tageszeitung" und den „Feuerwehrmann der SPD" der „Spiegel". Ebenso wurde aber auch betont, dass er zeitlebens „ein großer Kümmerer" war, von ausgeprägter Bescheidenheit und ein Mensch, für den sein christlicher Glaube Richtschnur des Handelns gewesen sei. Selten fehlte auch der Hinweis auf die ungewöhnliche Konstellation, dass sein jüngerer Bruder Bernhard jahrzehntelang ein prominenter CDU-Politiker war. Der damalige Bundestagspräsident Norbert Lammert bemerkte 2007, in „nachdynastischen Zeiten" habe „keine andere Familie mehr und länger herausragende politische Ämter besetzt". Und wohl kein Sozialdemokrat hatte über einen ähnlich langen Zeitraum so viele Positionen inne wie Hans-Jochen Vogel, der zwischen 1960 und 1991 Münchener Oberbürgermeister, bayerischer Landesvorsitzender und Spitzenkandidat der SPD, Bundesbau- und Bundesjustizminister, Regierender Bürgermeister von Berlin, Kanzlerkandidat, Fraktionsvorsitzender und Bundesvorsitzender seiner Partei war.

I

Hans-Jochen Vogel wurde am 3. Februar 1926 als erstes Kind von Hermann Vogel (1895–1975) und seiner Frau Caroline geb. Brinz (1895–1978) in Göttingen geboren, wo der Vater, ein Agrarwissenschaftler, zu diesem Zeitpunkt Assistent an der Universität war. Die Ehe der Eltern war konfessionsverschieden: der Vater war evangelisch, die Mutter, die, wie Hans-Jochen Vogels knapp sieben Jahre jüngerer Bruder Bernhard rückblickend meinte, wohl „die dominierende Rolle in der Familie spielte", war katholisch. Obwohl sie, wiederum Bernhard zufolge, „keine engagierte Kirchgängerin" war, vermittelte sie ihren Kindern ein katholisch geprägtes, nicht aber konfessionell verengtes Weltbild, während der Vater sich nicht zu Glaubensfragen äußerte. Nachdem Hermann Vogel einen Ruf auf den

Lehrstuhl für Viehzucht und Milchwirtschaft an die dortige Universität erhalten hatte, siedelte die Familie 1935 nach Gießen um. Obwohl er 1932 in die NSDAP und auch in die SS eingetreten war – die er 1936 auf eigenen Wunsch wieder verließ und die ihm „nicht genügende weltanschauliche Klarheit" attestierte – und sich bei der Umgestaltung der Universität im nationalsozialistischen Sinne offenbar aktiv betätigte, äußerte er sich nach übereinstimmender Erinnerung beider Söhne zu Hause zunehmend kritisch zu Hitler und seiner Politik. Hans-Jochen, der seit dem 10. Lebensjahr Mitglied des „Jungvolks" war und dort zuletzt den Rang eines Scharführers bekleidete, empfand es nach eigener Aussage als durchaus irritierend, dass der Vater, der sonst eine selbstverständliche staatsloyale Haltung vertrat und vermittelte und dem Staat obendrein als Beamter diente, sich kritisch über die Staatsführung äußerte. Auch tat die nationalsozialistische Indoktrination in den Schulen und in der Hitlerjugend bei Hans-Jochen ihre Wirkung. Die Vorstellung, „man dürfe oder man müsse sogar dem Staat Widerstand leisten – und das zudem bei Kriegszeiten", habe damals außerhalb des für ihn Denkbaren gelegen. Nach dem Krieg hatte übrigens der Vater aufgrund seiner früheren NSDAP-Nähe eine zwanzigmonatige Internierung zu erdulden und konnte auch nicht an die Hochschule zurückkehren.

Nach dem im März 1943 am Landgraf-Ludwig-Gymnasium abgelegten Abitur nahm Hans-Jochen Vogel zum Sommersemester desselben Jahres ein Studium der Rechtswissenschaften an der Ludwig-Maximilians-Universität in München auf. Im Juli 1943 meldete er sich freiwillig zur Wehrmacht, um dem intensiven Werben der Waffen-SS zu entgehen. Er wurde in Italien eingesetzt und geriet nach zweimaliger Verwundung Ende April 1945 in amerikanische Kriegsgefangenschaft, aus der er aber schon wenige Wochen später nach Hause entlassen wurde. Nach eigenem Bekunden erfuhr er erst jetzt von den Gräueltaten des Regimes und dem Holocaust.

Ab dem Wintersemester 1946/47 setzte Vogel sein Studium in Marburg fort. Schon 1948 legte er das erste Staatsexamen ab, 1951 folgte das zweite, beide Male mit hervorragenden Noten. Zwischen den Examina promovierte er 1950 an der Universität Marburg mit magna cum laude zum Dr. jur. 1952 trat er als Assessor in das Bayerische Staatsministerium der Justiz ein und wurde 1954 zum Amtsgerichtsrat in Traunstein ernannt. Von 1955 bis 1958 war er als Justizbeamter in der Bayerischen Staatskanzlei tätig. Dass er als Jurist in den Staatsdienst eintrat, entsprach wie schon das Studienfach familiären Traditionen. Das gilt auch für den Entschluss, dies – obwohl in Göttingen und Gießen aufgewachsen – in Bayern zu tun. Sowohl die väterliche als auch die mütterliche Linie der Familie war eng mit München verbunden, wohin die Eltern mit dem jüngeren Bruder dann auch 1949 umzogen.

Sicher nicht in die Wiege gelegt worden war Hans-Jochen Vogel, dass er sich politisch der SPD anschloss. Überzeugt, angesichts der vorangegangenen Katastrophe zum Einsatz für das Gemeinwesen verpflichtet zu sein, prüfte er nach seiner Rückkehr aus dem Krieg Programme und Personal der politischen Parteien und entschied 1950, den Sozialdemokraten beizutreten. Dazu trug nach eigenem Bekunden bei, dass er im Mai 1949 den SPD-Vorsitzenden Kurt Schumacher bei einer Wahlkampfveranstaltung in Rosenheim erlebt hatte. Dieser habe persönlich „eine Aura absoluter Glaubwürdigkeit" gehabt und seine Überzeugung, dass die SPD eine „positive Staatstheorie" haben müsse, habe ihn ebenso überzeugt, der Partei beizutreten wie weitere Persönlichkeiten, etwa der bayerische SPD-Vorsitzende Waldemar von Knoeringen, der zeitweilige Ministerpräsident Wilhelm Hoegner oder der Münchner Oberbürgermeister Thomas Wimmer. Dass Schumacher zudem einen ausgeprägten, auch von nationalistischen Tönen nicht immer freien Patriotismus mit Verständnis für den missbrauchten Idealismus von Vogels HJ-Generation verband, dürfte ebenfalls eine Rolle gespielt haben.

In der von den Sozialdemokraten unter Thomas Wimmer dominierten Münchner Stadtverwaltung wurde Hans-Jochen Vogel 1958 Leiter des Rechtsreferats. Die Wahl zum Oberbürgermeister zwei Jahre später – Vogel erhielt bei den Kommunalwahlen am 27. März 1960 64,2 Prozent der Stimmen – bedeutete seinen Einstieg in die Karriere als Berufspolitiker.

II

In der Regel kann man davon ausgehen, dass Politikerinnen und Politiker den Höhepunkt ihres Einflusses und damit ihrer Gestaltungsmöglichkeiten zu einem fortgeschrittenen Zeitpunkt ihrer Karriere erreichen, nach Jahren der vielzitierten „Ochsentour" in einer Partei und/oder der Kommunalpolitik. Bei Hans-Jochen Vogel war das in gewisser Weise anders: Er erreichte den wohl größten Handlungs- und Gestaltungsspielraum in vergleichsweise jungen Jahren in seinem ersten politischen Amt als Münchener Oberbürgermeister. Dies hing mit der bayerischen Gemeindeordnung zusammen, die dem Amtsinhaber eine sehr starke Position einräumte und diesen – anders als zur gleichen Zeit etwa in Nordrhein-Westfalen – zur zentralen Figur der Stadtverwaltung machte. Als er 1960 gewählt wurde, war Hans-Jochen Vogel mit 34 Jahren das jüngste Oberhaupt einer europäischen Großstadt überhaupt. In seiner Amtszeit reorganisierte er die Stadtverwaltung und ließ einen Stadtentwicklungsplan entwerfen, der die städtebauliche und verkehrsmäßige Ordnung Münchens für die kommenden 30 Jahre anvisierte. Hierzu gehörten die Schaffung eines ausgedehnten Fußgängerbereichs im Münchner Zentrum, der nach seinem Urteil die Lebensqualität in der Stadt „fühlbar erhöht" habe, sowie die Planung eines leistungsfähigen öffentlichen Personennahverkehrs durch den Aufbau eines S- und U-Bahn-Netzes in der bayerischen Landeshauptstadt. Für bundesweite Aufmerksamkeit sorgte die vom Präsidenten des Nationalen Olympischen Komitees (NOK),

Willi Daume, vorgeschlagene Bewerbung Münchens um die Olympischen Sommerspiele 1972. Vogel nahm den Plan auf – und verfolgte ihn mit der ihm eigenen Beharrlichkeit –, als nach entsprechenden Sondierungen sowohl das Land Bayern als auch die Bundesregierung ihre Beteiligung an der Finanzierung zusagten. Auf der entscheidenden Tagung des Internationalen Olympischen Komitees (IOC) in Rom 1966 setzte sich München schließlich gegen die Mitbewerber Detroit, Madrid und Toronto durch. Dementsprechend war Vogel von 1966 bis 1972 Vizepräsident der Olympia-Baugesellschaft und Vizepräsident des Organisationskomitees für die Olympischen Sommerspiele 1972.

Die Münchnerinnen und Münchner honorierten Vogels Arbeit eindrucksvoll: Als der gestaltungsfreudige und durchsetzungsstarke „Karajan der Kommunalpolitik", wie er in der Presse bisweilen tituliert wurde, am 13. März 1966 zur Wiederwahl antrat, wurde er mit sagenhaften 78 Prozent der Stimmen bestätigt. Dennoch gestaltete sich seine zweite Amtszeit weitaus unerfreulicher, was vor allem innerparteiliche Gründe hatte. Beginnend in der zweiten Hälfte der 1960er Jahre kam es, parallel zum Aufkommen der Protestbewegung unter Studierenden und Jugendlichen, die auch in der bayerischen Landeshauptstadt zu teilweise gewalttätigen Konfrontationen mit der Polizei führte, besonders in der Münchener SPD zu heftigen und langanhaltenden Auseinandersetzungen, die Peter Glotz als „Kultur- und Klassenkämpfe" bezeichnete. Hierbei prallten viel stärker als anderswo ältere Angehörige der traditionellen Arbeitnehmerschaft und weit links orientierte, von der APO beeinflusste junge Bildungsbürger, deren Ziele zum großen Teil und deren Politikverständnis und Habitus vollkommen inkongruent waren, nahezu ohne vermittelnde Instanz aufeinander. In den zunehmend unversöhnlich geführten Debatten, in denen Vogel seitens der Jusos und der Parteilinken in heftiger, nicht selten auch herabwürdigender Weise angegriffen wurde, zahlte er mit gleicher Münze zurück, zeigte ebenfalls keine Kompromissbereitschaft und warf seinen Kontrahenten vor, sie wollten eine „Reideologisierung der Partei im marxistisch-leninistischen Stil". Anders als in den 1980er Jahren auf Bundesebene agierte er nicht integrierend, sondern wie seine Gegner polarisierend. Unter dem Eindruck der heftigen Angriffe und der im Unterbezirk München zunehmend tonangebenden Parteilinken zog er im Februar 1971 die Zusage, im folgenden Jahr ein drittes Mal für das Amt des Oberbürgermeisters zu kandidieren, zurück. Niemand könne von ihm verlangen, „daß ich mich als Aushängeschild für Kräfte benutzen lasse, deren Weg ich für verderblich halte" (Stuttgarter Zeitung, 19. Februar 1972). In seinem pünktlich zum Ende seiner Amtszeit unter dem Titel „Die Amtskette" erscheinenden „Erlebnisbericht" über die 12 Jahre als Oberbürgermeister rechnete er die Erlebnisse in Vorstandssitzungen und auf Unterbezirksparteitagen, in denen ihm zum Teil „offene[r] Hass" entgegengeschlagen sei, „zu den unerfreulichsten und bedrückendsten Erfahrungen meines Lebens". Mit dem Abstand von rund 40 Jahren zeigte Vogel sich dann zumindest ansatzweise auch selbstkritisch. Zwar würde er die seinerzeitigen Positionen inhaltlich „genau wieder so vertreten", allerdings mit mehr Gelassenheit. Und an die damaligen Kontrahenten in der eigenen Partei, aber auch an die „68er", mit denen er manchen Strauß ausgefochten hatte, dachte er nun mit einer gewissen Milde zurück und konzedierte, sie hätten „auf ihre Art" zur Bewältigung des Reformstaus Mitte/Ende der 1960er Jahre beigetragen. Wiederholt konnte er sich aber die Bemerkung nicht verkneifen, dass der vielzitierte „Marsch durch die Institutionen" damaliger linker Protagonisten „in nicht wenigen Fällen die Marschierer doch stärker verändert hat als die Institutionen".

III

Nachdem er kurz mit dem Ende seiner politischen Laufbahn und dem Wechsel in einen „anständigen" Beruf als Rechtsanwalt geliebäugelt hatte – wovon ihn neben anderen Willy Brandt abbrachte – wechselte Hans-Jochen Vogel Ende 1972 als Bundesminister für Raumordnung, Bauwesen und Städtebau nach Bonn. Im Mai 1974 wurde er – nach einer herben Niederlage als Landesvorsitzender und Spitzenkandidat seiner Partei bei den bayrischen Landtagswahlen – Bundesminister der Justiz im Kabinett von Helmut Schmidt. Besonders zwei Probleme sorgten in diesen Jahren für intensive und kontroverse Diskussionen auch auf dem Feld der Rechtspolitik: die Frage der gesetzlichen Neuregelung des Schwangerschaftsabbruchs und die Reform des Ehescheidungsrechts. Die von der sozialliberalen Koalition im April 1974 beschlossene Fristenregelung, die in den ersten drei Schwangerschaftsmonaten eine Abtreibung ohne Angaben von Gründen erlaubte, scheiterte an einer von der CDU/CSU-Bundestagsfraktion und mehreren unionsgeführten Ländern erhobenen Klage vor dem Bundesverfassungsgericht. In der Folge einigte man sich auf ein Indikationsmodell, das neben der medizinischen und ethischen auch eine soziale Indikation für ansonsten weiterhin strafbewehrte Schwangerschaftsabbrüche enthielt. Vogel selbst betonte später, für ihn habe die Schutzbedürftigkeit auch des ungeborenen Lebens nie in Frage gestanden. Ihm leuchte aber auch ein, dass angesichts der unauflösbaren Verbindung zwischen dem Leben der Mutter und dem Leben des noch nicht geborenen Kindes das Strafrecht kaum das geeignete Mittel zur Lösung des Konflikts sein könne. Letztlich bleibe niemand, der an einer derartige Fragen betreffenden Entscheidung mitzuwirken habe, „gänzlich frei von Schuld, zumindest aber von dem Gefühl, vielleicht doch etwas versäumt oder nicht bedacht zu haben", auch bei sorgfältigster Abwägung. Allerdings vermochte auch er es nicht, in seiner Partei eine intensive, neben dem Selbstbestimmungsrecht der Frau auch das Recht des ungeborenen Lebens abwägende ethische Diskussion in Gang zu bringen.

Bei der Reform des Ehescheidungsrechts wurde das bis dahin vorherrschende Leitbild der Hausfrauenehe durch das der partnerschaftlichen Ehe ersetzt. Im Falle einer Scheidung galt nun das Zerrüttungsprinzip; auf eine individuelle Schuldfeststellung für das Scheitern einer Ehe wurde fortan verzichtet. Damit einhergehend wurde ein Anspruch auf Versorgungsausgleich für geschiedene Frauen eingeführt, wenn diese nach der Eheschließung ihren Beruf aufgegeben hatten. Dies trug dem Justizminister nach eigenem Bekunden gelegentlich auch Kritik von sich eigentlich reformfreudig gebenden männlichen Parteigenossen ein, sofern sie selbst von einer Scheidung betroffen waren.

Die Präsidentin des Bundesverfassungsgerichts, Vogels Parteifreundin Jutta Limbach, meinte 1996 resümierend, in dessen Zeit als Bundesjustizminister habe die Bundesrepublik „eine hohe Zeit der Rechtspolitik" erlebt. Er selbst nahm für sich in Anspruch, dass in seiner Amtszeit die Rechtspolitik eine zentrale Rolle dabei gespielt habe, „Verkrustungen zu überwinden und den Werten, auf denen das Grundgesetz beruht, im Recht stärker Geltung zu verschaffen". Als Beispiele nannte er neben dem Abtreibungs- und Scheidungsrecht Maßnahmen zur Bekämpfung der Wirtschafts- und Umweltkriminalität, Verbesserungen im Mietrecht und im Verbraucherschutz sowie die Reformen des Strafvollzugs.

Obwohl Vogel gelegentlich kritisch anmerkte, Politiker stünden in der Gefahr, sich in der Umtriebigkeit und Hektik des politischen Geschäfts permanent selbst physisch und psychisch zu überfordern und in einen „suchtähnlichen Zustand" zu geraten, absolvierte er als Minister und während seiner gesamten politischen Laufbahn ein geradezu furchterregendes Arbeitspensum, das seine Mitarbeiter nicht selten zu überfordern drohte. Erschwerend kam hinzu, dass er bei nicht zügig oder gut genug ausgeführten Arbeitsaufträgen höchst unwirsch zu reagieren pflegte und alles andere als ein einfacher Chef war. Hans Wrobel, damals Referent im Bundesjustizministerium und später Senatsrat in Bremen, erinnerte sich, die Arbeitskraft und der Fleiß des Ministers seien „vorbildlich und unerreichbar in einem" gewesen. Den Juristen Vogel bei der Arbeit zu beobachten, sei ein „intellektuelle[s] Vergnügen", sein Verhältnis zu den Mitarbeitern allerdings „gepanzert distanziert" gewesen.

Qua Amt war Vogel angesichts der Mitte der 1970er Jahre wachsenden Bedrohung durch den Linksterrorismus besonders gefordert. Schon nach dem Attentat auf die israelische Olympia-Mannschaft 1972 in München hatte er als Vize-Chef des Organisationskomitees die Särge der ermordeten Sportler nach Israel begleitet. Die dramatischen Wochen der Entführung und Ermordung des Arbeitgeberpräsidenten Hans-Martin Schleyer und der Ereignisse um die Entführung der Lufthansa-Maschine „Landshut", als er dem nahezu in Permanenz tagenden Krisenstab im Kanzleramt angehörte, nannte er rückblickend „die schwierigsten Wochen in meinem politischen Leben". Vogel wandte sich vehement gegen jede Aufweichung rechtsstaatlicher Prinzipien im Kampf gegen den Terrorismus, lehnte aber ebenso vehement jedes Entgegenkommen oder gar ein Eingehen auf die Forderung nach Freilassung der inhaftierten Führungskader der „Rote-Armee-Fraktion" (RAF) ab. Nicht nur dürfe der Staat sich nicht erpressen lassen; die freigelassenen Terroristen würden ja außerdem nicht in den „Ruhestand" gehen, sondern erwartbar neue schwere Straftaten bis hin zum Mord verüben.

Als trost- und hilfreich, auch als entlastend, empfand Hans-Jochen Vogel in jenen Wochen den Glauben an Gott, an eine höhere Instanz „jenseits allen menschlichen Bemühens und jenseits aller menschlichen Fehlsamkeit". Tatsächlich machte er nie einen Hehl daraus, dass er gläubiger Christ und praktizierender, wenngleich nach Scheidung und Wiederverheiratung in seinem kirchenrechtlichen Status eingeschränkter Katholik war – übrigens der erste an der Spitze der SPD – und sein politisches und gesellschaftliches Engagement aus seinem Christsein ableitete. Der Münchener Erzbischof Reinhard Kardinal Marx charakterisierte Hans-Jochen Vogel postum als einen Menschen und Politiker, der sein „Katholisch-Sein und seine damit verbundenen moralischen Grundsätze öffentlich bekannte und lebte". Den Glauben an einen persönlichen Gott bezeichnete Vogel wiederholt als den „archimedischen Punkt" seines Lebens. Das Gebot der Nächstenliebe sei nichts Abstraktes, sondern eine nach wie vor gültige Aufforderung zum Handeln. Christsein müsse sich im konkreten und solidarischen Handeln zeigen „und nicht in einer weltabgeschiedenen Innerlichkeit". Vogel investierte einiges in das Bemühen, zu einer Annäherung zwischen seiner Partei und der katholischen Kirche beizutragen. Tatsächlich nahm eine solche Annäherung seit Mitte der 1960er Jahre an Fahrt auf, nachdem der Katholizismus zuvor lange Zeit „eine Expansionsgrenze für die SPD" (Lösche/Walter) gewesen war.

IV

Nach dem Sturz der Regierung von Helmut Schmidt durch ein konstruktives Misstrauensvotum und dem Amtsantritt der christlich-liberalen Koalition unter dem neuen Bundeskanzler Helmut Kohl am 1. Oktober 1982 wuchs Hans-Jochen Vogel in die Rolle des Oppositionsführers hinein. Dem ging ein vergleichsweise kurzes Intermezzo in Berlin voraus. Als die dortige SPD einen Nachfolger für den nach diversen Affären und einer gescheiterten Regierungsumbildung am 15. Januar 1981 zurückgetretenen Regierenden Bürgermeisters Dietrich Stobbe suchte, erklärte sich Vogel nach kurzem Überlegen zum Wechsel an die Spree bereit. Am 22. Januar 1981 schied er aus der Bundesregierung aus und wurde am folgenden Tag zum neuen

Regierenden Bürgermeister von Berlin gewählt. Ausschlaggebend war der Gedanke, dass man nicht immer nur von „Solidarität" mit Berlin reden dürfe, sondern zum gegebenen Zweitpunkt auch entsprechend handeln müsse. Außerdem habe ihn die Möglichkeit zur „Rückkehr in die Kommunalpolitik" gereizt. Hans-Jochen Vogel ist damit der einzige Politiker in Deutschland, der an der Spitze von zwei verschiedenen Millionenstädten gestanden hat – eine nicht uninteressante Parallele zu seinem Bruder Bernhard, der als Einziger Ministerpräsident in zwei Ländern war.

Vogel versuchte nicht ohne Erfolg, die doch recht demoralisierte Berliner SPD wieder aufzurichten, hatte aber gegen seinen Gegenkandidaten von der CDU, den späteren Bundespräsidenten Richard von Weizsäcker, nicht wirklich eine Chance. Nach der Niederlage bei den vorgezogenen Neuwahlen zum Berliner Abgeordnetenhaus am 10. Mai 1981 und nur fünfmonatiger Amtszeit als Regierender Bürgermeister fand sich Vogel „erstmals in meinem politischen Leben" auf den harten Bänken der Opposition wieder – ein Zustand, der nun bis zum Ende seiner politischen Laufbahn anhalten sollte, wenn auch schon bald wieder in Bonn.

Zum Ende der seit 1969 amtierenden sozialliberalen Regierungskoalition, die im Herbst 1982 zerbrachen, befand sich die SPD, die nicht nur über die Frage der Umsetzung des von Bundeskanzler Helmut Schmidt initiierten NATO-Doppelbeschlusses, die auch Hans-Jochen Vogel zunehmend kritisch sah, zerstritten war, in einem Zustand der Zerrissenheit, zumal ihr linker Flügel generell Neigungen gezeigt hatte, auch unter einem Kanzler aus den eigenen Reihen sozialdemokratische Oppositionspolitik zu betreiben. Mit der Nominierung Vogels zum Kanzlerkandidaten verband sich die Hoffnung, dass er, der inzwischen „innerparteilich ausgesprochen integrative Positionen vertrat" (Bernd Faulenbach), die SPD einen und geschlossen in den Wahlkampf führen könne. Auch in die eigentlich aussichtslose neue Aufgabe stürzte sich Vogel mit gewohntem Elan und absolvierte nach dem Urteil des journalistischen Urgesteins Hans-Ulrich Kempski ein Programm wie kein anderer Kanzlerkandidat vor ihm. Auch seine Mitstreiter wurden nicht geschont – der ehemalige Verteidigungsminister Hans Apel etwa notierte in seinem Tagebuch, man werde behandelt „wie Knechte".

Die – erwartete – Niederlage wurde Vogel innerparteilich nicht angelastet, zumal nach 13 Jahren in der Regierung und manchen Zumutungen für die Parteiseele während der Kanzlerschaft Helmut Schmidts nicht wenigen in der SPD der Gang in die Opposition als der kommodere und der eigenen Regeneration dienlichere Weg erschien. Es war daher in der nunmehrigen Oppositionsfraktion nahezu unumstritten, dass Vogel nach dem klaren Sieg der neuen Regierungskoalition bei den Bundestagswahlen am 6. März 1983 die Rolle des Fraktionsvorsitzenden und damit des Oppositionsführers übernehmen würde. Er verordnete der Fraktion einen strengen Sitzungsplan mit akribischen Tagesordnungen sowie eine neue Arbeitsstruktur mit klaren Zuständigkeiten und Verantwortlichkeiten. Dieses „Dezernententum" mit peinlich genau eingehaltenen Hierarchien und Dienstwegen und strikter Kontrolle der Erfüllung von Aufgaben wurde auch aus den eigenen Reihen bisweilen bespöttelt und durchaus als leidvoll erfahren. Selbst eine gegenüber dem neuen Fraktionsvorsitzenden eher kritisch eingestellte SPD-Politikerin wie Anke Fuchs räumte aber ein, dass die von Vogel implementierte Vorgehensweise „als Arbeitstherapie für eine nach der Wende 1982 frustrierte Fraktion hervorragend funktionierte". Allerdings, so Fuchs weiter, habe diese Methode, die Vogel, nachdem er 1987 auch noch den Vorsitz der SPD übernommen hatte, auch auf die Parteiarbeit übertrug, sich dort als weniger tauglich erwiesen. Die Partei hätte, so Fuchs, die als Bundesgeschäftsführerin (1987–1991) eine exzellente Kennerin der Materie war, eher mehr Freiheit, mehr Kreativität, mehr Mut zur Utopie, kurz: den „lockeren Zügel" gebraucht.

Mit der Übernahme des Amtes vom wegen innerparteilicher Querelen am 23. März 1987 unerwartet zurückgetretenen Willy Brandt wurde Hans-Jochen Vogel der zu diesem Zeitpunkt erst vierte Nachkriegsvorsitzende der Sozialdemokraten. Durch die deutsche Vereinigung wurde er drei Jahre später zugleich erster Vorsitzender der nun wieder gesamtdeutschen SPD. Seine ziemlich exakt vier Jahre im Parteivorsitz nehmen sich angesichts der Amtszeiten seiner Vorgänger eher bescheiden aus, stellen aber im Vergleich zur Zeit danach, als der Vorsitz fast im zweijährigen Rhythmus wechselte, einen durchaus beachtlichen Zeitraum dar. Inhaltlich näherte sich die SPD in dieser Zeit Positionen der seit Anfang der 1980er Jahre stark an Zustimmung gewinnenden Neuen Sozialen Bewegungen an, aus denen die Grünen hervorgegangen waren. Deren erstmaliger Einzug in den Deutschen Bundestag 1983 veränderte das bundesdeutsche Parteiensystem deutlich und – wie sich zeigen sollte – nachhaltig und stellte zunächst vor allem für die Sozialdemokraten eine beträchtliche Herausforderung dar. Neben der nunmehr ablehnenden Haltung zur Nachrüstung galt diese Neuorientierung auch für eine immer skeptischere Position gegenüber der in den 1960er Jahren von der Partei als Verkörperung des modernen Lebens geradezu euphorisch begrüßten und geforderten zivilen Nutzung der Kernenergie. Tatsächlich wurde nach dem Urteil von Bernd Faulenbach in der SPD der 1980er Jahre eine „skeptische Haltung gegenüber den Großtechnologien [...] zeitweilig geradezu vorherrschend". SPD-Bundesgeschäftsführer Peter Glotz attestierte Teilen seiner Partei 1984 gar einen „säuerlichen Antimodernismus". Das galt tendenziell auch für Hans-Jochen Vogel persönlich, der in seiner Münchener Zeit vielen als Inbegriff des Modernisierers gegolten hatte. Während etwa sein Bruder Bernhard als Ministerpräsident von Rheinland-Pfalz zu den Vorreitern einer Erweiterung der Medienlandschaft durch Zulassung privater Fernsehsender als zweiter Säule neben den Öffentlich-Rechtlichen gehörte, gab er sich hier höchst skeptisch und besorgt. „Ich

251

kann mir nichts Gefährlicheres für die Familien vorstellen" wurde er schon im Oktober 1979 im „Spiegel" zitiert, eine Haltung, die er auch im Bundestagswahlkampf 1983 beibehielt.

Als einzige bedeutende innerparteiliche Reform fiel in Vogels Zeit die von ihm entschlossen vorangetriebene Einführung einer – zunächst bemerkenswerterweise gerade von jüngeren Sozialdemokratinnen mit Skepsis betrachteten – Frauenquote. Auf dem Parteitag in Münster 1988 wurde beschlossen, dass zukünftig Männer und Frauen zu je mindestens 40 Prozent in allen Gremien und Wahllisten der Partei vertreten sein mussten. Dass der betreffende Antrag zur Änderung des Parteistatuts die erforderliche 2/3-Mehrheit erhielt, lag auch daran, dass der Vorsitzende sich mit vollem Einsatz hinter ihn stellte und massiv für seine Annahme warb. In der Folge änderte sich die Geschlechterstruktur der SPD erheblich, die Partei gewann deutlich an Sympathie bei den Wählerinnen.

Besonders stark gefordert waren Vogels integrative Fähigkeiten angesichts der Haltung von Teilen der SPD zur Frage der deutschen Wiedervereinigung. Sie traten auch auf dem Programmparteitag in Berlin im Dezember 1989 zutage mit den Protagonisten Willy Brandt auf der einen und Kanzlerkandidat Oskar Lafontaine auf der anderen Seite, der dem immer mehr Fahrt aufnehmenden Einigungsprozess kritisch gegenüberstand, ohne realitätstaugliche Alternativen formulieren zu können. Nur mit einiger Mühe und großem Einsatz vermochte Vogel, der in der Sache auf Seiten Willy Brandts stand, in Vorstand und Parteirat eine Resolution durchzusetzen, die die staatliche Vereinigung von Bundesrepublik und DDR zum Ziel sozialdemokratischer Politik erklärte. Er räumte außerdem in seinen „Nachsichten" von 1996 ein, dass ihm die innerparteilichen Auseinandersetzungen um die Wirtschafts-, Währungs- und Sozialunion mit der DDR und die kritische Haltung des Kanzlerkandidaten Oskar Lafontaine dazu bisweilen das Gefühl vermittelt hätten, „mich an der Grenze meiner Selbstachtung zu bewegen". Die Organisierung der – zumindest überwiegenden – Zustimmung seiner Partei zu diesem in seinen Augen alternativlosen Schritt sei „eine der schwierigsten Operationen meiner Vorsitzendenzeit" gewesen. Er habe dafür sorgen müssen, „daß die Partei nicht von der Dynamik überrollt wurde und auf dem Wege zur deutschen Einheit in zwei sich befehdende Lager zerfiel". Dies sei auch der Grund für ihn gewesen, Lafontaine im Bundestagswahlkampf 1990 „bis an den Rand der Selbstverleugnung" zu unterstützen. Solche und ähnliche Bemerkungen lassen erkennen, wie aufreibend das ständige Bemühen um innerparteilichen Ausgleich war, zu dem Vogel seine Ämter als Partei- und Fraktionsvorsitzender zwangen. Dass dies einigermaßen gelang und er es vermochte, die vielen internen Konflikte der SPD wenn nicht zu lösen, so doch unter Kontrolle zu halten, war durchaus eine beachtliche Leistung, ungeachtet der zitierten Kritik von Anke Fuchs. Und auch ganz erfolglos war die SPD unter seiner Führung keineswegs:

War man – bezogen auf die Länder der alten Bundesrepublik – beim Ausscheiden Willy Brandts aus dem Parteivorsitz nur an vier Landesregierungen beteiligt gewesen, so hatte sich diese Zahl verdoppelt, als Vogel 1991 den Staffelstab an Björn Engholm weitergab.

Hans-Jochen Vogel wehrte sich später wiederholt gegen Vorwürfe, die SPD habe im Laufe der 1980er Jahre das Ziel der Wiedervereinigung aus den Augen verloren und sei der SED zu weit entgegengekommen. Unter anderem verteidigte er das SED/SPD-Dialogpapier „Der Streit der Ideologien und die gemeinsame Sicherheit" aus dem Jahre 1987, in dem sich beide Seiten wechselseitig Reformfähigkeit bescheinigten und das auch unter Sozialdemokraten deutliche Kritik auslöste. Immerhin sei es, so Vogel rückblickend, der Opposition in der DDR „eine wichtige Hilfe" gewesen. Auch Erhard Eppler, damals Vorsitzender der Grundwertekommission der SPD und Leiter der Delegation bei den Diskussionen mit SED-Vertretern, nahm für das „Dialogpapier" in Anspruch, dass sich in den Diskussionen darüber innerhalb der SED „zum ersten Mal deutlich die Reformer von den Betonköpfen geschieden" hätten und es insofern „seine Funktion für den Umbruch von 1989 gehabt" habe. Indes lag dies seinerzeit erklärtermaßen gar nicht in der Absicht der Beteiligten, betrachteten doch nicht wenige Sozialdemokraten die Erschütterung des Status quo als „den Gefahrenherd für die Auslösung eines Atomkriegs schlechthin" (Franz Walter 2007 im „Spiegel"). Eppler räumte 1996 selbstkritisch ein, er könne mittlerweile das Unverständnis nachvollziehen, „dass wir den Kommunismus allen Ernstes für reformfähig gehalten haben". Und Hans-Jochen Vogel schrieb in einem erstmals 2007 erschienenen, gemeinsam mit seinem Bruder verfassten Buch, er müsse die Kritik daran, dass die SPD-geführten Länder 1988 die Finanzierung der Zentralen Erfassungsstelle für DDR-Unrecht aufgekündigt haben, „aus heutiger Sicht akzeptieren", bestritt aber, dass seine Partei sich mit der Zweistaatlichkeit abgefunden und einen zu nahen Umgang mit der SED gepflegt habe. Dass die SPD, in der letztlich unbegründeten Sorge um die Zukunft der Entspannungspolitik und die deutsch-deutschen Beziehungen, nach dem Gang in die Opposition gegenüber dem Ostblock und der DDR eine regelrechte und zumindest in Teilen nicht unproblematische „Neben-Außenpolitik" betrieb, wird allerdings auch von ihr nahestehenden Historikern nicht bestritten.

V

Nach seinem Ausscheiden aus dem Deutschen Bundestag und der aktiven Politik 1994 blieb Hans-Jochen Vogel, wie von seinen politischen Freunden und Konkurrenten nicht anders erwartet, weiterhin engagiert. Nicht nur war er ein begehrter Interviewpartner und als solcher öffentlich präsent: Als

Mitgründer und erster Vorsitzender (1993 bis 2000) des Vereins Gegen Vergessen – Für Demokratie e.V. setzte er sich nachdrücklich dafür ein, die Erinnerung an die Terrorherrschaft des Nationalsozialismus wachzuhalten. Erinnerung bedeute, so erklärte Vogel, Gotthold Ephraim Lessing zitierend, bei der Gründungsveranstaltung des Vereins, „nicht das Gedächtnis zu belasten, sondern den Verstand zu erleuchten". Die Beschäftigung mit der Geschichte böte unverzichtbare Orientierung für die Gegenwart, weshalb „keine Phase der eigenen Geschichte" ausgeblendet werden dürfe. Daher gelte es, auch die Auseinandersetzung mit der DDR als zweiter, wenngleich weitaus weniger mörderischen Diktatur auf deutschem Boden voranzutreiben.

Von 2001 bis 2005 gehörte Hans-Jochen Vogel für eine Amtszeit dem von der rot-grünen Bundesregierung geschaffenen Nationalen Ethikrat Deutschlands an.

Mit über 90 Jahren griff er noch einmal ein aktuelles und für die Sozialdemokratie sowie den gesellschaftlichen Zusammenhalt zentrales Thema auf, das ihn bereits ein halbes Jahrhundert zuvor in seiner Münchner Zeit beschäftigt hatte: Bodenrecht, Wohnungsbau und Mietenpolitik. 2019 legte er mit „Mehr Gerechtigkeit! Wir brauchen eine neue Bodenordnung – nur dann wird auch Wohnen wieder bezahlbar" eine Streitschrift vor, die dazu aufrief, den Boden als endliches Gut im Interesse des Gemeinwohls der reinen Marktlogik und der Gewinnmaximierung anstrebenden Spekulation zu entziehen. Dass Grund und Boden nach wie vor „den Marktregeln und eben nicht den Vorgaben des Allgemeinwohls" entsprechend behandelt würden, habe „zu schweren Fehlentwicklungen" und den allseits beklagten explodierenden Preisen geführt.

In seiner letzten Publikation schließlich, der Neuauflage des gemeinsam mit seinem Bruder verfassten Buches „Deutschland aus der Vogelperspektive", richtete Hans-Jochen Vogel, der seit Jahren an der Parkinson'schen Krankheit litt, kurz vor seinem Tod mit diesem einen eindringlichen Appell an die künftigen Generationen, nicht in Resignation, Kleinmut und Lethargie zu verfallen: „Habt Mut, Hoffnung und Gottvertrauen. Seid ins Gelingen verliebt! Engagiert Euch!"

Quellen

Der umfangreiche Nachlass Hans-Jochen Vogels wird im Archiv der sozialen Demokratie in der Friedrich-Ebert-Stiftung verwahrt.

Schriften (Auswahl)

Die Amtskette. Meine zwölf Münchner Jahre, München 1972. – Nachsichten. Meine Bonner und Berliner Jahre, München 1996. – Demokratie lebt auch vom Widerspruch, Zürich 2001. – Politik und Anstand – Warum wir ohne Werte nicht leben können. Im Gespräch mit Herbert Prantl, Freiburg i. Br. 2005. – Mit B. *Vogel*, Deutschland aus der Vogelperspektive. Eine kleine Geschichte der Bundesrepublik, Freiburg i. Br. 2007, durchgesehene und erweiterte Neuausgabe 2020. Eine derzeit 6.000 Titel umfassende Sammlung von unterschiedlichsten Publikationen Vogels sowie weitere Informationen sind abruf- und recherchierbar auf der Homepage der Friedrich-Ebert-Stiftung: http://library.fes.de/inhalt/digital/vogel/ (Abruf: 24.2.2022)

Literatur

P. *Glotz*, Anatomie einer politischen Partei in einer Millionenstadt. Über den Zusammenhang von Mitgliederstruktur und innerparteilicher Solidarität in der Münchener SPD 1968–1974, in: Aus Politik und Zeitgeschichte Bd. 41/1975, S. 15–37. – P. *Lösche* und F. *Walter*, Die SPD. Klassenpartei – Volkspartei – Quotenpartei. Zur Entwicklung der Sozialdemokratie von Weimar bis zur deutschen Vereinigung, Darmstadt 1992. – A. *Fuchs*, Mut zur Macht. Selbsterfahrung in der Politik, aktual. TB-Ausg, München 1993. – H. *Däubler-Gmelin*, H. *Schmidt* und J. *Schmude* (Hg.), Gestalten und Dienen. Fortschritt mit Vernunft. Festschrift zum 70. Geburtstag von Hans-Jochen Vogel, Baden-Baden 1996. – E. *Eppler*, Komplettes Stückwerk. Erfahrungen aus fünfzig Jahren Politik, Frankfurt a. M. 1996, S. 173–190. – H. *Becker*, Von der Nahrungssicherung zu Kolonialträumen: Die landwirtschaftlichen Institute im Dritten Reich, in: Die Universität Göttingen unter dem Nationalsozialismus, hg. von Dems., H.-J. *Dahms* und C. *Wegener*, München 1998, S.630–656. – R. *Reißig*, Dialog durch die Mauer. Die umstrittene Annäherung von SPD und SED. Mit einem Nachwort von Erhard Eppler, Frankfurt a. M. 2002. – A. *Gebauer*, Der Richtungsstreit in der SPD. Seeheimer Kreis und Neue Linke im innerparteilichen Machtkampf, Wiesbaden 2005. – D. F. *Sturm*, Uneinig in die Einheit. Die Sozialdemokratie und die Vereinigung Deutschlands 1989/90, Bonn 2006. – T. *Lütjen*, Hans-Jochen Vogel. Das Scheitern vor dem Aufstieg, in: Gescheiterte Kanzlerkandidaten: Von Kurt Schumacher bis Edmund Stoiber, hg. von D. *Forkmann* und S. *Richter*, Wiesbaden 2007, S. 236–260. – F. H. *Hettler* und A. *Sing* (Hg.), Die Münchner Oberbürgermeister. 200 Jahre gelebte Stadtgeschichte, München 2008. – F. *Walter*, Die SPD. Vom Proletariat zur Neuen Mitte, Berlin 2002 (Überarb. u. erw. TB-Ausg: Die SPD. Biographie einer Partei, Reinbek 2009). – M. *Reinhardt*, Hans-Jochen Vogel, in: Aufstieg und Krise der SPD. Flügel und Repräsentanten einer pluralistischen Volkspartei, hg. von Dems., Baden-Baden 2011, S. 203–232. – B. *Faulenbach*, Geschichte der SPD. Von den Anfängen bis zur Gegenwart, München 2012. – A. *Kruke* und M. *Woyke* (Hg.), Deutsche Sozialdemokratie in Bewegung. 1848–1863–2013, 2., verb. Aufl., Bonn 2013. – T. *Grunden*, M. *Janetzki* und J. *Salandi*, Die SPD. Anamnese einer Partei, Baden-Baden 2017.

Internet

N. *Lammert*, Laudatio bei der „Leibniz-Ring-Hannover"-Preisverleihung an Bernhard und Hans-Jochen Vogel am 27. November 2007 in Hannover, https://www.norbert-lammert.de/01-lammert/texte2.php?id=55; C. *Beckmann*, 27. August 1987: Gemeinsames Papier von SPD und SED: „Der Streit der Ideologien und die gemeinsame Sicherheit", https://www.kas.de/de/web/geschichte-der-cdu/kalender/kalender-detail/-/content/gemeinsames-papier-von-spd-und-sed-der-streit-der-ideologien-und-die-gemeinsame-sicherheit- (beide Abruf: 24.2.2022).

Christoph Kösters

JOHANNES ZINKE (1903-1968)

Am Freitag, den 5. Juni 1953 wurde der Verhandlungsbeauftragte der katholischen Kirche in der DDR, Monsignore Johannes Zinke, in Berlin-Karlshorst bei der Behörde des Hohen Kommissars der UdSSR vorstellig. In der Informationsabteilung überreichte er das geharnischte Schreiben, mit dem der Berliner Bischof Weskamm am 27. Mai bei DDR-Ministerpräsident Grotewohl gegen die Beschlagnahme und Enteignung der Caritas-Kinderheime Bad Saarow und Oebisfelde protestiert hatte. Abteilungsleiter Grenkow reagierte umgehend. Bereits am folgenden Tag – quasi zeitgleich mit jener Sitzung, in der das SED-Politbüro am 6. Juni auf sowjetischen Druck einen „Neuen Kurs" auch gegenüber den christlichen Kirchen beschloss – konnte Zinke persönlich Grenkow die kirchlichen Anliegen vortragen. Den von Grenkow erbetenen Sachstandsbericht reichte er am Montag, den 9. Juni nach.

Bereits zu Beginn der folgenden Woche erreichte ihn die Nachricht, dass die beschlagnahmten Kinderheime wieder zurückgegeben seien; am 17. Juni verhandelte er abseits der aufständischen Demonstrationen mit Justizminister Fechner über die Freilassung internierter Geistlicher; am folgenden Tag ließ Ministerpräsident Grotewohl „in persönlicher Rücksprache" wissen, dass der katholischen Kirche dieselben Erleichterungen zuteilwerden würden wie der evangelischen. Daraufhin stellte Zinke sowohl für den sowjetischen Hohen Kommissar in Karlshorst als auch für Ministerpräsident Grotewohl einen 17 Punkte umfassenden Katalog „zur Sicherung des kirchlichen Eigenlebens" zusammen und übergab ihn am 22. Juni. Darin war in Bogen eingeforderter Erleichterungen vom Religionsunterricht über Passierscheinfragen, die Wiederzulassung der Bahnhofsmission sowie die Lizenzierung von Kirchenbauten und Kirchenpresse bis zum Import von kirchlichen „Liebesgaben" und zur Neuregelung der Benzinzuteilung gespannt.

Zweifellos bedurfte es eines vorzüglichen Informationsnetzes, politischen Gespürs, großer Verhandlungserfahrung und persönlichen Mutes, um in der in diesen Tagen revolutionär-brodelnden Situation die Forderungen einer kleinen religiösen Minderheit bei den eigentlichen Machthabern in der DDR vorzubringen. In dem Bemühen, jenen tragfähigen modus vivendi auszuloten, der Spielräume kirchlich-caritativen Handelns eröffnete und damit konkrete Hilfe für die betroffenen Menschen ermöglichte, entfaltete sich Zinkes Fähigkeit, ein enormes Arbeitspensum zu bewältigen und obendrein mit der Gegenseite durch geduldiges Verhandeln Kompromisse zu schmieden. Dies bedingte auch, die mühsam erreichten Lösungen nicht durch die Frage nach der Kirchen- und Religionsfreiheit in der Diktatur zu gefährden. Die grundsätzliche Justierung des Staat-Kirche-Verhältnisses und die daraus jeweils resultierende, die Loyalitätsfrage tangierende kirchenpolitische Marschrichtung überließ er stets den in seinen Augen dafür allein verantwortlichen Bischöfen.

I

Zinke wurde am 18. November 1903 in Liegnitz (heute Legnica) geboren. Der geschichtsträchtige niederschlesische Herrschaftssitz verbreitete auch nach einhundert Jahren als preußische Regierungshauptstadt noch immer den Eindruck piastisch-böhmischen Traditionsbewusstseins. Die Katholiken, die sich in der am altstädtischen Kohlmarkt gelegenen katholischen St. Johannes-Kirche zur Heiligen Messe versammelten, bildeten in der Stadt eine beachtliche Minderheit von fast zwanzig Prozent. Zu ihnen zählten auch Zinkes aus dörflichen Verhältnissen Niederschlesiens stammende Eltern mit ihren vier Jungen. In einem unweit des großen Sägewerks in der Liegnitzer Vorstadt gelegenen eigenen Haus führte Vater Robert ein selbständiges Familienunternehmen, das Mitte der 1920er Jahre im städtischen Adressbuch als moderne „Bau- und Möbeltischlerei mit elektrischem Betrieb" herausstach. Die handwerklich-bürgerlichen Lebensverhältnisse mochten auch dazu beigetragen haben, dass der zehnjährige Johannes Ostern 1914 in die Sexta des staatlichen „Königlichen Gymnasiums Johanneum" aufgenommen werden konnte – dort, wo einst in der Ritterakademie der schlesische Adel beiderlei Konfession seine Söhne hatte erziehen lassen. Neun Jahre später schloss er erfolgreich die altsprachlich-humanistische Schulausbildung ab, in welcher der katholische Religionsunterricht nur ein Randphänomen bildete und die anderswo ausgeprägte Distanz gegenüber dem Protestantismus deshalb ohne tiefreichenden erzieherischen Einfluss blieb.

Wahrscheinlich noch im Herbst 1923 trat der 19-Jährige in das Breslauer „Fürstbischöfliche Theologische Konvikt" ein. Das 1895 von Georg Kardinal Kopp in unmittelbarer Nachbarschaft zum Dom eingeweihte neue große Studienhaus wurde seit Jahresbeginn von dem erfahrenen Religionslehrer und väterlichen Direktor Emanuel Tinschert geleitet. Die wenigen, vom Konviktsdirektor ausgewählten und verwahrten Nachweise über die Studienleistungen des Priesteramtskandidaten zeigen, dass dieser weniger theologisch als pädagogisch ambitioniert war. Während seines auswärtigen Studiensemesters 1925 in München hatte ihn Josef Goettler, einer der führenden katholischen Religionspädagogen der Zwischenkriegszeit, in sein Seminar aufgenommen; die Beschäftigung mit der Theorie der religiös-sittlichen Unterweisung hatte Zinke nach seiner Rückkehr durch praktische

Übungsveranstaltungen am Breslauer Provinzialschulkollegium vertieft. Dieses Interesse an einer ethischen Erziehung zur freien und selbstbestimmten Persönlichkeit war sehr durch die von Schlesien ausgehende Abstinenz- und Lebensreformbewegung „Quickborn" beeinflusst und entsprach keineswegs dem theologiestudentischen Mainstream. Es lässt den im April 1927 erreichten, „im Ganzen genügend" bestandenen Theologischen Konkurses in eigenem Licht erscheinen. Am 29. Januar 1928 empfing Zinke im Breslauer Dom durch Adolf Kardinal Bertram die Priesterweihe.

II

Westlich der Breslauer Altstadt erstreckte sich die Nicolai-Vorstadt. Nach sechs Jahren Seelsorge in der dortigen größten Stadtpfarrei wurde dem offenbar organisatorisch begabten jungen Geistlichen Ende 1934 durch Bertram vorübergehend die Administration der bedeutenden Pfarrei im oberschlesischen Neustadt übertragen. Dort hatte auch der bistumsweit bekannte Professor Alfred Hoffmann Zuflucht gefunden, der sich wie Zinke der Abstinenzbewegung verbunden wusste und den die Nationalsozialisten aus der noch jungen Pädagogischen Hochschule in Beuthen entfernt hatten. Bereits im August 1935 beorderte der Breslauer Erzbischof den aufstrebenden Kleriker allerdings zurück und übertrug ihm die Stelle des Kuratus an der Altstadtpfarrei St. Adalbert, die mit der Aufgabe des Diözesanpräses der Katholischen Gesellenvereine im Erzbistum verbunden war. Zinke trat damit an die Spitze eines der reichsweit bedeutendsten katholischen Berufs- und Sozialverbände.

Der 32-jährige Geistliche sah sich unmittelbar mit dem „Existenzkampf" der katholischen Gesellenvereine konfrontiert: Die Mitgliederzahlen und -beiträge brachen rapide ein, nachdem durch die Deutsche Arbeitsfront (DAF) nur noch die Mitgliedschaft in nationalsozialistischen Berufsorganisationen erlaubt und katholischen Jugendverbänden durch die Gestapo jede außerreligiöse Betätigung untersagt worden war. Die von der Kölner Zentrale aus angestrengten Bemühungen, durch Verhandlungen mit der DAF die zunehmend eingeengten Aktivitäten so weit wie möglich aufrechtzuerhalten, boten Zinke offenbar Spielraum, um entgegen der weitaus nachgiebigeren Haltung seines Erzbischofs die Gesellenvereine erfolgreich gegen die Eingliederungsbestrebungen der DAF zu verteidigen. Sein Verhandlungsgeschick konnte aber letztlich nicht verhindern, dass die Gestapo im März 1939 sämtliche Gesellenvereine im Regierungsbezirk Breslau verbot und ihr Vermögen beschlagnahmte.

Zinke war bereits am 1. Juli 1938 zum hauptamtlichen Diözesan-Caritasdirektor berufen worden. Die Entscheidung war wohl kaum ohne die aufmerksame Mitwirkung durch den Vorsitzenden des Breslauer Diözesancaritasverbandes, Domkapitular Ernst Lange, gefallen, der mit der Personalie vorläufig einen Schlusspunkt hinter den nach 1918 begonnenen, systematischen Auf- und Ausbau der Caritas im Erzbistum Breslau gesetzt hatte. Das bis zum Vorabend des Zweiten Weltkriegs entstandene, dicht geknüpfte Netz örtlicher Caritassekretariate suchte reichsweit seinesgleichen: Diese verknüpften die öffentliche Gesundheits- und Sozialfürsorge in den lokalen Gemeindestationen mit der Arbeit der Ordenskongregationen in Krankenhäusern, Kindergärten, Kinder- und Pflegeheimen und brachten die Caritas in die Seelsorge der Kirchengemeinden ein. Die hauptsächlich von professionell geschulten Frauen getragene Arbeit wurde durch den Breslauer Caritasdirektor zentral koordiniert – organisatorisch unterstützt von Regionalstellen in Oppeln und Hindenburg, der 1922 an der Katholisch-Theologischen Fakultät eingerichteten Professur für kirchliche Wohlfahrtspflege und der 1926 in Beuthen eröffneten Sozialen Frauenschule. Zinke bezog eine direkt an die noch jungen Geschäftsräume in der Domstraße 11/12 anschließende, gediegen ausgestattete Fünf-Zimmer-Wohnung, die nicht zuletzt ausreichend Platz für sein Arbeitszimmer samt einer ca. 4.000 Bände umfassenden Fachbibliothek bot. Mit einem vom Erzbistum gezahlten, der Obergruppe der preußischen Pfarrerbesoldung entsprechenden Gehalt war der junge Breslauer Caritasdirektor zehn Jahre nach seiner Priesterweihe in die Führungsriege der größten deutschen Diözese aufgestiegen und hatte seine Lebensaufgabe gefunden.

Der im September 1939 beginnende Zweite Weltkrieg sollte sämtliche Maßstäbe humanitären Handelns außer Kraft setzen und damit die Caritasarbeit im Polen benachbarten Breslauer Erzbistum vor nie gekannte Herausforderungen stellen. Innerhalb der kriegsmobilisierten NS-Gesellschaft galt es auch und gerade der Caritasführung als selbstverständliche vaterländische Pflicht, wie schon im Ersten Weltkrieg kirchliche Anstalten etwa zu Lazarettzwecken bereitzustellen. Zur ernsthaften Bedrohung wurden hingegen die Übergriffe jener NS-Behörden, die – von Himmler, Bormann und Goebbels angetrieben – unter dem Vorwand kriegsbedingter Notwendigkeit ohne Rechtsgrundlage Klöster und Anstalten beschlagnahmten. Zinke musste erleben, dass die Absprachen, die in seinem Beisein noch im September 1940 in Berlin mit den Spitzen der Volksdeutschen Mittelstelle (VoMi) getroffen worden waren, in Schlesien offenkundig keine Gültigkeit besaßen. Hier ließen die regionalen Vertreter jener für Umsiedlung deutscher Volksgruppen aus Südosteuropa zuständigen VoMi mit unvermittelter Härte Klöster vollständig räumen oder Kindergärten schließen, welche dann anschließend wochenlang leer standen. Zinke überließ es dem Breslauer Ordinariat und seinem Erzbischof, diplomatisch-geschliffen bis hinauf in die Berliner Regierungsstellen zu protestieren. Er selbst unterstützte die Ordensgemeinschaften vor Ort tatkräftig in ihren Verhandlungen mit den Verantwortlichen von Staat, Partei und Wehrmacht. Bis zum Mai 1943 waren im Erzbistum Breslau 82 Anstalten bzw. Klöster für Lazarettzwecke der Wehrmacht in Anspruch genommen und somit dem Zugriff der NS-Parteistellen entzogen, hingegen nur 33 weitere als Umsiedlerlager der VoMi beschlagnahmt, aber selten entschädigungslos enteignet worden.

Zinkes Berufung an die Spitze des Breslauer Diözesanverbandes im Sommer 1938 war nahezu zeitgleich mit den von Kardinal Bertram autorisierten Hilfen erfolgt, die Gabriele Gräfin Magnis, Leiterin des Caritassekretariats im oberschlesischen Beuthen, für bedrängte katholische „Nichtarier" auf den Weg gebracht hatte. Seit Mitte Februar 1942 war Kardinal Bertram durch vertrauliche kircheninterne Berichte und Nachrichten aus Berlin über die Juden-Deportationen im Bilde. Dass trotz aller kirchenbehördlichen Eigenständigkeit von erzbischöflicher Kurie und Ordinariat die dort einlaufenden Informationen nicht auch die Führung des Diözesancaritasverbandes erreicht haben sollen, ist schwer vorstellbar; ohnehin stand diese im engen und regelmäßigen Austausch mit den örtlichen Caritassekretariaten.

Persönlich verwahrte Zinke in einem kleinen C5-Briefumschlag zeitlebens einzelne – engzeilig auf Durchschlagpapier abgeschriebene – Dokumente, die auf die Verbrechen der SS-Organisation Lebensborn e.V. im Warthegau und in Polen hinweisen. Die Vorgänge standen ihm unmittelbar vor Augen: Am Breslauer Stadtrand befand sich in der Nähe der Bahnstation Brockau eines der Hauptsammelzentren, in denen außerehelich geborene oder sogenannte „bindungslose" polnische Kinder mit vermeintlich „arischem" Aussehen zu Tausenden einer Rasseprüfung unterzogen wurden. Mit völlig neuer Identität gelangten sie von hier aus in eines der von der NSV oder dem Lebensborn-Verein betriebenen Kinderheime, um an deutsche Adoptiveltern vermittelt zu werden. Es ist sehr gut denkbar, dass Zinkes Bemühungen darauf hinausliefen, die vom Rassegedanken getriebene Einflussnahme der NS-Behörden auf die katholischen Kinder- und Waisenheime zurückzudrängen. Zwei namentlich bewahrte Einzelfälle deuten darauf hin, dass er überdies bemüht war, konkret zu helfen.

Im Januar 1945 erreichte die militärische Front Breslau. Als der fanatische NSDAP-Gauleiter Karl Hanke die von Flüchtlingen überfüllte schlesische Metropole unter chaotischen Bedingungen zunächst evakuieren ließ und anschließend zur „Festung" erklärte, blieb Zinke nach zähen Verhandlungen zusammen mit einer kleinen Zahl katholischer und evangelischer Geistlicher zurück. In der seit Mitte Februar eingeschlossenen Stadt versorgte er im engen Schulterschluss mit Ordensfrauen in den Krankenhäusern die Verletzten und organisierte die Betreuung der Kranken und Alten. Sein Versuch, angesichts der zahllosen Todesopfer und der völligen Zerstörung Breslaus den Weg für eine Übergabe zu eröffnen, blieb allerdings erfolglos: Die durch ihn vermittelte hochrangige Abordnung aus katholischen und evangelischen Kirchenmännern stieß beim Gauleiter und seinem Festungskommandanten Niehoff noch vier Tage vor der deutschen Kapitulation auf taube Ohren. Erst nachdem Hanke sich bei Nacht und Nebel abgesetzt hatte, schwiegen am 6. Mai 1945, einem Sonntag, auch in Breslau die Waffen. Mit der ihm eigenen, von Mitbrüdern zuweilen misstrauisch beäugten Selbständigkeit begann der Breslauer Caritasdirektor unverzüglich damit, sein wie durch ein Wunder unzerstört gebliebenes Domizil zu einer herausgehobenen Adresse von Caritas wie Ordinariatsverwaltung zu machen. Um die materiellen und immateriellen Hilfen für die notleidende Breslauer Bevölkerung zu organisieren, fand er ebenso wie zu den alten auch zu den neuen Machthabern einen direkten Zugang. Er gehörte jener Delegation aus Geistlichen beider Konfessionen an, die bereits am 11. Mai beim sowjetischen Stadtkommandanten sowie dem Polnischen Stadtpräsidenten die deutschen und kirchlichen Anliegen vorbrachten. Nur wenige Tage später kam es zu Gesprächen mit Vertretern der polnischen katholischen Kirche: zunächst mit dem deutschsprachigen Priester Kazimierz Lagosz, der im Gefolge des Polnischen Stadtpräsidenten mit den Angelegenheiten der katholischen Kirche betraut war, und dann mit dem Kattowitzer Bischof Adamski.

Die Bedeutung dieser ersten Begegnungen erschloss sich für alle Beteiligten erst im weiteren Verlauf des Jahres. Zu der Ende August vom polnischen Primas Hlond vorangetriebenen, später so umstrittenen Übernahme des Breslauer Erzbistums in die Verwaltung der polnischen Kirche hat sich Zinke nie geäußert. Für ihn stand in diesen Monaten im Vordergrund, sämtliche caritativen Kräfte anzuspannen. In der für ihn bezeichnenden Art zog er die Sache an sich und richtete für die vertriebenen deutschen Flüchtlinge im ehemaligen kurfürstlichen Waisenhaus Orphanotropheum eine Anlaufstation ein, in der sie beraten und verpflegt werden, aber auch nach Angehörigen suchen konnten. Da sich unter den zwangsweise aus Schlesien Ausgewiesenen auch eine immer größere Zahl von Caritassekretärinnen, Helferinnen und Ordensschwestern befand, war es aber nur eine Frage der Zeit, bis das einst dicht geknüpfte Caritasnetz so gravierende Lücken aufwies, dass es zu reißen begann. Es musste an anderer Stelle neu geknüpft werden. Dieser Aufgabe nahm sich Zinke an. Im September überließ er dem im Übrigen des Polnischen mächtigen Caritasdirektor Nitsche in Breslau das Feld, begab sich zunächst nach Görlitz und nahm am 9. November 1945 in Cottbus ohne Unterbrechung die Arbeit auf.

III

In seinem Denken und Handeln wusste Zinke sich stets von einem tieffrommen Glauben an die göttliche Vorsehung getragen. Der liebe Gott tue nichts als fügen, war die Kurzformel, mit der er gegenüber anderen sein lebenspraktisches Vertrauen auf Gottes gütige Fürsorge und Lenkung seiner Geschöpfe auf den Punkt brachte. Im Licht dieser Glaubensüberzeugung dürfte er auch den Abschied aus seiner alten Bischofs- und Bistumsstadt als markanten Lebenseinschnitt erfahren und wahrgenommen haben. Etwaigen Hoffnungen auf eine Rückkehr stand er, wie viele seiner schlesischen Mitbrüder, illusionslos gegenüber. Die gelegentliche Rede von der „schönen Heimat" verriet aber, dass er den Verlust seines Liegnitzer Elternhauses, seiner 1940 früh verstorbenen Mutter sowie seines 1944 gefallenen jüngsten Bruders wohl tiefer empfand, als es nach außen den Anschein hatte – ein Schicksal, welches er mit den allermeisten Vertriebenen teilte.

Das vor ihm liegende neue Terrain katholischer Diaspora war Zinke grundsätzlich nicht fremd, aber doch kulturell und mental gänzlich anders geprägt, als ihm dies aus Schlesien bislang vertraut war. Bei den nunmehr drängenden Aufgaben einer organisierten Hilfe für die notleidende Bevölkerung kam das ganze Gewicht des einflussreichen Breslauer Caritasdirektors zum Tragen. Im Frühjahr 1946 begann sich in seinem Leben eine neue entscheidende Wendung zu vollziehen. Auf ausdrücklichen Wunsch des Berliner Kardinals von Preysing entschied der Präsident des Deutschen Caritasverbandes (DCV), Benedict Kreutz, die notwendige zusätzliche Direktoren-Stelle in der Berliner Hauptvertretung seiner Organisation mit Zinke anstatt mit dem von ihm favorisierten Caritasdirektor Franz Nitsche zu besetzen. Am 23. März kamen in Berlin die Spitzen von Domkapitel und Generalvikariat mit führenden Vertretern der Caritas zusammen, um die künftige Organisation der Caritasarbeit, des Flüchtlings- sowie des Suchdienstes in der SBZ grundlegend zu erörtern. In der ebenfalls im Raum stehenden Personalfrage waren im Hintergrund die Weichen schon gestellt.

Zweifellos hatten sich Kreutz und von Preysing für jenen Caritasmann entschieden, der die weitaus größte Erfahrung für die anstehenden Herausforderungen mitbrachte. Allerdings hatten sie den in dieser bedeutsamen Personalie zuständigen Kapitelsvikar Piontek offenbar übergangen. Der vom Breslauer Domkapitel gewählte Amtsverwalter des im Juli 1945 verstorbenen Kardinals hielt sich noch im niedersächsischen Peine auf und zeigte sich ausgesprochen verstimmt: Er band die von Kreutz erbetene Freistellung Zinkes für Berlin an die zwar verständliche, aber dauerhaft kaum erfüllbare Bedingung, zugleich seine Tätigkeit als Diözesancaritasdirektor im Erzbischöflichen Amt Görlitz, dem Restgebiet des Erzbistums Breslau, fortzusetzen.

Vom 16. Mai 1946 an hatte der 42-jährige Zinke seinen Wohnsitz in West-Berlin. Kaum eine Woche später fuhr er von seiner neuen Dienststelle in der Charlottenburger Bayernallee 28 zur ersten Konferenz der im Wilmersdorfer St. Getrauden-Krankenhaus zusammengekommenen ostdeutschen Bischöfe und Ordinarien. Gemeinsam mit Caritasdirektor Franz Füssel, dem langjährigen Leiter der Hauptvertretung, referierte er über die aktuelle Situation der Flüchtlinge und Vertriebenen. Die Zusammenkunft war gleichsam die Initialzündung für den Neuaufbau einer verkirchlichten statt verbandlich organisierten Caritas: Um die v. a. aus dem westlichen Ausland eintreffenden Spendenhilfen an die notleidenden Menschen verteilen zu können, trieb Zinke, ganz den Breslauer Erfahrungen der 1920er Jahre folgend, in Magdeburg, Erfurt, Dresden, Cottbus bzw. Görlitz und Schwerin den Aufbau einer dem jeweiligen Ordinarius unterstellten Caritasverwaltung sowie die Einrichtung von Dekanatsstellen und Fürsorgestationen in den Gemeinden voran. Solange es die kirchenpolitisch noch vergleichsweise offene Besatzungssituation zuließ, suchte er Seminare zu errichten, die künftig die katholische Ausbildung von Fachkräften für die caritative Kinder- und Jugendhilfe gewährleisteten. Gegen ihm bedenklich-bedächtig erscheinende Stimmen, die nicht zu stemmende finanzielle Belastungen für die ohnehin überlastete Diasporakirche fürchteten, sorgte er, wohl zusammen mit Nitsche, entschlossen dafür, dass die bis zuletzt noch in Schlesien arbeitenden Ordenskongregationen nunmehr ihre Waisenhäuser, Kinder- oder Altenheime samt ihren Belegschaften in die SBZ verlegten.

Auch wenn durch diese neu unter dem Dach der Kirchenverwaltung entstehende Caritasarbeit der gesamtdeutsche Zusammenhalt des DCV geschwächt wurde, verlor Zinke dessen übergreifende verbandliche Interessen nie aus dem Blick. Es gelang ihm, die Freiburger Verbandszentrale für materielle und finanzielle Hilfen des caritativen Aufbaus in der „doppelten" – konfessionellen wie ideologischen – Diaspora zu gewinnen. Das wirkte auch deshalb überzeugend, weil er den dynamischen Neubeginn der Caritas im östlichen Deutschland durch eine rast- und selbstlose Schaffenskraft authentisch personifizierte. Im Sommer 1948 erteilte die Freiburger Verbandszentrale Füssel und ihm die Prokura, um in der SBZ auch rechtlich handlungsfähig zu bleiben. Die 500.000 RM Osthilfe, die der DCV-Zentralrat bereits im Oktober 1946 auf Zinkes Bitte hin erstmals bewilligt hatte, bildete den Ausgangspunkt für eine rasch steigende und bis zum Ende der DDR nicht abreißende Unterstützung.

Zur Drehscheibe für die Verteilung von Textilien, Lebensmitteln und Medikamenten in der gesamten SBZ wurde die Transportleitstelle, die Zinke samt caritaseigenem Warenlager noch 1946 in Ost-Berlin nahe dem St. Hedwig-Krankenhaus in der Großen Hamburger Straße eingerichtet hatte. In der entstehenden sozialistischen „Fürsorgediktatur" (Konrad Jarausch) geriet die kirchlich-caritative Hilfe allerdings bald schon in politisches Fahrwasser. Zu einer frühen Nagelprobe wurde der „Liebesgaben"-Streit mit der ebenfalls 1946 gegründeten und nach 1949 sukzessiv mit der Nationalen Front gleichgeschalteten Volkssolidarität. In der nie spannungsfreien Kooperation gelang es dem geschickt taktierenden und verhandelnden Zinke lange Zeit, die auf starke Spendenbereitschaft der katholischen Welt gestützte, prestigeträchtige Hoheit über die kirchlichen Hilfen und deren Vergabe in der eigenen Hand zu behalten. Erst als auf Weisung der SED seit August 1950 die Kirchen von der Verteilung der Spenden durch die Volkssolidarität ausgenommen, ein Einfuhrverbot für kirchliche Spenden verhängt und Caritasmitarbeiter durch die Staatssicherheit bedrängt wurden, beendete Zinke im März 1951 die Zusammenarbeit mit der Volkssolidarität – allerdings nicht ohne schon einen neuen, von der westdeutschen Bundesregierung unterstützten Weg eingeschlagen zu haben: Die organisierte Weitergabe von privaten Adressen Bedürftiger an westdeutsche Patengemeinden und die Weiterleitung privater Spendenpakete wurden zu einem der wirksamsten Zeichen deutsch-deutscher Hilfe in einem geteilten Land.

IV

Dem stets aufmerksamen und bestens unterrichteten Zinke dürfte nicht entgangen sein, dass die Bischöfe in der zweiten Jahreshälfte 1951 nach einem neuen, an ihre Weisungen gebundenen Geschäftsträger suchten, der die katholischen Anliegen bei der DDR-Regierung beharrlich-diskret vermittelte. In dem innerhalb der Konferenz der ostdeutschen Ordinarien tobenden Richtungsstreit über den „richtigen" kirchenpolitischen Kurs erschien er geradezu als der ideale Kompromisskandidat, um Weihbischof Heinrich Wienken in der Leitung des auf die NS-Zeit zurückgehenden „Commissariats der Fuldaer Bischofskonferenz" nachzufolgen. Ein Gehaltszuschuss von monatlich 600 DM und ein bescheidener Büroetat schlossen die Sekretariatsarbeiten für die mindestens halbjährlich stattfindenden Ordinarien-Konferenzen ein. Die Möglichkeiten, die sich mit dem neuen kirchenpolitisch bestimmten Aufgabenfeld zugleich für seine bisherige Caritastätigkeit in West- und Ost-Berlin eröffneten, erkannte Zinke sofort. Es erwies sich als ebenso vorausschauend wie strategisch konsequent, bald nach seiner Berufung im Januar 1952 das Commissariats-Büro nach Ost-Berlin in das St. Hedwig-Krankenhaus zu verlegen; an der Großen Hamburger Straße 5–11 hatte er bereits knapp ein Jahr zuvor zur bestehenden Transportleitstelle ein kleines „Ost-Büro" der Hauptvertretung des DCV eröffnet. Zum eigentlichen Schlüssel seiner künftigen Aktivitäten wurde schließlich ein seit Mitte Dezember 1952 gültiger, zunächst befristeter Dauerberechtigungsschein „zum Passieren der Sektorengrenze am Kontrollpunkt Brandenburger Tor für den Dienstwagen des Commissariats". Mit der neuen zusätzlichen Aufgabe war allerdings auch seine zeitgleich avisierte Bewerbung um die Kreutz-Nachfolge als Präsident des Deutschen Caritasverbandes entschieden; Zinke blieb in Berlin und übernahm in Freiburg lediglich die Aufgaben eines Vizepräsidenten.

Im Oktober 1952 wechselte Füssel nach Bonn. Seitdem war Zinke als Geschäftsträger der Fuldaer Bischofskonferenz und gleichzeitiger Direktor der Hauptvertretung des DCV alleiniger katholischer Verhandlungsführer bei den staatlichen Behörden und der DDR-Regierung in Ost-Berlin. Der stellvertretend auch auf dem Feld der Religion geführte „Kalte Krieg" hatte ihn gleich nach der Übernahme der neuen Aufgaben mit brisanten Konflikten konfrontiert. Es war nicht zuletzt seinem Verhandlungsgeschick zu verdanken, dass Anfang Juli 1952 in Erfurt mit dem „Philosophisch-Theologischen Studium" eine hochschulähnliche Akademie für Priesteramtskandidaten eröffnet werden und im August Katholiken aus der DDR am Berliner Katholikentag teilnehmen konnten. Der kirchliche Alltag im Ulbricht-Regime war in diesen Monaten bestimmt von polizeilichen Veranstaltungskontrollen, Einschränkungen beim Religionsunterricht, Übergriffen auf Caritasheime und die Kirchenpresse sowie Verhaftungen von katholischen Jugendlichen und Geistlichen. Den Kontakt, den Zinke deshalb auf Bitten des Magdeburger Weihbischofs Rintelen im Januar 1953 zur Staatssicherheit knüpfte, blieb vorerst allerdings erfolglos.

Auch wenn sich Aufgaben- und Aktionsradius deutlich erweitert hatten, blieb Zinke seinen seit Breslauer Tagen erprobten Handlungsmaximen treu: In Zeiten, da die weltanschauliche Systemkonkurrenz in West wie Ost öffentliche und entschiedene Bekenntnisse einforderte, setzte er auf geduldiges Verhandeln, das eigenständige Handlungsspielräume von Kirche und Caritas in der sozialistischen Gesellschaft ermöglichte, nötigenfalls auch hartnäckig verteidigte. Dabei war sein Stil nicht etwa von sympathisierendem Verständnis für die staatliche Gegenseite, sondern von konkreten kirchlichen Forderungen an sie bestimmt. Da dies stets in ungebrochener Loyalität zu so unterschiedlichen Vorsitzenden der Berliner Ordinarienkonferenz wie den Bischöfen von Preysing, Weskamm, Döpfner und Bengsch erfolgte, geriet sein pragmatischer Verhandlungsstil zeitweise unter Druck aus den eigenen Reihen. Namentlich mit dem ein Jahr älteren, ihm seit Breslauer Seminarzeiten bekannten und kirchenpolitisch ambitionierten Berliner Presseprälaten Walter Adolph kam es zu Spannungen. Ein um das andere Mal gefährdete dieser enge Vertraute der Kardinäle von Preysing und Döpfner in Zinkes Augen einen möglichen Verhandlungserfolg, indem er in seinem antikommunistisch eingefärbten „Petrusblatt" die Verfolgung der katholischen Kirche durch die totalitäre SED-Diktatur offen anprangerte.

Die zwischen beiden katholischen Berliner „Alphatieren" verdeckt geführte Auseinandersetzung, die in ihren Wurzeln bis zu Kardinal Bertram und seinem umstrittenen kirchenpolitischen Kurs gegenüber dem totalitären NS-Regime zurückreichte, steuerte Ende der 1950er Jahre auf ihren entscheidenden Höhepunkt zu: Ebenso wie Bischof Döpfner war Zinke seit Mai 1958 die Einreise in die DDR untersagt. Die erneut rapide zunehmende Zahl von Verhaftungen, Vorladungen und Werbungsversuchen durch die Staatssicherheit beförderten wohl seinen Entschluss, erneut einen direkten Gesprächskontakt anzubahnen. Einen letzten Anstoß bildete der Schauprozess im Dezember 1958, als vier Jesuitenpatres wegen „Spionage, staatsgefährdender Hetze, Beihilfe zur Republikflucht und unerlaubten Devisenbesitzes" zu hohen Haftstrafen verurteilt wurden. Ein günstiger Zeitpunkt war anscheinend erreicht, als in der zweiten Septemberhälfte 1959 das von Erich Mielke geführte Ministerium für Staatssicherheit (MfS) wegen der aufsehenerregenden Abhöraffäre des Telefons von Weihbischof Alfred Bengsch in die Defensive geriet. Dass Döpfner offenbar dem Vorhaben zustimmte, die Kontakte zu verstetigen und auf die Person Zinkes zu konzentrieren, war für Adolph eine „Kalte-Dusche-Nachricht", als er Anfang Oktober von ihr erfuhr. Die für die Überwachung der Kirchen zuständige MfS-Abteilung V/4 schloss die über Zinke angelegte Akte, allerdings nicht ohne den Hinweis, dass dieser „als ein sehr geschickter Verhandlungspartner eingeschätzt" werde.

Das strategische Kalkül, durch einen „offiziellen" Gesprächskanal zur Staatssicherheit deren „Werbung" Inoffizieller Mitarbeiter (IM) in der katholischen Kirche einzudämmen, ging langfristig auf: Klerus wie Laien im kirchlichen Dienst konnten die konspirative Kontaktaufnahme ablehnen, indem sie die Stasi an die bischöfliche Kirchenführung und ihren Gesprächsbeauftragten Zinke verwiesen. Dass dessen Aktionsradius ununterbrochen fortbestand, als am 13. August 1961 das Ulbricht-Regime die Übergänge in den Ost-Sektor Berlins durch Stacheldraht und Mauer schloss, konnte kaum überraschen: Eine vom MfS zumindest geduldete Arbeitsbescheinigung des neuen Berliner Bischofs Bengsch ermöglichte dem bischöflichen Geschäftsträger und Caritasdirektor den nahezu täglichen Übertritt über die Sektorengrenze. Vor allem über die Caritasarbeit hielt Döpfners Nachfolger im Berliner Bischofsamt von Beginn an gleichermaßen vertrauensvoll wie wohlwollend seine Hand. Mit seinem neuen Kurs des „modus vivendi" bestätigte Bengsch nicht zuletzt Zinkes unermüdliche Vermittlungsbemühungen.

Über die kirchenpolitischen Fragen hinaus umfasste Zinkes Arbeitsfeld die Regelung nahezu sämtlicher Bereiche seelsorglichen und caritativen Wirkens: vom Reisevisum für Kirchenvertreter über den devisengeförderten Kirchenneubau bis zu Seelsorgemöglichkeiten in Gefängnissen und beim Militär. Die Leitung der Berliner Hauptvertretung wiederum brachte zeitaufwändige Reisen zur Verbandszentrale nach Freiburg und ebenso zu den Bonner Regierungsstellen mit sich. Dass er sich selbst die alltäglichen Sorgen der einzelnen Fürsorgerin zu eigen machte, wenn diese für ihre Klienten ein Medikament aus dem Westen benötigte, verlangte seinen, hauptsächlich aus Schlesien stammenden, Mitarbeiterinnen und Mitarbeitern einiges, mehr aber noch ihm selbst Enormes ab – zumal er kein vernünftiges Zeitmanagement besaß. Daran mochte auch der Umstand nichts zu ändern, dass sowohl das Ost-Büro des DCV als auch die Berliner Hauptvertretung des Verbandes im Westteil der Stadt durch zusätzliche Führungskräfte ausgebaut wurden.

Nach dem Mauerbau entstand Zinkes geradezu legendärer Ruf als vertrauenswürdiger und verlässlicher Mittelsmann für die Hilfen, die aus der

Bundesrepublik der katholischen Kirche und Caritas in der DDR zugutekamen. Der zum Berliner Generalvikar in West-Berlin beförderte und inzwischen versöhnte Walter Adolph bekannte gegenüber Kardinal Döpfner: „Gott sei Dank, dass wir ihn haben". Und er zeigte sich ehrlich davon beeindruckt, „wie Bruder Johannes sich selbstlos in den Dienst unserer Kirche stellt." Auf Drängen des unmittelbar zuvor erst auf den Münchner Erzbischofsstuhl gewechselten Kardinals Döpfner hatten die deutschen Bischöfe auf ihrer Vollversammlung am 29./31. August 1961 in Fulda beschlossen, eine Million DM für die bedrängte ostdeutsche Kirche bereitzustellen. Zinke gelang es offenbar erfolgreich, dass diese hohe Summe devisenrechtlich genehmigt wurde und in die DDR transferiert werden konnte. Darüber hinaus nahm er den Botendienst zwischen dem weiterhin in Ost-Berlin residierenden Bischof Bengsch und dessen in einer prächtigen Grunewald-Villa residierenden West-Berliner Generalvikar wahr; abendliche Telefongespräche mit Adolph wurden selbstverständlich, das gemeinsame „Colloquium" am Samstag zur regelmäßigen Einrichtung.

Die neue, in der West-Berliner Ahornallee 48 gelegene DCV-Hauptvertretung wurde überdies zu einer ersten Adresse für jene, die in diesen Monaten v. a. wegen illegaler Fluchthilfe verhaftet worden waren und rechtlichen Beistand suchten. Zinke hatte dieses ebenso heikle wie verschwiegene Aufgabenfeld von seinem Vorgänger Heinrich Wienken übernommen. Seit der zweiten Hälfte der 1950er Jahre bestand ein bald auch freundschaftliches und von persönlichem Vertrauen getragenes Verhältnis zum Ost-Berliner Rechtsanwalt Wolfgang Vogel, das bereits 1958 im Umfeld des Jesuitenprozesses zum Tragen gekommen war. Mit dem unter der Anleitung der Staatssicherheit bald zum Chefunterhändler der DDR aufsteigenden Vogel verband Zinke dabei außer der gemeinsamen schlesischen Herkunft vor allem sein durch die NS-Zeit besonders sensibilisiertes Fürsorgeinteresse für Kinderschicksale. In seinem Einsatz für die „Familienzusammenführung" und „Kinderrückführung" wusste er sich überdies mit der evangelischen Seite einig. In gleicher Weise kam ihm sein seit Schulzeiten stets unverkrampftes Verhältnis zur „anderen" Konfession und ihren Kirchenvertretern zugute, als diese 1963/64 den Weg für die „besonderen Bemühungen der Bundesrepublik im humanitären Bereich", den sogenannten „Häftlingsfreikauf", ebneten. An die Stelle des Austausches von Häftlingen, wie Zinke und Vogel ihn 1962 im Fall des katholischen Studentenführers Engelbert Nelle gemeinsam durchgeführt hatten, traten die moralisch anfangs umstrittenen, durch die Bundesregierung finanzierten Zahlungen durch Transferleistungen.

Weitaus wichtiger aber wurde das durch Zinke mit eingefädelte „Kirchengeschäft C", mit dem die katholische Kirche den bereits 1957 erstmals erprobten Pfaden der evangelischen Kirchenvertreter folgte. Erstmals im November 1966 vereinbarte man mit der Intrac-Handelsgesellschaft – einem zum „Bereich Kommerzielle Koordinierung" zählenden DDR-

Außenhandelsunternehmen –, Elektrolytkupfer in zweistelliger DM-Millionenhöhe aus der Bundesrepublik in die rohstoffarme DDR zu liefern. Dessen Gegenwert wurde der katholischen Kirche 1:1 in Ost-Mark zur Verfügung gestellt. Unter den stets prekären Bedingungen des DDR-Sozialstaats ermöglichte dies die dringend erforderlichen Investitionen in die unterfinanzierten katholischen Krankenhäuser, Kinder- und Altenheime sowie Kindergärten und stellte deren Eigenständigkeit dauerhaft bis zum Untergang der DDR sicher.

V

Dass sich Erzbischof Bengsch Ende Mai 1963 persönlich um die Feier von Zinkes silbernem Dienstjubiläum kümmerte, war dem inzwischen fast 60-jährigen Jubilar überhaupt nicht recht. Da er das Pontifikalamt und den anschließenden Empfang im St. Josephsheim in der Ost-Berliner Pappelallee nicht verhindern konnte, bat er, nichts über das Ereignis zu veröffentlichen. Wie er selbst auf die seit 1938 zurückgelegte Wegstrecke gesehen hat, ist unbekannt. Mit innerer Freude dürfte ihn die wiederholte päpstliche Auszeichnung seiner Arbeit erfüllt haben: 1952 war ihm der Ehrentitel des Monsignore, 1957 des Prälaten verliehen worden; 1966 folgte noch jener des Apostolischen Protonotars, der höchsten für einen Kleriker unterhalb der Bischofsweihe erreichbaren römischen Würde. Mit tiefer Enttäuschung hingegen erinnerte sich Zinke wohl jenes Schreibens, in dem er Anfang September 1961 aufgefordert worden war, den „Vorsitz beim Diözesan-Caritasverband unserer Diözese" durch eine entsprechende Erklärung niederzulegen. Der inzwischen zum Bischof geweihte Breslauer Kapitelsvikar Piontek hatte damit einen harten Schlussstrich gezogen. Zu lange war der Unmut darüber gewachsen, dass der in Berlin gebundene Zinke seine Aufgabe als Vorsitzender der Caritas im Erzbischöflichen Amt Görlitz nur unzureichend wahrgenommen hatte. Zinke kam zwar Pionteks Aufforderung nicht nach, aber die einzige noch bestehende Bindung als Breslauer Diözesanpriester an seine Heimatdiözese war auf diese Weise demonstrativ beendet worden.

Allerdings machte der Konflikt in Görlitz auch nur einmal mehr deutlich, wie schwer es Zinke zeitlebens fiel, die mit dem teilungsbedingten Ausbau der Kirchen- und Caritasorganisation wachsenden Aufgaben und Kompetenzen an andere zu delegieren oder gar gänzlich abzugeben. Bereits 1955 hatte der 51-jährige während eines Aufenthaltes in der Bundesrepublik einen Herzinfarkt erlitten, ohne sich danach in seinem rastlosen Einsatz zurückzunehmen. Ein weiterer Zusammenbruch 1964 offenbarte dann nicht nur seine physische Belastungsgrenze, sondern auch, dass an der Spitze von Commissariat und Hauptvertretung nicht einmal für den Notfall eine organisierte Aufgabenverteilung existierte.

Wenige Tage vor Vollendung seines 65. Lebensjahres starb Zinke am 14. November 1968 im Berliner St. Hedwig-Krankenhaus infolge völliger Erschöpfung an Herzversagen. Zweifellos hatte er entscheidend dazu beigetragen, die Grundlagen für die katholische Kirche und ihre Caritas in der Diaspora der DDR zu legen. Der von vielen geteilte Eindruck, er sei nicht zu ersetzen, spiegelte die verbreitete Hochachtung vor dieser Lebensleistung wider. Allein der im Berliner Ordinariat erstellte Versandverteiler für die Traueranzeige zeigte, wie weit sich sein institutionell wie persönlich dicht geknüpftes Hilfsnetzwerk über ganz Deutschland spannte. Gleichwohl markierte Zinkes Tod inmitten einer politisch, gesellschaftlich und kirchlich längst im Umbruch befindlichen deutsch-deutschen Gesellschaft mehr als nur einen personellen Einschnitt. Denn in der von ihm praktizierten und auf seine Person fokussierten Weise ließen sich die künftigen Herausforderungen nicht mehr angemessen bewältigen. Die Lasten wurden daher neu und auf mehrere Schultern verteilt: Der kirchenpolitischen Aufgaben des Commissariats der Fuldaer Bischofskonferenz nahmen sich Kardinal Bengsch und von ihm eigens mit den Gesprächskontakten zur DDR-Regierung beauftragte Ost-Berliner Prälaten an; in dem nunmehr „Zentralstelle Berlin des Deutschen Caritasverbandes" genannten ehemaligen „Ost-Büro" setzte deren Leiter in Abstimmung mit der West-Berliner Hauptvertretung die Verhandlungen mit den staatlichen Stellen des Sozial- und Gesundheitswesens, aber auch mit Rechtsanwalt Wolfgang Vogel diesseits und den westdeutschen Institutionen jenseits der Mauer fort.

Obwohl Zinke niemals Mitglied des Berliner Domkapitels gewesen war, fand er am 21. November 1968 seine letzte Ruhestätte in dessen Begräbnisstätte auf dem St.-Hedwig-Friedhof im West-Berliner Stadtteil Reinickendorf. Außer einigen wenigen privaten Unterlagen und seinem schwarzen Filzhut hinterließ Zinke der Nachwelt nichts. Auch über seinen Tod hinaus trat die Person hinter die caritative Aufgabe zurück.

Quellen

Ein echter Nachlass Zinkes existiert nicht. Einzelne Nachlasssplitter bewahren das Archiv des Deutschen Caritasverbandes, Freiburg, („Nachlass Zinke"), das Bistumsarchiv Görlitz (Personalunterlagen) und das Diözesanarchiv Berlin (Kondolenzschreiben). Das kirchenamtliche Schriftgut, welches im Zusammenhang mit Zinkes hauptamtlichen Tätigkeiten als Caritasdirektor des Erzbistums Breslau, als Leiter der Hauptvertretung Berlin des Deutschen Caritasverbandes und Geschäftsträger des Commissariats der Fuldaer Bischofskonferenz entstanden ist, wird im Archiv des Deutschen Caritasverbandes aufbewahrt. Im Bundesarchiv Berlin ist der vom MfS über Zinke angelegte Vorgang der Operativen Personenkontrolle (AOP 614/59) zugänglich. – Eine Auswahl kirchenpolitisch relevanter Dokumente ist inzwischen wissenschaftlich ediert und veröffentlicht: Akten deutscher Bischöfe zur Lage der Kirche 1933–1945, Bd. V: 1940–1942, Bd. VI: 1943–1945, bearb. von L. *Volk*, Mainz 1983, 1985. – Akten deutscher Bischöfe seit 1945. DDR 1951–1957, bearb. v. Ch. *Kösters*. – DDR 1957–1961, bearb. v. Th. *Schulte-Umberg*, Paderborn 2012 u. 2006. – M. *Höllen*, Loyale Distanz? Katholizismus und Kirchenpolitik in der SBZ und DDR. Ein historischer Überblick in Dokumenten, 3 Bde., Berlin 1994–1998.

Literatur (Auswahl)

H. *Guske*, Art. Zinke, Johannes, in: Wer war wer – DDR. Ein biographisches Lexikon, hg. von J. *Cerny*, 2. Aufl., Berlin 1992, S. 508. – K. *Riechert*, Politische Folgen caritativer Programme. Eine Auseinandersetzung zwischen Adolph Kardinal Bertram und dem Präsidenten des Deutschen Caritasverbandes aus dem Jahre 1938, in: Archiv für schlesische Kirchengeschichte 54 (1996), S. 188–195. – U. v. *Hehl*, H. G. *Hockerts* (Hg.), Der Katholizismus – gesamtdeutsche Klammer in den Jahrzehnten der Teilung? Erinnerungen u. Berichte, Paderborn 1996. – B. *Schäfer*, Staat und katholische Kirche in der DDR, Köln 1998. – H. D. *Thiel*, Art. Zinke, Johannes, in: Who is who der Sozialen Arbeit, hg. von Hugo *Maier*, Freiburg i. Br. 1998, S. 661f. – Ders., Johannes Zinke 1903–1968. Brückenbauer zwischen Ost und West, in: Zeitzeichen. 150 Jahre Deutsche Katholikentage 1848–1998, hg. von U. v. *Hehl*, F. *Kronenberg*, Paderborn 1999, S. 185–200. – W. *Tischner*, Kath. Kirche in der SBZ/DDR 1945–1951. Die Formierung einer katholischen Subgesellschaft im entstehenden sozialistischen Staat, Paderborn 2001. – B. *Schäfer*, Art. Zinke, Johannes, in: Wer war wer in der DDR? Ein biographisches Lexikon, hg. von H. *Müller-Enbergs* u.a.,Berlin 2001, S. 954. – Ch. *Kösters*, Staatssicherheit und Caritas 1950–1989. Zur politischen Geschichte der katholischen Kirche in der DDR, Paderborn 2001. – Ders. (Hg.): Caritas in d. SBZ/DDR 1945–1989. Erinnerungen, Berichte, Forschungen, Paderborn 2001. – M. *Hirschfeld*, Zinke, Johannes, in: Biographisch-Bibliographisches Kirchenlexikon, Bd. 23, Nordhausen 2004, Sp. 1595–1599. – H. D. *Thiel*, Johannes Zinke (1903–1968), in: 75 Jahre Bistum Berlin. 20 Persönlichkeiten, hg. von M. *Höhle*, Heiligenstadt 2005, S. 177–185. – M. *Hirschfeld*, Johannes Zinke (1903–1968), in: Schlesische Lebensbilder, Bd. 7, hg. von *Dems.* u.a., Münster 2006, S. 394–397. – W. *Töpler*, Die Verwaltung des lausitzischen Bistumsteils des Erzbistums Breslau bis zur Errichtung des Bistums Görlitz, in: Archiv für schlesische Kirchengeschichte 67 (2009), S. 239–440. – E. *Adenauer*, Das christliche Schlesien 1945/46, Münster 2014.

PERSONENREGISTER

Kursiv gesetzte Ziffern verweisen auf die jeweilige Würdigung.

A
Abramovic, Marina 40
Adamowitsch, Georg-Wilhelm 68
Adamski, Stanisław 264
Adolph, Walter 268ff.
Adorno, Theodor W. 200
Albrecht, Ernst 99
Althammer, Jörg 192
Altmeier, Peter 96
Amelio, Lucio 39
Ammann, Ellen 11, *15–29*
Ammann, Ottmar 16
Apel, Hans 250
Arco-Zinneberg, Familie 17
Aretz, Jürgen 7, 190, 192
Aristoteles 205f.
Arndt, Adolf 54f.
Athanasius 13
Augspurg, Anita 17, 28
Augustinus 122
Auracher, Benno 17, 23f.
Auracher, Emilie 24
Aymans, Winfried 151f., 154

B
Balthasar, Hans Urs von 163
Barat, Sophie 232
Barth, Klara 27
Barzel, Rainer 97
Basilius 136
Bayern, Ludwig Ferdinand Prinz von 17
Bayern, Maria de la Paz Prinzessin von 17, 20, 24
Bayern, Marie Gabriele Herzogin in 24
Beitz, Berthold 143
Beitzke, Günther 216
Benedikt XVI. (s.a. Joseph Ratzinger) 42, 166, 181f.
Bengsch, Alfred 268ff.
Bergsdorf, Wolfgang 191

Bertram, Adolf Kardinal 261, 263, 268
Beutler, Karl Heinrich 229
Beuys, Joseph 12, *31–45*
Beuys, Joseph Jakob 33
Beuys, Maria Margarete 33
Beyerle, Franz 215
Biedenkopf, Kurt 98
Bischof, Wolfang 28
Block, Rene 38
Blüm, Norbert 190
Bockelmann, Paul 216
Böckenförde, Christoph 54
Böckenförde, Ernst-Wolfgang 12, *47–59*, 199
Böckenförde, Gertrud geb. Merren 47
Böckenförde, Josef 47
Böckenförde, Werner 47ff., 51
Boehmer, Gustav 215
Böll, Heinrich 37, 41. 43
Bongard, Willi 41
Bonhoeffer, Dietrich 172
Bormann, Martin 262
Born, Ulrich 82, 85, 87f.
Bornard, Jean 189
Börner, Maria Teresa 145
Bosch, Wilhelm, 140
Bousset, Wilhelm 201
Brandt, Willy 62f., 71, 97, 100, 247, 251ff.
Brauns, Heinrich 181
Brauskiepe, Aenne 116
Brechenmacher, Thomas 7
Breuer, Clemens 190
Brick, Martin 82
Brock, Bazon 41
Bruckmann, Elsa 17
Brüx, Walther 34
Bude, Norbert 194
Burke, Raymond Leo Kardinal 188
Burschel, Peter 145
Bush sen., George H.W. 72, 106

C

Caputo, Carlo 24
Cassirer, Ernst 199
Clemens von Alexandrien 135f.
Clement, Josef 61
Clement, Karin geb. Samulowitz 62, 73
Clement, Paula geb. Gockels 61f.
Clement, Werner 62
Clement, Wolfgang 11, *61–75*
Congar, Yves 156
Conrad, Hermann 140
Correco, Eugenio 154

D

Dammertz, Viktor Josef 154, 185
Danner, Gregor 24
Dahn, Daniela 120
Daume, Willi 246
De Bonald, Louis-Gabriel-Ambroise Vicomte 200
De Laubier, Patrick 189
De Mazière, Lothar 80, 101
Défois, Gérard 189
Dehler, Thomas 217
Depenheuer, Otto 192
Diedrich, Georg 80 f., 85, 88
Diepgen, Eberhard 118 f.,
Dietze, Constantin von 214
Dine, Jim 37
Döpfner, Julius Kardinal 126, 157, 268ff.
Dougherty, Jude 188
Dosse, Ernst 215
Dosse, Fritz 215
Dosse, Ilse 215
Dosse, Margarete geb. Maushake 215
Dregger, Alfred 116
Droese, Felix 32, 37f.,
Droese, Irmel 37
Dubček, Alexander 78
Dyba, Johannes 98

E

Ebers, Godehard Joseph 152
Ehmke, Horst 55
Eichel, Hans 67, 69
Eichmann, Eduard 151ff.
Eliot, T.S. 164
Engholm, Björn 253
Enseling, Joseph Bernhard Hubert 34
Eppler, Erhard 253
Esser, Werner 220
Eucken, Walter 214
Erhard, Ludwig 68, 100
Erler, Fritz 54
Eyrich, Heinz 218

F

Fahr, Friedrich 190
Faulenbach, Bernd 250 f.
Faulhaber, Michael Kardinal 18, 24, 26
Fechner, Max 259
Felgenträger, Wilhelm 216
Fénélon, François 201, 204
Finck, Johannes 95
Finck, Werner 227
Fischer, Thomas 219
Fitz, Marie 18
Flasch, Kurt 170
Fogt, Luise 17, 20
Forster, Karl 184, 191
Forsthoff, Ernst 49
Friderichs, Hans 97
Friesenhahn, Ernst 140
Frings, Joseph Kardinal 115, 140
Fröhlich, Cyprian 17, 19
Frost, Ursula 146
Fuchs, Anke 251 f.
Fuhr, Thomas 146
Furger, Franz 193
Füssel, Franz 265ff.

G

Gabriel, Sigmar 73
Gadamer, Hans-Georg 201
Galen, Clemens August Kardinal Graf von 198
Ganzer, Klaus 145
Gebsattel, Maria von 27
Geiger, Willi 190
Geißler, Heiner 96, 98, 101
George, Stefan 17
Gerl-Falkovitz, Hanna-Barbara 235
Giesen, Dieter 141
Gierke, Julius von 216
Glatzel, Norbert 184
Glotz, Peter 246
Gnauck-Kühne, Elisabeth 19, 21, 26

Godin, Amelie von 15, 19, 24, 27
Godin-Waldkirch, Irene von 24
Goethe, Johann Wolfgang von 36
Goebbels, Joseph 262
Goettler, Josef 260
Gollert, Klaus 82
Gomolka, Agnes 77
Gomolka, Alfred 11, 77–90
Gomolka, Georg 77
Gorbatschow, Michail 72, 107
Götting, Gerald 79
Gracián, Balthasar 120
Grässner, Kurt 172
Grenkow, Wladimir Petrowitsch 259
Grewe, Wilhelm 216
Grotewohl, Otto 259
Gruber, Gerhard 182
Guardini, Romano 48, 168ff.
Gundlach, Gustav 52f., 171, 183, 186

H
Habermas, Jürgen 202
Haering, Stephan 159
Handke, Peter 37
Hanke, Karl 263 f.
Hattenhauer, Hans 146
Hecher, Josef von 24
Heeremann-Zuydwyk, Clemens Freiherr von 16
Hegel, Georg Wilhelm Friedrich 199
Hegner, Jakob 163
Heidegger, Martin 125, 197, 204
Heim, Georg 26
Heinemann, Gustav 54
Heinemann, Heribert 153
Heinen, Wilhelm 183
Hellekamps, Stephanie 146
Hellingrath, Philipp 17
Hengsbach, Franz Kardinal 189
Hennis, Wilhelm 50
Henrich, Dieter 201
Herking, Ursula 227
Herzfeld, Anatol 32, 37f.
Hess, Gerhard 165
Hess, Rudolf 122
Hesse, Konrad 55
Heymann, Lida Gustava 17, 28
Himmler, Heinrich 262
Hitler, Adolf 11, 28, 94, 170, 228, 244

Hlond, August 264
Hockney, David 7
Hoegner, Wilhelm 245
Hoffmann, Adolf 261
Höffner, Joseph Kardinal 53, 128, 183, 186, 190
Hohenhausen, Marie Freiin von 17f., 20
Höhn, Bärbel 66
Hombach, Bodo 63
Honecker, Erich 71, 106
Hopmann, Maria 18, 21
Hörchner, Max 217
Horkheimer, Max 20
Huber, Ernst Rudolf 50

I
Immendorf, Jörg 37
Isensee, Josef 190

J
Jaeger, Lorenz Kardinal 126
Jahn, Gerhard 57
Jaitner, Klaus 145
Jaspers, Karl 174, 201
Jelzin, Boris 107
Jerusalem, Franz 215
Johannes XXIII. 154
Johannes Paul II. (s.a. Karol Wojtyła) 58, 133f., 136f., 156, 185, 188, 208, 222
Joyce, James 36
Juncker, Jean-Claude 72, 109

K
Kahlendrusch, Hans-Joachim 82
Kaiser, Joseph H. 50
Kant, Immanuel 201, 205, 209
Karrer, Otto 228
Karp, Helga 89
Kassenböhmer, Axel 37
Käutner, Helmut 229f.
Kempski, Hans-Ulrich 250
Kirchhof, Paul 190
Kleedehn, Bärbel 82
Kleindienst, Eugen 184
Knillingen, Eugen von 28
Knoebel, Imi 37
Knoeringen, Waldemar von 245
Knütel, Rolf 146

Koch, Roland 71
Kohl, Hannelore 93
Kohl, Hans 94f.
Kohl, Helmut 11, 32, 54, 63 f., 66, 72, 81 f., 87, *93–111*, 116ff., 181
Kohl, Hildegard 94
Kohl, Peter 93
Kohl, Walter 93f.
Kohl-Richter, Maike 109
Kohlgraf, Peter 43
Kopp, Georg Kardinal 260
Korff, Wilhelm 146, 193
Krause, Günther 80, 82, 85ff.
Krausneck, Wilhelm 28
Kreutz, Benedict 265
Kriele, Martin 49, 199
Krupp von Bohlen und Halbach, Alfried 143
Krusch, Walter 215
Kühn, Heinz 142
Kühn, Volker 239
Küng, Hans 126
Kupisch, Berthold 146

L
Lafontaine, Oskar 64, 68, 108, 252
Lagosz, Kazmierz 264
Lajolo, Giovanni 133, 185
Lamers, Hanns 34
Lammert, Norbert 243
Lange, Ernst 262
Langner, Albrecht 186
Laschet, Armin 73
Laufs, Adolf 191
Laurien, Hanna-Renate 11, *113–123*
Lehmann, Karl Kardinal 12, 58, *125–137*, 188, 191, 222
Lehmbruck, Wilhelm 33, 39
Lehment, Conrad-Michael 82, 86
Lenin, Wladimir Iljitsch 200
Leo XIII. 192
Lessing, Gotthold Ephraim 254
Lichtenstein, Ernst 200
Liechtenstein, Therese Prinzessin von 24
Limbach, Jutta 248
Liminski, Jürgen 191
Lissek, Vincens 190
Listl, Joseph 141, 184

Lopez Trujillo, Alfonso Kardinal 189
Lortz, Josef 171
Losinger, Anton 184
Löw, Reinhard 204
Lübbe, Hermann 49, 199
Lummer, Heinrich 119

M
Macha, Hildegard 146
Mages, Josef 37
Magnis, Gabriele Gräfin 263
Maier, Hans 121, 190
Maihofer, Werner 54
Marquard, Odo 49, 199
Marx, Karl 200
Marx, Reinhard Kardinal 249
Mataré, Ewald 34f., 37
Matt, Franz 28
Maunz, Theodor 215
Mehring, Reinhard 49
Meisner, Joachim Kardinal 98
Meistermann, Georg 41
Mennekes, Friedhelm 42ff.
Merkel, Angela 70, 82, 88, 122
Merleau-Ponty, Maurice 202
Mertens, Gerhard 146
Meyers, Franz 141
Micara, Clemente Kardinal 182
Miehling, Agnes 18
Mikat, Annette 140
Mikat, Barbara 140
Mikat, Edith, geb. Hintzen 140
Mikat, Leo 139
Mikat, Maria, geb. Tölle 139
Mikat, Marianne 140
Mikat, Paul Josef 12, 115, *139–149*
Mitterrand, François 105
Moltke, Helmuth James Graf von 229f.
Moltke, Willo von 229
Momper, Walter 119, 122
Monnet, Jean 109
Montgelas, Pauline von 17, 21, 24
Moortgat, Achilles 33
Mörsdorf, Johann 152
Mörsdorf, Klaus 12, *151–161*
Mörsdorf, Mathilde geb. Steffen 152
Morsey, Rudolf 7f., 192
Mückl, Stefan 7, 191
Müller, Armack, Arnim 174

Müller, Max 202
Münch, Ingo von 62
Müntefering, Franz 67

N
Nell-Breuning, Oswald von 53, 183, 187, 193
Nelle, Engelbert 270
Neumayer, Fritz 217
Niedermeyer, Hans 216
Niehoff, Hermann 263
Nietzsche, Friedrich 36
Nitsche, Franz 265f.
Novalis (Friedrich von Hardenberg) 36

O
Oberreuter, Heinrich 145
Ockenfels, Wolfgang 184
Odersky, Walter 223
Oelinger, Josef 186
Oellers, Edith 32
Oellers, Günter 32, 41
Oening-Hannoff, Ludger 166
Oestreich, Gerhard 50
Oettingen-Spielberg, Sophie zu 17
Ortgea y Gasset, José 174
Orth, Eduard 95
Oswald, Heinrich 28
Ow-Rotberg, Laura von 24

P
Palermo, Blinky 37
Paracelsus 34
Pascher, Joseph Maria 153
Paul VI. 158
Pechstein, Johannes 191
Pell, George Kardinal 188
Peters, Hans 143
Philipon, Charles 100
Picht, Georg 201
Pieper, Josef *163–177*
Piontek, Ferdinand 265, 271
Pius XI. 52, 163, 183
Pius XII. 52f., 156, 183
Platon 164, 166, 206
Plettenberg, Elisabeth Gräfin (s.a. Vermehren, Elisabeth) 228, 235
Pöggeler, Franz 191
Pompey, Heinrich 190

Prachtl, Rainer 82f.
Preysing, Christiane von 17, 20
Preysing, Konrad Kardinal Graf von 265, 268
Przywara, Erich 163
Punt, Josef 184

R
Raabe, Felix 191
Rahner, Karl 126, 135, 156, 158
Raiser, Ludwig 216
Ratzinger, Joseph Kardinal (s.a. Benedikt XVI.) 42, 182, 222
Rau, Johannes 37, 62ff.
Rauschenberg, Robert 38
Rauscher, Anton 7, 12, 146, *181–195*
Rauscher sen., Anton 182
Rauscher, Katharina 182
Rauscher, Kreszenz, geb. Dietrich 182
Reagan, Ronald 106
Rehberg, Eckhardt 82
Rehling, Luise 96
Reinhard, Wolfgang 145
Rhonheimer, Daniel 191
Richter, Gerhard 37, 43, 119
Rintelen, Friedrich Maria 268
Ritter, Joachim 49, 199
Roesler, Hermann 183
Rohberg, Burkhard 145
Rohrmoser, Günter 49, 199
Roos, Lothar 189f., 192
Rosenberg, Alfred 228
Rubens, Peter Paul 182
Rüfner, Thomas 146
Rühe, Volker 101
Ruoco Varela, Antonio María Kardinal 154
Ruthenbeck, Reiner 37
Rüttgers, Jürgen 70

S
Saier, Oskar 154
Salomon, Alice 18, 21
Samerski, Stefan 145
Schallenberg, Peter 188, 191, 193
Scharping, Rudolf 64
Schavan, Annette 121
Scheffel, Johann Viktor von 213
Scheuermann, Audomar 153

Scheuner, Ulrich 140
Schily, Otto 62, 72
Schleyer, Hans-Martin 248
Schlund, Robert 125
Schmaus, Michael 153, 171
Schmid, Peter 145
Schmidt, Eberhard 216
Schmidt, Helmut 54, 72, 99f., 187, 247, 249f.
Schmied, Wieland 44
Schmitt, Carl 49f., 200
Schmitz, Heribert 153
Schnabel, Ernst 229
Schnabel, Franz 48
Schneider, Egon 153
Schneider, Hans 50
Schnur, Cäcilie 94
Schnur, Roman 50
Schockenhoff, Eberhard 190f.
Scholl, Hans 172
Scholl, Inge 172
Scholl, Sophie 172
Schönke, Adolf 215
Schöpf, Maria 78
Schröder, Gerhard 66ff.
Schröder, Louise 118
Schumacher, Kurt 61, 245
Schulz, Wolfgang 81
Schulze-von Lasaulx, Hermann-Arnold 215
Schütz, Werner 115
Schwab, Dieter 141
Schwaighöfer, Cölestin 17f., 24
Schwarz, Otto von 219
Schwarzer, Alice 117
Seiler, Hans Hermann 146
Seite, Bernd 88
Seper, Franjo Kardinal 222
Sepp, Ameley 17
Sielmann, Heinz 34
Sieverding, Katharina 37
Smend, Rudolf 216
Smyser, Richard 32
Sohms, Rudolph 151
Sokrates 164, 209
Spaemann, Cordelia 198
Spaemann, Robert 49, 58, 190, *197–211*
Spieker, Manfred 134, 189ff.

Spreti, Anna Gräfin 18
Staeck, Klaus 41
Stalin, Josef 200
Stang, Georg 27
Steinbrück, Peer 68
Steiner, Rudolf 34, 36
Sternberger, Dolf 94
Stobbe, Dietrich 249
Stoiber, Edmund 66
Stoltenberg, Gerhard 100
Strätz, Hans-Wolfgang 141
Strauß, Franz-Josef 99
Streithofen, Basilius 187
Strigl, Richard Adolf 153
Stüttgen, Johannes 37, 41f.
Suhrkamp, Peter 164
Sundström, Carl Rudolf 15f.
Sundström, Lilly 15f.
Süsterhenn, Adolf 181

T
Tardy, Marie Thérèse 16
Teusch, Joseph 140
Thieme, Karl 173
Thomas von Aquin 163, 166, 169, 173, 201
Tietmeyer, Hans 190
Tinschert, Emmanuel 260
Tröndle, Blasius 213
Tröndle, Herbert 12, 191, *213–224*
Tröndle, Joseph 213
Tröndle, Nicolaus 213
Tröndle, Rosa, geb. Häseli 213, 217, 223
Tugendhat, Ernst 201

U
Uhle, Arnd 191
Uhlmann, Petra 82
Ulbricht, Walter 79

V
van der Grinten, Franz-Josef 35f., 37, 43
van der Grinten, Hans 35f., 37
van der Meulen, Jan 202
Vermehren, Elisabeth (s.a. Plettenberg, Elisabeth Gräfin) 230, 234
Vermehren, Erich 227f., 230, 234
Vermehren, Isa 12, *227–240*
Vermehren, Kurt 227, 230

Vermehren, Michael 227, 230
Vermehren, Petra 227, 230
Vogel, Bernhard 95 f., 116ff., 120f., 188, 190, 243, 250f., 253f.
Vogel, Caroline geb. Binz 243
Vogel, Hans-Jochen 11, 53, 64, *243–256*
Vogel, Wolfgang 270, 272
Vogel, Hermann 243
Vogt, Heinrich 140
Volk, Hermann Kardinal 128

W
Wacke, Gerhard 215
Wahlström, Lydia 15, 23
Waldburg-Zeil-Trauchburg, Familie 17
Walser, Martin 37
Walter, Franz 253
Walterbach, Karl 21
Warhol, Andy 38
Weber, Hellmuth von 215
Weber, Werner 50
Weber, Wilhelm 183, 189, 192f.
Wehner, Herbert 54
Weinkauff, Hermann 216
Weizsäcker, Richard von 106, 118, 250
Welby, Justin 189
Welzel, Hans 216
Weskamm, Wilhelm 259, 268
Wex, Helga 117

Wieacker, Franz 216
Wied, Arnold von 36
Wienken, Heinrich 267, 270
Wigman, Mary 198
Wijnhoven, Joseph 145
Willeke, Clemens 191
Willeke, Rudolph 191
Wilmsen, Theodor 125
Wimmer, Thomas 245
Wingen, Max 191
Wittgenstein, Ludwig 197
Wittstatt, Klaus 145
Wohlmuth, Joseph 145
Wojtyła, Karol (s.a. Johannes Paul II.) 188
Wolf, Erik 215
Wolff, Hans Julius 48, 50
Wowereit, Klaus 122f.
Wrobel, Hans 248
Wurmbach, Eva 36
Wurmbach, Hermann 36
Wutzke, Oswald 82

Y
Ypsilanti, Andrea 70f.

Z
Zehetmair, Hans 185
Zierold, Kurt 165
Zinke, Johannes 11, *259–273*
Zinke, Robert 260

VERZEICHNIS DER IN DEN BÄNDEN 1 BIS 13 BEHANDELTEN PERSÖNLICHKEITEN

1.	Abs, Hermann Josef (1901–1994)	Yorck Dietrich	8/299–310
2.	Adenauer, Konrad (1876–1967)	Rudolf Morsey	2/186–201
3.	Adolph, Walter (1902–1975)	Ulrich von Hehl	9/169–182
4.	Albers, Johannes (1890–1963)	Herbert Hömig	5/205–222
5.	Altmeier, Peter (1899–1977)	Rudolf Morsey	6/200–213
6.	Ammann, Ellen (1870–1932)	Nikola Becker	13/15–29
7.	Angermaier, Georg (1913–1945)	Antonia Leuers	11/109–123
8.	Arnold, Karl (1901–1958)	Walter Först	2/125–142
9.	Baader, Franz von (1765–1841)	Franz-Josef Stegmann	3/11–25
10.	Bachem, Julius (1845–1918)	Hugo Stehkämper	1/29–42
11.	Barzel, Rainer (1924–2006)	Alois Rummel	12/215–227
12.	Bengsch, Alfred Kardinal (1921–1979)	Gerhard Lange	7/161–174
13.	Bertram, Adolf Kardinal (1859–1945)	Ludwig Volk	1/274–286
14.	Beuys, Joseph (1921–1986)	Wolfgang Bergsdorf	13/31–45
15.	Beyerle, Josef (1881–1963)	Günter Buchstab	7/97–112
16.	Blank, Theodor (1905–1972)	Hans-Otto Kleinmann	6/171–188
17.	Böckenförde, Ernst-Wolfgang (1930–2019)	Stefan Mückl	13/47–59
18.	Böhler, Wilhelm (1891–1958)	Burkhard van Schewick	4/197–207
19.	Böll, Heinrich (1917–1985)	Erich Kock	10/227–242
20.	Bolz, Eugen (1881–1945)	Rudolf Morsey	5/88–103
21.	Brandts, Franz (1834–1914)	Wolfgang Löhr	3/91–105
22.	Brauer, Theodor (1880–1942)	Anton Rauscher	11/43–56
23.	Brauksiepe, Aenne (1912–1997)	Brigitte Kaff	9/277–290
24.	Brauns, Heinrich (1868–1939)	Hubert Mockenhaupt	1/148–159
25.	Brentano, Heinrich von (1904–1964)	Klaus Gotto	4/225–239
26.	Briefs, Goetz A. (1889–1974)	Wilhelm Weber	3/235–246
27.	Brüning, Heinrich (1885–1970)	Rudolf Morsey	1/251–262
28.	Burgbacher, Fritz (1900–1978)	Günter Buchstab	10/193–208
29.	Buß, Franz Joseph Ritter von (1803–1878)	Josef Oelinger	5/9–24
30.	Cardauns, Hermann (1847–1925)	Wolfgang Löhr	10/27–40
31.	Cathrein, Viktor (1845–1931)	Anton Rauscher	4/103–113
32.	Clement, Wolfgang (1940–2020)	Jürgen Aretz	13/61–75
33.	Czaja, Herbert (1914–1997)	Jürgen Aretz	9/291–312
34.	Delp, Alfred (1907–1945)	Roman Bleistein	6/50–63
35.	Dempf, Alois (1891–1982)	Vincent Berning	11/229–244
36.	Dertinger, Georg (1902–1968)	Manfred Agethen	11/177–192

37.	Dessauer, Friedrich (1881–1963)	Heinz Blankenberg	5/190–204
38.	Dirks, Walter (1901–1991)	Hans-Otto Kleinmann	8/265–282
39.	Döllinger, Ignaz (1799–1890)	Oskar Köhler	4/37–50
40.	Döpfner, Julius Kardinal (1913–1976)	Karl Forster	3/260–279
41.	Dornhofer, Hugo (1896–1977)	Thomas Speckmann	11/215–227
42.	Dransfeld, Hedwig (1871–1925)	Walter Ferber	1/129–136
43.	Dregger, Alfred (1920–2002)	Jürgen Aretz	12/173–185
44.	Dyba, Johannes (1929–2000)	Gotthard Klein	12/129–140
45.	Ehard, Hans (1887–1980)	Dieter Albrecht	5/266–280
46.	Elfes, Wilhelm (1884–1969)	Wolfgang Löhr	5/239–252
47.	Erzberger, Matthias (1875–1921)	Rudolf Morsey	1/103–112
48.	Everding, August (1928–1999)	Wilhelm Schätzler	10/297–311
49.	Faulhaber, Michael Kardinal von (1869–1952)	Ludwig Volk	2/101–113
50.	Fehrenbach, Konstantin (1852–1926)	Josef Becker	1/137–147
51.	Fey, Clara (1815–1894)	Robert O. Claeßen	4/51–63
52.	Finke, Heinrich (1855–1938)	Odilo Engels	9/63–80
53.	Föhr, Ernst (1892–1976)	Paul-Ludwig Weinacht	8/139–154
54.	Forster, Karl (1928–1981)	Anton Rauscher	6/231–249
55.	Fort, Gertrud von le (1876–1971)	Eugen Biser	7/129–142
56.	Frings, Josef Kardinal (1887–1978)	Norbert Trippen	7/143–160
57.	Galen, Clemens August Kardinal von (1878–1946)	Rudolf Morsey	2/37–47
58.	Geiger, Willi (1909–1994)	Anton Rauscher	9/245–260
59.	Geissel, Johannes Kardinal von (1796–1864)	Rudolf Lill	6/9–28
60.	Gerhardinger, Karolina (1797–1879)	Maria Liobgid Ziegler	5/25–40
61.	Gerlich, Fritz (1883–1934)	Rudolf Morsey	7/21–38
62.	Giesberts, Johannes (1865–1938)	Bernhard Forster	11/25–40
63.	Globke, Hans (1898–1973)	Ulrich von Hehl	3/247–259
64.	Gnauck-Kühne, Elisabeth (1850–1917)	Günter Baadte	3/106–122
65.	Gockeln, Josef (1900–1958)	Walter Först	5/161–175
66.	Görres, Ida Friederike (1901–1977)	Susanna Schmidt	10/179–190
67.	Görres, Joseph (1776–1848)	Rudolf Morsey	3/26–35
68.	Gomolka, Alfred (1942–2020)	Oliver Salten	13/77–90
69.	Goppel, Alfons (1905–1991)	Karl-Ulrich Gelberg	10/261–279
70.	Gradl, Johann Baptist (1904–1988)	Klaus Gotto	8/197–212
71.	Grauert, Hermann von (1850–1924)	Winfried Becker	12/11–21
72.	Gröber, Conrad (1872–1948)	Hugo Ott	6/64–75
73.	Grollmuß, Maria (1896–1944)	Birgit Sack	11/75–91
74.	Gronowski, Johannes (1874–1958)	Karl Teppe	8/77–94

75.	Groß, Nikolaus (1898–1945)	Jürgen Aretz	4/159–171
76.	Guardini, Romano (1885–1968)	Walter Ferber	1/287–295
77.	Gundlach, Gustav (1892–1963)	Anton Rauscher	2/159–176
78.	Gurian, Waldemar (1902–1954)	Heinz Hürten	2/114–124
79.	Guttenberg, Karl Theodor Frhr. von und zu (1921–1972)	Rudolf Morsey	8/123–138
80.	Heck, Bruno (1917–1989)	Jürgen Aretz	8/213–232
81.	Held, Heinrich (1868–1938)	Klaus Schönhoven	1/220–235
82.	Heller, Vitus (1882–1956)	Wolfgang Löhr	4/186–196
83.	Hengsbach, Franz Kardinal (1910–1991)	Anton Rauscher	8/283–298
84.	Hermes, Andreas (1878–1964)	Günter Buchstab	6/102–113
85.	Hertling, Georg Graf von (1843–1919)	Rudolf Morsey	1/43–52
86.	Herwegen, Ildefons (1874–1946)	Hans Rink	2/64–74
87.	Heß, Joseph (1878–1932)	Herbert Hömig	3/162–175
88.	Hitze, Franz (1851–1921)	Hubert Mockenhaupt	1/53–64
89.	Höffner, Joseph Kardinal (1906–1987)	Lothar Roos	8/173–196
90.	Hoffmann, Johannes (1890–1967)	Winfried Becker	10/163–177
91.	Hohoff, Wilhelm (1848–1923)	Helmut Josef Patt	3/123–135
92.	Hürth, Theodor (1877–1944)	Heinz-Albert Raem	5/71–87
93.	Hundhammer, Alois (1900–1974)	Bernhard Zittel	5/253–265
94.	Husen, Paulus van (1891–1971)	Rudolf Morsey	12/63–75
95.	Imbusch, Heinrich (1878–1945)	Michael Schäfer	8/57–76
96.	Iserloh, Erwin (1915–1996)	Konrad Repgen	11/285–299
97.	Jäger, Eugen (1842–1926)	Rudolf Morsey	11/11–22
98.	Jaeger, Richard (1913–1998)	Renate Höpfinger	12/115–127
99.	Jedin, Hubert (1900–1980)	Konrad Repgen	7/175–192
100.	Jörg, Joseph Edmund (1819–1901)	Winfried Becker	3/75–90
101.	Joos, Joseph (1878–1965)	Oswald Wachtling	1/236–250
102.	Jostock, Paul (1895–1965)	J. Heinz Müller	6/127–138
103.	Kaas, Ludwig (1881–1952)	Rudolf Morsey	1/263–273
104.	Kaiser, Jakob (1888–1961)	Erich Kosthorst	2/143–158
105.	Kaller, Maximilian (1880–1947)	Brigitte Poschmann	7/49–62
106.	Katzer, Hans (1919–1996)	Günter Buchstab	11/301–312
107.	Keller, Michael (1896–1961)	Heinz Hürten	4/208–224
108.	Ketteler, Wilhelm Emmanuel Frhr. von (1811–1877)	Lothar Roos	4/22–36
109.	Kiesinger, Kurt Georg (1904–1988)	Hans-Otto Kleinmann	7/245–264
110.	Klausener, Erich (1885–1934)	Tilman Pünder	10/43–59
111.	Klinkhammer, Carl (1903–1997)	Bruno Kammann	9/313–334
112.	Kneipp, Sebastian (1821–1897)	Karl Pörnbacher	9/31–50
113.	Köppler, Heinrich (1925–1980)	Brigitte Kaff	10/211–224
114.	Kogon, Eugen (1903–1987)	Hans-Otto Kleinmann	9/223–244
115.	Kohl, Helmut (1930–2017)	Günter Buchstab	13/93–111
116.	Kolping, Adolph (1813–1865)	Michael Schmolke	3/36–49

117. Kopp, Georg Kardinal (1837–1914)	Rudolf Morsey	1/13–28
118. Kramer, Franz Albert (1900–1950)	Otto B. Roegele	7/63–80
119. Kraus, Franz Xaver (1840–1901)	Heinz Hürten	5/55–70
120. Kreutz, Benedict (1879–1949)	Hans-Josef Wollasch	5/118–133
121. Krone, Heinrich (1895–1989)	Klaus Gotto	7/265–276
122. Lang-Brumann, Thusnelda (1880–1953)	Christiane Reuter-Boysen	12/49–60
123. Langgässer, Elisabeth (1899–1950)	Anthony W. Riley	9/95–114
124. Lauer, Amalie (1882–1950)	Birgit Sack	12/35–47
125. Laurien, Hanna-Renate (1928–2010)	Rebecca Schröder	13/113–123
126. Lehmann, Karl (1936–2018)	Paul Josef Cordes	13/125–137
127. Letterhaus, Bernhard (1894–1944)	Jürgen Aretz	2/11–24
128. Lichtenberg, Bernhard (1875–1943)	Gotthard Klein	11/59–72
129. Lieber, Ernst (1848–1902)	Rudolf Morsey	4/64–78
130. Löwenstein, Alois Fürst zu (1871–1952)	Marie-Emmanuelle Reytier	10/115–128
131. Löwenstein, Karl Heinrich Fürst zu (1834–1921)	Heinz Hürten	9/51–62
132. Luckner, Gertrud (1900–1995)	Hans-Josef Wollasch	9/261–276
133. Lübke, Heinrich (1894–1972)	Rudolf Morsey	6/153–170
134. Lücke, Paul (1914–1976)	Jürgen Aretz	11/195–212
135. Lüninck, Ferdinand von (1888–1944)	Karl Teppe	8/41–56
136. Lukaschek, Hans (1885–1960)	Guido Hitze	11/143–159
137. Mallinckrodt, Pauline von (1817–1881)	Relinde Meiwes	10/11–25
138. Marx, Wilhelm (1863–1946)	Hugo Stehkämper	1/174–205
139. Mausbach, Joseph (1861–1931)	Wilhelm Weber	3/149–161
140. Mayer, Rupert (1876–1945)	Anton Rauscher	10/75–88
141. Mertes, Alois (1921–1985)	Jürgen Aretz	7/209–226
142. Messner, Johannes (1891–1984)	Anton Rauscher	6/250–265
143. Metzger, Max Josef (1887–1944)	Hugo Ott	7/39–48
144. Meyers, Franz (1908–2002)	Stefan Marx	12/157–170
145. Michel, Ernst (1889–1964)	Bruno Lowitsch	5/223–238
146. Mikat, Paul (1924–2011)	Hans-Jürgen Becker	13/139–149
147. Moenius, Georg (1890–1953)	Gregory Munro	10/131–141
148. Mörsdorf, Klaus (1909–1989)	Sabine Konrad	13/151–161
149. Mosterts, Carl (1874–1926)	Christoph Kösters	8/9–26
150. Muckermann, Friedrich (1883–1946)	Franz Kroos	2/48–63
151. Müller, Adam (1779–1829)	Albrecht Langner	4/9–21
152. Müller, Gebhard (1900–1990)	Günter Buchstab	8/247–264
153. Müller, Josef (1898–1979)	Karl-Ulrich Gelberg	8/155–172
154. Müller, Otto (1870–1944)	Jürgen Aretz	3/191–203
155. Muth, Carl (1867–1944)	Walter Ferber	1/94–102

156. Nell-Breuning, Oswald von (1890–1991)	Anton Rauscher	7/277–292
157. Neuhaus, Agnes (1854–1944)	Monika Pankoke-Schenk	4/133–142
158. Otte, Bernhard (1883–1933)	Herbert Hömig	3/176–190
159. Papen, Franz von (1879–1969)	Rudolf Morsey	2/75–87
160. Pesch, Heinrich (1854–1926)	Anton Rauscher	3/136–148
161. Peters, Hans (1896–1966)	Ulrich Karpen	10/143–160
162. Pfeiffer, Anton (1888–1957)	Christiane Reuter-Boysen	11/125–141
163. Pieper, August (1866–1942)	Horstwalter Heitzer	4/114–132
164. Pieper, Josef (1904–1997)	Berthold Wald	13/163–177
165. Platz, Hermann (1880–1945)	Winfried Becker	12/23–33
166. Porsch, Felix (1853–1930)	Helmut Neubach	1/113–128
167. Preysing, Konrad Kardinal von (1880–1950)	Ludwig Volk	2/88–100
168. Probst, Maria (1902–1967)	Ursula Männle	7/113–128
169. Pünder, Hermann (1888–1976)	Rudolf Morsey	9/183–198
170. Rahner, Karl (1904–1984)	Anton Losinger	7/193–208
171. Rauscher, Anton (1928–2020)	Manfred Spieker	13/181–195
172. Reichensperger, August (1808–1895)	Ernst Heinen	9/11–30
173. Reichensperger, Peter (1810–1892)	Winfried Becker	5/41–54
174. Rinser, Luise (1911–2002)	Walter Schmitz	11/315–330
175. Roegele, Otto B. (1920–2005)	Karl-Joseph Hummel	12/201–213
176. Schäffer, Fritz (1888–1967)	Franz Menges	6/139–152
177. Schaffran, Gerhard (1912–1996)	Josef Pilvousek	11/265–282
178. Schauff, Johannes (1902–1990)	Rudolf Morsey	8/233–246
179. Schervier, Franziska (1819–1876)	Erwin Gatz	3/50–61
180. Schmitt, Carl (1888–1985)	Helmut Quaritsch	9/199–222
181. Schmitt, Hermann-Josef (1896–1964)	Jürgen Aretz	6/115–126
182. Schmittmann, Benedikt (1872–1939)	Hugo Stehkämper	6/29–49
183. Schmitz, Maria (1875–1962)	Marilone Emmerich	3/204–222
184. Schneider, Reinhold (1903–1958)	Edwin Maria Landau	6/88–100
185. Schreiber, Georg (1882–1963)	Rudolf Morsey	2/177–185
186. Schreiber, Wilfrid (1904–1975)	Jörg Althammer	12/77–85
187. Schulte, Karl Joseph Kardinal (1871–1941)	Ulrich von Hehl	10/61–73
188. Seidel, Hanns (1901–1961)	Stephan Deutinger	11/161–174
189. Siemer, Laurentius (1888–1956)	Wolfgang Ockenfels	5/147–160
190. Sommer, Margarete (1893–1965)	Ursula Pruß	8/95–106
191. Sonnenschein, Carl (1876–1929)	Wolfgang Löhr	4/92–102
192. Spaemann, Robert (1927–2018)	Walter Schweidler	13/197–211
193. Spahn, Martin (1875–1945)	Rudolf Morsey	4/143–158
194. Spahn, Peter (1846–1925)	Helmut Neubach	1/65–80
195. Sperr, Franz (1878–1945)	Winfried Becker	11/93–106
196. Sproll, Joannes Baptista (1870–1949)	Paul Kopf	5/104–117

197. Spülbeck, Otto (1904–1970)
198. Stegerwald, Adam (1874–1945)
199. Stein, Edith (1891–1942)
200. Stimpfle, Josef (1916–1996)
201. Stingl, Josef (1919–2004)
202. Stock, Franz (1904–1948)
203. Storch, Anton (1892–1975)
204. Strauß, Franz Josef (1915–1988)
205. Studer, Therese (1862–1931)
206. Süsterhenn, Adolf (1905–1974)
207. Tenhumberg, Heinrich (1915–1979)
208. Teusch, Christine (1888–1968)
209. Thedieck, Franz (1900–1995)
210. Thyssen, Fritz (1873–1951)
211. Trimborn, Karl (1854–1921)
212. Tröndle, Herbert (1919–2017)
213. Ulitzka, Carl (1873–1953)
214. Utz, Arthur F. (1908–2001)
215. Velden, Johannes Joseph van der (1891–1954)
216. Vermehren, Isa (1918–2009)
217. Vogel, Hans-Jochen (1926–2020)
218. Volk, Hermann Kardinal (1903–1988)
219. Weber, Heinrich (1888–1946)
220. Weber, Helene (1881–1962)
221. Weber, Wilhelm (1925–1983)
222. Welty, Eberhard (1902–1965)
223. Werthmann, Lorenz (1858–1921)
224. Wessel, Helene (1898–1969)
225. Wienken, Heinrich (1883–1961)
226. Windthorst, Ludwig (1812–1891)
227. Wirmer, Josef (1901–1944)
228. Wirth, Joseph (1879–1956)
229. Wohleb, Leo (1888–1955)
230. Wolker, Ludwig (1887–1955)
231. Wuermeling, Franz-Josef (1900–1986)
232. Zillken, Elisabeth (1888–1980)
233. Zinke, Johannes (1903–1968)

Josef Pilvousek	9/151–168
Rudolf Morsey	1/206–219
Waltraud Herbstrith (Teresia a Matre Dei)	2/25–36
Peter Rummel	10/281–294
Günter Buchstab	12/187–199
Hans Jürgen Brandt	9/81–94
Hans Günter Hockerts	4/250–266
Winfried Becker	7/227–244
Anton Brenner	7/9–20
Winfried Baumgart	6/189–199
Wilhelm Damberg	9/135–150
J. Dominica Ballof	2/202–213
Hans-Otto Kleinmann	11/247–263
Günter Buchstab	9/115–134
Rudolf Morsey	1/81–93
Christian Würtz	13/213–224
Herbert Hupka	4/172–185
Wolfgang Ockenfels	12/143–154
Wolfgang Löhr	6/76–87
Thomas Brechenmacher	13/227–240
Christopher Beckmann	13/243–256
Peter Walter	12/101–113
Manfred Hermanns	10/91–112
Rudolf Morsey	3/223–234
Anton Rauscher	12/87–98
Wolfgang Ockenfels	4/240–249
Hans-Josef Wollasch	4/79–91
Elisabeth Friese	8/107–122
Martin Höllen	5/176–189
Rudolf Morsey	3/62–74
Brigitte Kaff	8/27–40
Thomas A. Knapp	1/160–173
Paul-Ludwig Weinacht	7/81–96
Barbara Schellenberger	5/134–146
Jürgen Aretz	10/245–259
Hubert Mockenhaupt	6/214–230
Christoph Kösters	13/259–273

ABBILDUNGSNACHWEIS

Ammann: wikimedia commons; Beuys: Hans Lachmann/Archiv der Evangelischen Kirche im Rheinland, AEKR Düsseldorf 8SL 046 (Bildarchiv), 019_0073, wikimedia commons (CC BY-SA 2.0); Böckenförde: Exzellenzcluster „Religion und Politik", Universität Münster/Holger Arning; Clement: Rolf Vennenbernd; Gomolka: KAS 3469/Rainer Unkel; Kohl: KAS 19164/Josef A. Slominski; Laurien: KAS/ACDP; Lehmann: Kath. Akademie in Bayern/Gerd Pfeiffer; Mikat: KAS 19682/Peter Bouserath; Mörsdorf: Ius Sacrum. Klaus Mörsdorf zum 60. Geburtstag, hrsg. v. Audomar Scheuermann u. Georg May, München u.a. 1969; Pieper: privat; Rauscher: Katholische Sozialwissenschaftliche Zentralstelle, Mönchengladbach; Spaemann: privat; Tröndle: privat; Vermehren: KNA 94544/Harald Oppitz; Vogel: Henning Schlottmann, wikimedia commons (CC BY 4.0); Zinke: Diözesanarchiv Berlin BN 4438,03

DIE HERAUSGEBER

Jürgen Aretz, geb. 1946, Dr. phil., Staatssekretär a. D., Tätigkeit u. a. im Wissenschafts- und im Wirtschaftsministerium des Freistaats Thüringen sowie im Bundeskanzleramt, Bonn-Bad Godesberg

Thomas Brechenmacher, geb. 1964, Dr. phil., Universitätsprofessor für Neuere Geschichte und deutsch-jüdische Geschichte an der Universität Potsdam

Stefan Mückl, geb. 1970, Dr. iur., Dr. iur. can., Universitätsprofessor für Kanonisches Recht, insbes. Verkündigungsrecht und Staatskirchenrecht an der Päpstlichen Universität Santa Croce, Rom

DIE AUTOREN

Hans-Jürgen Becker, Prof. em. Dr. iur., Universität Regensburg

Nikola Becker, Dr. phil., Kommission für Bayerische Landesgeschichte bei der Bayerischen Akademie der Wissenschaften

Christopher Beckmann, Dr. phil., Konrad-Adenauer-Stiftung, St. Augustin

Wolfgang Bergsdorf, Prof. Dr. phil., em. Präsident der Universität Erfurt

Günter Buchstab, Dr. phil., ehem. Leiter des Bereichs wissenschaftliche Dienste und des Archivs für Christlich-Demokratische Politik der Konrad-Adenauer-Stiftung, Rheinbach

Paul Josef Kardinal Cordes, Dr. theol., em. Präsident des Päpstlichen Rates „Cor unum", Rom

Sabine Konrad, Prof. Dr. theol., Universität Graz

Christoph Kösters, Dr. theol., Kommission für Zeitgeschichte, Bonn

Oliver Salten, Dr. phil., Konrad-Adenauer-Stiftung, St. Augustin

Rebecca Schröder, Dr. phil., Konrad-Adenauer-Stiftung, St. Augustin

Walter Schweidler, Prof. Dr. phil., Katholische Universität Eichstätt-Ingolstadt

Manfred Spieker, Prof. em. Dr. phil., Universität Osnabrück

Berthold Wald, Prof. Dr. phil., Theologische Fakultät Paderborn

Christian Würtz, Dr. iur. Dr. theol., Weihbischof in der Erzdiözese Freiburg